天津市文史研究馆馆员著述系列

考古何为

陈雍 著

天津出版传媒集团

天津人民出版社

图书在版编目（CIP）数据

考古何为 / 陈雍著. --天津：天津人民出版社，
2022.8（2022.11 重印）
（天津市文史研究馆馆员著述系列）
ISBN 978-7-201-18172-1

Ⅰ.①考… Ⅱ.①陈… Ⅲ.①考古学－中国－文集
Ⅳ.①K870.4-53

中国版本图书馆 CIP 数据核字（2022）第 118165 号

考古何为
KAOGU HEWEI

出　　版　天津人民出版社
出 版 人　刘　庆
地　　址　天津市和平区西康路 35 号康岳大厦
邮政编码　300051
邮购电话　（022）23332469
电子信箱　reader@tjrmcbs.com

责任编辑　谢仁林
装帧设计　汤　磊

制版印刷　高教社（天津）印务有限公司
经　　销　新华书店
开　　本　710 毫米×1000 毫米　1/16
印　　张　28.25
插　　页　2
字　　数　393 千字
版次印次　2022 年 8 月第 1 版　2022 年 11 月第 2 次印刷
定　　价　98.00 元

献给中国考古学诞生100周年

编委会名单

主　编：魏世华

副主编：南炳文　李有先（常务）

编　委：（以姓氏笔画为序）

王振德　阮克敏　李有先　南炳文

郭培印　陈　雍　崔　锦　张春生

张晓平　张铁良　温　洁　甄光俊

韩嘉祥　魏世华　罗澍伟

开头的话

季羡林说，一个人一辈子做事、读书，不管是干什么，其中都有"机遇"的成分。我与考古学也是这样。

1973年夏，我被贫下中农推荐上大学。我向生产队请假复习功课，顺利通过了笔试。后来面试抽到的两道题，理科题"显微镜光路图"，我画出来了；文科题"中国历史朝代"，我没写出来。

那一年，由于极特殊的原因，考生的成绩全部作废，但我还是被分到吉林大学物理系理论物理专业。我听说，理论物理很难学，毕业后搞不了科研就得去教书，于是从开鲁乡下跑到通辽，找到前来招生的两位老师，再三恳求调换专业，最后被吉林大学历史系考古专业录取。

在吉林大学历史系考古专业学习了三年，毕业后我成为考古专业（后改为考古学系）的老师。留校后苦于与家人长期两地生活，1990年底我调回天津。

多年来我没有什么爱好，平时就喜欢看考古之类的书，并且养成一个习惯，每有心得体会或者不成熟的想法，都要随手写在本子上，仅这几年就记了两三本。我从上大学开始要求自己，每年至少写出一两篇文章，一直坚持到现在。长期的阅读与写作，促进了我对中国考古学的认识与思考。

在微信朋友圈跟朋友聊天，不知怎的，聊着聊着就聊到了考古。我把本子上记的内容陆陆续续发到微信朋友圈里，也许我聊的内容有意思，朋友们劝我把聊考古的那些文字整理出来。这样，就有了写本小书的想法。

我喜欢微信朋友圈里讨论的氛围，仿佛找到在学校那种感觉。我想在书里保留微信朋友圈的对话和评论，这个想法得到了朋友们的鼓励与支持，在这里我要特别感谢他(她)们。

我把微信朋友圈的对话和评论写出来，还有一层意思：想让读者看到考古者是怎样用考古学的话语来讨论考古学问题的。我认为，只有了解考古学的话语，才能更好地了解考古学的知识。

庚子大疫，待在家里有更多的看书时间，我几乎每天都把心得体会发到微信朋友圈里，与大家分享。同时循着已经整理出来的文字，不断补充新的内容，还收录了一些以前写的文字。

这样一年下来，书稿有了大致的模样，包括考古学、田野考古学、考古学理论与方法、考古学文献、考古学与文化遗产保护等，体现了自己对考古学体系性的思考。为了使书稿的内容更加丰富，我又把过去写的书序(评)、考察报告、随笔、杂记等编在一起，这部分名为"学考古和用考古"。

肇始于1921年仰韶遗址发掘的中国考古学，到2021年已经整整100周年。我从1973年与中国考古学结缘，到2021年已经将近半个世纪。我与中国考古学结缘的半个世纪，是中国现代考古学的发展时期，这个时期考古学的中国特色愈加鲜明。《考古何为》这本书的全部内容，可以用"考古学是什么""中国特色考古学是什么"来概括。

目　录

第 1 章　考古学

"考古学"这个词，在现代汉语里的意思是："根据发掘出来的或古代留传下来的遗物和遗迹来研究古代历史的学科"[①]。"发掘出来的遗物和遗迹"的说法是对的，"古代留传下来的遗物和遗迹"的说法就不对了，因为涉及考古学是什么的问题。

1.1　考古学不是国学

大约十几年前，有个国学研究会的人邀请我入会，我以考古学不是国学为由婉拒了他。他认为我说得不对，偏要跟我理论，考古学到底是不是国学，他论了半天也没说明白。

那么，考古学是不是国学？我们来看几本书。第一本，《学生国学问答》[②]，这本书是 20 世纪 30 年代出版的国学知识普及读本，"国学"分为小学、经学、史学、哲学、文学五类，书里面没有"考古学"。第二本，《北京大学百年国学文粹·考古卷》[③]，这本书把"考古"归入了"国学"。

[①]　中国社会科学院语言研究所词典编辑室：《现代汉语词典》(第 7 版)，商务印书馆，2016 年。

[②]　叶北岩：《学生国学问答》，商务印书馆，1935 年。

[③]　北京大学传统文化研究中心：《北京大学百年国学文粹·考古卷》，北京大学出版社，1998 年。

第三本，《新学术之路——"中央研究院"历史语言所七十周年纪念文集》①，这本书把"考古"归入"新学术"而不是"国学"。第四本，《世纪大讲堂·国学》②，这本书里面有考古专题。从这四本书可以看出，搞清楚考古学与国学的关系很有必要。

19世纪后半叶，西方学术传入中国，中国原有的学术与西方新传入的学术，分别称为"国学"与"西学"，在此之前没有"国学"的说法，"国学"是相对于"西学"而言的。1923年，胡适、梁启超分别给年轻人开列"国学书目"，虽然他俩的书目区别很大，但有一点是一致的，都没有考古学方面的书。由此可见，20世纪前期考古学还没有被视为国学。

1925年，清华大学设立了一个研究国学的中心，"国学"相当于现代汉语中的"汉学研究"。梁启超、王国维、陈寅恪、赵元任被清华国学院聘为教授讲授"国学"，从美国回来的李济被聘为讲师专门讲授人类学。

到了20世纪末期，"国学热"的浮躁学风把"国学"的概念内涵和外延搞得相当混乱，19世纪后期以来传入的一些西方学术混入了"国学"，考古学就属于这种情况。

霍东峰（山西大学历史文化学院）：这涉及考古学定位的问题。

穆森（中国文物保护基金会）：我认为，考古学可以支撑于国学研究，但考古学绝非国学。

郝国胜（中国国家博物馆）：同意，考古学不是国学。

余西云（武汉大学历史学院）：目前，国学往往成为某些人抗拒考古学现代化的托词。

把考古学视为国学，还有一个原因，就是认为中国的考古学是由金石学发展来的，金石学属于国学，考古学自然也就属于国学。

---

① "中央研究院"历史语言研究所：《新学术之路——"中央研究院"历史语言研究所七十周年纪念文集》，1998年。

② 凤凰卫视出版中心：《世纪大讲堂·国学》，中国友谊出版社，2007年。

1.2　考古学不是金石学发展来的

中国古代的金石学形成于两宋时期，两宋时出现了《考古图》《博古图》《集古录》《金石录》等一批著录考证铜器、石刻的书籍，据统计有 22 人写的 30 多种。马衡《中国金石学概要》对宋代以来的金石学做了系统的总结，他说：“金石者，往古人类之遗文，或一切有意识之作品，赖金石或其他物质以直接流传至于今日者，皆是也。以此种材料作客观的研究以贡献于史学者，谓之金石学。”①

20 世纪 20 年代，以田野发掘为基本特征的近代考古学从欧美传入中国，对中国学术界产生了深刻的影响。那个时期，对于新出现的考古学和中国原有的金石学的关系，梁启超、蔡元培、傅斯年等人都认为金石学是考古学的前身。

1929 年，蔡元培为《安阳发掘报告》第一册②写序称，考古学在中国不是一个新学问。对此，李济批评说，现在的中国学者，有好些对于考古学尚有一种很普遍的误会，可以说有两个来源：（一）因为缺少自然科学的概念，（二）以为古物本身自有不变的历史价值。由第一种误会就发生人人都可考古的观念，由第二种误会发生了那“唯有文字才有历史价值”的那种偏见。其实金石学与现代考古学之关系，好像炼丹学之于现代化学，采药学之于现代植物学。炼丹采药，自有它们在学术史上的价值，然而绝没人说它们就是化学或植物学。③

李济认为，自然科学在中国落后的原因，也就是古器物学(按，李济有时把金石学称为古器物学)在这悠长的时间里没有进步的原因。这个原因，概括地说，可以推溯到两宋以来半艺术的治学态度上。自然科学是纯理智的产物；古器物学八百年来，在中国所以未能前进就是因为没有

---

① 马衡：《凡将斋金石丛稿》，中华书局，1977 年。
② 国立中央研究院历史语言研究所：《安阳发掘报告》第一册，1929 年。
③ 李济：《现代考古学与殷墟发掘》，国立中央研究院历史语言研究所：《安阳发掘报告》第二册，1930 年。

走上纯理智的这条路。随着半艺术的治学态度，"古器物"就化为"古玩"；"题跋"代替了"考订"，"欣赏"掩蔽了"了解"。在这一演进中，吕大临为古器物学所悬的目标，也就像秦汉方士所求的三仙山一样，愈来愈远，成了永不能到达的境界。① 李济提出的中国古器物学的新基础，是建立在近代考古学与民族学的田野工作所搜集的材料上，20 世纪 20 年代，随着考古学和民族学在中国的出现，金石学也随之发生了变化。

苏秉琦认为，考古学并非是金石学的发展，假如我们可以说金石学是我国旧封建社会的产物，那么，考古学正好可以说是西方资本主义社会的婴儿。所以，它们并非是一脉相传的本家，而是两个不同的族类。②

夏鼐认为，五四运动时期，中国考古虽已有了它的前身"金石学"或"古器物学"，但是近代的考古学，可以说当时在中国尚未产生。只有在五四运动的影响下，中国的近代考古学才得以兴起和成长。③

近代考古学在中国出现以后，原来的金石学随之发生了变化，转化为古器物学，进而发展为文物学，传统金石学演化的历史轨迹是很清楚的，可参阅谢辰生《文物保护与科学研究的历史发展概述》④。

关于金石学和考古学的关系，目前学术界仍有两种意见，一种认为中国考古学是由古代金石学发展来的；另一种持否定态度，认为中国考古学是近代从西方传入的。当我们谈及中国考古学史的时候，有一点必须辨明，罗振玉、王国维等学者说的"考古"，其内涵并不是英语 archaeology(考古学)的含义。

---

① 李济：《中国古器物学的新基础》，张光直、李光谟编：《李济考古学论文选集》，文物出版社，1990 年。
② 苏秉琦：《如何使考古工作成为人民的事业》，苏秉琦：《苏秉琦考古学论述选集》，文物出版社，1984 年。
③ 夏鼐：《五四运动和中国近代考古学的兴起》，《夏鼐文集》(上)，社会科学文献出版社，2000 年。
④ 谢辰生：《文物保护与科学研究的历史发展概述》，彭卿云主编：《谢辰生文博文集》，文物出版社，2010 年。

1.3　考古学是一门新学科

既然中国考古学不是国学，也不是由金石学发展来的，宋代出现的"考古"一词含义不是英语 archaeology，那么，中国近代出现的考古学就应当是一门新学科。

　　陈雍：1908 年编辑的《辞源》，1939 年出版正续篇合订本，该辞书里面没有收录"考古学"词条。20 世纪 30 年代的汉语辞书里面没有"考古学"，由此也能说明一些问题。

19 世纪末至 20 世纪初，一些留学生把"考古学"和"史前史"译介给中国学术界。[①] 与此同时，中国学者梁启超把"史前史"和汤姆森的"三期说"引入中国古代史。[②]

20 世纪 20—40 年代，近代考古学在中国兴起，中国的学术机构先后展开了田野考古调查与发掘。1921 年，中国地质调查所主持发掘河南渑池仰韶村遗址。1923—1924 年，中国地质调查所主持甘肃洮河流域考古调查。1926 年，清华大学国学院主持发掘山西夏县西阴村遗址。1927 年，中国地质调查所主持发掘北京房山周口店北京猿人遗址。1928—1937 年，国立中央研究院历史语言研究所主持发掘河南安阳殷墟遗址。1930 年，国立中央研究院历史语言研究所主持发掘山东历城城子崖遗址。1930 年，北京大学古迹古物调查会主持发掘河北易县燕下都遗址。1933 年，北平研究院主持发掘陕西宝鸡斗鸡台遗址。1938—1940 年，国立中央博物院主持云南苍耳境考古调查与发掘。

20 世纪 20—40 年代的中国考古学，可以 1928 年安阳殷墟遗址发掘

---

　　① 苏荣誉：《中华帝国晚期"考古学"及"史前史"概念的接受和考古学的确立》，［德］朗宓谢等主编，李永胜等译，王宪明审校：《呈现意义：晚清中国新学领域》，天津人民出版社，2014 年。

　　② 梁启超：《中国史叙论》，梁启超：《饮冰室合集》，中华书局，1936 年。

为界分为两个阶段。前一阶段田野考古工作，是地质学家丁文江领导的中国地质调查所主持的，当时由于缺少专业人员，延聘了外国地质学家和古生物学家。后一阶段田野考古工作，是历史学家傅斯年领导的国立中央研究院历史语言研究所主持的，前十五次发掘都是中国学者，其中美英留学归来的中国考古学家发挥了重要的作用。

对于新出现的近代考古学，中国学术界做出了积极的反应。1924年，梁启超把儿子梁思永送到美国哈佛大学学习考古学和人类学。1926年，梁启超用英语做了题为"中国考古学之过去及将来"的演讲。他认为金石学是中国考古学的过去，但对于中国考古学的将来，他提出，第一个方向是发掘，从前这种古器物的出土都是碰机会，偶然发现出来，宝贝已经很多了。往后要进一步，做有意识的发掘。这类工作中国完全没有，近来欧美学者到中国来做有意识的采掘，成绩很佳。于是中国学者亦感觉有自动采掘的必要。第二个方向是方法的进步。以前考古学所用的方法全是中国式，自从欧人来后遗传下来，不过时时有所改良而已。此种方法好处甚多，然亦不算完全。我们希望将来，全国高等教育机关要设考古专科，把欧人所用方法尽量采纳。梁启超在演讲里明确提出改进方法的具体做法，需要引进地质学和人类学方法。[1]

郑振铎说："自19世纪的初年以来，人类有两种显著的进步，一是对于所住的世界，经过探险家发现了新地方；另一是对于被人们所忘记的历史，经过发掘家将它们重现于我们之前。我们中国之古物，始终没有经过专门发掘者的有意发掘，为了我们学问界计，我们应该赶快联合起来，做有系统的，有意义的，有方法的发掘工作，谁要是有意于这种的工作，我愿执锹铲以从之！"[2]

20世纪20年代中国出现了近代考古学，殷墟的发掘工作完全是中国人自己做的，可以说近代考古学这时（按，即1928年开始发掘安阳殷

---

[1]　梁启超：《中国考古学之过去及将来》，梁启超：《饮冰室合集》，中华书局，1936年。

[2]　郑振铎：《〈近百年古城古墓发掘史〉序》，国家文物局编：《郑振铎文博文集》，文物出版社，1998年。

墟)在中国已经诞生了。①

20 世纪 20 年代由于疑古派的产生,考古学成为时代的要求,所以,中国考古学的开端不是单一的,外国人搞,中国人也搞;土办法有,洋办法也有。② 所谓"土办法",是指国立历史博物馆 1921 年发掘河北巨鹿宋故城,1923 年发掘河南信阳汉墓。

考古学在不同语境下或不同背景中,有着从具体到一般的不同含义。我们平时所说的古遗址、古墓葬发掘,是具体意义的考古学。一般意义的考古学,是根据古代人们通过各种活动遗留下来的实物以研究人类社会历史的一门学问。夏鼐认为,考古学属于人文科学的领域,是广义历史学的组成部分,其任务在于根据古代人类通过各种活动遗留下来的实物,以研究人类古代社会的历史。实物资料包括各种遗迹和遗物,它们多埋没在地下,必须经过科学的调查发掘,才能被系统地、完整地揭示和收集。因此,考古学研究的基础在于田野调查发掘工作。③

欧美学术界对于考古学属于历史学还是人类学,或是科学,至今没有形成一致的看法。中国学术界一般认为,考古学属于广义的历史学,考古学研究的对象是物质的遗存,即古代的遗迹和遗物。这是它与依靠文献记载研究人类历史的狭义历史学的最重要的不同点。考古学和历史学,是广义历史学的两个主要的组成部分,犹如车的两轮,不可偏废。但是,两者的关系虽很密切,却是各自独立的。它们都属"时间"的科学,都以研究人类古代社会历史为目标,但所用的资料大不相同,因而所用的方法也不相同。④

　　陈雍:在《中华人民共和国学科分类与代码国家标准》(GB/T 13745-2009)中,历史学学科分类代码为 770,考古学学科分类代码为 780,考古学与历史学都属于人文科学的一级学科。

---

① 夏鼐:《中国考古学的回顾和展望》,《夏鼐文集》(上),社会科学文献出版社,2000 年。

② 俞伟超、曹兵武、戴向明:《中国考古学的现实与理想——俞伟超先生访谈录》,王然编:《考古学是什么——俞伟超考古学理论文选》,中国社会科学出版社,1996 年。

③④ 夏鼐:《考古学》,《夏鼐文集》(上),社会科学文献出版社,2000 年。

新中国考古学用"学术"和"事业"两条腿走过了70多年的路程，"学术"和"事业"的共同发展，成就了新中国考古学。我们应当从学术建设和事业管理两个方面来认识新中国考古学。

新中国成立后考古事业管理的发端，可以从这几个方面来考察：第一个关于考古发掘的法规性文件，第一次全国考古工作会议，第一届全国考古人员培训班，第一个考古遗址博物馆，第一个全国基本建设工程出土文物展览，等等，其中包含的管理思想和办法，一直延续到今天。

> 陈雍：新中国考古学的学术与事业双重属性的形成，与郑振铎发挥的重要作用分不开。

> 陈小三（山西大学历史文化学院）：第一次配合大规模的经济建设——黄河水库的修建；文化部、科学院和北京大学建立第一个考古专业。这两件也应该是新中国考古发端的大事。

> 陈雍：太对了，新中国考古学上还有一个很重要的内容就是考古教育，包括学历教育、职业教育、社会教育等。70年来，考古教育在人才培养、队伍建设、学科建设等方面起到了无可替代的作用。

> 穆森：郑振铎立的规矩，每次展览必出一本图录，几乎是同步，很重要。"文革"后期文物工作全面恢复，首要工作就是出土文物出国展，当为延续。

从1950年颁布《古文化遗址及古墓葬之调查发掘暂行办法》，到1982年《中华人民共和国文物保护法》颁布实施，用法律的形式将考古工作纳入文物保护体系里，形成了具有中国特色的考古事业管理制度。

> 陈雍：新中国考古学从一开始就在文物保护体系里，并不是后来纳入的。1950年的《暂行办法》是谢辰生先生起草的，他还参加了1982年《文物法》起草。

1984年，《田野考古工作规程》（试行）颁布实施，同时开办了全国田野考古领队培训班，标志着中国考古事业开始进入规范化管理阶段，也表明考古学科进一步走向成熟。1984 版规程简明扼要，易于操作，规范作用明显。时任国家文物局副局长黄景略在山西白燕村主持讨论了这个规程的初稿，办考古领队培训班也是由他主持的。

　　陈小三：王军回忆张忠培先生的文章中提到成都大会之后，陪着苏公顺江而下，一行有五六人，也讨论了规程的事。联系您说的白燕起草看，大概 1984 版规程的起草，是很多场合反复讨论的结果。

　　陈雍：实际情况就像陈小三说的那样，经过了几轮反复的讨论。从成都回北京后，根据议论内容，李季拟了一个初稿，然后拿到白燕大家讨论，由我记录整理，后来在北京又进一步讨论修改完善，最后定稿。

　　陈小三：果然是砖头引出玉，您又讲了更丰富的细节。

　　考古学、文物学、博物馆学这三门学科研究的内容比较接近，三者究竟有什么区别？一门学科的研究对象、理论方法、研究手段、研究目的与内容，决定了这门学科的性质，构成区别于其他学科的主要特征。想要搞清楚考古学与文物学、博物馆学的关系，需要厘清三者各自的研究对象、理论方法、研究目的与内容，为了更好地分清三个学科的关系，还可以从学科产生的角度进行探讨。

　　文物学是产生于中国本土的学科，有着悠久的历史。"文物"一词出现于先秦时期，宋代形成金石学，到民国时期发展为古物学，20 世纪 70 年代以来，发展为文物学。谢辰生《文物保护与科学研究的历史发展概述》[①]，全面阐述了文物学研究的对象、范围、理论、方法、目的，以及与考古学、博物馆学的关系，现代意义的文物学，是科学的文物保护与

---

　　①　谢辰生：《文物保护与科学研究的历史发展概述》，彭卿云主编：《谢辰生文博文集》，文物出版社，2010 年。此文即《中国大百科全书·文物博物馆》文物部分的前言。

研究的学科。在学科分类中，文物学与考古学应当是并列关系，博物馆学与文物学是从属关系，作为文物学的二级学科似乎更合适。《中国大百科全书》把考古学单独列为一卷，文物与博物馆合为一卷，这种学科分类比较科学。

1.4 考古学的对象

考古学的对象是通过科学发掘获得的古代遗存，即考古遗存。中国考古学上的考古遗存在不同的语境下有不同的含义，一种指称考古所获古代人类遗留的遗存，另一种指称考古学文化分类系统里低于"类型"的最小分类单元。下面说的考古遗存，为第一种含义。

考古遗存的分类有两种。第一种分为遗址、遗迹、遗物，遗址、遗迹为不可移动文物，遗物为可移动文物。古代遗址由一定物质构成，具有各种物质现象集合的特征；是一定人群遗留下来的，具有时间、空间、功能、社会等属性与特征。遗址、遗迹、遗物都包含有时间、空间方面的历史信息，制作者、使用者方面的社会信息，样式风格、类型特征方面的文化传统信息。

陈雍：按照柴尔德的说法，考古遗存是由人类行为导致的某些结果所构成的，而考古学家的工作就是竭尽所能重新组织这些行为，以重新获得这些行为所表达的意图。简言之，就是考古遗存—人类行为—行为所表达的意图。

卜工（广东省考古研究所）：这句话很重要。考古学是研究人类行为和社会变迁的学科，这就是"透物见人"的客观要求。

陈雍：考古学研究的目的是阐释考古遗存反映的社会历史，而不是解说古代物质文化。那些批评考古学研究只注重视物质文化的人，实际是他们自己没有搞清楚考古学研究与物质文化研究的区别所在。

田建文（山西省考古研究院）：太对了。

陈畅（南开大学历史学院）：考古遗存物质的、制度的、精神的三个层面的内容，都是考古学研究要解决的问题。

王炜林（山西大学历史文化学院）：1983 年苏公在北京接见我们班同学时，教导我们要读懂地下、地上两本书，地上一本书是解决制度、精神层面问题的重要依据，这也是中国考古学的特色。

考古遗存的第二种分类，是将考古遗存分为三个类别，第一类是人类创造的人工制品和人类各种活动留下的实物遗存；第二类称为自然遗存或生态遗存，如植物遗存、动物遗存、矿物遗存等，这类遗存必须是与人类活动有关，或是能够反映人类活动的；第三类是人类自身遗存，即古代人类骨骼与尸体。这种三分法与以往的二分法的区别是，人类自身遗存作为独立的一类，以区别于文化遗存与自然遗存。

关于古代人类骨骼、尸体这类遗存的属性，考古行业有关规定把这类遗存归为自然遗存，这是不对的。恩格斯《劳动在从猿到人转变过程中的作用》阐明了人与动物的根本区别，人类社会和猿群的区别在于人能劳动而猿不能，劳动是从制造工具开始的，没有一只猿手曾经制造过一把哪怕是最粗糙的石刀，劳动创造了人本身。[1] 人类学家认为，人类与动物的区别在于熟食与生食、文化与自然，人类是文化的创造者。

李法军（中山大学社会学与人类学学院）：我对把人类骨骼归为自然遗存的有关规定提出异议，但未果。

考古遗存分为文化遗存、自然遗存、人类遗存三个类别，它们彼此之间不存在主次关系。基于这一认识，在田野考古报告里，三个类别研究都应是构成考古报告主体的内容。有的考古报告把自然遗存、人类遗存作为报告的附录，这是不妥当的。目前的考古报告最缺乏的是，把三类考古遗存作为一个大系统进行整合研究，由此去发现人—社会—自然

---

[1] 恩格斯：《自然辩证法》，人民出版社，2015 年。

的"过去"。

考古遗存分三个基本类别，以文化遗存为研究对象，按研究范畴可以分为断代考古学与专题考古学等；以自然遗存为研究对象，按遗存的学科分类可以分为植物考古学、动物考古学等；以人类遗存为研究对象的称为体质人类学、生物人类学等。

现下有一种说法，把遥感考古、物探考古、年代测定、古 DNA 研究等和环境考古、人骨考古、动物考古、植物考古、冶金考古、陶瓷考古等，都叫作科技考古。把运用科技手段研究考古遗存与利用考古材料进行自然科学领域相关研究混在一起统称为科技考古，反映出在学科分类方面的混淆不清。

夏鼐说过，除了运用考古学本身的各种研究方法(如地层学方法、类型学方法等)和运用文字资料和民族学资料之外，我们还要运用自然科学的方法以解决考古学上的问题。现在已在中国科学院考古研究所建立了一个实验室，由体质人类学家研究古代人类骨骼，化学家来分析古物的成分和制造过程，原子物理学家来充分运用同位素碳十四去推断古物年代。有些工作已取得一些成果，有些工作正在开始着手。这说明利用最新的考古研究方法，会给考古学研究带来更重要的新成果。[①]

他说，利用考古资料做中国古代科技史的研究工作，这 30 年间也有了进展。从前几乎专靠文献资料来做这方面的研究，现在我们认识到考古资料的重要性。它的重要性有时超过文献资料。如果将"科学技术史"的"史"字作狭义解释，专指文献记载方面的研究，那么应该另外有一门"科学技术考古学"，利用考古资料来做研究。这 30 年来，在冶金(主要是铜和铁)、纺织(主要是丝织品)和陶瓷三个方面，收获最大。但是其他方面如农学、医药、天文历法、地理舆图、工艺(玉器、漆器等的制作)各方面的科技史研究，考古学都提供了许多珍贵的资料。[②]

他还说，我们了解到中国科技史是什么，中国考古学又是什么，以

---

① 夏鼐：《新中国的考古学》，《夏鼐文集》(上)，社会科学文献出版社，2000 年。

② 夏鼐：《三十年来的中国考古学》，《夏鼐文集》(上)，社会科学文献出版社，2000 年。

后我们便容易说明二者之间的关系。科技史的"史"字是广义的历史，包括利用文献记载的狭义的历史和利用实物资料的考古学。所以有人以为如果科技史的"史"字采用狭义用法，需要有另一门叫作"科技考古学"（Archaeology of Science and Technology）的学科。我以为还是"合二为一"为妥，依照一般习惯笼统地都叫作"科技史"这样的一门科技史，其中许多方面是要依靠考古学提供实物标本和涉及标本的有关资料（例如标本的年代和出土情况等）；有时候需要合作，共同进行研究。1949 年前搞中国科技史研究的学者们时常只知道向故纸堆中去找资料，现在的情况完全不同了。1949 年后 30 多年的考古工作，累积了大量可供科技史研究的可靠的资料。同时，科技史的专家也认识到考古资料的对于他们研究的重要性。①

目前学术界说的"科技考古"，与夏鼐提出的"科技考古"，仅仅是字面相同，内涵却是两回事。自然科学技术手段在考古学中的应用，与利用考古遗存进行自然科学领域的相关研究，这两种做法的目的完全不同，不能用"科技考古"的说法将二者"合二而一"。利用自然科学的技术手段收集考古遗存、保护考古遗存，提取考古遗存信息，这部分大概可以叫作"考古科技"。而把以自然遗存、人类遗存作为研究对象的考古学分支学科归入"科技考古"更不科学，道理很简单，植物、动物和人类不属于科技范畴。如此看来，当下学术界所谓"科技考古"，需要认真检讨。

至于现下说的"实验室考古"，应用的是当年殷墟考古的"H127 坑工作模式"。这个从田野转移到室内发掘清理与文物保护相结合的工作模式，为中国田野考古学提供了宝贵的经验，至今还在产生着不可低估的影响。

1936 年殷墟第 13 次发掘，在侯家庄王陵发掘之后，又发现了小屯 C 区 H127 灰坑。石璋如《殷墟最近之重要发现附论小屯地层》记叙了当时的情况："本来预定的计划，是 6 月 12 日结束。但 12 日的下午 4 时，在

---

① 夏鼐：《中国考古学和中国科技史》，《夏鼐文集》（上），社会科学文献出版社，2000 年。

H127 坑中发现了许多龟版。我们是 5 时半收工的，在一个半钟头的时间内，不过半立方公尺的土中，出了 3760 块龟版，在量上说也是很可观了。单为这一个坑，展限了一个工作日，预于次日，竭竟日之力把它肃清，谁知事实遮没了我们的想象，愉悦超过了我们的希冀。坑中包含的埋葬物，并不是像平常那样的简单，遗物的排列，并不是像平常那样的乱杂，不能以普通的方法，来处理这种特殊的现象。"H127 坑口径 1.8米、深约 1.6 米，坑内堆积为杂土和堆放整齐的数千片龟甲。负责发掘的王湘打算再延长一天，估计能把坑里的龟甲全部提取出来。当第二天太阳落山的时候，一天的工作仅仅提取出坑口上面的一小部分，按照这样的进度，全部清理工作需要花费几个月的时间。当时工地的情况不允许把发掘时间继续拖延，参加发掘的全体人员一致认为，应当把这个灰坑整体取出来，然后运回室内再慢慢处理。

当时先把 H127 坑从遗址堆积中整体切割出来，再用厚木板做的大箱子倒扣在这个硕大的土块上，从地下封住箱子口，然后用铁条牢牢加固。这种提取遗存的方法一直沿用至今，被称为"套箱法"。

80 多年前殷墟发掘 H127 创造的田野发掘"挪移大法"，发展到今天已经成为室内考古发掘与文物保护有机结合的工作模式。例如，山西翼城第 1017 号大墓采取了"挪移法"，切割、套箱、整体搬运，由田野搬到室内进行发掘和保护，在室内继续发掘，发现了大量青铜器、玉石器、锡器、蚌器、海贝等，在青铜盂、簋、豆等器内发现了有关"霸国"的铭文。[1]

目前按照考古作业空间，或分为田野考古学、水下考古学和遥感考古学。遥感考古学跟田野考古学、水下考古学所获取和研究的对象是有所区别的，遥感考古学在空中获取的是考古遗存的信息，并不是物质的遗存，物质与信息属于两个不同的范畴。迄今人类发现并且认识到世界上存在的三个基本范畴，即物质、能量和信息。

---

[1] 陈雍：《说说考古》，故宫出版社，2017 年。

第 2 章　田野考古学

2.1　田野考古具有科学性和实践性

近代考古学是以田野调查、发掘为获得实物资料的手段，田野考古构成了近代考古学的基本特征。西方学者一般将德国考古学家谢里曼运用地层学原理发掘特洛伊城址作为近代考古学的真正开始。

> 陈雍：德国考古学家谢里曼从 1871 年至 1885 年，先后四次发掘特洛伊城址；从 1874 年至 1887 年，先后发表了几本关于发掘特洛伊城址等著作。"田野考古学"概念，是 20 世纪初正式提出来的。
>
> 贾笑冰（中国社会科学院考古研究所）：考古学理论方法、思想的变迁发展，除与当时其他社会科学、人文科学的变化相关联外，无一不和田野考古学的田野实践相联系。文化历史的、过程的也好，后过程的也罢，也大都是由考古学家们在自身的考古实践中提出并检验。

我国学术界一般将 1921 年 10 月河南渑池县仰韶遗址发掘作为近代考古学在中国出现的起点。这次发掘由北洋政府聘请的瑞典地质学家安特生主持，刚从美国留学归来的袁复礼和地质调查所的刘长山、白万玉等五人参加了发掘，外国学者师丹斯基和步达生也短暂参加了发掘工作。

袁复礼在美国留学时，于地质专业之外曾学习过考古，自然是这次工作的适当人选。事实上安特生当时只到过几次现场，日常的发掘工作由袁复礼主持；同时袁复礼还兼任测量工作，如其所测绘的仰韶村地形图，在中国考古学史上是最早的一幅作品，也是珍贵的科学史料。袁复礼在仰韶村的田野发掘中任劳任怨，工作十分出色。安特生也对其表示了赞赏："在整个发掘期间，北京地质调查所的地质学家袁复礼先生一直帮助我进行工作，他不仅进行遗址的全面测量，还担任同地方人士和当局的交涉，由于为人机智，并善于待人接物，我们的发掘从未遇到任何阻难。"可见袁复礼在仰韶村发掘中的核心作用，所以说仰韶村的发掘成果，不能仅归功于安特生本人，袁复礼作为首次参与的中国学者，也是功不可没的。①

安特生认为，地质学与考古学虽范围不同，而实际研究往往互相为用。其关于方法者，如判断古代器物之新旧，文化发达之次第，为考古学之要事，皆不得不借助于地质学之测绘地形鉴定地层诸方法。②

梁思永批评说："在西阴村遗址发掘以前所有各次中国新石器时代遗址的发掘工作都是草率从事。"③

傅斯年批评说，安特生的考古方法，确实是比中国人有进步，所得的有趣味的材料，亦为不少；但是他的实际工作甚多可议之点：（一）不能利用中国的材料；（二）走马看花，不能充分地考验；（三）粗心挖掘，随便毁坏；（四）如掘不得，即随便购买。关于购买一层，最不可靠，因为不知道其来源，不如亲自掘出来的较为确实可信。把掘出来的考订完竣，再把买来器物做个比较，是不能把买来的当作材料的。安特生对于考古的功劳，着实不小，但是他对于甘肃一带的古物，因发掘时的不细心而毁坏去的，却也是不少。④

---

① 安志敏：《袁复礼在中国史前考古学上的贡献》，《考古》，1998年第7期。
② ［瑞典］安特生著，袁复礼译：《中华远古之文化》，《地质汇报》第五号第一册，1923年。
③ 梁思永：《山西西阴村史前遗址的新石器时代的陶器》，中国科学院考古研究所编辑：《梁思永考古论文集》，科学出版社，1952年。
④ 傅斯年：《考古学的新方法》，傅斯年著，雷颐点校：《史学方法论》，中国人民大学出版社，2004年。

李济批评说，安特生在田野工作期间，做过几件动人的考古工作，第一次发现了华北史前文化，领导了好几次科学的发掘，他的考古报告久已成为研究中国史前文化必读的书。但是，最近已有不少的专门学者感觉到：他的田野观察，虽甚精确，似乎尚可做得更精确一点；他的推断，大部虽极可靠，但那可靠的程度，显然尚可提高。他在甘肃工作时，只亲手发掘了几个遗址，却大量地收买了盗掘的古董。根据有限的发掘经验，评定大量的盗掘器物，结果就陷入若干短时期难以纠正的错误。他的有名的甘肃史前六期的推断，照最近在田野的复察，已需要基本的修正；他的更有名的《中国远古之文化》所做的推论，是否完全符合地下的实在情形，已招致不少疑问，到现在已成为史前考古在中国的一件亟须解决的公案了。以安特生博士在地质学的成就及他的广大的田野经验，来做几回小规模的考古发掘，尚不能满意地配合现代科学的要求；我们可以由此认明，科学的田野考古工作，所需要的这一项训练，应该是如何的严肃坚实、透彻了。这绝不是一种业余的工作，可以由玩票式的方法能办理的。这更不是故意地要把田野考古工作的方法说得特别艰难深奥。①

今天看仰韶遗址发掘主要存在两个问题：其一，安特生没有把遗址里所包含的不同时期遗物区分开，给中国考古学留下一个内涵混乱的"仰韶文化"，其负面影响一直延续到今天。所谓的"仰韶文化"，实际上包含了仰韶时期的遗存和龙山时期的遗存，每个时期遗存还可以再划分为不同的阶段。以仰韶村命名的"仰韶文化"，不是柴尔德提出的考古学文化，虽然称为"仰韶文化"，但与考古学文化不是一回事。今天我们可以用"仰韶时代"或"仰韶时期"取代"仰韶文化"，这样恰好说明这个"文化"实际是"时代"或"时期"的意思，而不是考古学文化。其二，安特生用地质学的方法发掘仰韶遗址，用人类学的方法命名、解释"仰韶文化"，用"文化西来说"推定其来源，在他的发掘与研究里，没有考古学方法论是非常明显

---

① 李济：《中国古器物学的新基础》，张光直、李光谟编：《李济考古学论文选集》，文物出版社，1990 年。

的，当是不成熟的田野考古学。

早在 20 世纪 30 年代李济就指出，田野考古工作，本只是史学之一科，在中国，可以说已经超过了尝试阶段了。这是一种真正的学术，有它必需的哲学的基础，历史的根据，科学的训练，实际的设备。① 现代科学所要求的，只是把田野工作的标准，提高到与实验室工作的标准同等的一种应有的步骤。一个做化学、物理学或生理实验的科学家，虽也靠不少的助手推动他的工作计划，但到了紧要的阶段，总是自己主持，亲自动手工作，并做记录的；他决不会想到躲在家中或图书馆内遥遥指挥，托另一个人代替执行的办法；对于同行的实验，在接受以前，大半都要在自己的实验室重复做一次，或若干次，看它准确到什么程度。重复实验，可以说是帮助同行朋友最虔诚的友谊表现，到现在，已成为实验科学的一种固定习惯了。靠田野工作取得原始材料的科学家，却享受不了这种实验室的互助。田野考古的情形尤为特别。冰川的遗迹、火山的构造、断层的暴露，均可供给无数的地质学家继续踏查、复查及再复查。但人类的历史却永不重演。一个重要的遗址，一座古墓，一尊纪念石刻，若是被摧毁了，没有第二个同样的遗址、古墓或石刻可以代替的。同样，若经手发掘古代遗址、古墓的工作者有了错误的观察，或不小心的记录渗入他的报告内，这种错误很难用直接的方法在短时期内校勘出来。一个严重的后果就是谬种流传，无形中构成这学业前进的一大障碍。像这样的情形，除了古生物学外，没有其他的科学可以比拟的。因此，我们更感觉到从事田野考古工作的人们所负的科学使命之重大，这种责任感应该使实际工作者小心。② 李济说的这些话，今天仍有现实意义。

夏鼐说，田野考古是一种科学的训练，受过初步的训练后，还要长期的继续学习，辛苦努力工作，才会有所收获。自然，我们也不必泄气，怕学不会，不敢来干这一行。田野考古是一种科学的方法，所谓"科学的

---

① 李济：《〈田野考古报告〉编辑大旨》，张光直、李光谟编：《李济考古学论文选集》，文物出版社，1990 年。

② 李济：《中国古器物学的新基础》，张光直、李光谟编：《李济考古学论文选集》，文物出版社，1990 年。

方法"，第一是说方法本身便要合于科学，要忠实、精确、系统化。我们对于所观察到的现象，要忠实地记录下来，不要混进主观的成见，扭曲了客观的事实。田野考古是"实践的"，不是空论，毛主席的《实践论》里说："只有人们的社会实践，才是人们对于外界认识的真理性的标准。"①

从上面几位考古学家的论述中不难看出，科学性与实践性是田野考古的显著特征。

　　　陈雍：谢辰生《在考古发掘工作汇报会闭幕式上的讲话》说："考古发掘有时是凭良心的，我不太懂田野考古技术，我认为是这样的，因为你不是对工作勤勤恳恳，严格按照科学要求办事，你可以把许多重要现象忽略了，在发掘中不注意把它挖掉了，你不说，谁也不知道，实际上这也是一种破坏。所以最重要的还是老老实实、科学的态度，有高度的历史责任感，加强职业道德也是很重要的。"②

古代遗址是田野考古的主要对象，是由一定物质构成的，遗迹、遗物包含在遗址之中，具有物质现象集合的特征。古代遗址是一定人群遗留下来的，具有时间、空间、功能、文化、社会等属性的特征。田野考古是考古者依据其知识储备、学术旨趣和研究取向，依靠技术手段与思维工具，揭露、认识、解释古代遗址的学术活动。

田野考古调查、考古发掘的过程就是收集考古遗存的过程。在这个过程中，获得到的古代遗存经历了这样的过程：其一，在当时条件下，古代人类各种活动遗留的各种实物遗存。其二，在以后长期的自然界和人类的作用下，形成了遗址堆积，堆积里留存了一部分遗存。其三，考古发掘所获的幸存至今并且能够被收集到古代遗存。因此。考古发掘所获的古代遗存都是残缺的、离散的、无序的，这是考古遗存的基本特点。

---

① 夏鼐：《田野考古序论》，《夏鼐文集》（上），社会科学文献出版社，2000 年。
② 谢辰生：《在考古发掘工作汇报会闭幕式上的讲话》，彭卿云主编：《谢辰生文博文集》，文物出版社，2010 年。

　　整理考古资料、编写考古报告是收集考古遗存工作的继续和延伸，其主要目的是把残缺的、离散的、无序的考古遗存变成有序的，把若干"历史碎片"缀合在一起，成为一个或几个"历史片段"，最后达到解释考古遗存、复原社会历史、揭示一般规律的目的。

　　考古学研究是一个整体，田野调查、发掘和室内整理、研究有着密切的联系，不能截然分割。但是，由于调查、发掘工作有一套完整的方法论，而且还使用许多特殊的器材和设备，又要广泛采用自然科学的手段，这就使得田野考古学有其相对的独立性。把它作为考古学的一个重要的分支，也是理所当然的。①

　　　　陈雍：说到田野考古的实践性，我想起许永杰说的："那时候，工地上的技工都是跟着我们学考古、学发掘，是我们培养出来的。现在倒有趣，专业人员的田野技术退化严重，田野考古的中坚力量变成了技工，情况全都反过来了。工地领队居然田野发掘不过关，考古工地全靠技工撑着，技工反过来教领队、教老师、教学生。这是考古学发展到今天的一大悲哀！"②的确，当下轻视田野考古的风气越来越甚，有的人自己不动手，探方、墓葬全靠技工挖，甚至考古报告也让别人写；有的人研究不从考古材料出发，他们不愿意也不可能被材料牵着鼻子走，要么因袭前人，要么照搬洋人，创造出自己说不清别人听不懂的话语；有的人喜欢游弋于书本之间，热衷于坐而论道。轻视田野考古的倾向，已经到了不改不行的地步了。

　　　　陶宗冶（张家口市博物馆）：评论深刻！

　　　　黄信（河北省文物考古研究院）：田野考古是最基础的，如果发掘的时候遗迹没挖清楚，那么报告就会损失很多重要信息。

　　　　张立方（河北省文物局）：岂止考古，现在很多行当多少都存在坐而论道问题。

---

　　①　夏鼐：《考古学》，《夏鼐文集》（上），社会科学文献出版社，2000年。
　　②　梁侨、许永杰：《此心安处是吾乡——许永杰教授访谈录》，《考古大家谈》公众号，2021年4月8日。

2.2　考古发掘

梁思永发掘后冈遗址提出的"倒着原来堆积的次序由上往下按层揭"①，是田野考古发掘的重要思想，也是发掘必须遵循的基本原则。古代遗址在"叠覆原理"作用下，先形成的堆积沉落在下面，后形成的堆积叠压在上面。这就是梁先生说的"原来堆积的次序"。我们常常把古代遗址比作一本倒置的历史书，书的最后一页在最上面，开始一页压在最下面，发掘遗址就是从后面向前面倒着阅读遗址这本历史书。这就是梁先生说的"倒着原来堆积的次序由上往下按层揭"。

考古发掘的主要内容包括，辨别古代遗址的堆积层次，划分堆积单位，构建堆积单位之间的联系；揭露各种遗迹现象，提取人类创造的或与人类活动有关的遗物；探究古代遗址的堆积现象及成因，以及遗址的各种属性特征。考古发掘主要内容的方法论是考古层位学。

发掘古代遗址需要掌握考古发掘技术方法和考古学方法论，同时还要有文物保护意识和文物保护知识。

　　陈雍：谢辰生先生指出："科学的考古发掘，是文物保护的一种特殊手段。"②

2.2.1　考古发掘经验之谈

二十世纪七八十年代，张忠培在吉林大学的河北、山西考古工地多次谈到考古发掘需要注意的事项，都是很实用的经验之谈，我想起了以

---

① 梁思永：《小屯龙山与仰韶》，中国科学院考古研究所编辑：《梁思永考古论文集》，科学出版社，1952 年。

② 谢辰生：《文物保护与科学研究的历史发展概述》，彭卿云主编：《谢辰生文博文集》，文物出版社，2010 年。

下几点内容。

(1)遗址的全部关系就是纵和横的关系,考古发掘是揭示遗址的纵与横的关系。

(2)探方发掘要注意剖面和平面的结合。

(3)解决灰坑谁打破谁,要从"犄角"入手。

(4)揭露遗迹,先挖形状完整的,后挖形状不完整的。

(5)发掘地层和遗迹,注意土质土色变化的同时,还要注意陶片的变化。

(6)必须按出土单位收集遗物。

(7)挖探方要从上往下挖,摸陶片要从下往上摸。

(8)发掘就是破坏,古代遗址不能再生,所以一定要做好科学记录。

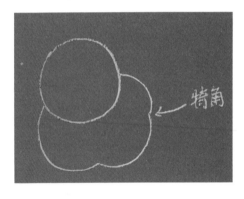

图 2.2.1-1　发掘灰坑要从"犄角"入手

盛立双(天津市文化遗产保护中心):犄角是什么?

陈雍:张先生说的"犄角",是指平面上两个灰坑相交形成的夹角,就像羊的两只犄角,见图2.2.1-1。一般的做法是,抓住其中的一只"角",把"角"往前延伸形成弧线,逐渐连成坑口的平面形状;用同样方法找另一个坑口;然后找到两个坑的结合部位,正确判断出打破关系;最后闭合所有的坑口线,形成具有打破关系的坑口形状。

陈畅:明白了,就是找关系、掐关系。

陈雍:从"犄角"入手,就是抓主要矛盾。

当年吉林大学的河北、山西考古实习工地上有几个"不能"的说法,都是发掘工地上经常遇到的一些问题,搞清楚为什么"不能",对于提高发掘技术还是很有帮助的。

(1)地层、遗迹单位的平剖面不能留"线头"。

(2)地层、遗迹单位的平剖面线不能"交叉"。

(3)两个发生关系的堆积单位不能"既打破又叠压"。

(4)遗迹单位不能在地层里"飞起来"。

(5)探方里的地层不能"旋转"。

盛立双：(1)和(2)关系没边界，(3)和(5)捋不清关系，(4)联不上关系。

陈雍：许永杰(中山大学社会学与人类学学院)在他的微信朋友圈里，跟他的研究生们就我说的几个"不能"展开了讨论，最后他做出总结，这里把他说的内容转述如下：

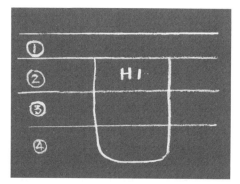

图 2.2.1-2　地层和遗迹线不能交叉

"陈老师讲的五点中，有四点都是在讲发掘探方中的线条都必须是闭合的。(1)不能扔线头；(4)遗迹不能飞；(5)地层不能旋转。都是说划出的堆积线要闭合，这些好理解。(2)地层和遗迹线不能交叉，见图 2.2.1-2。H1 如是开口在第 1 层下，坑中的两条横线就不存在，坑中有横线那是坑内堆积分层，但是此横线不能穿出坑壁。"

2.2.2　考古发掘非典型案例

下面都是田野考古发掘中很常见的例子，并不复杂，但是能够反映出发掘者现场分析问题和解决问题的能力。

(1)下面前三张图是考古发掘的探方剖面，判断是否正确，并说明理由。

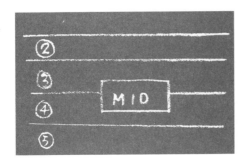

图 2.2.2-1 剖面一

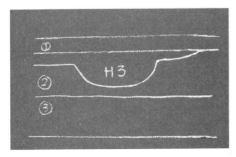

图 2.2.2-2 剖面二

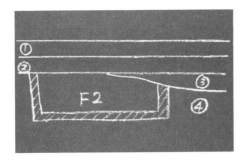

图 2.2.2-3 剖面三

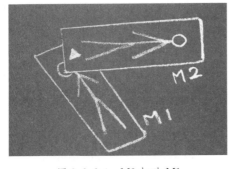

图 2.2.2-4 M2 打破 M1

丛德新（中国社会科学院考古研究所）：第三幅没毛病呀。第二幅若左边合上，也没错。第一幅可以讨论的。

蒋志龙（云南省文物考古研究所）：图1、图2不正确，但可理解，对吗？图3应该对。

陈雍：图3是我出过的考题，房址剖面没毛病，但不少人按照惯性思维，也以为有毛病。图2灰坑左边封闭就可以了，坑上面的是溢出来的堆积。图1确实需要讨论，如果是土坑竖穴墓就不对了，这个是洞室墓的横洞剖面，是可以的。袋状灰坑也可能遇到这样的剖面。

陈畅：图2的H3如果在很大范围内才封口，其实就是没封口。

陈雍：这么理解也可以。一次性快速堆积就没有封口线，比如房屋的奠基坑等，还有一种特殊情况如洪水、泥石流等。

（2）如左图所示，M2打破M1，在M2的人骨足端填土里发现一件陶鬲，失一足，在M1人骨头端发现一个鬲足。M1残鬲足与M2失足陶鬲可以拼对，所以陶鬲是M2的随葬品。判断是否正确，并说明理由。

田建文：有所指吧。

王炜林：哈哈，有点脑筋急转弯的感觉。

盛立双：M1 的吧。

陈雍：再来看个例子。《宝鸡北首岭》①第 84 页称，77M9 随葬品放在头前，有陶罐 2、陶碗 2、陶钵 3。此外，在墓的足部位置出土一件陶鼎足，恰与打破此墓的 77M4 所出的缺一足的双联鼎对合，说明该鼎属于此墓。想是由于 77M4 造墓时打破此墓，将鼎打破的缘故。77M4 随葬品多置于小腿之上至足部，计有陶罐 2、双联鼎 1、陶钵 2、陶杯、小陶钵、陶瓶 1。此墓之双联鼎应属于 77M9。我的问题是：双联鼎应当是哪个墓的随葬品？

田建文：看看怎么样，当心掉进坑里。

陈雍：关于北首岭双联鼎，许永杰对他的研究生们这么讲："有打破关系的两座墓葬出土器物可以拼对到一起，按常规理解，是晚期墓搅动早期墓时，将早期墓随葬器物带到了晚期，器物的年代应属早期。但是，陈老师所举北首岭的例子却是晚期墓没有清理到底，以致将一条鼎腿漏给了早期墓，该鼎的年代是晚期。此案例提示田野操作时，墓葬提取人骨后要刮墓底，确认清理完毕。此事还可举徐州龟山二号墓，原报告认为墓主是节王刘纯，但是报告刚刚发表，又在第六墓室发现一枚龟钮银印，为襄王刘注，印章太重落在了淤泥中。"

丛德新：徐州龟山二号墓，见许永杰《漫谈历史时期考古的方法》，收入《中国考古学理论与方法十讲》②。

陈雍：上面大家讨论的内容，一是划地层线、遗迹线一定要闭

---

① 中国社会科学院考古研究所编著：《宝鸡北首岭》，文物出版社，1983 年。

② 许永杰：《中国考古学理论与方法十讲》，科学出版社，2018 年。

合；二是发掘墓葬(包括灰坑)一定要清理到底；三是根据准确的层位关系确定遗物的归属。

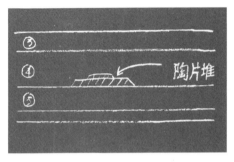

图 2.2.2-5　第 4 层里的"陶片堆"

(3)某遗址发掘到第 4 层下部发现一堆陶片，可辨识出数个个体残片，像是有意放置的，见图 2.2.2-5。现场认真刮平剖面，并做"微创解剖"，没能找到遗迹的轮廓线，经过再次辨识，这堆陶片就是摆放在第 5 层上的，请问这个迹象应当如何理解，怎样进行现场处置。

霍东峰：吉林大学田野实习把这个堆积编号为 C，就是层的意思，参见双塔遗址发掘报告。

蒋志龙：是否应当编个遗迹号？

陈雍：这个陶片堆叠压在第 5 层上，是一个独立的堆积单位，可以理解为叠压第 5 层的加层遗迹，区别于向下挖的减层遗迹，应独立编遗迹号，比如用字母 D，即堆积的意思，也可以编号为 C，即层的意思。关于这类遗迹的编号法，目前没有规定。

王立新(吉林大学考古学院)：我和段天璟在吉林双塔遗址发掘时就曾编过这样的"堆"号。

陈雍：东北、内蒙古、新疆等地的古代遗址，如牛河梁遗址、高句丽遗址，大都是石块建造的遗迹，有人把这类遗址叫作"硬遗址"，发掘这种石头遗址与发掘土遗址有很大的区别，往往把石头拿掉了，遗迹也就不存在了。这种石头遗址的发掘，给田野发掘方法提供了新鲜经验，同时也提出了新问题，特别需要我们在理论方法上总结出来。有人说，中国的田野考古方法和考古学方法论是从"软遗址"里产生出来的，对于"硬遗址"或许一时还不太适应，需要我们在实践中不断丰富和完善。

2.2.3　考古发掘需要规范化

夏鼐《田野考古方法》[①]强调，田野考古的方法要忠实、精准、系统化，提出考古调查、遗址发掘、墓葬发掘、整理材料和编写报告，一整套田野考古操作程序，为规范田野考古方法，提高田野考古工作水平，以及促进田野考古学科建设，都起到十分重要的作用。

1984 年国家文物局颁布《田野考古工作规程》(试行)，这个规范性文件的出台，标志着中国考古学开始走向规范化的进程。所谓"规范化"，指对于重复性事物和概念的不断规范，并逐渐达到统一，以获得最佳秩序。规范化是一个学科成熟的表现，《田野考古工作规程》(试行)不仅在田野考古活动中起到一定的规范作用，而且在考古学科建设方面也有一定的积极意义，表明中国考古学的发展和其他学科一样需要规范化。

《田野考古工作规程》(试行)是考古工作规范化的规范性文件。该文件实施以来的考古实践证明，用"联络图"记录和表述遗址堆积单位之间的层位关系能够把复杂的问题简明化、规范化。过去有人认为"联络图"只适用于考古研究，发掘记录不应使用这种表达方式，实践证明这种意见是不对的。2009 年版《田野考古工作规范》的"系络图"较 1984 年版《田野考古工作规程》(试行)的"联络图"复杂，不好理解，缺乏可操作性。其实，这样的"系络图"只适用于考古研究，不适用于探方发掘记录。

2.3　考古资料整理

考古资料整理是考古发掘与考古报告编写之间的重要环节，是有目的的学术活动。在整理过程中，田野发掘所获的实物资料与所产生的记

---

① 　夏鼐：《田野考古方法》，《夏鼐文集》(上)，社会科学文献出版社，2000 年。

录资料转化为考古文献和考古档案，由此决定了整理资料工作的程序和具体内容。

考古资料整理是从感性认识上升到理性认识的必然途径。对于田野发掘所获资料的认识，不能仅仅停留在直观的、感性的、经验的层面上，不能只发掘、不整理、不写报告，行百里者半九十。对于已经获得的资料运用考古学方法论进行系统整理、逻辑加工，使认识从直观的、感性的、经验的层次上升到理性思维和理论的层次，通过实践—认识—再实践—再认识的过程，揭示与把握考古遗存的本质及其运动规律。

考古资料整理工作必须符合《田野考古工作规程》的要求，逐步规范考古资料整理工作。

2.3.1 资料的有序化

田野考古发掘活动形成的资料有两类，一类是考古发掘出土的实物资料，另一类是考古发掘产生的文字、图纸、照片等记录资料。考古资料整理，首先对全部资料进行检查、核实，并对错误、遗漏加以修正、补充，进而使全部资料条理化、简明化。这些工作看似繁杂琐碎，实则为整个资料整理工作的基础。基础是否坚实牢固，直接影响到实物资料向记录资料的转化。

田野发掘所获的遗物常常是破碎的、残缺不全的，室内整理需要把遗物残片拼缀在一起，进行技术修复，然后分类、遴选、定名、描述、绘图、照相。把发掘所获的各种遗物建立一定的逻辑关系，为编写考古报告做好资料准备。

在这里，分类是整理考古资料的重要手段。古人早就懂得"分别部居不杂厕"（《急就篇》）的道理，各种东西要按照类别分开，不要混杂。分类是一种逻辑思维活动，通过比较分类对象的各种特点，确立以互斥属性为特征的分组（或归组）。纷繁复杂的事物经过科学的分类，就会变得条理分明，甚至会露出规律的线索。学会并掌握正确的分类方法，对于考古资料整理与考古报告编写，乃至考古研究都是非常重要的。分类的两种主要方法，参见本书第 3 章 3.6.2 考古类型学。

　　陈雍：《兖州西吴寺》①龙山文化的灰坑分类，文字表述简单明了，逻辑关系清楚。共发现灰坑 314 个，经过整理能分期的有 174 个。灰坑按坑口平面形状可分为圆形、椭圆形、方形(包括长方、正方、圆角方形)3 大类。按坑壁坑底形状又可分为直筒状、口大底小的斜壁下收状、口小底大的斜壁下张状(俗称袋状)和弧壁圜底状(俗称锅底状)4 大类。这样，依据灰坑平面形形状与坑壁坑底形状的不同组合，灰坑最多可有 12 种基本型式。为了让读者能够直观地了解这个分类方案，原报告给出"龙山文化灰坑分类模式图"，12 种型式灰坑各用一个"模型"来表示。

　　考古学方法论是指导考古资料整理实践活动的理论，用什么样的方法论作指导，就会得出什么样的整理结果。比如，用考古层位学指导整理还是用考古地层学指导整理，最后得到的结果(如遗址、墓地分期)是不一样的。《宝鸡北首岭》是考古地层学，我分析北首岭遗址运用的是考古层位学②，两种方法论对同一个遗址进行分期，结果差别很大。

　　整理者对考古资料的认知过程与其具备的知识之间的相互关系，本质上属于认识论范畴。整理过程中可能出现两种情况，一种是经验的，一种是先验的，不管哪种情况，都会使整理结果带有一定的主观成分。想要避免和排除整理过程中出现的主观成分，整理者必须亲自动手，不厌其烦地摸陶片、排器物，这类工作千万不要让他人代劳。实践是认识的来源，整理者在亲身实践中，能够从考古遗存中找到感觉，获得对考古遗存的认知(图 2.3.1-1)。

---

① 国家文物局考古领队培训班：《兖州西吴寺》，文物出版社，1990 年。
② 陈雍：《宝鸡北首岭遗址再检讨》，《华夏考古》，1990 年第 3 期。

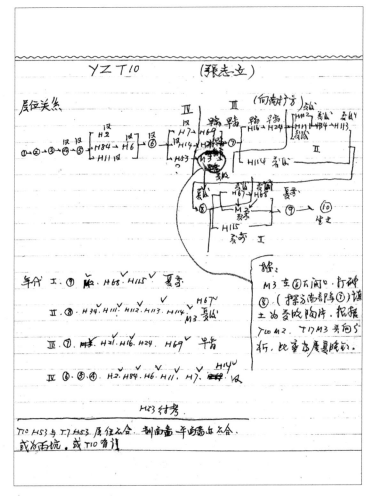

图 2.3.1-1 笔者的庄窠遗址整理笔记

2.3.2 描述反映认知

描述考古遗存是整理者对考古遗存认知的反映，知识背景、研究取向、观察视角等方面都会影响到描述的具体内容。田野考古报告与研究文章的器物描述可以有所区别，写报告与写文章的目的、视角、立场不同，所要表达的意思也就不一样。

陈雍：有的人不明白究竟为什么要描述，为描述而描述，有的人觉得描述都是差不多的套话，可以照着葫芦画瓢，甚至写成"八股文"。

遗迹、遗物描述要点有三：一要明确描述的要素；二要确定描述的顺序；三要规范描述的语言。遗迹、遗物描述需要使用规范语言，少用或不用自然语言，这就像在公共场合大家要说普通话，不说或者少说方言，才能够实现准确的表达和交流。

陈雍：当年张忠培给我们讲杏花文化陶鬲的演变，为了说明陶鬲裆部从早到晚由宽变窄的变化，他用男人的各种内裤打比方，最窄的内裤想到了日本相扑手穿的"辣个（那个）甚么（什么）"。没有描述器物的规范语言而使用自然语言，给学术研究带来许多不便。

这里以陶器为例。陶器描述是整理者对陶器各种信息认知的表达。一件陶器包含六个方面的信息，即陶质、陶色、纹饰、制法、器形和尺寸。

陈雍：陶器描述是件伤脑筋的事。这件器物叫什么名字，那个部位怎么称呼，整体和各个部位的形态如何表述？至于陶质、陶色、纹饰、制法等方面，也很难做到不费字句就能使人一看就明白，况且目前还没有大家能够接受，并且愿意使用的规范语言。

陶质，分为夹砂陶、泥质陶、细泥陶以及釉陶等。夹砂陶，加羼合料陶可以并入，也可以单列。泥质陶，陶土不淘洗，质地不纯净，可见不均匀的粒状杂质。细泥陶，陶土经淘洗，质地纯净、细腻。釉陶，器表施釉。

陶色，根据原料、制法和烧制气氛生成的颜色，主要分褐、红、灰、黑、白。褐色，露烧或粗烧，火候不均匀，氧化不充分，故呈较暗的灰调褐色，器表往往斑驳不一，或陶胎表里不一，这类多是夹砂陶，用作炊器，使用中经火烧烤，更造成颜色不纯。红色，窑室封闭较好，氧化充分，含三价铁离子较多，故呈红色。灰色，经充分氧化后，再经"饮窑"，即还原处理，含二价铁离子，故呈灰色。黑色，掺入较多的碳素，故呈黑色。白色，不是一般的陶土而是高岭土，或者近似高岭土。

> 陈雍：考古报告里说的"陶色"，是指根据原料、制法和烧制气氛生成的陶器颜色分类，主要分褐、红、灰、黑、白等类别，不是所看即所得的实际颜色。叙述陶器的陶色，先说颜色的分类，然后再说具体呈现的颜色，例如，陶器为泥质红陶，器表呈橘红色，但不能说是橘红陶。

纹饰，指广义的器表处理形式。见于考古学文献的纹饰命名大体有三种：根据形态命名，如绳纹、篮纹、方格纹等。根据制法命名，如压印、按压、戳印、锥刺、刻划等。复合式命名，如压印"之"字纹、刻划席纹、按压(滚压)绳纹、刻划弦纹、素面、磨光(或抹光)等，彩陶、彩绘均为器表装饰性处理，可视为纹饰。

制法，依有无制陶机械分两类，一类称为手制，另一类称为轮制。手制，贴塑出现的年代最早，为早期陶器的制法。有泥条盘筑、泥圈套接、慢轮修整口部等制法。东北地区汉代以前的陶器多为泥圈套接。模制多为器物局部，如袋足。捏塑一般为较小器物，或附件。轮制，即快轮拉坯成型，器底一般都有割离陶轮留下的旋痕。除了注意整个器物制成的基本方法，还应特别注意各个部分是如何结合在一起的，如周壁和底的结合，沿和周壁的结合，裆和裆的结合，耳和壁的结合，足根和袋足的结合，等等。

> 陈雍：观察陶器的制法，需要特别注意器物各个部分具体结合的方式。比如，陶罐的周壁与器底具体是怎么结合的，在工地上张忠培先生经常提醒我们，注意看看是底包帮(周壁)，还是帮(周壁)包底。

器形，一件陶器形态的描述离不开器物称谓，首先是整个器物的名称，其次是各部位的名称。

陶器整体名称，李济《殷商陶器初论》①说，因为陶器是一件极普通的器物，在金石学中就没有占一个相当的位置。研究中国古物的人，向来就是无文不录。它们的样式、用处、制作，均在不闻不问之列。我们现在从事这种工作就感觉一种初学入门的困难。头一层：那个名称就不容易定。

陶器定名大体有四种情况：一是由铜器的名称推定陶器的名称，商周秦汉陶器就是如此，如鼎、鬲、斝、爵、匜、觚、豆、盒等；二是根据文献记载的器名指称发掘的陶器，如瓮、釜、仓、箅、京、甑等；三是根据当代器物类比古代器物，如罐、盆、缸、盘等；四是根据器物形态创造的器名，新石器时代有不少这类名称，如小口尖底瓶、大口尊、圈足盘、瓦足皿、葫芦瓶、小口壶、支脚等。另外，原本有的器名不用，创造新的器名，如河南新石器时代常见的"鏊"，有的报告另起名为"干食器"。

陶器各部位名称，李济在研究殷墟陶器时列了一张表②（见下表），以此说明陶器各部位名称及其相互关系。他的器物研究均依此表，概念之间的逻辑关系非常清楚。

所指容器的部位					所用名称			
全部					体			
重要部分	口（或口部）		身（或身部）			足（或足部）		
各部分段	唇	纯缘	颈（或脰）	肩	腹	底（或底部）	上部	中部	下部
		周壁							

一件器物通常由主体部分和附加部分构成，上表记录的是主体部分的各部分名称，附加部分一般为耳、錾、鼻、嘴、流、钮、饰件等。

---

① 李济：《殷商陶器初论》，张光直、李光谟编：《李济考古学论文选集》，文物出版社，1990 年。

② 李济：《记小屯出土之青铜器（上篇）》附录，张光直、李光谟编：《李济考古学论文选集》，文物出版社，1990 年。

(1)口部，指由器物周壁包围形成的部分，器物所容载之物均从此出入，包括口、唇、缘三部分。

唇，指周壁最前端，大体分为尖唇、圆唇、方唇三大类，介于尖圆之间的称为尖圆唇，介于圆方之间的可称为圆角方唇，这是派生出的小类，余类推。

缘，或称沿，原指衣服镶的边。领也属于此类，或将罐、鬲等器斜立的缘称为领，而盆一律都称为缘，称缘、称领依器物而定。缘一般分为卷缘、翻缘、折缘、平折缘。须注意口、缘、唇三部分所在部位，不要把三部分混淆。

口，根据张合的形状分为直、敞、侈、弇(yǎn)四类。直口：竖直向上。敞口：敞，向外张开的意思。侈口：先收后张。弇口：先张后收，亦作敛口。弇，意为器之口小而腹大。侈、弇原本指钟口的形状，"侈声筰(zuó)，弇声郁"，见《周礼·考工记》《周礼·春官·典同》。侈，钟的口部大、中部小，故而声音"筰"(迫促)。弇，钟的口部小、中部大，故而声音"郁"(沉闷)。

李济说，讨论口部的形制，"唇"与"纯缘"的界线必须说清楚。这两个名词是很容易搅在一起的；虽说它们可以用作代表实物上两个不同的部分。为澄清因这两个名词意思不明所引起的浑沌局面，将它们在这里再加界说。唇的定义如下："唇，指容器口部终止的部分说，也就是器物外表与里表两面在口部交界的部分。"纯缘的定义如下："纯缘，周壁的最上部分，以变向的方式，或其他符号分划出来所构成的容器的口部。"故纯缘实际上是从周壁分划出来的，犹之肩与脰等部是由周壁分划而成的。不过分划的肩与脰仍只算作周壁，分划出来的纯缘却归入口部论。这些只是为澄清我们观念的一个方便办法，完全从器物的形态上着眼所找出来的区别。根据这两个定义，很容易推想得到的，就是一件容器可以有纯缘也可以没有纯缘，但必定有一个唇。[1]

---

① 李济：《殷墟器物甲编：陶器》，《李济文集》，上海人民出版社，2006年。

陈雍：缘，现下大多数称为沿，邹衡先生称为缘，如殷墟文化研究中经常提到的翻缘鬲，卷缘鬲。李济说的脰，即颈，但颈与领在同一件器物上比较难区分开，比如白燕四期陶鬲可以叫高领鬲，也可以叫有颈鬲。器物的颈、腹、足是拟人化的指称，器物的领对应袖，是另一套比拟的说法，所以颈和领应该是一回事。

李珺（山西大学历史文化学院）：现在报告上还用"纯缘"这个词吗？

陈雍：现在基本不见了。

（2）身部，一般分为肩、腹两大部分，有的器物有腰部，如甗。

肩，指口部以下、腹部以上部位。按形态分为鼓肩、溜肩、折肩、平肩等。腹，按外张和内收的状态分为鼓腹、垂腹、直腹（筒腹）、内收腹等。腰在器身中部，多为内束，或称为亚腰，但不够规范。有的器物有颈部，颈在沿之下、肩之上，颈径一般都小于口径，有直颈和束颈之别。

（3）底部，底部分为：平底、圜底、内圜底、尖底。

（4）足部，分为实足、空（窾）足和圈足。空足最上端两腿相连部位称为裆部，分为分裆、连裆、折裆、弧裆。空足的最下端称为根。

尺寸，一般按口径、腹径、底径、通高等部位的顺序描述，长度单位用厘米，不用公分，"公分"不符合计量单位规范。

2.3.3 绘图表达意图

考古图纸是考古报告和考古档案的重要组成部分。考古绘图是考古学知识与制图技术的结合，图形与文字、影像一样，是记录与表述考古遗存的手段，也是考古者对于考古遗存认知的反映。

考古绘图的构图原理与表现方式都与美术绘画不一样，考古绘图所生成的图纸，与地理、建筑、机械制图的图纸有不少相似之处。考古绘图不叫绘画，也不叫制图，叫法体现出考古绘图介于绘画与制图之间，是不是可以这样理解：考古绘图既有制图的基本要求，又允许适当采用绘画的表现方式。

考古绘图能够把文字描述与照相无法表现的内容，以图形的方式表现出来。考古报告里的遗迹、遗物图，为了凸显某一特征，往往采取一种突出或者强调的表现手法，以表达出整理者的意图。

遗迹、遗物的特征是通过比较研究得出来的，这样，考古资料整理工作开始阶段画的器物图，常常抓不住特点，等到器物排队、分期有了最后结果，则需要依据这一结果对此前绘的器物图做适当修改。但要注意，考古绘图不能有任何创作成分，必须遵守不改变考古遗存原状的原则。

考古图除依据遗存分为遗址、墓地、遗迹、遗物图，还可以依据画法分为一般画法图、特殊画法图，不同图纸的幅面、格式、比例应当有所区别，这些方面涉及考古绘图的基本规定。

陈雍：20世纪80年代，我和张文军在石家庄租赁高柱村的民房整理蔚县考古资料、编写发掘报告，张守中和郝建文绘制报告的线图（图2.3.3-1），李言拍摄器物照片（图2.3.3-2）。当年画图那间屋的墙上有"蔚县考古发掘报告绘图室"几个字。不久前，郝建文把这幅字的照片发给我（图2.3.3-3），他说："这是一件非常有意义的藏品"，我没想到当年墙上贴的那张纸还能保留到今天。这幅字是张守中1984年写的，右下角的小字是2020年4月8日补款。

郝建文（河北博物院）：当年张家口考古队在高柱村租了一个大院子，河北省文物研究所张守中老师负责蔚县考古发掘报告绘图，我跟着学绘图。我们搬进那个院子以后，张老师就写了"蔚县考古发掘报告绘图室"，用图钉钉在西墙上。大概过了一年多，我们又搬回省文研所，走前，我把张老师写的这幅字取下收了起来。转眼过去三十多年了，那天我翻出这幅字，去张老师家请他补印，他看到这幅字很高兴，补款后盖上了印章。

丛德新：1985年，我们就是在高柱村那个大院子里进行毕业论文答辩的。

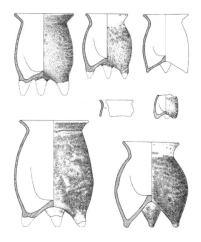

图 2.3.3-1　蔚县庄窠遗址出土陶鬲（郝建文绘）

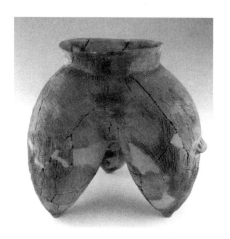

图 2.3.3-2　蔚县筛子绫罗遗址出土陶鬲（李言摄）

图 2.3.3-3　蔚县考古发掘报告绘图室（张守中书，郝建文提供照片）

2.4　考古报告编写

考古报告是什么？考古报告不是科普读物，也不是文学作品，考古报告是考古调查、发掘、整理、研究等一系列学术活动的记录与总结，同时还是发掘所获考古遗存的各种信息的载体。考古报告以考古学的知识体系和理论体系为支撑，有一套专门的记录方式与表述方式，在考古学文献中专业性最强。

中国自从有了近代考古学，就有了考古报告。考古学科的发展离不开考古报告，如果没有考古报告，考古学科将难以为继，无法发展成为一门学科。这样，读考古报告，写考古报告，研究考古报告成为考古者必修的功课。

中国考古学术界有一个非常好的学术传统，考古发掘所获资料全都用考古报告发表出来。不像一些外国学者，只在文章或书里披露一部分考古资料。中外学者的这种差别，在中国考古学初期就显现出来了。

　　王炜林：中国考古学者的天职。

　　余西云：中国人有写史的传统，能够更深刻地理解资料的重要性。

　　傅宪国（中国社会科学院考古研究所）：所以，外国学者又有什么资格对中国考古说三道四？

　　王炜林：切不可为要学别人而遗忘了自己，更不可为要学别人而先破灭了自己（钱穆语）。

夏鼐指出，发掘报告的编纂是每一个发掘工作的最后一环节，只有发掘报告写成后，负责发掘的人才可算是完成了他的工作，主持发掘工作的团体，应该负担起推动编写报告和出版报告的任务。①

---

① 夏鼐：《田野考古方法》，《夏鼐文集》（上），社会科学文献出版社，2000 年。

2.4.1　考古报告的构成

考古报告有多种形式，这里以图书类出版物为例说明考古报告的基本构成。一本报告分为四个部分，参见中华人民共和国国家标准《科学技术报告、学位论文和学术论文的编写格式》GB/T7713-1987。

(1)前置部分

前置部分包括封面、封二、题名页、序和前言、内容摘要、目录、插图和附录清单。

(2)主体部分

主体部分包括正文(包括文字、插图、表格、图版等)、注释、参考文献题录。

(3)附录部分

附录部分包括登记表、统计表、鉴定报告、测试报告等。

(4)结尾部分

结尾部分包括后记、封三、封底。

2.4.2　考古报告的体例

一本考古报告采取什么样的体例是由发掘对象决定的，为的是更好地表现发掘对象。根据遗存的不同类别和发掘工作特点，可以采取不同的组织考古资料的体例，大体分为以下四种：

第一种，按照一个遗址的分期分章，如《姜寨》《兖州西吴寺》等。

第二种，按照遗址、墓葬的类别分章，如《洛阳中州路》《曲阜鲁故城》等。

第三种，按照数个遗址的地点，或一个遗址的发掘地点(或分区)分章，如《晋中考古》《殷墟发掘报告 1958—1961》等。

第四种，以墓葬或遗址的堆积单位组织材料，如《鹤壁刘庄墓地》《徐水西黑山》按一个个墓葬排列，《郑州大师姑》按遗址分期的次序排列各期的堆积单位。

陈雍：俞伟超和张忠培说，对编写考古报告来说，如何安排插图和图版，是普遍感到要费心斟酌的问题。《斗鸡台》和《中州路》都是插图按器物的类别编排，图版按共存单位编排。这就照顾了两个方面：看插图，便于观察每种遗迹、遗物的形制变化过程；看图版，又便于了解每一单位内各种遗迹和出土遗物的共存关系。编好考古报告与对发现材料的深入研究，是一件事情相辅相成的两个方面，对于材料理解愈是深刻，就愈可能发表得准确和全面①。

王炜林：《元君庙仰韶墓地》的插图、图版也是典范。

陈雍：《元君庙仰韶墓地》插图、图版编排方式与《斗鸡台》一样。还有，《白沙宋墓》值得好好学习，这本报告正确处理了考古资料与研究内容的关系，报告体例与研究方式的关系，报告正文与注释的关系，插图与文字内容的关系，当为考古发掘报告的典范。《元君庙仰韶墓地》和《白沙宋墓》，是中国考古学上史前墓地研究和历史时期墓地研究的经典之作，是必读的考古学文献。

许永杰：我的考古学文献导读课是这样布置的。

梅婷（故宫博物院）：当年张忠培先生也是给我推荐的这两本报告。

2.4.3　编写报告的规则

编写好考古报告需要认真执行国家有关标准和规定，如《出版物上数字用法》《量和单位标准》《标点符号使用方法》《文后参考文献著录规则》，以及《出版物汉字使用管理规定》等，这方面就不展开说了。

陈雍：进一步了解考古报告，可参阅本书第 6 章 6.3.1 考古报告和考古简报。

---

① 俞伟超、张忠培：《探索与追求》，《文物》，1984 年第 1 期。

第 3 章　考古学理论结构

3.1　考古学理论包括两个范畴

梁启超在九十多年前说过，对于中国考古学的方法，一是要改良年代学的旧方法，二是要引进地质学、人类学的新方法。以中国地方这样大，历史这样久，蕴藏的古物这样丰富，努力往下做去，一定能于全世界的考古上，占极高的位置。①

具有百年历史的中国考古学，一是依靠田野考古的进步而发展，二是依靠理论方法的进步而发展。20 世纪 80 年代以来，中国考古学发生了较大的变化，它和许多学科一样，表现出对理论方法的热情，拓展中国考古学理论的愿望，促进了外国当代考古学理论在中国的传播。

陈先达教授跟学生聊哲学讲过这样一段话："毛泽东讲到中西文化关系时曾非常形象地说：'学外国织帽子的方法，要织中国的帽子。'这是洋为中用的通俗说法。学外国不是目的，而是发展自己民族文化的一种途径。如果只学习他们织帽方法而不会织自己的帽子，这种方法不会取得成功。在讲到中外关系时，毛泽东还说我们当然要提倡民族音乐，作为中国人，不提倡中国的民族音乐是不行的，但这并不是说要排斥西方的东西。他以军乐为例，军乐队总不能用唢呐、胡琴，这等于我们穿军装

---

① 梁启超：《中国考古学之过去及将来》，梁启超：《饮冰室合集》，中华书局，1936 年。

要穿现在这种式样的，而不能穿那种胸前背后写着'勇'字的褂子，民族化不能那样。乐器是工具，当然工具的好坏非常重要，但是如何使用工具才是根本。外国乐器可以拿来用，但是作曲不能照抄外国的。这说明文化和文化载体不同。正如电视机可以引进，但上映的还是要有自己的风格、价值观和反映中国实际内容的电视剧。"①我们学习外国考古学理论方法，最终要能够解决中国考古学上的问题，否则只会说外国人织帽子的方法，永远织不出自己的帽子。考古学理论的学习与实践，要从中国考古学的历史和现实出发，坚持理论联系实际的原则；对待外国考古学理论要保持"各美其美"的心态，不排斥不盲从，更不食洋不化。

中国考古学究竟需要什么样的理论？这个问题实际上关系到考古学研究的范畴和层次。如果研究课题的必要性和可行性是肯定的，那么剩下非常重要的就是，理论与研究课题之间的适切性，考古者对此适切性的感觉和判断，则反映出考古者的理论思维能力，以及对于理论需求的真实动机。

中国考古学理论根据概括程度和适用范围，可以分为方法论与哲学。哲学是自然知识、社会知识、思维知识的概括和总结，马克思主义哲学是科学的世界观和方法论，可以为考古学提供世界观和方法论的指导。

我们平时所说的方法论，分为通用科学方法论和专门科学方法论。通用科学方法论，包括自然科学方法论与社会科学方法论。专门科学方法论，包括人类学方法论、社会学方法论、语言学方法论、历史学方法论、考古学方法论等。

考古学方法论适用于考古学，因为这个方法论的内容是由考古学的研究对象、研究领域、研究视角、研究目的决定的。考古学方法论是科学认识与解释考古遗存的方法体系，主要内容包括四个方面：对研究对象属性的认识；与研究方法相适应的研究视角和路径；认识与分析研究对象所必须遵守的原则和逻辑；理性思维与哲学思想。

方法论又称为方法系统。百年来的中国考古学形成了四个研究领域

---

① 陈先达：《散步·路上——我与学生聊哲学》，人民大学出版社，2014 年。

的方法系统，分别为年代的方法系统、层位的方法系统、类型的方法系统、阐释的方法系统。在接下来的篇章里，将要具体说明这几个方法系统。

中国考古学理论是百年来中国考古学实践的概括和总结，需要我们在考古学实践中检验这些业已形成的理论，并且在实践中不断发展和完善这些理论。

3.2　考古学方法论是认识工具

马克思主义认为，人对世界的认识是通过一定的认识结构实现的。所谓认识结构是指参与认识活动的诸要素在其相互联系、相互作用中形成的比较稳定的结合方式，具体说来，认识结构是由认识主体、认识客体和认识工具三个要素构成的结构。人的认识实质，是认识主体借助一定的认识工具作用于认识客体。这样，考古学研究就是考古者—认识主体通过考古学方法论—认识工具去认识考古遗存—认识客体。

考古学方法论是对考古遗存认识、分析、解释的方法体系的理论总结。在考古认识活动中，考古者是认识主体，考古遗存是认识客体，考古者通过一定的认识工具来认识考古遗存，在这个认识结构里，考古学方法论就是认识工具。

马克思主义哲学对于正确认识考古学方法论具有非常重要的指导意义。作为认识工具的考古学方法论，包括认识活动和认识活动的产物。认识活动由认识主体的思维模式，包括思维基础、思维原则、思维内容构成。认识活动的产物，包括概念及术语、术语的逻辑体系。

　　周广明（江西省文物考古研究院）：马克思主义哲学对于正确认识考古学方法论具有非常重要的指导意义。

　　陈雍：考古者的理论思维形式就是世界观和方法论。我们应当坚持辩证唯物主义与历史唯物主义的世界观和方法论，并努力运用到中国考古学实践中去。

方法论由基础、原则、方法三部分构成。方法论基础决定了方法论的理论深度和原则，以及具体方法的选择。比如，考古层位学采用地质学的地层层序律和化石层序律为其理论基础。方法论原则是认识和分析研究对象必须遵循的基本原则和逻辑程序。比如，同一性原则、排他性原则、穷尽性原则决定了考古学类型学分类和排序所必须遵循的准则，对分类和排序的具体做法加以限定和约束。方法论内容是指适用于学科全部领域或某个特定的范围的各种具体方法总合。

具体方法指在研究的各个阶段中为了达到一定的目的所采用的路径和手段，具体方法的选择必须与一定的研究方式相适应。比如，考古层位学根据土质土色和形状结构划分堆积单位的方法，考古类型学根据形态特征和结构划分型式的方法。考古技术是从实践中得出的经验与技能的集合，一般指操作方面的手段和技巧。技术与方法可以重复使用，也可以复制，具有很强的实践性特征。

围绕考古遗存所进行的全部考古实践活动，分为获取考古遗存、分析考古遗存、解释考古遗存三个层次，需要回答考古遗存的年代、功能、文化、社会属性以及遗存反映的社会历史。中国考古学理论、方法在考古实践活动的三个层次中形成与发展。随着中国考古学收集、分析、解释考古遗存能力的不断提高，作为考古者用以认识考古遗存的认识工具——方法论，它的内容也会越来越丰富，分类越来越清楚，功能越来越明确。

王炜林：新时期考古学还应该加上对考古遗存的保护与研究，考古遗存保护如果脱离考古学，往往会误入歧途。

3.3 考古学方法论有两个体系

中国考古学上有两个不同逻辑关系的方法论体系，一个是从属关系的方法论体系，另一个是并列关系的方法论体系。

夏鼐主张的考古学方法论内容为："断定相对年代，通常是依靠地层学和类型学的研究，这是考古学范围内的两种主要的断代法"①，地层学、类型学与年代学为从属关系。梁思永和吴金鼎的考古学论著也是这种方法论，与蒙特柳斯的方法论相同。科林·伦福儒、保罗·巴恩《考古学：理论、方法与实践》第二编"相对年代测定"，年代学包含地层学和类型学排序法②，也属于这种方法论体系。

苏秉琦认为，考古学方法论的发展反映学科发展的阶段性，构成学科发展的核心内容，主要内容包括地层学、类型学、考古学文化。③ 值得注意的是，其中没有年代学，各个部分内容为并列关系。他说的类型学又称为器物形态学，其研究目的是研究器物形态，探索其变化规律，而不是年代问题。可以借用器物形态学研究年代问题，这类研究所关注的是横向的共存器物共同特征与纵向的同类器物变化特征；典型单位的出土物是重要对象；地层叠压与遗迹打破关系是重要依据；具体做法是器物分类、分型，以及同类器物的排比。④ 张忠培认为，地层学（或称层位学）和类型学之于考古学如同车之两轮。⑤ 俞伟超提出的考古学方法论包括考古地层学、考古类型学，以及根据实物资料来恢复历史原貌的方法论。⑥

3.4　年代的方法系统

古代遗存的年代是考古学研究的首要问题。蒙特柳斯说："我人无论从事任何一种历史研究，第一要件，必须对年代关系具有精确的知识，

---

① 夏鼐：《考古学》，《夏鼐文集》（上），社会科学文献出版社，2000 年。

② ［英］科林·伦福儒、保罗·巴恩著，中国社会科学院考古研究所译：《考古学：理论、方法和实践》，文物出版社，2004 年。

③ 苏秉琦：《近代中国考古学方法论（提纲）》，苏秉琦：《华人·龙的传人·中国人——考古寻根记》，辽宁大学出版社，1994 年。

④ 苏秉琦、殷玮璋：《地层学与器物形态学》，《文物》，1984 年第 4 期。

⑤ 张忠培：《地层学与类型学的若干问题》，《文物》，1983 年第 5 期。

⑥ 俞伟超：《关于"考古地层学"问题》《关于"考古类型学"问题》，王然编：《考古学是什么：俞伟超考古学理论文选》，中国社会科学出版社，1996 年。

此为吾人所共喻，毋俟深论。但年代学（Chronologie）若就通常当为史前的时代而论，究竟能够得到何等程度的决定，则学者间议论多端，莫衷一是。"①

从某种意义上来说，考古学属于"时间"的科学，考古年代学是计算考古遗存时间和排列考古遗存时间顺序的方法体系。用不同的计量时间方法得出的时间概念不同，用考古学的层位方法与类型方法得出的遗存时间是相对年代；用历史学方法与科学技术方法得出的时间是绝对年代。不管是哪种方法，都要有一定的计算时间单位，都要按照由早到晚的次序排列，这是考古年代学所必须遵循的原则。

蒙特柳斯说，我人如欲认识某项物品在年代学上的位置，只须以相对的年代（relative Chronologie）或绝对的年代（absolute Chronologie）为问题，即可明了。"相对年代"可以解答某项物品比别一物品较古或较新的问题，"绝对年代"可以指示某项物品是在基督纪元前或纪元后的某一世纪制作的东西。②

同一种考古遗存可以有两种年代。比如，河北省文物考古研究院在尚义县四台蒙古营子发掘了一处史前遗址，出土了早晚两种陶器。早期遗存陶器的年代，大约和内蒙古敖汉旗兴隆洼遗址出土陶器年代相近。这类遗存出土木炭测年得出一组数据，校正年代为距今 7670—7580 年。依据陶器对比所推定的年代是相对年代，用放射性碳素所测定的年代是绝对年代。

3.4.1　绝对年代

绝对年代，指考古遗存距离现今确切的时间。计量时间的单位为"年"，即地球围绕太阳旋转一周的时间。中国考古学上确定绝对年代的方法有历史学方法和科学技术方法。历史学纪年可以准确判断出公元前 841 年以来铭记中国历史纪年的考古遗存的绝对年代。科学技术测年最常见的是放射性碳素（^{14}C）测年。

---

①② ［瑞典］蒙德留斯著，滕固译：《先史考古学方法论》，商务印书馆，1937 年。

夏鼐《碳-14 测定年代和中国史前考古学》①，根据大量的碳-14 测年数据，按照中原地区、黄河上游(甘青)地区、黄河下游和旅大地区、长江中游地区、闽粤地区、西南地区、东北地区分区，从早到晚排列出各地区的新石器文化(包括一些早期青铜文化)顺序及其绝对年代，建立起中国新石器文化(包括一些早期青铜文化)分区分期的绝对年代时空框架，成为中国考古学上年代学研究的里程碑，极大地促进了中国现代考古学的发展。

夏商周断代工程运用碳-14 测年技术，获得大量绝对年代数据，关于夏代的历史年代，《夏商周断代工程 1996—2000 年阶段性成果报告·简本》②估定在公元前 2070—前 1600 年之间，与传统看法相同。

刘绪《夏文化探讨的现状与任务》③指出，近年来，受 ^{14}C 测年数据的影响，"二里头遗址西亳说"又回归了，随之"二里头文化前半是夏文化、后半是商文化"的说法又出来了。他曾指出，《夏商周断代工程 1996—2000 年阶段性成果报告·简本》关于二里头遗址的测年数据存在多处错误，不支持"二里头遗址西亳说"。出人意料的是，他的意见一经公布，测年专家便调整了相关测年数据，于是沉寂多年的"二里头遗址西亳说"又活跃起来，难道这是一种巧合？对于学术界的这一现象，人们是质疑 ^{14}C 测年技术，还是别的什么？况且，学术界对某些测试单位的 ^{14}C 测年需要提供考古遗存研究背景的做法，一直有所疑虑。人们不禁要问：夏商周断代工程的研究目的是得出夏商周三代的绝对年代，但是 ^{14}C 测年出了问题，最终结果还能令人信服吗？

刘绪说，夏代开始的年代，过去推定为公元前 2100 年，夏商周断代工程改订为公元前 2070 年，比原来少了 30 年，这样夏代积年大约为 470 年，看起来确实精准了。对于这个年数，刘绪说："如果相信夏王朝 14

①　夏鼐：《碳-14 测定年代和中国史前考古学》，《夏鼐文集》(上)，社会科学文献出版社，2000 年。

②　夏商周断代工程专家组：《夏商周断代工程 1996—2000 年阶段性成果报告·简本》，世界图书出版公司，2000 年。

③　刘绪：《夏文化探讨的现状与任务》，《中原文化研究》，2018 年第 5 期。

世 17 王是可靠的，那么夏代 471 年之数可能有误，即年数多了。反之，如果相信夏代 471 年之数可靠，那么夏王朝 14 世 17 王之说便可能有误，即世数少了。本人以为是前者。"[1]

20 世纪 90 年代，我在天津市历史博物馆工作。"夏商周断代工程"办公室给我们单位来函称，"商代后期的年代学研究"拟在全国 18 个收藏单位提取测试样本 220 个，拟在天津市历史博物馆提取样本 22 个。这 22 个样本都是珍贵文物（一级、二级、三级文物），其中一级文物有多件。当时我提出，用商代晚期甲骨测定商代晚期的绝对年代的课题设计，无论在设计思想还是在取样上都存在极大的缺陷，恐怕难以测出准确的结果，不应该拿国家的珍贵文物当试验品。

我跟课题组斡旋了一段时间，还找了国家文物局，课题组最后同意我们单位的意见，减少取样样本数量，尽量不在一级品上取样，对取样的甲骨做好修复，并做好取样过程的记录。

一晃二十多年过去了，用商代晚期甲骨测定商代晚期绝对年代的数据至今没有公布出来。

3.4.2　相对年代

相对年代是建立在遗迹、遗物相互比较的基础之上推断出来的。换一种说法，相对年代存在于比较的双方之中，如果只有比较的一方，那么就不存在任何的时间意义了。推断相对年代，要有两个以上比较对象，它们之间的相对年代关系，用"早于""晚于"和"相当于"表述。计算相对年代，一般用器物分期、遗址分期或考古学文化分期的"期"来作为计算时间的单位。

考古学上通过比较器物推断相对年代，有两种常见的方法，即桥连法和交叉断代法。我们必须清楚地认识到，这两种方法有较大的局限性，使用这两种方法推断相对年代要慎之又慎。

---

① 刘绪：《夏商周考古》，山西人民出版社，2021 年。

先看第一种方法的例子。在 H1 里，罐 1 和瓮 A 共存；在 H2 里，罐 2 和瓮 A 共存，借用数学的"同等于第三个量的两个量相等"推断，罐 1 和罐 2 是同时的。这种方法推断年代的结果，一般被认为是可信的。

> 贾笑冰：这是所谓的"桥连法"。"同时"是最大的可能性，但也有存在早晚关系的可能。即便是"同时"，也是一个较长时间段里的相对的"同时"。这些话题非常有意思，看似"公理"，但细一推敲又觉得还会有其他的解释。
>
> 黄信：不全对，可能同时，也可能不同时。
>
> 王立新：这样判断是危险的。

再看第二种方法的例子。罐 A 与罐 B 是同时使用的器物，在 F1 里，罐 A 与钵 1 共存；在 F2 里，罐 B 与钵 2 共存，据此推断钵 1 与钵 2 是同时的。这样推导出的结果往往被认为是可信的，其实这个方法也应该检讨。

> 王立新：我认为，这样判断年代也是危险的。
>
> 陈雍：所以这种方法推断的结果可信度不会很高。

上面两个例子里的器物之间的关系都称之为"共存"，这是一种比较模糊的关系。在一个遗迹单位里，如果有两件以上器物，那么器物之间的关系存在三种情况，即组合、共存、伴出。对比不同遗迹单位的器物时，首先要分析所对比的器物在遗迹单位里属于哪一种关系。

> 陈畅：一个遗迹单位的一群器物的三种关系，实际是这些器物在一起出现的概率不同。
>
> 霍东峰：组合、共存、伴出反映的时间刻度不同，时间刻度由小到大为：组合＜共存＜伴出。

陈雍：你这么说好像不太好理解。组合、共存一般是同时的，伴出不是同时的。组合与共存是个概率大小的问题。

王炜林：同时期自身的物品，同时期别人的物品及传世品，包括自己祖先的和别的祖先的物品。

陈雍：历史时期的情况比较复杂，比如汉魏墓葬的随葬品，往往包括自己的和别人赠赙的，这种情况也可以视为组合关系。

器物分期、遗址（墓地）分期、考古学文化分期，是推断相对年代的主要方法。不论哪种分期，都应按照正确比例的时间间隔，对所有研究对象依其发生的先后次序加以排列。分期可以从层位入手，也可以从类型入手，按照层位序列或者类型序列排列参加分期的所有对象，找出发生变化的节点，然后划分正确比例的时间间隔。

由于研究视角与研究目的不一样，遗址分期、文化分期与居址分期、墓地分期往往有所区别，但这些分期都是基于器物分期。分期的一个时间段可以包含某种器物的一个式别，也可以含二个式别，甚至三个式别。三个式别能够反映出，在一个时间段内存在的流行的样式、新出现的样式和衰退的样式，至于能否采取这种分法取决于样本的数量。

相对年代的不同时间间隔的称谓，目前还没有形成固定的专业术语，使用的是约定俗成的说法，从最长时间间隔到最短时间间隔分别称为：期、段、组。

期、段、组的时间长短并不是固定的，究竟是"长"好还是"短"好，要依据具体材料和研究目的来确定，同时还要考虑与学术界已有的分期研究尽量能够对应。在同一研究领域里，不同研究者的分期尺度最好能够接近或者一致，使彼此的分期能够大体对应上，这样才能形成进一步研讨的基础。分期刻度的"粗"与"细"是由研究目的决定的，如果一味追求分期刻度的精细，貌似研究深入，实则偏离研究目的的要求，或许原来的研究目的就不甚明确。

许永杰：刻度太小，分期太密，往往谈不出问题。在聚落考古学研究中，只要文化性质相同，就可以当作一个时期的遗存来研究。

　　渭南史家村半坡文化墓地出现了多种分期方案，分期的方法大体分为两类，一类是考古学的，一类是数学的。我分析了用考古学方法做的两个分期方案，用数学方法做的两个分期方案，同时我用考古学的方法又提出一个新的分期方案。① 我的研究和张忠培《史家村墓地的研究》②的研究的目的一样，都是研究墓地人群组织，所运用的考古学方法论也相同，只是在具体材料的处理上有些区别，所以我们的分期方案最为接近。

　　陈铁梅《多元分析方法应用于考古学相对年代研究——兼论渭南史家墓地三种相对年代分期方案的比较》③，先根据 13 种器物的聚合状态分期排序，再参照地层关系对个别墓葬进行调整。该文应用的聚合法，只能依据器物形态确定墓葬间的相似度，难以确定墓葬在时间方面的早晚顺序，所以聚合法只适用于分类，并不适用于排序。

　　古代墓地分期研究是有目的的学术活动，通过墓葬分期找出墓葬埋葬的先后顺序，揭示出墓地布局结构，复原墓地的人群组织结构。我和张忠培的史家墓地分期研究，都可以回归到墓地平面布局里，进而探讨墓地的人群组织结构，其他的分期研究最终结果只是停留在分期的层面上，由此反映出研究目的的缺失，这样为分期而分期的研究，显然是没有实际意义的。

3.5　层位的方法系统

　　1931 年春开始的安阳第四次发掘，梁思永和吴金鼎用考古地层学取代了以前发掘所用的地质地层学，使殷墟发掘发生了根本性变化。李济

---

　　①　陈雍：《史家墓地再检讨》，《史前研究》，1986 年第 3、4 期。
　　②　张忠培：《史家村墓地的研究》，《考古学报》，1981 年第 2 期。
　　③　陈铁梅：《多元分析方法应用于考古学相对年代研究——兼论渭南史家墓地三种相对年代分期方案的比较》，《史前研究》，1985 年第 3 期。

回忆殷墟前十五次发掘说，第四次发掘的新方法被证明不仅可行而且是成功的。① 大约与此同时，梁思永、吴金鼎又把考古地层学运用到山东城子崖、云南苍洱的田野考古。河南、山东、云南的田野考古表明，真正意义的近代考古学在中国已经出现了。

按照这种认识，20世纪20年代的田野发掘算不上是真正意义的近代考古学。之所以这么说，不仅在于发掘行为本身，而在于指导发掘的方法论。我们一起来看看20年代的考古发掘，主持仰韶村遗址发掘的是瑞典地质学家安特生和中国地质学家袁复礼，主持西阴村遗址发掘的是人类学家李济和地质学家袁复礼，主持安阳殷墟遗址第一至第三次发掘的是甲骨学家董作宾、人类学家李济、地质学家张蔚然，他们的田野发掘都是地质地层学，发掘目的和想法又不尽相同，很难说是真正意义的近代考古学。

> 霍东峰：那个年代，主要有三群人：（1）以安特生为代表的洋学者；（2）留学生，一为欧美留学的李济、梁思永等，二为日本留学的胡肇春等，直接或间接取道日本考古，影响中国考古；（3）本土学者。这三群人共同促成中国考古学成长，其中（2）（3）所起的作用最大。
>
> 陈雍：胡肇春等留日学者只是在传播近代考古学方面起到一定的作用，他们没有田野考古实践，不能和李济、梁思永相提并论。

在田野里寻找证据，使考古学成为一门实证的学科。为证实考古遗存的真实性，需要通过古代遗址的有序堆积来证明遗迹、遗物的客观存在。田野发掘手段与地层学知识互为表里，它们共同目的是实现对遗址里遗物、遗迹的正确认识，田野发掘手段越进步，对遗址堆积的认识越深入，越接近遗址堆积的事实。

中国考古学上关于古代遗址堆积的知识经历了三个发展阶段：20世

---

① 李济：《安阳》，河北教育出版社，2000年。

纪 20 年代，利用地质地层学知识；20 世纪 30—50 年代，考古地层学形成与发展；20 世纪 50—60 年代，出现层位学的思想，80 年代以后，以遗址堆积单位为核心的考古层位学形成。中国考古学在田野发掘中，逐步实现了从地质地层学到考古地层学，再到考古层位学的发展。

3.5.1 地层学断代法

殷墟遗址第一次至第三次发掘，与仰韶村遗址、西阴村遗址发掘一样，都是地质地层学。1929 年，傅斯年基于仰韶村和殷墟发掘，认为考古学离不开地质学。他说："考古学是史学的一部分，这个部分与其他部分不同，因其与自然界有关；与地质学是不能分开的，如离开了地质学，考古学就失其效用，考古学就根本不能成立的。"①傅斯年的说法很有代表性，反映了 20 世纪 20 年代中国学术界对考古学与地质学关系的认识。

地质地层学有两个重要原理，一个是地层层序律，另一个是化石层序律。地层层序律认为，在层状岩层的正常序列中，先形成的岩层位于下面，后形成的岩层位于上面，根据岩层空间几何位置的上下叠置关系，可以判定岩层形成的时间早晚关系，地层层序律又称为叠覆原理。② 化石层序律认为，每一岩层都含有其特殊的化石，根据不同层位中所含的化石及其出现的顺序，可以鉴定地层顺序，确定地层的相对年代，化石层序律又称为化石顺序律。③地质地层学不仅可以依据岩层的层序来确定岩层的年代，而且还可以根据不同岩层里所包含的化石及其出现的层序来确定化石的年代。

近代考古学借用地质地层学的地层层序律原理和化石层序律原理，根据遗址堆积的地层层序，推断出每个地层所包含遗物的相对年代。梁思永发掘殷墟后冈遗址借用了这两个原理，揭露出仰韶文化、龙山文化、小屯文化依次叠压的地层关系。梁思永把地质地层学的两个原理应用到

---

① 傅斯年：《考古学的新方法》，傅斯年著，雷颐点校：《史学方法导论》，中国人民大学出版社，2004 年。

②③ 中国大百科全书总编辑委员会《地质学》编委会：《中国大百科全书·地质学卷》，中国大百科全书出版社，1992 年。

后冈遗址考古发掘，成功解决了中国考古学上的年代问题，实现了地质地层学向考古地层学的转化。

1931 年春季和秋季，梁思永两次发掘殷墟后冈遗址。他依据后冈遗址不同地层所包含的三种文化遗物，把遗址分为三个依次叠压的"大地层"，由三个"大地层"的叠压关系，推断出仰韶、龙山、小屯三种遗存的相对年代(图 3.5.1-1)。梁思永说："上层所包含的是白陶文化(即小屯文化)的遗物；中层所包含的是黑陶文化(即龙山文化)的遗物，下层所包含的是彩陶文化(即仰韶文化)的遗物(图 3.5.1-2)。每层所包含的遗物里，不但有他所代表的文化的普通器物，并且有那文化的特殊制品。如果把地层上下的次序，依考古学的基本原则'翻译'成时间的先后，我们就可以知道后冈上在白陶文化的人居住之前，黑陶文化的人会在那里住过，在黑陶文化的人以前，又有彩陶文化的人在那里住过。"①

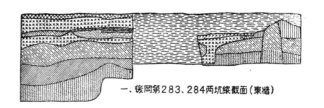

一、後冈第283、284两坑縱截面(東牆)

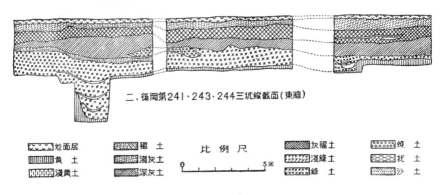

二、後冈第241、243、244三坑縱截面(東牆)

地面层	褐土	灰褐土	烧土
黄土	淺灰土	淺綠土	扰土
淺黄土	深灰土	綠土	沙土

比例尺　0　5米

图 3.5.1-1　后冈遗址纵剖面图

---

① 梁思永：《后冈发掘小记》，中国科学院考古研究所编辑：《梁思永考古论文集》，科学出版社，1952 年。

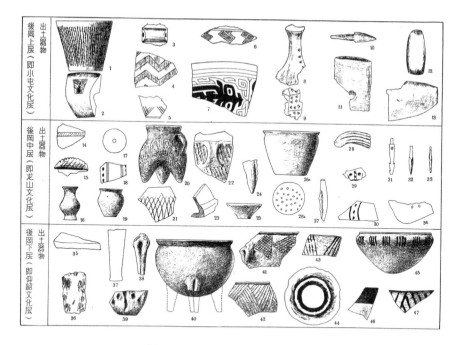

图 3.5.1-2　后冈遗址出土器物图

后冈遗址发掘有三种与遗址有关的"层"，第一种按土质土色划分的"地层"，第二种按包含物划分的"文化层"，第三种按包含物合并的"年代层"（即后冈遗址上层、中层、下层）。这里有两点特别需要分辨清楚：其一，按土质土色划分地层，按包含物划分文化层，是考古地层学的内容；其二，后冈遗址上、中、下层，实际是后冈遗址分期，今天已经被遗址分期所取代。很明显，梁思永发掘后冈遗址应用的是欧美的地层学断代法，即依据地层关系推断遗存的相对年代，属于相对年代研究范畴。

夏鼐说，地层学断代的要旨，是先确认各文化层次序的先后以断定它们的相对年代，后再以各层所含的遗物断定各层的绝对年代。这里，有两条必须遵守的基本原则：（1）各层（或各墓）所含年代最晚的一件遗物，是代表该层（或该墓）可能最早年代；（2）各层（或各墓）的年代，可以以该层所压和被压的上下两层的代分别作为它的上限和下限。[1]

当年梁思永用上层、中层、下层表述后冈遗址的分期，反映出那个

① 夏鼐：《考古学》，《夏鼐文集》（上），社会科学文献出版社，2000 年。

时期中国考古学对于地层学研究与年代学研究，还没有完全厘清。这种不科学的遗址分期表述方式，对中国考古学的影响持续了将近半个世纪，以致影响到后来一些人对遗址分期与考古学文化分期纠缠不清。如果当年梁先生使用的是遗址一期、二期、三期，而不是遗址下层、中层、上层，也许就不会出现那种纠缠不清的情况了。

　　许永杰：我给学生上方法论课也是这么讲的。

　　后冈遗址上层、中层、下层，被学术界称为"后冈三叠层"。关于"后冈三叠层"的说法，考古学界什么时候提出来的，谁最先提出来的？为搞明白这个问题，我翻阅了有关考古学文献。

　　1933年李济《安阳最近发掘报告及六次工作之总估计》①说，后冈工作之结果，重要性超过四盘磨。但此处的发掘，因为中间发生了一次临时恐慌，就停顿了半年，直到第五季才完了。此处发掘的情形见梁君的记载。最重要的发现自然是那彩陶、黑陶及白陶文化成层的堆积。

　　1950年李济说："城子崖发掘一年以后，我们在安阳境内，小屯附近的一个新遗址——后冈，发现了三种文化重叠堆积的现象。领导这一工作的梁思永先生，是第一个断定彩陶文化、黑陶文化与殷商文化继承秩序的人。"②李济后来回忆，在梁思永领导下，后冈发掘持续了多次，并证明是非常重要的。它第一次揭露了彩陶、黑陶和安阳文化的土层是以一定的顺序叠压着的。③

　　从李济不同时期的文章可以看出，无论是在殷墟发掘当年，还是后来对殷墟发掘的回忆，他没说过"后冈三叠层"。

　　当年和梁思永一起发掘殷墟的石璋如回忆说，梁思永《后冈发掘小记》《小屯龙山与仰韶》"这两篇文章在当时都认为在中国考古学上是划时

---

　　①　李济：《安阳最近发掘报告及六次工作之总估计》，张光直、李光谟编：《李济考古学论文选集》，文物出版社，1990年。
　　②　李济：《中国古器物学研究的新基础》，张光直、李光谟编：《李济考古学论文选集》，文物出版社，1990年。
　　③　李济：《安阳》，河北教育出版社，2000年。

代的贡献，使中原史前文化的层位予以确定。"①石璋如只是说了"中原史前文化的层位"，没有说"后冈三叠层"。

1954 年夏鼐说："后岗的发掘工作，发现了仰韶、龙山和殷商三种文化各自成层的堆积，上下相叠，顺着层次自上而下地掘开后，各层文化的内容和它们的相互关系，便很清楚地见到了。因之，便解决了这个中国考古学上的悬案。先生将研究的结果，写成了两篇论文发表。后来在安阳侯家庄高井台子、安阳同乐寨、浚县大赉店也发现了相似的三层堆积，更证实了后岗工作所得的结果，至少在河南的北部是完全正确的。"②夏鼐只是说了"三种文化各自成层的堆积"和"三层堆积"，没说"后冈三叠层"。

1954 年尹达说："梁思永主持发掘河南安阳县后冈遗址，在那里找到了小屯文化、龙山文化和仰韶文化具体的层位关系，从这样明显的堆积上，确定了龙山文化早于小屯文化而晚于仰韶文化，最少也应当说在河南北部这三种文化的时代序列是基本上肯定了。这好像是一把钥匙，有了它，才能打开中国考古学中这样的关键问题；有了它，才把猜不破的谜底戳穿了。这是中国新石器时代考古发展中的一个极其重要的转折点。"③他的话里，也没有"后冈三叠层"说法。

1962 年杨建芳在《略论仰韶文化和马家窑文化分期》里说："早在一九三一年，梁思永先生在后冈发现了'三叠层'之后，根据其本人的研究结果，提出后冈仰韶遗存早于仰韶村的仰韶遗存的见解。"④这是中国考古学文献上见到最早的"后冈三叠层"。

1981 年黄景略、张忠培在《梁思永先生与中国现代考古学——纪念安阳后冈遗址发掘五十周年》里说："思永先生用这种科学方法，在安阳后冈遗址的发掘和研究中，破天荒地揭示出了'仰韶文化''龙山文化'和

①　石璋如：《考古方法改革者梁思永先生》，《新学术之路》，"中央研究院"历史语言研究所，1998 年。

②　夏鼐：《追悼考古学家梁思永先生》，《新建设》，1954 年第 6 期。

③　尹达：《悼念梁思永先生》，《文物参考资料》，1954 年第 4 期。

④　杨建芳：《略论仰韶文化和马家窑文化分期》，《考古学报》，1962 年第 1 期。

殷文化三叠层。"①

1987 年俞伟超《关于"考古地层学"问题》说:"1931 年(梁思永)主持安阳后冈发掘,发现了仰韶、(河南)龙山和小屯的三叠层。"②

1997 年苏秉琦说:"记得五十年代前期,我们在西安附近调查时把所见遗存分别称为文化一、文化二和文化三,当时有人不理解,说这不就是梁思永的后岗三选层吗?不就是仰韶、龙山和小屯吗?为此我同梁先生进行过切磋,我说这'文化一'是关中的仰韶文化,与后岗下层的仰韶文化不是一回事;这'文化二'(相当于龙山文化,后称陕西龙山文化,或客省庄二期文化)与后岗中层的龙山文化也不是一回事,缺乏漆黑光亮,快轮制的典型黑陶;这'文化三'相当于商代,但与小屯不是一回事,不是殷的而是关中的,包括了先周文化,梁先生同意这一观点。"③

2004 年,张忠培在《中国新石器时代考古的 20 世纪的历程》④文章里引用了苏秉琦在《中国文明起源新探》里的说法。

2018 年出版的苏秉琦《另一个三叠层:1951 年西安考古调查报告》一书的"整理说明"称:"苏先生晚年回忆这次调查收获时提到,他向病中的梁思永先生汇报后,得到了梁先生的首肯,梁先生尤其对开瑞庄(客省庄)北仰韶、龙山与周三种文化遗迹的叠压打破关系表示认可,并笑称这是陕西的'三叠层'。"⑤

  许永杰:我见到考古文献里的"三叠层",杨建芳最早。

  陈雍:后冈遗址发掘的目的,是为了解决三种文化遗存的相对年代关系,梁思永依据地层关系,判定三种遗存的相对年代关系。"后冈三叠层"的说法,在理解过程中产生了歧义,致使很多人认为

---

① 黄景略、张忠培:《梁思永先生与中国现代考古学——纪念安阳后冈遗址发掘五十周年》,《考古与文物》,1981 年第 3 期。

② 俞伟超:《关于"考古地层学"问题》,苏秉琦主编:《考古学文化论集》(一),文物出版社,1987 年。

③ 苏秉琦:《中国文明起源新探》,商务印书馆,1997 年。

④ 张忠培:《中国新石器时代考古的 20 世纪的历程》,《故宫学刊》,2004 年总第一辑。

⑤ 苏秉琦:《另一个三叠层:1951 年西安考古调查报告》,上海古籍出版社,2018 年。

"三叠层"为地层学内容。后冈遗址采用地层学断代法进行分期，是年代学的内容。

3.5.2　考古层位学

二十世纪七八十年代是考古地层学向考古层位学转化的时期，我从上大学念书到留校教书，正好经历了这个转化时期。

1974 年，我们班(吉林大学考古专业 1973 级)第一次田野考古实习，是发掘吉林省大安汉书遗址。当时学校和省考古所的老师都跟我们说，在哪层下面发现的灰坑、房屋就归哪层。遗迹往上归，地层包含遗迹，是当时田野发掘的不成文规定。

1977 年，我参加了黑龙江省东宁团结遗址发掘（图 3.5.2-1）。当时，我们根据同层下开口的房址、灰坑的打破关系，把团结遗址第一期遗存分成早晚两段，也就是团结文化的早晚两期。根据这种认识写的发掘报告投给北京某专业刊物编辑部，过了很长时间，稿子被退回

图 3.5.2-1　笔者发掘东宁团结遗址 F1

来了，编辑部批了八九条意见，主要问题是遗址分期缺少地层依据，遗址没有地层关系不能分期。对于编辑部的意见，我们接受不了，坚持遗址分期不做修改，最后的结果自然是报告发表不了。后来，黑龙江考古研究所油印的团结遗址资料采用了这个分期。

在当时的考古学文献里，只有 1959 年出版的《郑州二里冈》是依据灰坑间的打破关系对遗址做出分期。二里冈报告依据灰坑 2 乙打破灰坑 2 甲的关系，将所有灰坑分为两组，分别归属第 2 层与第 3 层，即二里冈

上层和二里冈下层。这个报告的商代遗址部分由安金槐等执笔，邹衡参加了报告的整理工作。完稿后，在夏鼐、苏秉琦的指导下进行了重新修改，依据灰坑间的打破关系划分早晚的做法，得到了夏鼐、苏秉琦的肯定。① 让我感到不解的是，到了 20 世纪 70 年代学术界还没有接受这种分期法，也许当时多数人都不相信这种做法。

1979 年以后，随着河北省蔚县考古调查、试掘、发掘工作的深入展开，遗址的堆积单位与层位关系的概念变得越来越清晰了，蔚县考古发表的几个简报都体现出堆积单位与层位关系的思想。

有了蔚县考古实践，再看以往的考古报告，很容易发现地层学方面的问题。比如，《宝鸡北首岭》把不同发掘区不同探方的不同堆积，按照大约相似的土质、土色和看上去大体相近的内涵，统一划分地层。在统一划层(即"大地层")的前提下，把在"早期地层"开口的遗迹、墓葬归属"早期"，把在"晚期地层"开口的遗迹、墓葬归属"晚期"，这明显是考古地层学的做法。这种做法模糊了各堆积单位(地层、遗迹、墓葬)的层位区别，把在同层下开口而属不同时期的遗迹、墓葬混同划一，从而使那些本来有划分时间段落意义的"层位关系"(而不是"地层关系")消失了，给研究遗址的正确分期带来许多麻烦和困难。

学术界不少人认为，考古地层学与考古层位学只是称谓不同，它们的内容是一样的，所以有考古地层学又称为考古层位学的说法。这种认识是不对的，考古层位学和考古地层学分别代表着对古代遗址堆积认知的两个不同阶段，接下来我要做进一步的说明。

霍东峰：有人提出考古地层学、考古层位学的英文单词相同，故而认为二者无差别。

陈雍：估计是用英语"stratigraohy"一个词对译"地层学"和"层位学"二个词，甚至对译"考古地层学"和"考古层位学"，这是翻译出现的偏差。"考古层位学"是中国考古学者发明的术语，我不知道英

① 河南省文化局文物工作队：《郑州二里冈》，科学出版社，1959 年。

语里有没有这个术语。

中国考古学上关于遗址的堆积单位和层位的思想，始见于《考古通讯》1956 年第 2 期刊载苏秉琦、吴汝祚的《西安附近古文化遗存的类型和分布》。这篇文章披露了开瑞庄(客省庄)北的一个连续堆积的剖面，耕土层下面是依次叠压、打破的第 2 层与 2 号墓葬、8 号灰坑、7 号灰坑。7 号灰坑含有文化一(即庙底沟文化)陶器，8 号灰坑含有文化二(即客省庄二期文化)陶器，2 号墓和第 2 层含有文化三(即周文化)陶器。这个剖面的堆积现象，反映出开瑞庄遗址存在着三个时期的文化遗存。我们还可以通过最近出版的苏秉琦《另一个三叠层——1951 年西安考古调查报告》①，对古代遗址堆积单位和层位思想的形成过程有进一步的认识。

1964 年，邹衡《试论殷墟文化分期》明确提出，遗址的诸单位、层位、层位关系等重要概念，并据以对殷墟遗址进行分期。他说："本文研究的主要依据是殷墟各地点历次发掘的诸单位，如探沟、探方、房基、窖穴和墓葬等。研究的方法是：试从分析部分有分期意义的陶器和铜器的形制类型入手，再结合部分单位的层位关系和器物共生关系，分别确定遗址和墓葬的初步分期；然后综合各期遗迹和遗物的特征，再对殷墟文化各期内涵作较全面地对比研究。"②

遗址的单位、层位、叠压、打破、层位关系等系列概念，是邹衡《试论殷墟文化分期》提出来的。这篇文章最先发明了用图示法表述遗址堆积单位的层位关系，但与今天业内的做法不同，连接叠压打破关系的箭头指向上层单位③，参见图 3.5.2-2。这篇文章体现出，中国考古学上关于堆积单位的层位及层位关系的思想开始走向成熟。

---

① 苏秉琦：《另一个三叠层：1951 年西安考古调查报告》，上海古籍出版社，2018 年。
② 邹衡：《试论殷墟文化分期》，邹衡：《夏商周考古学论文集》，文物出版社，1980 年。
③ 二十世纪八九十年代的国家文物局田野考古领队班实习工地，逐步规范了探方"联络图"的表达方式。

以乙十一基址北部（A）为标准：与基址同时的葬坑有YM222；破坏基址的单位有YH158和乙十二基址。

以乙十二基址为标准：基下单位有YH158、YM110、166、237、283、285、293、294、336等；本基址又破坏乙十一、十三基址。

以乙十三基址为标准：基下单位有YH358、156、YM237、336、351；破坏此基址的有乙十二基址。

根据上述诸单位的相互迭压和打破关系，将其层位顺序表述如下：

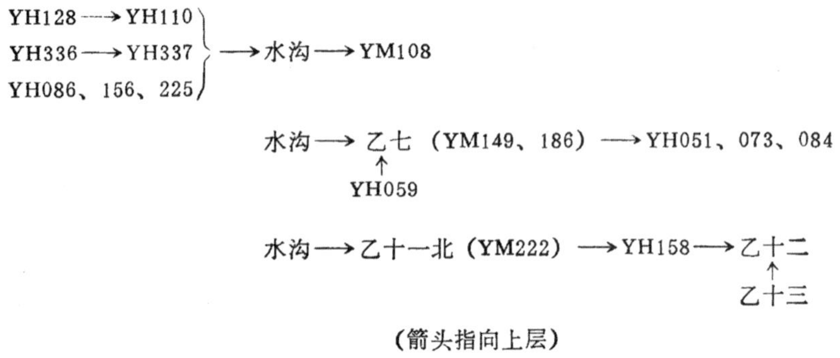

$$\left.\begin{array}{l}\text{YH128}\longrightarrow\text{YH110}\\ \text{YH336}\longrightarrow\text{YH337}\\ \text{YH086、156、225}\end{array}\right\}\longrightarrow\text{水沟}\longrightarrow\text{YM108}$$

$$\text{水沟}\longrightarrow\underset{\underset{\text{YH059}}{\uparrow}}{\text{乙七（YM149、186）}}\longrightarrow\text{YH051、073、084}$$

$$\text{水沟}\longrightarrow\text{乙十一北（YM222）}\longrightarrow\text{YH158}\longrightarrow\underset{\underset{\text{乙十三}}{\uparrow}}{\text{乙十二}}$$

（箭头指向上层）

图 3.5.2-2　小屯遗址层位关系示意图

霍东峰：联络图，又称层位关系图，很多老师讲的是错的。系络图，实际是哈里斯矩阵，中国与欧美关于遗址堆积分类与编号是不同的，简单套用也是不合适的。

陈雍：考古地层学与考古层位学的本质区别，至今还有不少人没弄明白，甚至认为考古地层学与考古层位学仅仅是说法的不同。最早在殷墟发掘时期石璋如就提出了"层位关系"这个概念，但它的含义与今天说的"层位关系"有所不同。

余西云：前天讲课我正好讲了这个内容。中国考古学术界接受context这个概念很晚，但很早就生成了一个类似的概念"层位"，很多人把"层位"等同于地层，或者等同于"地层＋遗迹"，这都不是完整的理解。要准确理解层位这个词的含义，一个是需要梳理不同学者的表述，一个是需要看不同学者的具体运用。考古学有很强的实践性，很多东西在操作层面上很容易形成自己的特色，但在抽象的思想层面上，往往殊途同归，大家都会琢磨同样的问题。

　　具体到这个话题，我们可以接受"情境"这个概念，也可以继续"层位"这个概念。在此之前，我专门写过一篇讨论"情境"概念的文章，张忠培先生并不满意我把层位纳入情境概念中来。这个学期备课，我又梳理了一下层位概念，大体上是这个过程：陈梦家在五十年代初提出了一个感觉和设想，邹衡在五十年代和六十年代进行了初步实践，张忠培在八十年代做了理论概括，准确表达了 context 作为考古学术语的内涵。中国有很多学者做过这类科研实践。如果硬要用 context 这个概念来衡量中国考古学，就很容易搞成削足适履。

　　陈雍：我不认为 context 是考古层位学的"层位"，起码使用这两个概念的语境不一样，别的且不说。

　　在 20 世纪 80 年代发表的研究考古学地层学的文章里，张忠培《地层学与类型学的若干问题》①阐明了"墓葬、遗迹的层位关系"，他说，墓葬和房屋、陶窑、窖穴及城墙等遗迹都要处在一定的层位关系之中。考古发掘的任务，一是要弄清每一墓葬、遗迹的相对年代；二是要确定同时期的墓葬、遗迹的相互关系。在研究墓葬和遗迹的层位关系时，习惯上往往注重它们的相对年代，即纵的关系；忽视观察它们的空间关系，即横的关系。半坡、姜寨半坡类型村落遗址的结构，元君庙半坡类型墓地和殷墟西区商代墓地布局的研究，都一再说明对遗迹、墓葬的空间关系考察是十分重要的。遗址中的遗迹也和地层一样，存在着时间与空间，或纵与横的关系，层位学就是研究这些关系的。

　　陈雍：考古层位学是研究地层、遗迹（即堆积单位）的纵与横的关系，亦即层位关系。研究遗址堆积中堆积单位纵（时间）的关系，往往从叠压、打破关系入手；研究遗址堆积中堆积单位横（空间）的关系，往往从平列关系入手。

---

① 　张忠培：《地层学与类型学的若干问题》，《文物》，1983 年第 5 期。

20 世纪的最后十年，中国考古学上关于堆积单位的层位及层位关系的认识有了很大的提升，已经清楚地认识到，古代遗址堆积具有可分性、有序性和不可再生性；堆积单位是构成遗址堆积的基本要件；层位是堆积单位在有序堆积中的位置；层位关系是通过两个以上堆积单位在有序堆积中的位置体现的；具有层位关系的堆积单位可以发生接触(在堆积中表现为叠压、打破)，也可以不发生接触(在堆积中表现为平列)。1997年我在《关于中国考古学的思考》①一文中指出，考古层位学是关于遗址堆积位和堆积单位在堆积顺序中位置关系的学说。考古层位学主要涉及以下几个方面的问题：

(1)关于堆积的定义和性质。

(2)关于堆积的分类和堆积单位的划分。

(3)关于堆积单位在遗址堆积里存在的形式。

(4)关于堆积单位在堆积中的层位和层位关系。

(5)关于遗址堆积的层序和层面。

现在看来，(5)的内容值得检讨，是考古地层学的残留，必须从考古层位学里剔除掉。

考古学上所谓的"层面"，在考古地层学里跟地质地层学的地层的顶板、底板类似。但在考古层位学里，这个"层面"属于哪个堆积单元则无法认定。于是问题就出来了，在考古层位学里，"层面"究竟是个什么概念？堆积单位属于物质，层位关系属于现象，那么，"层面"属于物质还是现象呢？

考古层位学是由考古地层学发展来的，但二者有着本质区别，这两个概念既不能混同，也不可以替代。考古地层学的核心是地层，地层的堆积顺序用层序表述。考古层位学的核心是堆积单位，堆积单位的堆积次序用层位关系表述。考古地层学认为遗址中的遗迹从属于地层，考古层位学认为遗迹和地层、文化层一样，都是相对独立的堆积单位。

目前考古界说的考古层位学的内容，可以分为两部分，一部分为方

---

① 陈雍：《关于中国考古学的思考》，《文物季刊》，1997 年第 2 期。

法论，另一部分为实务，方法论讲道理，实务讲操作。比如，方法论说：先形成的堆积沉落在下面，后形成的堆积叠压在上面。实务说：必须倒着堆积的顺序发掘，先挖上面的(晚的)，后挖下面的(早的)。从某种意义上说，考古层位学是解构古代遗址的方法论。

古代遗址是由地层、文化层和各种遗迹堆积形成的。考古学上"堆积"一词系借用地质学的术语，并赋予新的内涵。名词的"堆积"，指古代遗迹、遗物在人类活动与自然力作用下，和土壤、石块等基质一起叠聚的沉积物。动词的"堆积"，指遗址里的遗迹、遗物和基质一起沉落、聚积的现象。考古学上的地层和文化层跟地质学上的地层一样，依据叠覆原理，最先形成的堆积沉落在下面，最后形成的堆积叠压在上面。

目前在考古学文献里，表述遗址堆积的说法比较混乱，或称为"地层堆积"，或称为"文化堆积"，或称为"层位堆积"，或称为"堆积层位"，如何正确表述，我认为有讨论的必要。

构成遗址堆积的是地层、文化层和各种遗迹，而不是层位。"地层堆积"和"层位堆积"都是主谓结构，物质的"地层"可以作"堆积"的主语，现象的"层位"不可以作"堆积"的主语，主谓搭配不当。

> 陈雍：不要以为地层堆积是地层学的说法、层位堆积是层位学的说法，这种认识是不对的。
> 许永杰：地层堆积、层位关系，必须分辨清楚。
> 陈雍：没有堆积，何来关系？
> 王炜林：的确不能。

或认为"层位"与"单位"(即堆积单位)是一回事，其实不然。打个比方，层位与堆积单位如同电影院里的座位和观众，座位是电影院里的次序，观众是看电影的实体。层位必须有两个以上堆积单位才能表现出来，就像手指缝由两个手指表现出来，没有堆积单位而独立存在的层位是没有的。同理，独立存在的层面也是没有的，第三层的底面跟第四层的顶面如何划分？过分理想化的层位与层面，必然丧失对田野考古实践的指导意义。

在遗址堆积中理解遗址里的人工遗迹，按成因可以分为两类，一类是通过减层形成的遗迹，另一类是通过加层形成的遗迹，前者表现为打破关系，后者表现为叠压关系。

> 许卫红（陕西省考古研究院）：减层遗迹是打破关系，加层遗迹是叠压关系，好理解，加层遗迹最难做。
>
> 陈雍：减层遗迹，一般形状完整的形成时间晚于形状不完整的。加层遗迹，一般形状完整的形成时间早于形状不完整的。
>
> 田建文：后一句，费琢磨。
>
> 王立新：我理解就是地面建筑的附加部分晚于主体部分。
>
> 陈雍：是。田野发掘时，减层遗迹应当先挖形状完整的、后挖形状不完整的，加层遗迹应当先挖形状不完整的、后挖形状完整的。
>
> 王立新：我在讲层位学时还增加了凭依关系，也可以将其理解为叠压关系的一种。
>
> 陈雍：王立新说的凭依关系，郑州大河村遗址揭露的联排方形房址就发现过，两个以上房址拼合在一起，一个房址紧靠着另一个房址（或借用早期房屋的山墙），房址形成有先有后，房址有主有从，也可以理解为叠压的另一种形式。

有序堆积中的遗迹层位是通过"遗迹开口"区别出来的，业内约定俗成或者硬性规定的遗迹"封口线"，至今还是一个从根本上讲不太清楚的问题，但是在田野考古实践中又必须划出这个"封口线"，否则这个遗迹就是个"敞口"的，不能成为相对独立的堆积单位。

> 许永杰：如果没有封口线，坑内堆积就和坑外堆积分不开了，就连成一体了，坑又是怎么画出来的？

业内对考古层位学的认识存在两个误区。第一个误区，有人认为，考古层位学里缺少遗址成因的内容，应当把所谓"埋藏学"的内容加到考古层位学里。层位学到底需不需要研究遗址的成因，涉及层位学研究目的。那个时候这个问题没有人去认真思考，只是一味想变革层位学，结果今天已经无须多说了。第二个误区，有人认为，聚落考古首要条件，必须揭露出聚落的"地面"，只有处于同一"地面"上的房址，才是属于同一聚落的房屋。这种认识，错误地理解了"聚落单元"的空间维度与时间维度，没有弄懂"聚落单元"在形态、功能、文化属性上的"一致性"，以及时间上的"共时性"，尤其是聚落形态研究中"共时性"与"整体性"的辩证关系。另外，能否在遗址里揭露出所谓"地面"，属于发掘技术方面的问题，不应是考古层位学的内容。

为了正确认识古代村落遗址的"地面"问题，不妨看看今天的村落。在一个村落里往往存在不同历史时期建造的房屋，建筑学家研究乡土建筑时，把这些仍在同时使用的不同历史时期建造的房屋视为一个完整的农村聚落，而不会把这个聚落的房屋按照建造时间分解成若干个"平面"。由此反观考古界的古代村落遗址研究，很多人不能像建筑学家那样认识问题，非要按照研究者的"遗址分期"，人为地把房址分开，然后再找出一个"地面"来，这种想法的本意是好的，但是这种理想化的东西在发掘中却难以实现。

　　　　许永杰：地面、层面就是理想化的东西。
　　　　陈雍：聚落形态研究不需要这个"地面"。

3.6　类型的方法系统

中国考古学上的类型学断代法和考古类型学，是两个不同的概念，或者说，是关于考古遗存的类型知识的两个发展阶段，后者是从前者发展来的，所以这两个概念的内涵容易混淆，或分辨不清。

3.6.1 类型学断代法

如果你想了解类型学断代法，建议先看蒙特柳斯的《方法论》①。这本书是《东方和欧洲古代文化诸时期》的第一卷，蒙氏以《方法论》开篇的目的很清楚，以阐明他研究东方与欧洲古代文化分期所运用的方法体系，也就是方法论，而不是具体的方法。《方法论》的主要内容可概括为以下三个方面：

第一，年代关系是考古学研究的首要问题。蒙氏提出，年代学上有两种年代概念：相对年代、绝对年代。史前时代的相对年代研究，需要依据发掘所得的"发见物"。确定相对年代有两个必须解决的问题：同时期遗物的 Typus(型式)、各时期相互接续所依据的 Ordnung(顺序)。

第二，发掘单元及其层位是研究相对年代的重要依据。蒙氏提出一个重要的概念，即"一个确实的发见物"，又称为"一发见物"，这种发见物可说是在应认为完全同时埋藏的状态下所发现的一批物品。② 用今天的话来说，就是埋藏在一个发掘单元里的一组遗物。对于没有学过考古学的蒙特柳斯来说，能够提出"一个确实的发见物"这种概念，实在了不起。他确定的研究对象，必须是出土位置和共存关系明确的一组遗物，没有地层关系的不行，没有共存关系也不行，这样就排除了收藏在博物馆里为数众多的传世品。蒙特柳斯的年代学研究，与汤姆森的年代学研究，从研究对象上可看出彼此的明显区别。

蒙氏论述了居住遗址、墓地、高冢、窖藏的"确实的发见物"。居住遗址一般可以分出几个堆积层，最下层比中间层要早，中间层比最上层要早。显然，这是依据"地层层序律"推断相对年代。一片墓地的发见物、一个高冢的发见物以及一个多人墓葬的发见物，都应当区别于单人墓葬的发见物，因为它们存在着埋葬次序的区别，所以它们的年代应当有所

---

① 蒙特柳斯的《方法论》有两个汉译本：[瑞典]孟德鲁斯著，郑师许、胡肇椿译：《考古学研究法》，世界书局，1936 年；[瑞典]蒙德留斯著，滕固译：《先史考古学方法论》，商务印书馆，1937 年。

② [瑞典]孟德鲁斯著，郑师许、胡肇椿译：《考古学研究法》，世界书局，1936 年。

不同的。对于窖藏发现物也需分析，并予以区别。这些内容，很接近今天所说的发掘单元及其层位关系，应当属于地层学范畴。

第三，遗物型式的共存和并行是研究相对年代的重要依据。蒙氏认为，考古学上的一种人工制品如同生物学上一个"种"（蒙氏所说的种，即生物学分类的物种）；人工制品也像生物物种那样，存在着进化与退化的演变过程。考古学者可以按照设定的进化或退化的逻辑，排列出各种人工制品（如武器、工具、装饰品、容器等）型式（Typus）的序列（Serie）。各种人工制品序列中的不同型式，可以在一个发掘单元里共存（蒙氏所谓"确实的发现物"），通过一定数量（蒙氏称须 30 例以上）含有共存遗物的发掘单元，可以推定出各种人工制品序列的并行关系，从而推导出相对年代关系。蒙氏用北欧出土的铜别针和铜容器说明了这种共存与并行的关系。

蒙特柳斯的型式学研究，主要是划分同时期遗物的型式（Typus），推定各时期相互接续所依据的顺序（Ordnung）。蒙氏这种想法，那时没形成一定的概念，用今天类型学的分类、排序或型、式的概念，去解读一百多年以前蒙氏的想法与做法，似乎是不妥当的。

蒙特柳斯在《方法论》里论述了一个以年代学为研究目的，以地层学和型式学为研究手段的方法体系，即用地层学断代法和型式学断代法，推断遗物的相对年代。

彭万（贵州省文物考古研究院）：蒙特柳斯的《方法论》有两个汉译本，滕固译本是由商务印书馆出的，流传更广，但其建立的术语体系很少用，郑师许、胡肇椿译本质量更高。

夏鼐认为"断定相对年代，通常是依靠地层学和类型学的研究，这是考古学范围内的两种主要的断代法"。可以看出，夏鼐的考古学方法论与蒙特柳斯的方法论属于同一体系。

类型学断代法是将遗物或遗迹按型式排比，把用途、制法相同的遗物（或遗迹）归成一类，并确定它们的标准型式（或称标型），然后按照型式的差异程度的递增或递减，排出一个"系列"，这个"系列"可能便代表该类遗物(或遗迹)在时间上的演变过程，从而体现了它们之间的相对年代。遗物(或遗迹)在型式上的演变既有进化，也有退化，不能一概而论。所以，若能设法断定这个"系列"中的最前一端和最后一端的绝对年代，其在断代上的效果就会更好。此外，存在于不同种类的遗物(或遗迹)上的平行的"系列"越多，通过互相对照，断代的结论也越可靠。①

3.6.2　考古类型学

考古类型学是关于遗存分组归类和排序的方法体系。分类和排序的主要依据是遗存的形态和形态之间的各种关系。根据研究者的研究目的和所要研究的现象，可以把遗存分成不同的类级和次序。这种类级和次序能够对现象进行解释，同时对解释的方法有所限制。简单地说，考古类型学可以使离散的或碎片化的考古遗存有序化，通过分类与排序的方法，抽绎出遗存横向的秩序与纵向的秩序。

恩格斯说："每一门科学都是分析某一个别的运动形式或一系列互相关联和互相转化的运动形式的，因此，科学分类就是这些运动形式本身依其内在的序列所进行的分类、排序，科学分类的重要性也正在于此。"②考古类型学要实现"科学分类就是这些运动形式本身依其内在的序列所进行的分类、排序"，需要在理论上弄明白"怎么想"，在实践上搞清楚"怎么做"。

首先，考古类型学的逻辑思维形式是考古类型学"怎么想"的实质。从认识论角度来看，考古类型学是认识考古遗存的一种思维活动体系，属于认识工具范畴，它只涉及科学发现与检验的原理和逻辑，而不涉及具体事实，也就是说，考古类型学的研究结果仅仅是研究者的认识，这种认识可能接近历史事实，但不是历史事实。

认识结构中的认识工具是以观念形态存在的，包括语言、概念、思

---

① 夏鼐：《考古学》，《夏鼐文集》(上)，社会科学文献出版社，2000 年。
② 恩格斯：《自然辩证法》，人民出版社，2015 年。

维方式、思维规定等。恩格斯指出："对思维形式、思维规定的研究是非常值得做的和必要的。"①在这里，要特别强调研究思维形式和思维规定的重要性。

考古学上的分类与排序，需要从理论与实践两个范畴去研究。研究分类与排序的原理，说明它们的功用，从而为考古者更好地进行类型学研究的理性思维提供有益帮助。

分类是根据所能发现的研究对象的各种特点，通过比较而确立以相互排斥的属性为特征进行的分组。分类这一行为有三个特点：将离散个体分组、同组内的个体间具有区别于他组的共同属性、组内个体间是无序的。分类与数学中的"集合"类似，可以借用"集合论"说明分类的逻辑。

从思维方式看，分类的基本形式是线分类和面分类。线分类也称层级分类法，它是将初始的分类对象按选定的属性作为划分基础，逐次地分成相应的若干个层级类目，并排列成一个有层次的逐级展开的分类体系。各类目之间构成并列或隶属关系。

动物学分类是线分类法，分类系统为：界/门/纲/目/科/属/种等阶元。例如，狼属于动物界、脊索动物门、哺乳纲、食肉目、犬科、犬属、狼种。

邹衡《试论殷墟文化分期》陶器分类研究是线分类法，分类系统为：类/型/亚型。

面分类是依据给定的分类对象本身固有的各种属性，将其分成相互间没有隶属关系的面，每个面中都包含了一组类目。将某个面中的一种类目和另一个面中的一种类目组合在一起，即组成一个复合类目。因此，面分类又称为组配分类，参见下例。

某博物馆招来 20 位志愿者讲解员，每位讲解员具有性别、年龄、学历、职业、兴趣爱好、是否退休等属性。为了便于管理，要对 20 位志愿者进行分类，分类方案有多种。可以按年龄分成青年、成年、老年三个组(即分类的"面")，每个组成员的性别、学历、职业、兴趣爱好不尽相

① 恩格斯：《自然辩证法》，人民出版社，2015 年。

同。也可以按学历分成中学、大学、研究生三个组，这样分出每个组的成员组成是另一种情况。如果优先考虑展览内容和讲解词的深度，最好按学历分组。如果优先考虑工作量(工作时间和观众人数)，按年龄分组可能最好。

考古报告里常见的夹砂灰陶绳纹鼓腹罐、泥质红陶素面收腹罐、细泥红陶磨光垂腹罐，就是把夹砂、泥质、细泥三种陶质，绳纹、素面、磨光三种纹饰，和鼓腹罐、收腹罐、垂腹罐进行组配的分类。

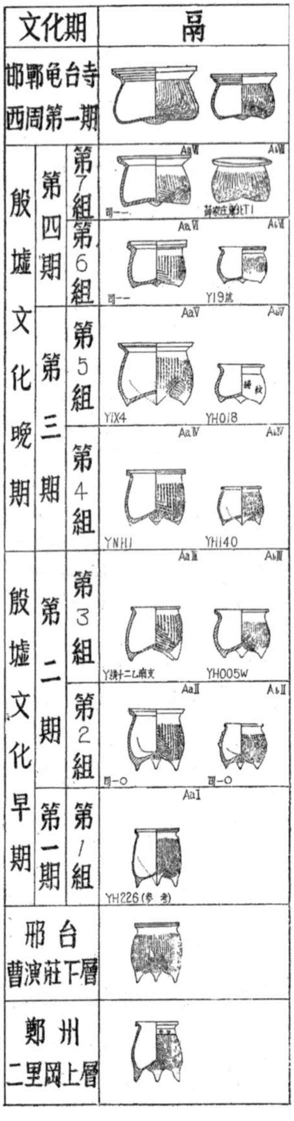

面分类法根据研究目的将样本的不同属性进行组配，然后对样本分类归组，这种分类法尤其适合结构型研究。

排序是区别同类对象的手段，它以研究对象存在渐进的变化为前提，使无序的个体间变得有序。排序就是根据对象彼此之间的相似关系，找到每个研究对象对应的序数，并按自然数顺序排队。因此设定的式别序列和样本之间的联系可以理解为函数关系，排序的逻辑可以进入坐标系(即函数图像)理解。下面举几个例子。

某小学一年级二班老师为全体新生排座位，先让新生以向右看齐的方式站队，越靠近右侧的个子越高，越靠近左侧的个子越矮，这是按学生身体高度排序的结果。

邹衡《试论殷墟文化分期》Aa 型陶鬲排序，给定条件为外形(长方—扁方)、裆部(高—低)等，如左图所示(图 3.6.2-1)：

Ⅰ式：长方、通高/器宽 1.15、裆部较高

Ⅱ式：方、通高/器宽 1.04、裆部较高

Ⅲ式：方、通高/器宽 0.98、裆部较高

图 3.6.2-1　殷墟 Aa 型
陶鬲排序示意图

Ⅳ式：方、通高/器宽 0.92、裆部中

Ⅴ式：扁方、通高/器宽 0.78、裆部中

Ⅵ式：扁方、通高/器宽 0.72、裆部低

Ⅶ式：扁方、通高/器宽 0.68、裆部最低

据上例可将排序概括为：甲 P 乙 P 丙，其中甲、乙、丙代表样本，P 是给定条件，"甲 P 乙 P 丙"的意思是，甲在给定条件方面优先于乙，乙优先于丙。

虽然分类与排序都强调遗迹、遗物形态、功能等特征，但是分类的着眼点是排他性差异，排序的着眼点是相关性联系，二者思维方式不同。我们平时说的"器物排队"，实际包含了"分型"与"分式"两件事，其中的"分型"就是分类，"型"是分类结果；"分式"就是排序，"式"是排序结果。型、式两个概念都可以符号化。

由分类与排序引出的"类型"概念(即逻辑学的谓项)，在考古学研究中，已经被广泛用来指称遗物、遗迹、遗址以及考古学文化等事物。戈登·柴尔德说，考古学家所处理的，而且必须处理的是一些被我们称之为"类型"(types)的抽象概念。如果考古学上没有这些"类型"概念，无法想象今天的考古学家对于研究对象将做出怎样的描写与叙述。不同内容类型学研究所使用的"类型"概念，其含义与内容相对应，这种概念与内容的对应关系不难理解。

戈登·柴尔德指出，考古上器物类型之所以会重复地共存在一起被发现，是因为它们是同一个社会中已经标准化了的行为模式的结果。这种反复出现的相互关联的类型组合，在考古学家的意识中，自然就是一个"文化"，即分布学的分类单位。史前学家的任务就是重建能够确保它们相互关联的行为模式。这样，考古学资料的组合就会被赋予鲜活的生命意义，与之相应的文化的名称也会获得一种历史的含义。①

其次，考古类型学的实务指要是考古类型学"怎么做"的关键。如前

---

① ［英］戈登·柴尔德著，方辉等译，陈淳审校：《历史的重建：考古学材料的阐释》，上海三联书店，2008 年。

所述，考古类型学属于认识工具，是研究主体和研究客体之间的中介，所以它可以用来解决考古学上许多问题，诸如年代学问题、考古学文化问题、社会问题、历史问题、认知问题等。至于解决什么具体问题，则取决于研究者的研究目的。为了解决"东方和欧洲古代文化分期"，蒙特柳斯将类型学作为研究"相对年代"的手段。为了揭示"元君庙墓地反映的社会组织"，张忠培将类型学作为研究"墓地布局"的手段。

考古类型学依据研究目的的要求，可以从研究对象中引出不同的特殊秩序，为研究目的提供研究基础，同时对解释考古遗存的方法有所限定。因此，用考古类型学解决考古学上的各类问题，应当属于实务范畴，不应混入考古类型学的内容里。

我过去也认为考古学文化是考古类型学的内容，后来发现这种认识是不准确的。实际上，考古学文化是一个主要从特征、时间、空间方面解释考古遗存的模式，而在考古学文化研究里，尤其在历时性文化分期与共时性文化分类方面，都离不开考古类型学。

无论是分期研究还是分类研究，首先需要界定基本单元——考古学文化。考古学上的基本单元，如同生物学上的基本单元——物种一样，是研究的立足点和出发点。不同的类型学分类法，将导致分类的结果不同，请比较下面二例。

李伊萍的《龙山文化：黄河下游文明进程的重要阶段》①，采用线分类法对龙山文化分类。首先，排除了不属于龙山文化的"王油坊类型"及"郭家村类型"。其次，主要依据陶鼎的形式和数量在空间分布上的差异，划分出五个和以往不尽相同的地方类型。然后，再以陶鬶为标准，划分出比地方类型范围更大的两个区域。这样，主要依据以高柄杯为代表的陶器组合所划分的"文化"，是龙山文化的第一级分类层次；主要依据鬶所划分的"区域"，是龙山文化的第二级分类层次；主要依据鼎所划分的"类型"，是龙山文化的第三级分类层次。最后，又进一步依据同一地方类型内部空间上文化因素方面的差别，划分出"小区"，即龙山文化的第

---

① 李伊萍：《龙山文化：黄河下游文明进程的重要阶段》，科学出版社，2005年。

四级分类层次。

许永杰的《黄土高原仰韶晚期遗存的谱系》①，将分布在"亲缘文化区"内，文化因素单一且面貌表现为"非甲即乙"的考古遗存称为"文化"。将分布在"历史文化区"内，文化因素复杂且面貌表现为"非甲非乙"的考古遗存称为"类型"。根据这种分类法划分出来的"文化"有泉护文化、马家窑文化、半山文化、菜园文化、阿善文化、白燕一期文化、秦王寨文化等；划分出来的"类型"有大地湾类型、东关类型、义井类型、海生不浪类型、庙子沟类型等。这是在同一个面上进行的分类，在这个分类系统里，文化与类型处于同一个面上，它们是并列关系，而不是隶属关系。

考古类型学的分类必须遵守排他性原则，排序必须遵守同一性原则，它们既相互矛盾，又不可分离。在研究实践中，首先要认识到，作为类型学研究对象的考古遗存是一个整体；其次要认识到，分类与排序的相互区别和相互联系是互为前提的。为了处理好分类与排序的对立统一关系，需要特别注意以下四个方面。

其一，先分类，后排序。这是考古类型学研究的基本程序，只有搞好分类，才有可能排序。

排序的全部对象必须具有同一特征，这类对象就是数学上的特征法集合（即具有某种共同性质的元素的全体）。前面论述分类所举的例一，某小学校一年级二班全体学生依身高排座次，全体学生的共同性质特征是"某校一年级二班"，以此区别于该校一年级其他班次。这里按年级与班次划分的学生群，就是分类。例二为邹衡对殷墟出土 Aa 型陶鬲的排序，他排序对象是所有 Aa 型陶鬲——殷墟陶鬲分类结果。

其二，分到不能再分，合到不能再合。分与合是分类研究的两种具体做法，没有分就无所谓合，没有合也就无所谓分，这是一个事物的两个方面。在分类研究中，要正确处理分与合的关系，把握好分与合的"度"。

古人早就懂得分与合的做法，《周易·系辞上》说："方以类聚，物以群分"，一种是以类相聚（聚类），一种是以群相分（分类）。在考古类型学

---

①　许永杰：《黄土高原仰韶晚期遗存的谱系》，科学出版社，2007 年。

研究里，分类与聚类的着眼点不同，分类着眼于"不像"，不像的就分开来；聚类着眼于"像"，像的就合在一起。两种方法殊途同归，最终都可以把离散无序的遗存归类分组。至于采取哪种做法，与研究者的目的、旨趣、习惯有关。研究中，分与合可以结合使用，如李伊萍的《龙山文化：黄河下游文明进程的重要阶段》，在"文化"下分解出"类型"，在"文化"上合并为"文化区"。

分与合都能使离散无序的考古遗存有序化，然而分到何种程度，合到何种程度，则取决于研究者的研究目的。绝不可没有目的、毫无节制地分与合，否则，最终只能是无序个体与无序群体。

其三，依据特征排次序，依据层位定方向。这两句说排序，道理很简单。类型学排序所依据是具象的形态特征，排序反映的是形态特征变化过程。而抽象的层位关系则无法表现遗存形态特征的变化过程。排序的具体方法，可以从研究对象的形态特征入手，也可以从研究对象的堆积层位入手。

图 3.6.2-2　笔者观摩正定南杨庄遗址陶器

从形态入手排序，一般先不考虑层位关系，直接从遗迹、遗物的形态入手，建立一定演变逻辑次序。然后依据一定逻辑次序排列研究对象。如果有层位关系的话，再用层位关系验证、校准所建序列，主要是确定序列的首、尾。如果没有层位关系的话，需要借用"外证"以确定首、尾，并校准所建序列(图 3.6.2-2)。这种排序方法操作有一定难度，搞不好容易出现主观唯心成分，使排序的科学性丧失，甚至成为"排器物游戏"。

从层位入手排序，以层位关系为导向，找出相关遗迹、遗物的前后关系，以及遗迹、遗物的特征变化，按照设定的变化趋势，依据层位排列出逻辑序列。这种方法的基础和前提条件，必须有较为丰富的层位关系和器物共存关系。这种方法导向明确，序列首尾确定，不会犯方向性错误，所以张忠培、俞伟超强调这种做法。

其四，少型与多式，多型与少式。考古类型学研究的分型与分式，必须满足研究目的需要，研究目的决定了划分型式的方法与结果。一般说来，历时性研究需要少型多式，共时性研究需要多型少式。

> 陈畅：这是由研究目的决定的。
>
> 李珺：这两种是代表不同的方法吗，有没有不同的优劣？
>
> 陈雍：这是两种方法，不存在优劣，历时性研究需要少型多式，共时性研究需要多型少式。
>
> 董新林（中国社会科学院考古研究所）：这是考古类型学的精髓。

严文明的《横阵墓地试析》①和陈雍的《横阵排葬墓再检讨》②，研究对象为同一墓地，因为两篇文章的研究目的和关注点有所区别，所以在墓葬随葬陶器的分类与排序方面存在一定差异，前者的型别少、式别多，后者的型别多、式别少。不同的陶器分类与排序结果，导致对墓地布局的认识不同，以及对人群组织解释的不同。在实际研究中，即便同一个研究者，基于不同的研究目的，也会对同一批器物做出不同的分类、排序方案。参阅陈雍：《从类型学断代法到考古类型学——由蒙特柳斯〈方法论〉说开去》，《华夏考古》，2020 年第 4 期。

3.7　阐释的方法系统

俞伟超在 20 世纪 90 年代提出，考古学的方法论除了地层学、类型学，还应该有一个"根据实物资料来恢复历史原貌的方法论"③。例如仰

---

① 严文明：《横阵墓地试析》，《文物与考古论集》，文物出版社，1986 年。
② 陈雍：《横阵排葬墓再检讨》，《考古》，1994 年第 10 期。
③ 俞伟超：《关于"考古地层学"问题》，王然编：《考古学是什么——俞伟超考古学理论文选》，中国社会科学出版社，1996 年。

韶文化社会形态的研究，山东地区的地形变化引起的古文化遗址分布的变化的研究，龙山文化蛋壳黑陶制法模拟实验，商周至秦汉时期社会等级制度及其世界观变化的探讨等，都已经到"解释"的范畴。如果审视我国考古学研究内容的变化，从文化特征的描述向解释历史方向前进的趋势，在近十年来已愈来愈加强了。[①]

那个时候，我认为解释考古遗存的方法主要有：利用历史文献解释的方法，运用历史唯物主义理论解释的方法，通过人文学科知识解释的方法，通过自然科学知识解释的方法，通过模拟实验解释的方法等。[②]考古遗存具有物质、文化、功能、社会等方面的属性特征，理应可以从多种视角及途径，用不同研究模式解释考古遗存，我的认识没有抓住解释考古遗存的根本所在。

20世纪前半叶的中国考古学，提出三个核心问题，即中国人的起源，中国文化的起源，中国文明的起源。20世纪后半叶至21世纪的中国考古学，在这三个研究领域取得了令世界瞩目的发现与研究。今天，文化考古学、社会考古学、考古人类学已经成为中国考古学的核心内容。

几十年来，我们跟随张忠培先生学习中国考古学，主要学习关于研究考古学文化的方法论和谱系学说，学习关于研究考古学文化所反映的社会组织结构与社会发展阶段的理论方法，也就是文化考古学和社会考古学的理论方法。[③]张忠培认为，考古学家有可能通过遗存的研究，去了解创造考古学文化的人们共同体的历史演进过程。这里提出了考古学研究要解决的两个基本问题，一是创造考古学文化的人们共同体是如何组织起来的，二是考古学文化的历史演进过程是什么样的。为解决这两个问题，他提出了文化考古学研究的"华县渭南模式"和社会考古学研究的"元君庙模式"。在这两个研究模式中，虽然看待考古遗存的视角和解

---

① 俞伟超：《序言》，中国历史博物馆编：《当代国外考古学理论与方法》，三秦出版社，1991年。

② 陈雍：《关于中国考古学的思考》，《文物季刊》，1997年第4期。

③ 陈雍、许伟、张文军：《永远的思念》，故宫博物院编：《纪念张忠培先生文集·怀念卷》，故宫出版社，2018年。

决问题的思维方式不同，但指导认识和解释遗存的世界观是相同的。①
本书第 4 章"研究取向和研究模式"，具体讨论了文化考古学和社会考古
学的有关问题。

我们可以将通过考古遗存解释人的社会、人的行为、人的认知的方
法系统叫作考古阐释学。考古阐释学由多种研究模式组成，作为考古学
理论范畴的研究模式，一般是以研究方法为基础，依据研究目的、研究
视角、思维方式构成的解释程序体系，具体内容见本书第 4 章"研究取向
和研究模式"。

中国考古学就其自身特点来说，究竟是接近历史学，还是接近人类
学，似乎不能一概而论，非此即彼。史前时期考古学，与人类学的关系
更密切，而历史时期考古学，则无法脱离中国史学传统大背景，尤其年
代越晚的考古遗存的解释越接近历史学。马克思主义活的灵魂是具体问
题具体分析。我们应当根据具体研究对象和具体研究问题，选择适当的
研究路径、方法和理论模式。在这里，选择何种理论模式解释考古遗存，
涉及哪种理论模式可以尽可能多地解释材料的问题。

张光直说："只有一种方法能够获得有益于从支离破碎的材料中恢复
整个社会系统——至少是它的基本结构——的规则，那就是利用理论模
式，也就是当代的以及可以获得详细文献的历史时期的文化和社会的运
作系统和亚系统的蓝图。让我马上澄清一件事情。这不是曲解我们的事
实甚至剪裁它们使之适应理论。我们的理论是已知社会系统的蓝图，如
果我们的事实不能符合它们，那就意味着要么是这种已知社会系统是全
新的，要么是我们的事实还不充分。永远不能'削足适履'。"②

---

① 陈畅：《从华县渭南考古工作看考古学方法论体系的构成》，王巍、余西云主编：《中国
考古学理论与方法Ⅰ》，科学出版社，2020 年。
② 张光直：《商文明》，辽宁教育出版社，2002 年。

第4章　研究取向和研究模式

4.1　文化考古学研究

考古学文化是解释考古遗存的重要概念，是文化考古学的重要内容。对于考古学文化的作用，外国学者认为，考古学文化这个概念"在组织和解释考古材料方面已经扮演而且还将继续扮演一个重要角色。正如我们所见到的，这个概念的引入，将使考古学家可以根据地区文化传统的相互影响和发展去观察史前史，并且逐渐地引导人们对这些文化间外部联系的研究进而深入到另外一个更深层次的对其内在结构的关注。考古学文化研究的这两个方面，对于理解在考古遗存中观察到的文化序列形成过程的理解，提供了一个基础"①。

关于考古学文化研究，主要包括以下五个方面：

(1)考古学文化构成

(2)考古学文化分类

(3)考古学文化时空框架

(4)考古学文化谱系

(5)考古学文化与族群

---

① ［加拿大］布鲁斯·炊格尔著，蒋祖棣等译：《时间与传统》，生活·读书·新知三联书店，1991年。

4.1.1　考古学文化构成

用"考古学文化"研究史前史，标志着与进化考古学相区别的文化考古学的出现，"考古学文化"是文化考古学的核心。如果以夏鼐的《关于考古学上文化的定名问题》①一文发表为界标，这篇文章发表之前中国考古学上出现的文化，严格说来，大都不是夏鼐和柴尔德所说的"考古学文化"，比如彩陶文化、细石器文化、印纹陶文化、仰韶文化等。

> 余西云：考古学文化是个非常重要的概念，是把考古学研究与金石学、古器物学研究区分开来的重要标志。但不同的人有不同的理解，不同的情形需要有不同的处理，正如有多少个读者就有多少个哈姆雷特一样。
>
> 陈雍：安特生提出的文化是进化考古学的文化，它们与柴尔德提出的文化考古学的考古学文化，属于不同范畴的文化。对考古学文化可以有不同的理解，但必须是在文化考古学范畴内的不同理解。

柴尔德将考古学文化定义为：一批总是反复共生的某些遗存类型——陶器、工具、装饰品、葬俗和房屋样式。② 夏鼐将考古学文化定义为：某几种特定类型的陶器和某类型的石斧和石刀以及某类型的骨器和装饰品，经常地在某一类型的墓葬(或某一类型的住宅遗址)中共同出土。这样一群的特定类型的东西合在一起，我们叫它为一种"文化"。因为这一群东西是共同存在于同一文化层或墓葬中，这表示它们是属于同一时代遗留下来的。因为它们的一起出现是经常的现象，并不是个别的孤立的事实，这表示它们是属于同一社会的产品。这个社会因为有共同

---

① 夏鼐：《关于考古学上文化的定名问题》，《夏鼐文集》(上)，社会科学文献出版社，2000 年。

② ［加拿大］布鲁斯·G. 特里格著，何传坤、陈淳译：《柴尔德：考古学的革命》，中国人民大学出版社，2020 年。

的传统，所以留下来这些考古学遗迹的共同体。①

　　夏鼐认为，考古学文化是一个约定俗成的名词，考古学家使用它来指称考古遗存的综合体；考古学文化是考古学上的一个术语，有它特定的含义。②

　　柴尔德的《历史的重建：考古材料的阐释》③一书中对考古学文化做出新的理解与表述。他说，考古上器物类型之所以会重复地共存在一起被发现，是因为它们是同一个社会中已经标准化了的行为模式的结果。这种反复出现的相互关联的类型组合，在考古学家的意识中，自然就是一个"文化"，即分布学的分类单位。史前学家的任务就是重建能够确保它们相互关联的行为模式。这样，考古学资料的组合就会被赋予鲜活的生命意义，与之相应的文化的名称也会获得一种历史的含义。

　　这种认识与柴尔德在 20 世纪 20 年代提出的考古学文化最大的区别在于，把考古类型组合与人们共同体的关联，改为考古类型组合与行为模式的关联，并且用"分布学的分类单位"来定义考古学文化。看来柴尔德对于考古学文化与人们共同体或族群关系的认识有些犹豫了。

　　俞伟超认为，考古学文化就其本体意义来说，类同于当代人类学中的"文化"一词的概念，考古学文化一定的文化特征最重要，所谓的"文化特征"，包括一切行为的产物的特征，人类群体的一切物质文明、精神文化和社会关系特征，都应当包括在内。④ 张忠培认为，既然考古遗存是依考古学文化区分的，因此在一定的意义上可以认为考古学文化是考古学研究的对象。考古学研究的对象，不是物质的遗存，而是考古学文化所表述的这部分人类古代社会历史。⑤ 夏鼐将物质的考古遗存引申到共同的文化传统，俞伟超将物质的考古遗存引申到精神文化和社会关系，

---

①② 　夏鼐：《再论考古学上文化的定名问题》，《夏鼐文集》（上），社会科学文献出版社，2000 年。

③ 　［英］戈登·柴尔德著，方辉、方堃杨译，陈淳审校：《历史的重建：考古材料的阐释》，上海三联书店，2008 年。

④ 　俞伟超：《关于考古学文化的范畴问题》，王然编：《考古学是什么——俞伟超考古学理论文选》，中国社会科学出版社，1996 年。

⑤ 　张忠培：《关于考古学文化需要探索的几个问题》，张忠培：《中国北方考古文集》，文物出版社，1990 年。

张忠培将物质的考古遗存引申到社会历史，反映出三位考古学家的研究视角与研究取向方面的不同。

我们平时所说的考古学文化，包括考古遗存的物质实体与概念术语两个部分，如同一个人和他的姓名，人是客观存在的，名字是他人给起的。

> 陈雍：考古学文化这个文化考古学的重要概念，是研究者给考古遗存"特征组合"起的名字，考古学的术语。

考古学文化的物质实体是客观存在的，它包含了遗存的年代、地域、特征组合等要素。长期以来，陶器被作为认定考古学文化的主要标准，有时候还可能是唯一标准。这样问题就来了，一个古代人们共同体的陶器群，如果分为居址用器与墓葬用器，生活用器与礼仪用器，那么作为考古学文化的典型陶器应当选择哪一种？比如夏家店下层文化，海河水系类型与西辽河水系类型的墓葬陶器很相似，但居址陶器差别却很大，这两个类型的典型器物到底该怎么选定？再如红山文化，典型器物是用生活器物还是礼仪器物，或者两种都要有？

> 许卫红：真的是，居址器物未必是文化的原根。
>
> 陈雍：还有一个问题，典型器物是从多数器物里选，还是从少数器物里选？
>
> 谢尧亭（山西大学历史文化学院）：陈老师戳到考古学的软肋了。
>
> 王炜林：我觉得关键少数很重要。
>
> 王立新：对于那些几乎不使用陶器的游牧遗存来说，当以什么标准划分考古学文化？
>
> 许永杰：如果纠结于理论上的可能，研究就将无法进行，譬如同一民族是否可以用不同的陶器群，不同的民族是否可以用相同的陶器群？那么就永远不能做族属的研究了。
>
> 陈雍：已经发现的考古遗存的陶器群，往往具有多种文化成分，

这样，作为认定考古学文化的陶器应当是哪一种？

考古学文化研究中到底有没有"过渡遗存"？如果有的话，这类遗存是时间上的过渡，还是空间上的过渡？这类遗存真的是过渡性质吗？这类遗存能否命名考古学文化？仔细想想，其实这是怎样看待"过渡"、如何理解"过渡"的问题，以及在考古实践上怎样处理"过渡"的问题。

> 陈畅：实际是分类标准的问题。
>
> 田建文：没有过渡遗存。
>
> 许永杰：在大汶口文化和龙山文化之间能不能找到？
>
> 陈雍：据目前已经发表的山东考古材料，大范庄、尧王城可以探讨大汶口文化向龙山文化的过渡，但两个文化之间最终还要找出一个划分的标准，据此切开一刀，否则从大汶口到龙山就是一个渐变的过程，这样就不好分成两个文化了。

关于时间"过渡遗存"，《庙底沟与三里桥》的庙底沟遗址第二期遗存，一般认为是从仰韶向龙山过渡的遗存。卜工的《庙底沟二期文化的几个问题》[①]，将原报告的"庙底沟二期"一分为二，一部分含有最后形态的尖底瓶的单位归属仰韶时期，另一部分有空三足器斝的单位归属龙山时期，解析了混合的"庙底沟二期"。这样一分二，所谓的"过渡遗存"也就不存在了。

> 陈雍：含有最后形态小口尖底瓶遗存应当归属仰韶晚期遗存，空三足器斝的出现，标志一个新时代的开始，这种"提纯"的庙底沟二期文化应当是最早的龙山时期遗存。
>
> 许永杰：迄今，尚无釜形斝与尖底瓶共出的堆积单位。

---

① 卜工：《庙底沟二期文化的几个问题》，《文物》，1990 年第 2 期。

由于"典型遗存"的不确定性，往往造成依据这个"典型遗存"确认的"考古学文化"内涵不断外延，使这个"考古学文化"不断混入其他的文化遗存。例如，最先发现红色遗存，接着又发现了橙色遗存，因为橙色中含有红色成分，所以把橙色遗存归入了红色遗存。接着又发现了黄色遗存，因为与含有黄色成分的橙色遗存相近，这样黄色遗存通过橙色遗存也可以归入红色遗存。后来又发现了绿色遗存，因为绿色遗存中含有黄色成分与黄色遗存相近，这样绿色遗存通过黄色—橙色也能归入红色遗存。于是，红色遗存、橙色遗存、黄色遗存、绿色遗存成为了同一类。如果把橙色遗存视为红色与黄色遗存的"过渡遗存"，把黄色遗存视为橙色遗存与绿色遗存的"过渡遗存"，这样通过"过渡遗存"，红、橙、黄、绿四种遗存就能成为同一个考古学文化。在早期鲜卑遗存研究中就存在这类"滚雪球"的问题。①

　　其实，考古遗存的"空间过渡"——如果有的话，可以理解为两个集合的交集，红色集合与黄色集合的交集部分是橙色，橙色是一个新颜色，既不属于红色，也不属于黄色——这是分类方面的问题。

　　文化人类学关于"文化区"有两个重要的思想，很有参考价值。第一，一个文化区一般分为中心区和边缘区，中心区往往具有一种文化性质，由中心往外扩散传播；边缘区往往具有多种文化特征，由来自不同中心的文化特质在边缘区形成复合。第二，最古老的文化特质往往存在于文化区的边缘，而不是存在于永远处于变化的中心区。文献说的"中国失礼，征诸四夷"，就是这种情况。以此类比考古学文化区的边缘遗存，它应属于中心区的周边，而不是过渡。

　　接下来讨论考古学文化命名的问题。夏鼐主张的考古学文化定名范式为：

小地名＋文化

中国考古学上除了这种定名范式，还存在其他的定名方式，如夏家

---

① 陈雍：《扎赉诺尔等五处墓葬陶器的比较研究》，《北方文物》，1989 年第 2 期。

店下层文化、二里冈上层文化、庙底沟二期文化、后冈一期文化等，这种考古学文化定名构成为：

遗址名称＋遗址分期＋文化

又如，先商文化、早商文化、晚商文化、西周燕文化、战国秦文化等，这种考古学文化定名构成为：

年代＋族群(或国别)＋文化

后两种定名是考古上约定俗成的叫法，虽不符合夏鼐主张的定名范式，但习以为常。以往讨论考古学文化定名问题，大都是史前时期的考古遗存，那么，夏鼐提出的考古学文化定名的标准和方法，是否适用于历史时期的考古遗存，确实是个值得研究的问题。请看下面的例子。

山西绛县横水周代墓地，据出土铜器铭文，是文献失载的倗国考古遗存。山西翼城大河口周代墓地，据出土铜器铭文，是文献失载的霸国考古遗存。山西垣曲北白鹅周代墓地，据出土铜器铭文，目前一般认为是召公家族的考古遗存，但也有不同的理解。三处墓地出土大量的铜器、陶器、金器、玉器等遗物。三处墓地遗存怎样定名考古学文化？这些出土遗物里哪些是认定考古学文化的典型器物？

霍东峰：考古学文化和国别文化不在一个层面上，认定考古学文化还是以陶器为主，一个考古学文化可以包含多国遗存。

谢尧亭：史前时期、原史时期和历史时期考古学文化命名方式不同，内涵也有区别。上面这几处可能都是周文化的子文化，或类型。我们知道，陶器特别是典型陶器的分布往往具有一定的文化指示作用，在原史时期，青铜器特别是青铜礼器也具有这种意义。

关于历史时期考古学文化定名问题，我想起俞伟超关于楚文化的论述。他说，考古学上的楚文化就是中国古代楚人所创造的一种有自身特征的文化遗存，讲得再具体一点，就是这种文化遗存有一定的时间范围、一定的空间范围、一定的族属范围、一定的文化特征内涵。在这四个方面中，一定的文化特征内涵是最重要的。历史上，包括楚文化在内的任何一种可以独立存在的文化，都因其自身特征已达到跟同时期的其他文化可以区别开的程度。换句话说，历史上一定时间、一定空间里面的一定的人们共同体，往往创造出一种不同于其他人们共同体的文化，这种文化遗存，也就是我们通常讲的考古学文化。没有文字的原始时代的考古学文化，一般用首先发现或确认的地名来称呼它。楚文化的时间范畴，已到了有文字记载的时代，这种文化的族属、国别都比较清楚，就可以用族名或国名来命名。所以，总的来说，古代楚人创造的、具有自身特征的文化，可以叫楚文化。①

考古学文化这个概念是约定俗成的名词，是考古学上的术语，那么，对于已经定名的考古学文化，并且已为学术界所使用，最好不要重新定名或另起新名，以避免造成概念术语不一致，甚至混乱。

陈雍：重新定名，指更改原有的定名。另起新名，指不使用别人的定名，自己再起个名字。更改原来不科学的定名除外。

许永杰："类型"改称"文化"算不算？

陈雍："类型"改"文化"，可以举一个例子。燕山山脉南麓发现的夏家店下层文化遗存，如蔚县三关遗址，其遗址陶器跟昌平雪山、河北大厂大坨头的陶器相似，但墓葬陶器跟燕山山脉北侧的夏家店下层文化墓葬的陶器相似，有人用"大坨头文化"（命名"大坨头文化"的大坨头遗址，其实只发现了两个灰坑）取代燕山山脉南麓的夏家店文化地方类型，显然以偏概全了。

4.1.2　考古学文化分类

分类是认识客观事物的重要途径和手段。恩格斯说："每一门科学都是分析某一个别的运动形式或一系列互相关联和互相转化的运动形式的，

---

① 俞伟超：《关于当前楚文化的考古学研究问题》，俞伟超：《先秦两汉考古学论集》，文物出版社，1985 年。

因此，科学分类就是这些运动形式本身依其内在的序列所进行的分类、排序，科学分类的重要性也正在于此。"①考古学文化分类关系到考古学文化时空框架的构建和考古学文化谱系的分析。考古学文化分类研究需要做好三件事：

第一，确定好分类对象的内涵。首先要建立这样的认识，"文化"是考古学文化分类的基本单位。考古学文化分类搞得好不好，关键是"文化"界定的是否准确。在考古学研究上，确定考古学文化内涵有两种情况：一种是新发现、新认定的考古学文化，另一种是对已定名的考古学文化内涵做修正或补充。对于研究考古学文化分类，后一种非常重要，因此许多研究考古文化的论著都在厘清考古学文化内涵方面下功夫。

"物种"是生物学上一个重要概念，是生物进化的基本单位，也是生物分类的一个基本单位。考古学上的"文化"和生物学上的"物种"类似，首先是一个重要概念术语，其次是一个考古遗存分类的基本单位，考古学家研究古代遗存的基本单元，这个单元必须是代表性遗迹、遗物的特征组合。

20 世纪发现命名的"仰韶文化"和"龙山文化"，因其内涵过于庞杂而被改称为"仰韶时代(或时期)"和"龙山时代(或时期)"，原来的"仰韶文化"解析为几个年代不同、性质不同的考古学文化，原来的"龙山文化"解析为若干个大约同时的考古学文化。既然学术界已经摒弃了"仰韶文化"和"龙山文化"的概念，那么在这里也就没有必要讨论它们应该如何分类，对于既往的分类研究也没有检讨的必要了。

张忠培 1974 年给我们班(1973 级)讲授中国新石器时代考古课时提出，"仰韶文化"实际包含了八种不同年代的考古遗存，所以"仰韶文化"概念涵盖不了这八种遗存，并且提出这些遗存的文化命名和相对年代，将"仰韶文化"修正为"仰韶时代"或"时期"。近半个世纪的考古发现与研究证明，张忠培的见解完全符合仰韶村遗址考古遗存的事实。据仰韶

---

① 恩格斯：《自然辩证法》，人民出版社，2015 年。

遗址命名的仰韶文化含有八种不同时空遗存，这八种并非都含有彩陶和尖底瓶，那么仰韶文化到底是指仰韶村遗址发现的八种遗存的哪一种呢？

20 世纪 80 年代以来，中国考古学术界开始认识到"仰韶文化"内涵过于庞杂，实际包含了两个时期四个阶段的考古遗存，不符合考古学文化命名的原则。目前"仰韶文化"正在演变为代表新石器时代的一个时期的概念，被称为"仰韶时期"。

从 20 世纪 20 年代"仰韶文化"到 20 世纪 80 年代"仰韶时期"的变化过程，充分反映出考古学理论与方法的发展与进步。这个过程大约经历了几个阶段：仰韶文化与龙山文化二元对立；仰韶文化早于龙山文化；仰韶文化的类型与分期，仰韶文化在分期的基础之上划分出若干类型；摒弃"仰韶文化"概念，将原来的"类型"改称为"文化"，将"仰韶文化"改称为"仰韶时期"。

> 陈畅：二元对立是在共时性的前提下建立的关系。
>
> 陈雍：二十世纪二三十年代，把仰韶和龙山看作是一西一东同时存在的。
>
> 王炜林：将原"类型"改"文化"不仅是对仰韶文化本身认知的深化，同时也是对"类型"概念的厘正。
>
> 陈雍：考古学文化分类与考古学文化分期，属于两个不同的研究范畴，其研究目的、方法和结果都不一样，因此，在考古学文化分类系统里不应有分期的内容。

第二，选择适当的分类方法。不同的分类法导致分类结果不同，不同的研究目的决定了所选择的分类方法。目前中国考古学上采用最多的分类法是线分类法，又称为层级分类法。这种分类法，以文化为基本单元，文化下面分为类型，类型下面分为遗存（或亚类型），分类系统如下：

　　文化

　　　　类型

　　　　　　遗存(亚类型)

考古学文化这种层级分类，和生物学分类阶元非常相似：

　　门

　　　　纲

　　　　　　目

　　　　　　　　科

　　　　　　　　　　属

　　　　　　　　　　　　种

　　　　　　　　　　　　　　亚种

考古学文化这种层级分类，和语言学分类也比较类似：

　　汉藏语系

　　　　汉语

　　　　　　方言区

　　　　　　　　方言片

　　《龙山文化：黄河下游文明进程的重要阶段》[①]一书采用了层级分类法。考古学文化的地方类型，体现的是同一考古学文化在空间上的差异，首先排除了不属于龙山文化的"王油坊类型"及"郭家村类型"，然后主要依据陶鼎的形式和数量在空间分布上的区别，划分出五个跟以往不尽相同的地方类型。而后又以陶鬻为标准，划分出比地方类型范围更大的两个区域。这样，主要依据以高柄杯为代表的陶器组合所划分的"文化"，这是龙山文化的第一级分类层次；主要依据鬻所划分的"区域"，这是龙山文化的第二级分类层次；主要依据鼎所划分的"类型"，这是龙山文化的第三级分类层次。《龙山文化"城子崖类型"解析》又进一步依据同一地方类型内部空间上文化因素方面的差别，划分出"小区"，即龙山文化的第四级分类层次，分类层次如下所示：

---

① 李伊萍：《龙山文化：黄河下游文明进程的重要阶段》，科学出版社，2005 年。

龙山文化

|

泰山以西区/泰山以东区

|

姚官庄类型/两城类型/尹家城类型/尚庄类型/杨家圈类型

|

鲁中南小区(亚类型)/泰山北缘小区(亚类型)

这里需要分辨清楚，考古学文化的空间分布区域通常叫作文化区，但是它并不等同于考古学文化，是另一个范畴的概念。上述"泰山以西区"和"泰山以东区"所指称的不是空间分布的含义，而是介于"文化"和"类型"之间的一个"分类单元"。

关于龙山文化分类的内容中还包括了根据什么来进行分类，也就是分类所依据的典型器物，或代表性器物，于是提出了考古学文化分类研究的第三件事。

第三，分类所依据的典型器物。《龙山文化：黄河下游文明进程的重要阶段》主要依据以高柄杯、鬶和鼎，划分文化、"东区、西区"和"类型"，这样高柄杯、鬶和鼎就成为分类的重要指标。

我在《北首岭新石器时代遗存再检讨》①中提出这样的分类方法，西安半坡遗址第二期遗存里包含有以杯形口尖底瓶墓(如 M152)、细颈壶墓(如 M114)、葫芦瓶墓(如 M102)为代表的三类遗存，目前学术界认为这些墓葬的文化属性都是半坡文化。据此，半坡文化的类型划分可以从这三种墓葬入手。根据数学求组合种数公式分析，这三种器物能够组成以下七种情况：

(1)杯形口尖底瓶

(2)葫芦瓶

(3)细颈壶

(4)杯形口尖底瓶、葫芦瓶

(5)杯形口尖底瓶、细颈壶

(6)葫芦瓶、细颈壶

---

① 陈雍：《北首岭新石器时代遗存再检讨》，《华夏考古》，1990 年第 3 期。

(7)杯形口尖底瓶、葫芦瓶、细颈壶

田野考古发现的实际情况是这样的：元君庙墓地绝大多数是随葬杯形口尖底瓶的墓葬，早期墓葬里见有零星的细颈壶墓、杯形口尖底瓶和细颈壶墓，晚期墓葬里见有零星的葫芦瓶墓。横阵墓地全部都是随葬杯形口尖底瓶墓。半坡遗址墓地根据已有材料，基本是三种器物墓葬。姜寨遗址墓地是三种器物七种组合情况的墓葬。史家墓地主要是随葬葫芦瓶墓，还有很少墓葬随葬葫芦瓶和细颈壶。北首岭Ⅵ区墓地以随葬细颈壶为墓主，还有一定数量墓葬随葬杯形口尖底瓶、葫芦瓶。聚落中心广场墓葬只有随葬细颈壶的墓葬。王家阴洼墓地大都是随葬葫芦瓶、细颈壶墓。

因为含葫芦瓶墓集中发现于渭南史家村墓地，所以以这种墓葬为代表的遗存被称为"史家类型"。照此，元君庙绝大多数墓葬和横阵墓葬可以划作一个类型，半坡墓葬和姜寨墓葬可以划作一个类型，北首岭Ⅵ区墓葬也可划作一个类型，王家阴洼墓地也可划作一个类型。这样的话，半坡文化如果依墓葬随葬器物作为划分类的标准，就能划分出以下几种类型：

(1)以杯形口尖底瓶为代表性器物的元君庙类型

(2)以葫芦瓶为代表性器物的史家类型

(3)以细颈壶为代表性器物的北首岭类型

(4)以葫芦瓶和细颈壶为代表性器物的王家阴洼类型

(5)以杯形口尖底瓶、葫芦瓶和细颈壶为代表性器物的姜寨类型

现有资料表明，杯形口尖底瓶墓、葫芦口瓶墓、细颈壶墓的出现虽略有早晚，但发展各自成序，三套序列在一段时间内并存，各类墓葬代表的遗存在空间分布上不均匀。以杯形口尖底瓶为代表的类型多见于泾水以东，以细颈壶为代表的类型多见于泾水以西，以葫芦瓶为代表的类型泾水两侧都有分布，以三种器物组合为代表的类型多见于泾水和渭河交汇地区。半坡文化这种类型的划分，大体上反映了半坡文化在空间方面的变化和各遗址（墓地）之间的等级差别，以及人群构成方面的区别。为了验证用这种划分考古学文化类型的方法是否可以复制，我用这种方

法对东北地区青铜时代的西团山文化进行了分类研究，得出西团山文化的分类系统。[1]

考古学文化分类跟一般事物分类一样，除了有线分类法，还有面分类法，全部分类结果都处于同一个层面上，又称为组配分类法。《黄土高原仰韶晚期遗存的谱系》[2]将分布在不同亲缘文化区之间的历史文化区内，同时具有两种以上考古学文化特征的考古学文化遗存，亦即那些在文化特征上表现为非甲非乙的考古学文化遗存称为"类型"，而将那些分布在亲缘文化区内的文化因素单一的考古学文化遗存称为"文化"。

根据这种方法划分的文化有泉护文化、马家窑文化、半山文化、菜园文化、阿善文化、白燕一期文化、秦王寨文化等，划分的类型有大地湾类型、东关类型、义井类型、海生不浪类型、庙子沟类型等。这是在同一层面上进行的分类，因此称为面分类法。这种分类法依据考古学遗存的形态特征、组合特征、时间特征和空间特征，将它们分成彼此之间没有隶属关系的面，每个面是一定特征的集合，这样的集合定义为一个文化单元；将某个面中的一些特征和另一个面的某些特征组合在一起，构成一个复合的特征集合，这样的集合同样可以定义为一个文化单元。前一种集合名为"文化"，后一种集合名为"类型"。这种分类和命名是考古学文化研究上的创新，对于考古学文化分类研究起到积极的推动作用。

现下一般将考古学文化分区跟考古学文化层级分类相对应，将考古学文化分布的相关地域作为文化区，将类型分布的相关地域作为文化亚区。考古学文化区能否作为相关考古学文化的聚类，而这种聚类能否跟它们的地域分布相关，在已有的考古学研究中还缺乏实例。《黄土高原仰韶晚期遗存的谱系》的分区朝这个研究方向迈出了一步。这种分区法借用了自然地理的概念，分区的第一个层次是黄土高原，第二个层次是相对于黄土高原的渭河盆地文化区、陇西盆地文化区、河套盆地文化区、汾河盆地文化区和伊洛盆地文化区，第三个层次是相对于这些文化区的以

---

① 　陈雍：《西团山文化陶器的类型学与年代学研究》，吉林大学考古学系编：《青果集》，知识出版社，1994 年。

② 　许永杰：《黄土高原仰韶晚期遗存的谱系》，科学出版社，2007 年。

盆地、平原、河流、湖泊指称的文化亚区。文化区的划分并不拘泥于自然地理单元，如渭河盆地文化区就包含了渭河文化亚区、运城盆地文化亚区和灵宝盆地文化亚区，这个文化区跟传统的陕晋豫地区大体相当。每个文化区包含两种以上的文化、类型，而这些文化、类型在文化构成及特征上有一定的相关性。渭河盆地文化区内的渭河文化亚区有泉护文化，运城盆地文化亚区和灵宝盆地文化亚区有东关类型、泉护文化；陇西盆地文化区内的六盘山西麓文化亚区有大地湾类型、菜园文化，陇西平原文化亚区有马家窑文化、半山文化；河套盆地文化区内的黄河两岸文化亚区有海生不浪类型、阿善文化，岱海文化亚区有庙子沟类型；汾河盆地文化区内的太原盆地文化亚区有白燕一期文化、义井类型，临汾盆地文化亚区有东关类型；伊洛盆地文化区内的郑州平原文化亚区、颍河上游文化亚区、伊洛流域文化亚区几乎都是秦王寨文化。

这种分区具有较为明显的文化聚类的意识，但由于没有具体说明每个文化区内的考古学文化、类型因地域相近和文化相关而表现出来的某些共性特征，因此致使文化分区和文化分类在同一分类系统中的意义没有表现出来。

总括上述，"文化"是考古学文化分类研究的基本单位，如同生物学的"种"是分类研究的基本单位。考古学文化分类研究搞得好不好，关键是"文化"单位界定得准确与否。文化与类型之间的关系，在不同分类体系里不一样，线分类法是从属关系，面分类法是并列关系。

考古学文化分类关系到考古学文化时空框架构建与考古学文化谱系研究，所以分类研究的基础打得是否扎实至关重要。

4.1.3 考古学文化时空框架

考古学文化时空框架，包括考古学文化分区（空间分类）和考古学文化编年（时间排序）两部分内容。考古学文化是文化分区与文化编年的基本单位。

陈雍：有人把考古学文化时空框架理解为类型学的框架，这种

认识不仅把考古学文化混入类型学里，而且还把类型学与年代学混在一起了。

中国考古学上的分区研究，吴金鼎的《中国史前陶器》(*Prehistoric Pottery in China*，1938)首发其端。吴金鼎依据陶器把中国史前文化及少数历史时期文化分为七个区：南满洲、山东、河南北部、河南西部、山西、陕西、甘肃。① 这种分区思想在中国考古学初始时期是相当超前的。

二十世纪七八十年代出现的三个分区方案，都是多元进化的思想，其中夏鼐分区方案是绝对年代体系，张忠培、苏秉琦分区方案是相对年代体系。

张忠培的《中国新石器时代考古》分为黄河中游地区、豫北冀南地区、黄淮平原地区、江浙地区、江汉平原地区、松辽平原地区六个区。②

夏鼐的《碳-14 测定年代和中国史前考古学》分为中原地区、黄河上游(甘青)地区、黄河下游和旅大地区、长江中游地区、闽粤地区、西南地区、东北地区七个区。③

苏秉琦的《关于考古学文化的区系类型问题》分为陕晋豫邻境地区、山东及邻省一部分地区、湖北及邻近地区、长江下游地区、以鄱阳湖—珠江三角洲为中轴的南方地区、以长城地带为中心的北方地区六个区。④

三个分区方案的立足点和视角不同，分区的结果存在一定的差别。我们应当注意到这样一个问题，目前已有的考古学文化分区基本处于边界不清的状态，两个相邻的区域之间大都不能划出明确的分界线。为什么考古学的文化分区达不到语言学的汉语方言分区的水准呢？主要问题

---

① 陈星灿：《中国史前考古学史研究 1895—1949》，生活·读书·新知三联书店，1997 年。

② 依据笔者的中国新石器考古课堂笔记，1974 年。

③ 夏鼐：《碳-14 测定年代和中国史前考古学》，《夏鼐文集》(上)，社会科学文献出版社，2000 年。

④ 苏秉琦：《关于考古学文化的区系类型问题》，《苏秉琦考古学论著选集》，文物出版社，1984 年。

有三：首先，没有明确的分区标准；其次，没有科学的分区方法；最后，缺乏一定数量遗址分布地点的支撑。

语言学汉语方言分区的方法值得学习和借鉴。汉语方言分区以词汇、语音、语法作为分区的标准（单一的或综合的），通过实地调查，把每一项指标的实地情况分别标记到地图上，然后再把具有相同词汇、语音、语法的若干个地点用线连接起来。比如，把说"玉米"的、说"棒子"的、说"苞米"的地点分别连接起来，这样，说"玉米"的形成一个区域、说"棒子"的形成一个区域、说"苞米"的形成一个区域。这种划分区域的线，语言学叫"同言线"，每条同言线所包围的空间，就是每个语言要素具体情况的分布范围。根据若干指标的同言线的重合概率，能够划出方言的实际分布区域，划出的这个区域边缘往往不是整齐的，而是交错的。汉语方言可以依据同言线绘制方言分区地图。

今天方言分布特点对于认识考古学文化分布特点有一定启示作用，这里举个例子。语言学家认为，晋语（不是山西方言，系指山西及其毗连地区有入声的方言）不包括晋东北的广灵县，晋南的蒲县、霍县、万荣、垣曲、芮城、翼城、曲沃、侯马、夏县等 27 个县市，但包括河南安阳、鹤壁、汤阴、淇县、辉县、新乡等 17 个县市。[①] 考古发现与研究表明，晋语区内夏时期的考古学文化为白燕文化，以及与白燕文化有联系的先商文化；不属于晋语区的晋南诸县市是东下冯类型，晋东北广灵县是夏家店下层文化。

汉代扬雄的《輶轩使者绝代语释别国方言》[②]，把汉代的方言分为 14 个区：秦晋、梁西楚、赵魏、宋卫、郑韩周、齐鲁、燕代、北燕朝鲜、东齐青徐、汝颍陈楚、南楚、吴扬越、秦陇、秦晋北鄙。这种方言分区和秦汉考古学文化分布特点大体吻合，《方言》的地理类型与《汉书·地理志》相比，可能更接近考古学文化分布情况，对于秦汉考古学文化分区有一定的借鉴意义。

---

① 李荣：《官话方言的分区》，《方言》，1985 年第 1 期。
② （汉）扬雄：《方言》，中华书局，2016 年。

陈雍：徐苹芳说，中国历史考古学文化应当如何分区，这确实是一个值得思考的问题。历史考古学文化分区与史前考古学文化分区在内容上和方法上不同，值得思考，需要研究。①

许永杰：徐先生只是提出问题，没有具体分区方案。

陈雍：历史考古学分区与史前考古学分区不同。史前考古学分区的依据是考古学文化，进入秦汉帝国以后，考古学文化怎么认定和划分，目前还没弄明白；进入秦汉帝国以后，一个分区方案或许难以贯穿始终，可能需要多个时段的分区方案。历史考古学分区究竟是以考古遗存为本位，还是以历史文献为本位，这是根本问题。

王炜林：的确是个问题，一个区域的隶属关系和考古学文化（或者遗存）往往并不一定完全吻合，属国的文化就常常区别于宗主国。

考古学文化区可以划分层次，一个考古学文化的下面依据"类型"划分小区，它的上面可以依据"共同文化特征"划分出更高层次的区域。这个更高层次的区域，柴尔德叫作"文化圈"，他认为，在这个"文化圈"里包含着几个不同谱系的文化类型，彼此之间不会作排他性共存；这几个文化类型具有共同的文化特征，比如战斧，就可以通称为"战斧文化"，这些文化类型或许有共同的祖型文化，但只是一种假设。②

依据"共同文化特征"，中国史前时期陶器依据器表装饰技术和风格，可以分为三大文化传统，自北而南分别是：北方地区刻印纹陶文化圈，黄河流域地区彩陶文化圈，南方地区刻印纹陶文化圈。仰韶时期太行山脉东西两侧可以划出两个文化圈：东边为"小口壶、鼎文化圈"，包括后冈一期文化与大汶口文化；西边为"尖底瓶、罐文化圈"，包括半坡文化与庙底沟文化。

---

① 徐苹芳：《中国历史考古学分区问题的思考》，徐苹芳：《中国历史考古学论集》，上海古籍出版社，2012 年。

② ［英］戈登·柴尔德著，方辉、方堃杨译，陈淳审校：《历史的重建：考古材料的阐释》，上海三联书店，2008 年。

　　陈雍：三大陶器文化圈的生业传统明显有别，北方地区为农业
与畜牧业，黄河流域地区为粟作农业，南方地区为稻作农业。

　　地质学家认为，中国大陆主要由华北地块与扬子地块构成。气象学
家认为，秦岭—淮河一线是温带与亚热带的分界线。语言学家认为，汉
语的南北方言以长江为界。考古学家认为，自长江中游向西、向北是面
向内陆部分；向东、向南是面向海洋部分。考古学家还认为，昆仑山—
秦岭—大别山是两种不同体系文化的过渡地带。不同学科所划分的中国
大陆的南北分界线，大都落在秦岭所在的东西向山系与长江之间。

　　横贯中国大陆的昆仑山脉—巴彦喀拉山脉—秦岭—伏牛山—桐柏
山—大别山—张八岭，这条东西向大山系以北广大地区，按地貌主要分
为蒙新高原、黄土高原、华北平原、东北平原等地理单元。从语言学的
角度看，这个区域主要是汉藏语系汉语族北方方言分布范围，它的北边
与阿尔泰语系的突厥语族、蒙古语族、通古斯语族为邻，它的南边与汉
藏语系藏缅语族、汉语族南方方言接壤。

　　陈雍：我在吉林大学中国北方考古研究室工作期间，提出这条
东西向大山系的北部广大地区，就是中国北方考古学研究的空间
范围。

　　语言学家研究发现，突厥语族、蒙古语族、通古斯语族并不属于同
一谱系，分别改为突厥语系、蒙古语系、通古斯语系，这样，阿尔泰语
系就不存在了。今天的各种语言是从历史语言发展来的，现代语言的分
布格局，为我们研究先秦时期北方文化带的分区，提供了重要的语言地
理背景。先秦时期中国北方文化带自西向东可以分为三个区域，大体上
与突厥语系、蒙古语系、通古斯语系的分布吻合。

　　一个区域的考古学文化编年，以考古学文化为基本单位，对已经发
现的史前时期(以及少数历史时期)的各个考古学文化，依其相对年代从
早到晚排成序列。请看下面两个案例。

1958 年 9 月至 1959 年 4 月，北京大学华县考古队对陕西华县、渭南 26 处古文化遗址进行了考古调查与试掘，根据遗存的地层关系和类型特征，排列出华县、渭南古代遗址西周以前的考古遗存编年：老官台文化—半坡文化—庙底沟文化—泉护二期文化—泉护三期遗存—"龙山文化"遗存—南沙村下层遗存—南沙村上层遗存(二里冈上层)—骞家窑西周遗存。①

根据 1958 年华县渭南考古工作总结出的"华县渭南模式"②，是指在一个没有做过考古工作的区域，通过考古发掘、试掘和调查相结合的操作方法，给新发现的考古学遗存建立编年序列的方法体系。华县渭南模式依据遗存的层位关系和类型关系建立年代关系，具体步骤为：

(1)通过重点发掘，获得区域内一定的考古遗存年代的初步认识。

(2)在(1)的认识基础上，通过对整个区域的考古调查和不同地点的试掘，获得考古学文化编年的初步认识。

(3)在(2)的认识基础上，通过试掘验证考古学文化编年的初步认识，进而修正和完善整个区域的编年序列。③

1979 年 4 月至 1981 年 12 月，张家口考古队应用"华县渭南模式"对河北蔚县 18 个公社 47 处古代遗址进行了调查、试掘和发掘，根据遗存层位、类型特征、^{14}C 测年，排列出河北蔚县西周以前考古遗存编年序列：四十里坡一期(后冈一期)—三关二期(庙底沟文化)—三关三期(仰韶晚期遗存)—筛子绫罗一期(龙山早期)—筛子绫罗二期、三关四期(龙山晚期)—大水门头遗存(夏时期)—三关五期、庄窠二期(夏家店下层文化)—庄窠三期(二里冈上层文化)—庄窠四期(晚商时期遗存)—倒拉嘴遗存(西周)。④

---

①　北京大学历史系考古教研室华县报告编写组：《华县、渭南古代遗址调查与试掘》，《考古学报》，1980 年第 3 期。

②　许永杰：《"华县渭南模式"的创建与实践》，故宫博物院编：《纪念张忠培先生文集·学术卷》，故宫出版社，2018 年。

③　陈畅：《从华县渭南考古工作看考古学方法论体系的构成》，王巍、余西云主编：《中国考古学理论与方法Ⅰ》，科学出版社，2020 年。

④　张家口考古队：《蔚县考古纪略》，《文物与考古》，1982 年第 4 期。

　　张忠培的"华县渭南模式"是一个区域(渭河流域)的考古学文化编年序列的研究模式，苏秉琦的"区系类型模式"是几个大体同时区域(黄河等河流流域)的考古学文化编年序列的研究模式。苏秉琦说，"区"是块块，"系"是条条，"类型"是分支。① "区系类型"本质是考古学文化的时空框架。

　　　　陈雍：考古学文化分区是指一种文化的分布范围，区系类型的分区是指一系列文化分布大体重合的范围，与一种考古学文化分区有一定的区别。

　　1975年，苏秉琦在给吉林大学考古专业1973级做的学术报告里首次提出"区系类型"，三年后在全国考古学规划会议上正式向学术界提出，1981年发表《关于考古学文化的区系类型问题》，而后又做了一系列的论述。俞伟超、张忠培认为，"区系类型"的核心思想是"谱系"。② 张忠培依据考古学文化谱系，分为"历史文化区"与"亲族文化区"两个类型。这些内容为考古学文化"区系类型"增加了新的内容。

　　考古学文化"区系类型"可以分解为三个部分：区，即划分考古学文化区；系，即排列考古学文化编年；类型，即确定考古学文化基本单位。若把"类型"改为"文化"，这样就更好理解了。从考古学方法论的角度理解考古学文化"区系类型"，是一种逻辑思维方式，也是一种阐释考古遗存的研究模式。

4.1.4　考古学文化谱系

　　俞伟超、张忠培认为"区系类型"的核心思想是"谱系"。也可以理解为，"区系类型"体现出考古学文化的谱系关系。

　　考古学上的"谱系"是借用生物学的概念，先来看看生物学上的"谱

----

① 苏秉琦：《中国文明起源新探》，商务印书馆(香港)，1997年。
② 俞伟超、张忠培：《探索与追求》，《文物》，1984年第1期。

系"是什么意思。"生物分类将成为生物的谱系",这是进化论给生物分类学的启示,用生物分类学上的常用语来讲,研究系统发育就是探索亲缘关系,研究共同起源就是探索共同祖先,分类学要求同一系统内的物种或物类必须源出于共同的祖先,因为这样才能反映自然谱系。①

目前的考古学区系类型研究,还做不到像生物学分类那样,用谱系表示生物间的亲属关系。因此,现下的考古学文化谱系,只是建立了一种考古学文化分类的比较体系,这是研究者对于研究对象的一种秩序化的理解与表述。

语言学也有谱系。语言分类方法主要有四种,即谱系分类法(又称为发生分类法)、地域分类法和类型分类法、功能分类法。前两种方法和语言的历时性研究有关,后两种方法和语言的共时性研究有关。谱系分类法着眼于语言的历史相关,地域分类法着眼于语言的地理相关,分别反映了语言发展的分化与聚合的结果。语言学谱系研究,运用历史比较法,把历史上同源因而在结构上有对应关系的语言归为一类,根据语言之间亲属关系的远近划分出不同的层级,以此反映亲属语言的起源及其分化关系。② 以现下的考古学文化谱系研究,对比语言学谱系研究可以看出,在研究方法方面还存在着不足。

我们再来看考古学上的谱系。蒙特柳斯早在一百多年前就提到了"谱系",他说:"为欲认识发展的行程——即谱系学(Genealogie),为欲明了各种体制就其特有标准判断时是依着怎样顺序排列,于是我将武器、用具、装饰品、容器等物,连同它们的纹饰,依我自定的顺序,逐一编排出几个重要的联类(Serie)。"③蒙氏的谱系是单一进化论的思想,即一种物类有一个起源,并有一个发展过程。

> 许永杰:裴文中、苏秉琦的陶鬲谱系研究,是受蒙氏影响。
>
> 陈雍:史前陶器能不能从甲种器演变成乙种器,乙种器演变成

---

①　陈世骧:《进化论与分类学》(第二版),科学出版社,1987 年。

②　方经民:《现代语言学方法论》,河南人民出版社,1993 年。

③　[瑞典]蒙德留斯著,滕固译:《先史考古学方法论》,商务印书馆,1937 年。

丙种器，如小口尖底瓶演变成斝，斝演变成鬲，鬲演变成釜，这在考古上能否找到证据？这样的演变逻辑事实上是否存在？

陈畅：功能跨器类的演变不好说啊，形态、制法互相影响应该可以的。

王立新：同意。

单种器物谱系研究，往往先假设一个的共同的祖型，然后再把器物按照形态特征依次排列起来。从历史角度研究，要分辨出原始特征和新生特征，通过特征的遗传关系建立起器物的发展顺序。原始特征是共性，是历史遗传的特征，新生特征是个性，是阶段性变化的特征，从历史视角看是纵向谱系，反映了进化关系。从地域角度研究，要分辨出亲缘特征和变异特征，在这里，亲缘特征被理解为外来的特征，变异特征被理解为适应当地的结果，从地域视角看是横向谱系，反映了传播关系。

陈雍：考古学文化的历时性研究与共时性研究，是两种不同类型研究。一个是研究纵的关系（过程），一个是研究横的关系（结构），二者的研究目的、研究视角和思维方式完全不同。

我们来看一些实例。龙山文化晚期出现的陶鬲，目前只在尚庄类型和尹家城类型里发现。这类陶鬲有和鬶足一样的袋足，两足相联的裆部正视呈锐角形，依据鬲裆的形态特征，推测这种鬲的相对年代和客省庄文化晚期的尖角裆单把鬲、杏花文化晚期的尖角裆双鋬鬲的年代大体相当。另外，客省庄遗址 H6 出土的陶鬶、游邀遗址 H584 出土的陶鬶，均与龙山文化晚期陶鬶的形态相近，以此可以作为推断龙山文化陶鬲的年代旁证。

黄河中游地区的史前居民在大汶口—龙山文化鬶的影响下，先后出现了两次以空三足器为特征的文化革命，创造出前所未有的斝和鬲。而后，在黄河中游地区鬲的影响下，龙山文化衍生出其特有的"鬶式鬲"。

山西境内晋语方言区，龙山时期是杏花文化的侧装双鋬鬲，二里头时期是白燕四期的高领鬲；而不属于晋语方言区的晋西南地区，龙山时期是三里桥文化的单把鬲，二里头时期是东下冯类型的单把鬲。根据对应关系推测，白燕四期文化的高领鬲和杏花文化双鋬鬲可能有继承关系，游邀遗址的系列陶鬲，成为重要的连接环节；估计三里桥文化单把鬲发展为东下冯类型单把鬲，也可以从东下冯遗址早期遗存找到一定的线索。从鬲的谱系看，东下冯类型应该是一个单独的文化，而不是二里头文化的一个类型。

> 田建文：2002 年，张忠培先生就指出来了，现在还有人觉得诧异，其实把张先生的谱系分析研究透掌握好，就可以理解了。
>
> 陈雍：你说得对，张先生谈客省庄与三里桥单把鬲的文章里说了。

杏花文化的双鋬鬲和客省庄文化的单把鬲，沿黄河及其支流先后北上，分别到达陕北地区及内蒙古河套地区，在龙山中晚期到二里头文化时期，两支陶鬲代表的文化汇合一起，所以在同一个遗址里常常能够见到两个系统的陶鬲。

根据陶鬲谱系推测先商文化陶鬲有两个来源，一个是太行山东侧的正装双鋬陶鬲，另一个是太行山西侧的侧装双鋬陶鬲，两种鬲汇合后形成了先商文化的陶鬲。

> 陈雍：研究陶鬲的目的是探讨人群组织的构成。
>
> 许永杰：两种陶鬲汇聚在太行山南端？
>
> 陈雍：大概在豫北冀南。先商文化就是商人及其姻亲文化的组合。

再来看看柴尔德对于考古学文化谱系的认识。柴尔德说，地区多样化的发展导致了一个并存文化圈的出现，与某一祖型文化的直接关系，对于阐释那些具有若干个类型谱系——若干类型的直系关系表示的是遗传联系——文化之间的关系而言，似乎是最为显而易见的方法，这类文化圈很普通，但那个共同的祖先却经常是一个假设。① 不难看出，柴尔德对考古学文化谱系的认识，是直系关系的考古学文化与祖型文化在遗传方面的联系，但是他又承认"那个共同的祖先却经常是一个假设"。柴尔德以考古学文化对比文化祖型的思想，与蒙特柳斯对比器物祖型的思想是一致的，因此可以认为，考古学文化谱系研究应建立在器物谱系研究之上。

> 陈畅：考古学谱系研究不能等同于生物谱系研究，考古学谱系是考古学家建立的物质文化的比较体系，并不一定是古代人群社会关系真实的发展脉络。

怎样从器物谱系推衍到文化谱系？我们可以借鉴文化人类学的方法。文化人类学研究文化最有用的方法之一，是把那复杂的文化内容分成若干较小的单位，做比较研究。单位的分划，在研究的历程中，可以继续到不能再分的最小单位为止。这一最小单位，有人叫特征（trait），也可以叫文化的基点；通俗些说，可以直接称为最小单位，常常结合在一起的若干特征，可以构成一个文化成分（element）；集若干成分，就可以形成一个个体。文化中的个体、成分及特征，同生物的细胞、染色体与因子一样，细胞染色体与因子观念，对于生物的组织，才有比较准确的认识，而有了个体、成分、特征，各大小单位的观念，对于文化的结构，才比较准确的认识。在这里，最小单位只有存在与不存在的事实，而没有改变的事实。②

一定类型的陶器和一定类型的工具、武器及装饰品等组成考古学文化，这样，体现考古学文化特征的最小单位可以是一种器物，如小口尖底瓶、鬶、鬲等；也可以是一种纹饰，如半坡文化鱼纹、庙底沟文化鸟

---

① ［英］戈登·柴尔德著，方辉、方堃杨译，陈淳审校：《历史的重建：考古材料的阐释》，上海三联书店，2008 年。

② 李济：《从人类学看文化》，张光直、李光谟编：《李济考古学论文选集》，文物出版社，1990 年。

纹、红山文化 S 纹、W 纹等。最小单位的典型器物、纹样等文化特征，必须始终存在于整个文化发展过程中。最小单位的典型器物、典型纹样等不见了，拥有这种文化特征的文化就消亡了。

一个考古学文化所包含的分类系统与象征系统，是这个考古学文化所代表的人们共同体的文化行为产物，反映了该文化精神层面的一些特征。张光直认为，文化 A 的分类不一定便是文化 B 的分类。同理，文化 A 的象征不一定就是文化 B 的象征。在文化考古学研究中，文化甲可以被认为发展为文化乙。但是，在认知考古学研究中，能不能得出这种认识？按照半坡文化发展为庙底沟文化的逻辑，半坡文化彩陶鱼纹分类系统及其象征系统，能否发展为庙底沟文化彩陶鸟纹分类系统及其象征系统？目前没有相关研究能够阐明这个问题。

陈雍：目前只有从纹样上探讨从鱼纹到鸟纹演变，只是表现形式方面的推测。

戴向明（中国国家博物馆）：这个领域太难了！需要探寻有效的理论和路径，就像您所做过的那样。目前所见各种考古图像的解释多为猜测式或联想式解读，靠悟，无法证实、证伪。图像的解读恐怕还是要结合出土背景及遗存反映的社会背景。精神意识是社会现实的反映或折射。这也许是认知考古学要探索的方向。

陈雍：彩陶图像表达与象征意义的自洽研究，或许是探讨的一个途径。

接下来看一个有意思的案例。河南鹤壁刘庄墓地共发现二里头文化时期墓葬 338 座，根据典型随葬品可将墓葬划分为四类，其中随葬矮领鬲墓 99 座，高领鬲墓 31 座，夹砂罐墓 45 座，酒器墓 4 座。据陶器分析，刘庄墓地由四种考古学文化构成，即矮领鬲墓对应下七垣文化、高领鬲墓对应白燕四期文化、夹砂罐墓和 1 座酒器墓对应东下冯文化、3 座酒器墓对应二里头文化。刘庄墓地遗存的构成成分相当复杂，那么，鹤壁刘庄墓地的考古学文化谱系应当如何判断？

陈畅认为，刘庄墓地四种考古学文化的人群，在共同使用墓地的过程中，表现出空间关系与社会文化关系的相关性：

(1)墓地规划和墓葬定位都选用了商人的四方位，即正方向坐标轴顺时针偏转 10°。

(2)墓地规划中位于东北的甲墓区人群社会地位最高，体现"殷人尊东北方位"的习俗。

(3)多层级墓地结构反映多层级的人群结构。整个墓地人群组织以血缘关系为基础，并具有一定地缘组织性质，刘庄墓地通过非亲即姻的亲属结构连接起来不同考古学文化的人群，与殷墟西区以族为单位聚族而葬的特点基本一致。

(4)东下冯文化人群社会地位高于白燕四期文化人群，白燕四期文化人群社会地位高于下七垣文化人群，和商人社会根据与时王的血缘关系决定社会地位的做法类似。

(5)酒器墓在墓向和财富地位等级序列等方面遵从刘庄社会的整体规则，说明二里头文化的政治影响仅是象征性的，对墓地人群制度和精神方面没有过多的影响。

刘庄墓地四种考古学文化人群虽然在随葬品表现的物质文化层面有一定区别，但社会组织结构与商人社会相符。一种特定的社会组织形式直接产生自独特的理解世界的方式，四种考古学文化人群在主观认同和集体意识方面体现了商人的特征。因此，刘庄墓地是商人在二里头时期的族墓地，刘庄墓地的考古学文化谱系应当属于商文化系统。[①]

下面再来看看考古学文化谱系与考古学文化序列、文化因素分析的关系。

考古学文化谱系与考古学文化序列，虽然都是以若干文化组成系列以反映过程，但二者本质却不相同。比如，老官台文化—半坡文化—庙底沟文化—半坡四期文化—泉护二期文化，这个序列的考古学文化关系

---

① 陈畅：《鹤壁刘庄先商墓地亲属组织和社会组织研究》，《华夏考古》，2021 年第 1 期。陈畅：《鹤壁刘庄墓地族属研究》，未刊稿。

是相对年代关系，而不是文化谱系关系，因为它们缺乏共同的体现文化
特征的最小单位。

　　许永杰：编年序列不等于谱系。

　　陈雍：我们平时常常听到的，文化系统、文化谱系、区系类型
等，这些说法里面都有"系"，但系统、谱系、区系三个词的含义并
不相同。具有谱系关系的系列考古学文化，应当含有体现文化特征
的最小单位。

　　有朋友问我，"文化谱系研究"与"文化因素分析"，究竟是说法不同，
还是做法不同？主要区别何在？文化谱系研究与文化因素分析到底是不
是一回事？

　　我认为，这是两种不同的研究方法。文化谱系研究，以进化论为基
础，一般着眼于历时性研究，强调自身的传承与发展。文化因素分析，
以传播论为基础，一般着眼于共时性研究，强调内部与外部的相互作用。

　　陈畅：谱系最初是进化论提出的，文化因素是传播论提出的。

　　王立新：同意。

　　王炜林：感觉谱系似乎在"求同"，旨在厘清主线的脉络，而文
化因素似乎是强调"存异"，探索文化的交流。

　　郭明（辽宁省文物考古研究院）：谱系偏重纵向联系，文化因素
偏重横向关系。

　　余西云：文化因素可以揭示不同文化之间的联系，文化谱系可
以揭示文化不同期之间的联系，因而可以揭示更加动态的文化变迁。
我最近提交给中国历史研究院史学理论论坛的论文，大致也是这个
观点。文化因素分析以区系论为基础。区系方法和因素分析，可以
揭示文化的变迁过程，谱系方法才能揭示文化的动态变迁过程，或
者更加动态的过程。

　　陈雍："区系类型"与进化论、传播论分属不同的层次，进化论

与传播论是"区系类型"的理论基础。

文化谱系研究与文化因素分析的研究目的、研究视角、研究方法和思维方式都不同。前者依据遗物的"遗传特征"建立联系，后者通过"遗物特征"辨析关系。邹衡通过文化谱系研究，把下七垣、二里冈、小屯联系起来，确立了先商—早商—晚商的文化谱系；通过文化因素分析，划分先商文化、早商文化、晚商文化的不同类型。邹衡的《夏商文化研究》[①]堪称中国考古学上文化谱系研究与文化因素分析的经典之作。

无论是文化因素分析法，还是文化谱系研究法，都是研究考古学文化的方法，不能和考古年代学、考古层位学、考古类型学相提并论，因为这两种研究方法不是考古学方法论内容，它们的研究对象和适用范围与考古学方法论有着很大的区别。

4.1.5 考古学文化与族群

柴尔德说，考古器物类型的相似组合之所以反复共存一处，是因为它们曾经被同时代的同一群人所制造并使用，由有共存关系的器物类型所组成的不同组合之所以同时出现，是因为它们为不同人群所制造，文化就是相互关联的类型的集合体，因为它们是被同一批人群制造出来的，考古上器物类型之所以会重复地共存在一起被发现，是因为它们是同一个社会中已经标准化了的行为模式的结果，这种反复出现的相互关联的类型组合，在考古学家的意识中，自然就是一个"文化"，即分布学的分类单位。史前学家的任务就是重建能够确保它们相互关联的行为模式，这样，考古学资料的组合就会被赋予鲜活的生命意义，与之相应的文化的名称也会获得一种历史的含义。[②] 柴尔德所说的一个文化对应的"同时代的同一群人"，是依据考古学文化认定的人群，但与这群人的生物学或人类学分类——如果有这种分类，不能完全等同。

---

① 邹衡：《夏商文化研究》，邹衡：《夏商周考古学论文集》，文物出版社，1980年。

② [英]戈登·柴尔德著，方辉、方堃杨译，陈淳审校：《历史的重建：考古材料的阐释》，上海三联书店，2008年。

　　陈雍：如果考古学文化等于人们共同体，那么文化的相似性等于人们共同体的生活方式相似性，这种认识能够成立吗？

　　陈畅：在考古学文化限定的物质文化层面上能，但这要看对考古学文化的认识和对生活方式的理解，只能说相似，但不是相同。

　　陈雍：这种认识对于研究考古学文化代表的人群有一定帮助。

　　一个时期以来，一些人对考古学文化表示不满，他们企望通过其他途径去研究古代遗存与人群的关系。比如，依据聚落形态重建人群社会，然而聚落形态研究并没有摆脱考古学文化，反而必须以考古学文化为基础。同样，族属考古也必须从考古学文化所提供的起点开始，因为考古学文化是把考古遗存与人群联系起来的纽带。中国考古学上，考古学文化代表的人群与历史文献记载的部族或族属，能否对应和怎样对应，是一个重要的研究课题。

　　历史文献中缺少仰韶时期部族的记载。一个考古学文化区内的文化排他性，使一种考古学文化对应文化区内的人群，并将区内人群视为同一人群。从半坡文化人群的社会组织构成来看(参见本书 4.2.2 彩陶反映的社会组织)，整个半坡文化人群大约是一个创造并使用同一文化的集团，这个集团能否与古史传说中的族群对应，还需要进行深入研究，起码目前还很难做到。

　　陈雍：把考古学文化或考古遗存，与未经严谨审辨的历史文献简单对号，甚至乱贴标签，过去不乏其例，最近几年仍然有之。

　　考古学文化总是以一定的形态分布在一定的空间。当我们剖开一个时间断面就会发现，在同一个时间的空间范围内，由不同考古学文化构成了一定形态的文化格局。这个文化格局的形成，是由遗留这些考古遗存人群之间的社会关系所决定的，因此研究文化格局的目的，是研究人群的社会关系。

　　将《史记·五帝本纪》记载的五帝、北狄、南蛮、西戎、东夷、三苗等部族分布区域，与龙山时期考古学文化格局进行对应，就能大致勾勒出古史传说的基本轮廓。

《史记》共有一百三十篇，第一篇是《五帝本纪》，依次记述了以黄帝、帝颛顼、帝喾、帝尧、帝舜为代表的远古五个部族的传说。《五帝本纪》开篇是"诸侯相侵伐"的战争场面。著名战役有黄帝与炎帝的阪泉之战，黄帝与蚩尤的涿鹿之战，等等。另外，其他史籍记载有赤（炎）帝与蚩尤战于涿鹿，求援于黄帝，还有颛顼与共工的战争。这些故事发生在夏朝建立以前，大约相当于考古学上的龙山时期，距今有四千多年的历史。

黄帝与炎帝是生活在黄河中游地区华夏集团的两个重要的部族，炎帝在南流黄河的西边，大体跟考古学上以单把陶鬲为代表的文化相对应，黄帝在南流黄河的东边，大体跟考古学上以双鋬陶鬲为代表的文化相对应。阪泉之战讲的是华夏集团内部的争斗的故事，表现在考古学上实际是两种陶鬲为代表的考古学文化之间的碰撞与融合。

《五帝本纪》记载，五帝生活在中原，江淮有三苗，幽陵有北狄，崇山有南蛮，三危有西戎，羽山有东夷。这是《史记》以地域划分部族的一种表述，对于研究龙山时期各种考古学文化的空间分布及其相互关系很有价值。羽山东夷，就是生活在黄河下游地区的东夷集团，前面说的蚩尤是东夷集团的一支。黄帝、炎帝与蚩尤的战争，实际是华夏集团与东夷集团的争斗，表现在考古学上实际是以陶鬲为代表的考古学文化跟以陶鬶为代表的考古学文化之间的碰撞与融合。其中最重要的文化现象是一系列城址的发现，充分表明这个时期的社会就要或已经迈进国家的门槛。

先秦史籍里说的"国之大事，在祀与戎"，祭祀跟战争一样，是那个时期国家的大事。《五帝本纪》说，帝颛顼"养材以任地，载时以象天，依鬼神以制义，治气以教化，絜诚以祭祀"。《国语》和《山海经》等书说，颛顼命令重掌管天和神灵，命令黎掌管地和百姓，绝地天通，交接人神。浙江余杭反山、瑶山发现的良渚文化大墓主人，以玉琮为法器，沟通天和地，跟史书上说的重与黎这样的巫师很像。《五帝本纪》还说，帝舜时祭祀用玉、用牲已经成为制度，这种情形跟龙山时期发现的有关祭祀的考古遗存非常相似。①

　　推断龙山时期考古遗存的族属，需将考古遗存与历史文献在时间与空间上进行对合，离开时间与空间的约束，其他都无从谈起。尽量把考古遗存的某些特征与文献记载对应起来，以增强说服力。有条件的话，可以将考古遗存的文化谱系与古史传说的帝王世系进行类比，以得出考古学文化与古帝王或古部族联系的认识。这种研究在中国考古学实践中有比较成功的事例，如邹衡对于共工氏部族与"河北龙山文化"关系的研究，俞伟超对于先楚和三苗部族与长江中游地区史前考古遗存关系的研究。②

　　中国考古学既然在学科上归于广义的历史科学，也就不可避免地要与中国发达的文献史学发生密切联系。如何处理文献史学与考古学的关系，近年来学术界多有不同意见，并已展开较充分的讨论，这里似毋庸赘言，但可以进一步思考的是，为什么会对二者应建立密切关系产生歧见。主要原因之一似是对先秦文献可信性的看法存在差异。考古学家在参考历史文献时，自然要选择经过严格辨伪与考证后甄选出来的较为可信的历史文献。以文献研究为主的历史学家，应该了解考古学的学科特征并尊重其相对独立性，重视用科学的考古材料来丰富、印证或更正自己的认识；同样，考古学家与其他相关学科的学者，也应了解并尊重众多历史文献学家与历史语言学家对先秦文献成文年代与其记载可信性的研究成果。先秦文献对上古史的记载的确有顾颉刚所指出的"层累造成"的特点，有着历代因宣扬某种主流意识而对文献所做的修改，有着因传抄或师说不同而出现的多种文本，但这些并不能完全否定历史文献记载的可信性。③

　　有不少人认为，王国维提出的二重证据法，是历史时期考古学研究的主要方法之一，这种认识不妥。二重证据法是历史学的方法，而不是

　　①　陈雍：《说说考古》，故宫出版社，2017 年。

　　②　许永杰：《史前考古与古史传说整合研究的两个瓶颈》，许永杰：《中国考古学理论与方法十讲》，科学出版社，2018 年。

　　③　朱凤瀚：《关于中国特色考古学的几点思考》，《历史研究》，2021 年第 1 期。

考古学的方法。王国维的二重证据法是在晚明以来疑古思潮大背景下提出来的。他在《古史新证》中提出："至于近世纪，乃知孔安国本《尚书》之伪，《纪年》之不可信。而疑古之过，乃并尧舜禹之人物而亦疑之。其于怀疑之态度及批评之精神，不无可取。然惜于古史材料，未尝为充分之处理也。吾辈生于今日，幸于纸上之材料外，更得地下之新材料。由此种材料，我辈固得据以补正纸上之材料，亦得证明古书之某部分全为实录，即百家不雅驯之言亦不无表示一面之事实。此二重证据法，惟在今日始得为之。虽古书之未得证明者，不能加以否定，而其已得证明者，不能不加以肯定，可断言也。"①从王国维的话里不难看出，他依据地下之新材料，以证实或证伪纸上之材料，实际是用出土文献考证校勘传世文献的方法，这种方法不是考古学的研究方法。

　　陈直先生的《汉书新证》(图 4.1.5-1、图 4.1.5-2)和《史记新证》，是运用二重证据法校勘《汉书》《史记》的代表作。陈直先生说："新证云者，取别于旧注家之方式，所引用之材料，为居延、敦煌两木简，汉铜器、漆器、陶器，以及封泥、汉印、货币、石刻各种。其体例有时仿裴注，系证闻式，旁搜远绍，故不偏重于音义。"②

图 4.1.5-1　《汉书新证》书影　　　　图 4.1.5-2　陈直先生题字

---

①　王国维：《观堂集林》，中华书局，1959 年。
②　陈直：《汉书新证》，天津人民出版社，1959 年。

有人错误地认为《白沙宋墓》是二重证据法。《白沙宋墓》①是一本田野考古报告，报道了河南禹县白沙镇三座北宋雕砖壁画墓的发掘情况及研究结果。报告的正文主体为三座墓葬的发掘经过、墓的构造、墓的装饰、人骨和随葬品，以及与三墓有关问题的研究，而大量引用的历史文献，则作为随文注释来解释考古上的相关发现。该报告开创了一种用历史文献解释历史时期考古遗存的研究方法，而这种方法与历史学的"二重证据法"有着本质的不同。

> 周广明：白沙宋墓本质上是考古学研究，建构完整立体的历史画卷。
> 许永杰：白沙宋墓是考古学为本位，二重证据法是史学为本位。二重证据法是史学的方法，现在蔓延得很烂，三重、四重、五重都出来了。

东周时期内蒙古长城(战国长城)地带考古学文化的族属，是一个复杂的问题。大约从春秋末期开始，鄂尔多斯地区相继出现了一处处"鄂尔多斯青铜器墓葬"，这类墓葬分为东、西两群。东群包括准格尔旗西沟畔墓地、玉隆太、宝亥社、瓦尔吐沟等墓葬，以及速机沟窖藏、东胜区碾房渠窖藏。宝亥社墓随葬了中原式青铜礼器，这是西群没有的。西群包括伊金霍洛旗公苏壕、石灰沟墓及杭锦旗桃红巴拉墓地、阿鲁柴登墓，这群墓随葬金器较为突出。

东群、西群"鄂尔多斯青铜器墓"位于魏家峁镇秦人墓地和川掌镇秦人墓地以及秦汉广衍县故城的北方，两个墓群中间以秦长城、秦直道相互分开，其年代范围为春战之际到战国晚期。东、西两群"鄂尔多斯青铜器墓"与秦人墓地、秦人建筑物、构筑物并不是处于一种相互对立的状态，这种文化生态表明了秦人与"鄂尔多斯青铜器人"共同生活在黄河怀抱的土地上的情景，这和岱海地区的赵人与"鄂尔多斯青铜器人"共处的文化生态很相似。用边疆人类学的研究方法来研究"鄂尔多斯青铜器人"，

---

① 宿白：《白沙宋墓》(第 2 版)，文物出版社，2002 年。

把他们放到中原农耕族群与北方草原游牧族群的中间，就会发现他们既是华夏族群的边缘，又是北方游牧族群的边缘，是一个特殊人群。①

> 陈雍：边疆人类学提出的"文化边疆"，是一个以各种文化样式互融为特征的文化交叠地区，对于考古学研究很有启发。春秋战国时期，鄂尔多斯地区形成了三元考古学文化结构。

柴尔德认为，典型的考古学文化是物质文化特征非常密集的集中，而两处集中分布区之间的区域则是模糊不清的，不能分出明显的边界。显然，柴尔德的考古学文化，只讨论典型的物质文化特征，而不涉及文化边界的讨论。他甚至曾提出考古学家无法考证游牧民族的存在。② 中国北方春秋战国时期长城沿线的考古遗存，处于中原农耕文化和亚欧草原游牧文化的交混地带，这些考古遗存的文化属性以及族属的认定，显得相当复杂。

陈畅关于岱海地区楼烦墓地人群族属的考古学研究③，在人类学的框架下，依据历史文献确定岱海地区战国墓地为楼烦遗存；以族群互动为背景，提出楼烦缺乏统一的物质文化，难以用考古学文化进行概括，墓葬中常见的中心对称鸟纹牌饰是金属化的玉牌饰，在中原和草原不同文化情境中可有不同解读；由墓地布局体现的社会结构符合半农半牧的生计方式；战国晚期赵国政策影响了边疆人群族群身份的选择，胡化与华夏化的双向性造成了墓葬人种与文化的非对应关系。

陈畅认为，对于楼烦族群的认定，首先要确定其存在的时间和空间，时空框架的认定来源于历史文献。然而这方面的历史记录来自华夏族，而非楼烦的自我认定。自我认定是人类学族群研究的一个重要前提，但

---

① 陈雍：《〈鄂尔多斯文物考古文集第三辑〉序》，鄂尔多斯青铜博物馆编：《鄂尔多斯文物考古文集第三辑》，2019 年。

② ［英］戈登·柴尔德著，方辉、方堃杨译，陈淳审校：《历史的重建：考古材料的阐释》，上海三联书店，2008 年。

③ 陈畅：《族群身份的双向性——岱海地区楼烦墓地人群族属的考古学研究》，《南方文物》，2020 年第 5 期。

是在考古学上往往做不到这一点。陈寅恪提出，所谓某族人，往往不是依据血统，而是依据地区，一个地区居住着很多种族的人，其中有一个是主要的，这个地区所有的种族，便以此主要种族的名称为自己的名称。因此族属的考古学研究首先要借助历史文献明确研究的时空范围。

楼烦的物质文化虽然难以用一个考古学文化的概念进行概括，但物质文化与族属的识别和表现具有相关性，它既被用来构建族属，也被族属所构建。楼烦在半农半牧的经济模式之下，在和北上的农人及南下的牧人交互影响之中，将各种社会关系交织在一起，形成了一种边界地带人群的特征。墓地反映的人群组织是以财富地位相互区别的生产单元为基本元素的分节社会。其中既有中原文化墓地规划的特点，又反映了草原文化的生产特征。流行于该地区的中心对称金属牌饰，构图源于中原文化，对称的构图方式表达了楼烦社会一系列的二元性，可能在边疆地区具有某些象征含义。鸟纹的象征含义在中原文化和草原文化不同情境中，可能有不同解读。模糊与游移的特性是这一历史时期楼烦族群的一个显著特征。而正因如此，才使得楼烦与典型草原文化和典型中原文化的人群之间形成了族群边界。

族属对于群体是习性的积淀与社会历史条件相互交织的产物，族群的边界在人群的互动中得以构建和维持。但族属对于个体是因势利导的选择，对于个体而言，生计方式和族属并非一一对应，人种和族属并非一一对应，他们是农人还是牧人，是华夏族还是楼烦族要依当时的具体情形而定。个人的族群选择具有双向性，所以在研究方法方面，将墓地人种研究结果视为族属研究的背景更为恰当。

4.2 社会考古学研究

4.2.1 社会构成

马克思指出："人们在自己生活的社会生产中发生一定的、必然的、不以他们的意志为转移的关系，即同他们的物质生产力的一定发展阶段相适合的生产关系，这些生产关系的总和构成社会的经济结构，即有法律的和政治的上层建筑竖立其上并有一定的社会意识形式与之相适应的现实基础，物质生活的生产方式制约着整个社会生活、政治生活和精神生活的过程。"①

经济基础和上层建筑是人类社会构成的基本要素。技术、人口、生态等构成人类社会所依存的环境，对社会结构与社会发展产生深刻影响。

太湖以南地区的良渚文化聚落单元，分为城邑与村落四个层级。古城的井字形道路网、中心位置的宫殿与墓地二元对立、城—郭—郊—野的功能划分，开创了中国古代城市规划的雏形。进入文明门槛的良渚社会，具有明显的早期国家特征。

良渚社会的经济基础

由一定发展阶段的生产力所决定的占统治地位的生产关系总和，构成良渚社会的经济基础。良渚社会的经济基础主要包括，以水利建设工程、古城建设工程、畜力犁耕水稻生产、玉石器生产代表的社会物质生产能力和水平。这些方面体现出，良渚社会生产资料占有与支配，生产资料占有者与生产者、分工不同的生产者在生产活动中所处的地位，以及由此产生的交换活动关系。

良渚社会的上层建筑

上层建筑包括政治上层建筑和思想上层建筑两个部分。良渚社会的政治上层建筑最重要的是以国王为首的官僚体系。男性良渚国王和辅政王产生于王族(或贵族)的两个父系家族，类似商王室的两个主要执政群轮流执政。良渚国王通过辅政王和职官、城郊社区首领、村落社区首领及各村落小头领组成的权力等级系统，统治良渚王国的城内社区、城郊社区和村落社区，并控制整个社会的经济与意识形态，用权力维护社会秩序。

---

① 《〈政治经济学批判〉序言》，《马克思恩格斯文集》(第二卷)，人民出版社，2009 年。

　　良渚社会分成以国王为代表的统治阶层和以平民为代表的被统治阶层，前者对后者实施政治控制，后者向前者缴纳土地赋税，而土地赋税则是建立在统治阶层完全掌握土地权力的基础上。良渚早期国家的广大民众除了要向国王统治集团缴纳土地赋税，而且还要向统治集团提供徭役，徭役实际上是赋税的变体。良渚水利工程和古城工程，应当理解为社会剩余劳动转化为徭役形式最直接的体现。

　　在中国古代社会，"礼"是规定社会生活方式、维护社会秩序的重要统制手段。目前能够辨识出来的良渚社会礼制有墓葬反映的丧礼，以及钟家港古河道遗存反映的祭礼(社祭)。

　　思想上层建筑又称为意识形式。马克思、恩格斯说："如果在全部意识形态中，人们和他们的关系就像在照相机中一样是倒立成像的，那么这种现象也是从人们生活的历史过程中产生的，正如物体在视网膜上的倒影是直接从人们生活的生理过程中产生的一样。"①

　　良渚社会的精神生活被萨满教主导着(图4.2.1-1)。中国古代文明的

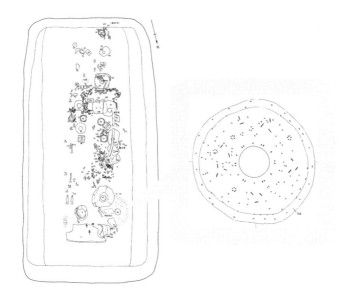

图 4.2.1-1　反山 M12 随葬的萨满鼓

　　①　《德意志意识形态》，《马克思恩格斯选集》(第一卷)，人民出版社，2012年。

重要特征是经过巫术进行天地人神的沟通，沟通手段的独占是中国古代阶级社会的一个主要现象，促成阶级社会中沟通手段独占的是政治因素，即人与人关系的变化，中国古代社会由野蛮时代进入文明时代过程中主要的变化是人与人之间关系的变化。

雕刻特定含义图案的玉器、修饰繁缛图案的漆器及刻划图形符号的黑陶器等人工制品，体现出良渚艺术高度程式化与风格化，这类造型艺术，一方面保持文化传统的积淀，另一方面适应等级社会发展，满足国王、贵族及社区首领等上层的社会生活需求。玉器造型艺术充分反映出巫觋形象与等级社会价值观以及分层宇宙观(图 4.2.1-2)，这些都是社会存在的反映。[1]

图 4.2.1-2　良渚玉器上的巫觋图像

4.2.2　社会结构

社会结构主要由社会组织方式、社会制度形式和社会价值规范组成。研究古代社会的考古学基础是居址和墓地，而墓地形态被理解为社会关系的映射。

---

①　陈雍：《解读良渚文明：中国早期国家形态特征及其研究路径》，《南方文物》，2021 年第 1 期。

聚落反映的社会结构

（1）聚落

聚落形态　现代汉语里的"聚落"指人类的居所，这个词源于中国历史文献。历史学、地理学、建筑学等学科的"聚落"，大约也是这个意思。中国考古学在没有"聚落形态研究"这个说法之前，"聚落"一词为村落、城邑的近义词，如半坡原始氏族公社聚落遗址，或称为半坡原始村落遗址。

聚落形态研究的"聚落"，是指聚落形态研究的基本单元，就像"文化"是考古学文化研究的基本单元一样，与一定的人群社会组织相对应。这样，"聚落"一词在中国考古学上有一般意义（人类居所）和专门意义（研究单元）两种概念。但在目前聚落形态研究的语境下，"聚落"概念比较混乱，或指研究单元，或指居住遗址，两种含义往往并见于同一篇文章，甚至出现"聚落考古是以聚落遗址为单位"的说法，凡此种种，造成了理解上的歧义。至于外国论著的中文译本，常常使一般读者难以理解到原著的本意，甚至同一篇论著的不同中译本的区别都很大。

> 许永杰："聚落遗址"是最莫名其妙的考古用语。
>
> 陈雍："聚落遗址"的说法，往往没弄明白聚落形态研究的"聚落"是什么含义，这个"聚落"跟考古上的遗址是什么关系。考古学上"聚落"这个词有两种含义。一种含义指人类在地面上建造的各种形式的居住场所，如村落、营地、城、城市等，我说的居址，就是这些居所的遗址。另一种含义指具有一种"稳定状态"，具有一定地域并延续一定时间的考古单位。聚落是一个既具有历史意义，又具有分析研究意义的单位。[①] 在一篇文章里同时使用两种含义的"聚落"，就会造成概念的混乱。

---

① 张光直：《考古学中的聚落形态》，《华夏考古》，2002 年第 1 期。

聚落形态研究依据文化相关性、功能相关性、年代相关性、地理相关性，将不同类型遗址确定为一个聚落单元。聚落单元就像文化单元一样，与一定人群的社会相对应，聚落的类型及其分布形态，往往与居民的亲属组织和社会组织有直接的联系。

考古学上的聚落形态，戈登·威利定义为：人类在他们栖居环境里安置自身的方式。它是指住宅和其排列方式，以及与社群生活相关的其他建筑物的性质和安置。这些聚落反映了自然环境、建造者所拥有的技术水平，和各种维系其文化的社会互动及控制制度。由于聚落形态很大程度上是由广泛认同的文化需求所直接造就的，因此它们为考古学文化的功能性阐释提供了一个战略性起点。①

戈登·威利提出的"聚落形态"，涉及人类居住方式与自然环境的关系，以及人类居住方式与社会结构的关系。可以认为，自然环境和社会结构决定了人类居住方式，这样，居住方式的物化形式就是考古学上的"聚落形态"。

我把既有调查、发掘（外业）又有分析、研究（内业）的称为"聚落形态考古"，只有内业而没有外业的称为"聚落形态研究"。利用考古学文献分析、研究、解释聚落形态的，应当属于聚落形态研究，而不能称为聚落形态考古。不论是聚落形态考古，还是聚落形态研究，都属于研究模式范畴。

> 陈雍：有人提出"考古聚落学"，与考古地层学、考古类型学一样，都属于考古学研究的方法论。这种认识明显误解了戈登·威利的聚落形态研究，张光直早就说过，聚落形态研究不是考古学里面一个独立的方法体系②。

聚落形态分为微观聚落形态、宏观聚落形态。作为微观聚落形态研

---

① ［美］戈登·威利著，谢银玲、黄小燕等译，陈淳审校：《聚落与历史重建——秘鲁维鲁河谷的史前聚落形态》，上海古籍出版社，2018 年。

② 张光直：《谈聚落形态考古》，张光直：《考古学专题六讲》，文物出版社，1986 年。

究的姜寨聚落，包含了环壕包围的居址、环壕外面的墓地、制陶遗址和周围耕地。[①] 一个微观聚落形态研究单元，包含了多个不同功能的遗址。作为宏观聚落形态研究的七星河流域汉魏遗址群，主要依据遗址的形态特征、地理区位、功能分类以及组合方式，将调查发现的 426 处遗址划分为 16 个聚落群，每个聚落群包含若干个分层的聚落单元。[②]

聚落形态研究中提到的各类遗址的功能，与人类学中所说的功能是不一样的。前者指具体的使用功能，后者指社会结构与社会生活过程之间的相互联系。按照布朗的说法，功能是比较社会学中的一个术语。过程、结构、功能这三个概念均是一种用于阐释人类社会体系的方案中的构成成分。[③]

目前聚落形态研究中存在的主要问题，是分不清聚落和遗址的关系，分不清聚落考古和区域考古的关系，分不清聚落等级和遗址面积大小的关系。聚落考古与区域考古有着诸多的不同，现下常常把区域考古与聚落考古混同。聚落形态研究属于共时性研究类型，因此所有的研究对象是被视为"同时"的。

有人认为，聚落形态的"共时性"研究，必须将所有遗迹单位落在同一个"地面"或"层面"上，否则就不是"共时"。"共时"就一定要落到一个"地面"或"层面"上吗？这样理解"共时性"对吗？在考古实践中真的能实现吗？

　　　霍东峰：利用地面将不同遗迹缀合在一起进行聚落研究，是一
　　种理想状态，也是共时性研究。
　　　陈雍：其实聚落形态研究完全没有必要纠结在地面上。
　　　王炜林：地面可以反复使用（如道路），新聚落不一定非要重新

---

　　① 西安半坡博物馆、陕西省考古研究所等：《姜寨——新石器时代遗址发掘报告》，文物出版社，1988 年。

　　② 黑龙江省文物考古研究所：《七星河——三江平原古代遗址调查与勘测报告》，科学出版社，2004 年。

　　③ ［英］A. R. 拉德克利夫-布朗著，潘蛟、王贤海、刘文远、知寒译，潘蛟校：《原始社会的结构与功能》，中央民族大学出版社，1999 年。

规划，而这种遗迹要想分期几乎是不可能的。

陈雍：墓地研究怎么没强调地面或层面呢？

霍东峰：过于强调"地面共时"，反而陷入死胡同。

陈雍：强调"共时"没有错，关键是如何理解"共时"。如果说一个微观聚落形态的共时性研究需要一个"地面"，那么一个区域宏观聚落形态的共时性研究怎样才能找出一个"地面"来呢？

聚落形态研究，必须建立在考古学文化的基础之上。考古学文化是分析研究"聚落"的前提与基础，考古学文化包含了一定的时间与空间的属性，能够满足共时性研究。因此，界定好考古学文化就显得特别重要了。

陈雍：所谓的地面、层面、聚落面，从道理上分析，似乎没有问题，但实际操作起来能否实现，就成了问题。

霍东峰：地面、层面可否视为一种非物质遗存，可用于划分遗址最小的时间刻度。

陈雍：你说的划分最小的时间刻度究竟要解决什么问题？作为微观聚落形态研究的各个组成部分，需要保持考古学文化的一致性，功能的相关性，时间的共时性。我研究姜寨聚落形态，先要确定一个"聚落单元"，就得把居址内不同房址联系在一起，建立联系的依据是陶器。我把原报告第二期 F84 加入北组房屋第三排，把原报告第二期 F25 加入东组房屋第二排，第二期 F32 加入第三排，这样使得各组房屋布局显得更加完整。① 第二期也属于半坡文化。

许永杰：地面，层面，聚落面都是想当然的东西，实践中很难实现，不具操作性，也没见谁做出来过。姜寨一期和二期同属半坡文化，聚落考古学认为文化性质相同，就可作为共时研究单位。

---

① 陈雍：《姜寨聚落再检讨》，《华夏考古》，1996 年第 4 期。

　　长期以来，历时性研究已经成为中国考古学研究的主流，有的人对于聚落形态的共时性研究还不熟悉，往往会不自觉地以历时性视角与思维方式来搞聚落考古。瑞士语言学家索绪尔在区分语言的共时与历时前提下，特别强调了共时性研究的重要性，这是对于历史比较语言学的批判与扬弃，为 20 世纪现代语言学走上重视静态结构的研究奠定了基础。从某种意义上来说，戈登·威利的维鲁河谷聚落形态研究，为考古学重视考古遗存共时性结构的研究，开启了一扇窗户。

　　研究聚落的历时演化与共时形态，是两种截然不同的研究取向，属于两种不同性质的研究。共时性研究是从历时演变的过程中截取一个横剖面，对这个横断面的描述是共时性的，但对于它的解释往往需要有历时性的眼光。戈登·威利的维鲁河谷聚落形态研究，首先建立在考古遗存的编年基础之上，这是历时性研究，然后对于一定时期聚落形态的描述，则是截取了一个横剖面所进行的共时性研究。

　　　　陈畅：稳定的社会结构也是有时间维度的。

　　一般说来，一定形态的聚落是一定社会组织发展到一定社会阶段的产物。外国已有的聚落形态研究案例，可以作为中国聚落形态研究的参考，但不能当作推断中国社会历史的根据。中国历史上什么样的聚落形态对应什么样的社会组织？对应什么样的社会发展阶段？这些问题需要我们通过中国考古实践，在中国考古遗存里发现并且总结出来。

　　姜寨聚落　姜寨村落规模很大，按功能分为居住区、制陶区和墓地。居住区平面呈椭圆形，东西长 210 米、南北宽 160 米，面积大约 3.4 万平方米。一条宽约 2～3 米的壕沟包围在村子的外围，在东面、东南面有出入口。居住区中央是一个较大的广场，广场中央是墓地，埋葬着多层具有宗教礼仪性质的墓葬。广场的北、南、东、西侧分布着四组房屋群，每组房屋群分成五六排，都是半地穴式建筑，每组房屋都有一座大房子。房子的周围是储物窖穴、垃圾坑和埋葬小孩的瓮棺。所有房屋的门都有规律地朝向广场，北面房子门朝南，南面房子门朝北，东面房子门朝西，西面房子门朝东。广场的西侧有两条南北向的土路把村子分成东西两半。土路的南北两端各有一个饲养家畜的圈栏，根据出土动物骨骼分布情况推测，这两个家畜圈栏分别属于北组房屋的居民和南组房屋的居民。居住区壕沟外面的东北部、东部和南部，有三片跟村子同时期的墓地。在居住区西侧有几处烧制陶器的窑场。临河西边的大片平坦的土地可能是当时的耕地和牧场①，见图4.2.2-1。

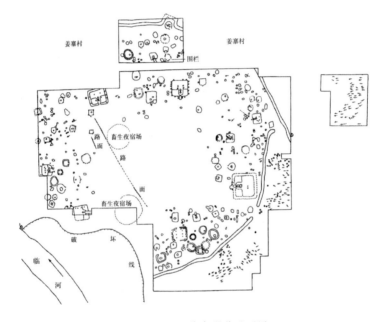

图 4.2.2-1　姜寨聚落平面图

姜寨村落这种布局所依据的是"姜寨人"自身的分类和对外部事物的分类，我们能够通过居址形态与墓地形态研究，去认识"姜寨人"的社会组织。

根据考古发现与研究，姜寨居址四组房屋出土彩陶鱼纹存在着一定的对应关系，北组与南组都出土了白头鱼纹和黑头鱼纹，东组与西组分别出土了白头鱼纹、黑头鱼纹。北组、南组的鱼纹还可以替换为蛙纹，形成另一种对应关系：北组与南组分别对应着蛙纹与蛙纹，东组与西组

---

　　① 西安半坡博物馆、陕西省考古研究所等：《姜寨——新石器时代遗址发掘报告》，文物出版社，1988年。

分别对应着鱼纹与鱼纹，这种对应关系构成二元对立结构：

北组与南组房址对应东组与西组房址

彩陶蛙纹对应彩陶鱼纹

两栖动物对应水生动物

高级人群组织对应低级人群组织

圆形环壕里面的所有房屋，分别被想象的两条轴线分为北南两半和东西两半，北组居民和南组居民使用白头鱼纹、黑头鱼纹和蛙纹彩陶器，东组居民使用白头鱼纹彩陶器，西组居民使用黑头鱼彩陶器。四组居民使用的瓶、壶、罐、盆、钵等陶器也存在着规律性差别。北组与南组居民饲养和消耗的家畜，明显多于东组与西组居民。参见本书第 4 章 4.2.2 之图 4.2.2-20、图 4.2.2-21。

依据上面分析可以得出这样的认识，姜寨聚落社会是由北组居民与南组居民、东组居民与西组居民共同组成的两个二合组织，两个二合组织之间存在着层次差别。

我对姜寨的理解跟姜寨考古报告以及相关研究文章都不一样。原报告的第一二期都属于半坡文化，并且原报告的分期有误，不存在时间的差别，为了保持居住区的完整性，我把一二期合并了，从而达到居住区的共时性与整体性。

姜寨圆形村落的中央广场是祭祀礼仪墓地，四周围是居民住房，这种同心结构布局，表达了中心/四周、祭祀/生活、神圣/凡俗的二元对立思想。姜寨居民借用对自然界分类的认识来体现社会分层，在聚落布局的规划和具体安排中，不断重复、比拟着自然的分类，用以强化社会分层的合理性。

家户和社区　《从姜寨早期的村落布局探讨其居民的社会组织结构》认为，姜寨的小型房屋是对偶家庭居住的房屋，姜寨普遍存在对偶家庭。[①]

---

① 严文明、巩启明：《从姜寨早期的村落布局探讨其居民的社会组织结构》，《考古与文物》，1981 年第 1 期。

我认为，居址中数量最多的小房子有相当一部分没有灶坑，据原报告无法得知是原本没有还是被破坏掉了。原本没有灶坑的小房子很难成为独立的家庭居所。即使有灶坑，又有生产、生活用具的小房子，也很难确定生活在房子里的人群是不是同一个家庭的成员。因为根据房屋和遗物根本无法得知屋内人群的亲属关系，更不可能知道他们的婚姻形态，这样就不便把每座小房子视为一个家庭(family)，而视为家户(household)可能更合适些。在这里，家户指若干住在一起的人所组成的社会群体。它与亲属群体(包括家庭)不同，虽然家庭也是基本的社会群体，但是这个群体是亲属关系(主要是配偶和生育关系)的组合，家庭往往构成家户，但并不等于家户。① 1996 年我将家户概念引进聚落形态研究，很长时间没有引起学术界的注意，过了 20 年学术界有人开始研究家户时才被提及。

家户原为社会学的概念，可以是独居、没有家庭、简单家庭住户等形态结构。20 世纪中期以后，这个概念引入到人口学、文化人类学和考古学等学科。考古学的家户，可以作为通过聚落形态重建社会组织的最基层的社会单元。

　　霍东峰：家庭、家户虽一字之差，然其意相去甚远，据房屋如何推导出家庭，尚需更多证据。

　　陈雍：把墓地形态研究的"合葬墓—家族"思维方式，用到聚落形态研究，从而推衍出"小房子—家庭"，这里明显存在着推理方面的问题。道理很简单，墓葬里面有人骨，所以才有探讨死者亲属关系的可能，而房址里的生产生活用具，至多只能表明屋内居民之间存在着一定的社会关系。

《从姜寨早期的村落布局探讨其居民的社会组织结构》认为，姜寨的大房子不是孤立存在的，它的周围还有若干群中小型房子，合起来构成

---

① 陈雍：《姜寨聚落再检讨》，《华夏考古》，1996 年第 4 期。

一个较大的单元。姜寨共有五个这样的单元，每一个单元就是一个氏族，因而姜寨实乃五个氏族的聚居地。①

我认为，整个姜寨聚落大体与一个社区（community）相一致。借用遗址名命名的姜寨社区，是对生活在以圆形居址为圆心、以生产活动能力为半径范围内人群的指称。在这里，社区是指包括人口、组织方式、存在区域和认同感等要素的相对独立的地区性社会。

姜寨社区根据房屋布局和陶器、彩陶图案、刻符的区域性分布，分成四个集团（groups）。用彩陶纹样指称姜寨社区的四个集团，即北组蛙集团和南组蛙集团，东组白头鱼集团和西组黑头鱼集团。有区别意义陶器和彩陶图案、刻符以及牺畜场、兽骨的不均匀分布，表明北组、南组蛙集团的社会地位高于东组、西组鱼集团的地位。

四个集团各自拥有一个居住区，居住区内的大房子估计是集团首领的居所。在整个居址中地位最显著的北组大房子 F47，大概是社区首领的居所。正是因为北组居住区内住着社区首领，所以才使得北组集团在社区中更加显赫。每个居住区内成排的房屋大概是或许存在的较低一级的诸小集团。坐落在成排房屋里的中房子，有的则可能是小集团首领的居所。集团首领的住房大于一般成员的住房，首领住房兼作集团公共活动和集会的场所，在民族志中不乏其例。②

我研究良渚聚落人群社会也使用了"社区"概念。社区是指生活在一定地理区位和空间范围里，具有一定人口数量和类型，按照一定制度组织起来，有一定认同感的人们共同体，与前面说的意思是一样的。良渚社会分为城邑社区与村落社区两种类型，包括莫角山城邑社区、汇观山村落社区、荀山村落社区和临平山村落社区。③

良渚聚落　良渚聚落系指良渚古城遗址、良渚遗址群和玉架山遗址、茅山遗址、中初鸣遗址组成的区域性聚落单元。考古学上的聚落形态研

①　严文明、巩启明：《从姜寨早期的村落布局探讨其居民的社会组织结构》，《考古与文物》，1981 年第 1 期。

②　陈雍：《姜寨聚落再检讨》，《华夏考古》，1996 年第 4 期。

③　陈雍：《解读良渚文明：中国早期国家形态特征及其研究路径》，《南方文物》，2021 年第 1 期。

究，需要共时性的视角与思维方式，将古城遗址及相关遗址群视为一个"同时"的整体，以利于寻找聚落形态与社会结构之间的关系。为了通过描述和解释聚落的一些现象的组合，可以出于不同理由构想出许多模式，虽然这些模式不同，但是最优秀模式永远是那个真实的模式，即不仅是最简单的，而且能够利用被考察的现象，同时又能够说明全部现象，这就需要对具体遗存现象进行分类，然后再对关系的逻辑进行阐释。

在大雄山—半山—临平山—大遮山围合的空间里，130 多处良渚文化遗址依凭凤山、荀山、临平山，形成三个相对密集的遗址群落，整个良渚聚落单元分为四个层级：

Ⅳ级：以反山墓地和莫角山宫殿区为核心的城邑

Ⅲ级：以汇观山墓地为重心的古城周边村落

Ⅱ级：以瑶山墓地为重心的古城外围村落

Ⅰ级：以临平山遗址群落为代表的边缘村落

良渚聚落的年代学研究表明，汇观山观象台、瑶山观象台、莫角山宫殿台基、反山墓地台基、水坝、城墙、钟家港河道等工程项目，都是从良渚文化早期开始动工营建，所有工程都是围绕古城而建的，体现出良渚古城的整体规划思想。

中国古代城市的路网结构是城市规划的重要内容之一。良渚古城北、南、东、西四面城墙上各有两个水城门，城内由二纵二横相交的水路组成近似"井"字形路网，把宫殿区与墓葬区围合在中间。河南偃师二里头遗址已经形成规范的"井"字形道路网，宫城位于"井"字形道路网的中部，这种样式的道路网后来成为古代都邑道路的规制。

良渚古城的莫角山宫殿区和反山、姜家山、桑树头墓地，位于"井"字形道路网的中部，高出城内地表 5～6 米，莫角山宫殿区连接南面皇坟山宫殿区的轴线，与南城墙的陆城门遥相对应，对古城整体规划起到控制作用。最新考古发现与研究认为，陆城门在建成后很长时间内是作为仪式性而非实用性城门，这一认识对于确认古城的中轴线起到重要的指示作用。

先秦城市布局特别强调"中心位置"，《吕氏春秋·审分览·慎势》

称："古之王者，择天下之中而立国，择国之中而立宫，择宫之中而立庙。"良渚古城内用"井"字形道路网、高台建筑、中轴线等手段凸显"中心位置"，强烈体现出"居中"的规划思想。

城内的莫角山宫殿区台基与反山墓地土台一同建于良渚文化早期，宫殿区的房屋皆坐北朝南，墓葬区的墓葬均头南脚北，东部宫殿区与西部墓葬区的空间位置表达出良渚人的宇宙观。

城内西部的墓葬区，从北向南分别是反山墓地、姜家山墓地和桑树头墓地。一般认为，反山是王族墓地，姜家山是贵族墓地，桑树头是平民墓地，这种布局体现出良渚人的价值观(图 4.2.2-2)。

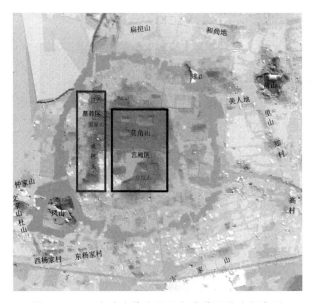

图 4.2.2-2　良渚古城宫殿区与墓葬区的空间位置

良渚古城中心宫殿区与墓葬区的空间对应关系，可以与殷墟遗址做对比。殷墟的宗庙宫殿区在小屯村，小屯村的西北是西北岗王陵区，王陵区的南面是孝民屯贵族墓地，再往南是殷墟西区平民墓地，宗庙宫殿区与墓葬区在空间上形成二元对立关系(图 4.2.2-3)。良渚古城的宫殿区与墓葬区的空间位置关系，以及不同等级墓地的空间位置关系，都可以在殷墟遗址找到相似性。

根据良渚聚落形态研究，结合文献记载，良渚古城外的汇观山村落

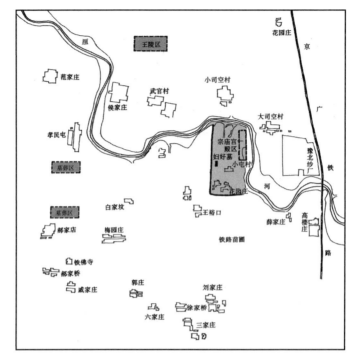

图 4.2.2-3   殷墟遗址官殿区与墓葬区的空间位置

和荀山村落、临平山村落对于古城而言，分别为古城的"郊"与"野"。就现下的考古发现来说，良渚聚落应当是中国历史上最早划分"城邑"与"郊野"的实证。①

七星河模式   七星河聚落形态考古分为宏观与微观两种类型，七星河流域汉魏时期遗址群调查与试掘，属于宏观聚落形态考古；凤林古城址发掘，属于微观聚落形态考古。

黑龙江七星河流域汉魏时期聚落形态研究，依据 426 处遗址的功能相关与地理相关划分的 16 聚落群，这是宏观聚落形态研究的基本单元；每个聚落单元分别由居住、祭祀、防御、瞭望、要塞等功能的遗址构成；而后再依据防御设施将遗址群分为 4 个层级；最后得出七星河流域汉魏居民已经进入早期国家社会的认识。这是一个很成功的研究案例。七星

① 陈雍：《解读良渚文明：中国早期国家形态特征及其研究路径》，《南方文物》，2021 年第 1 期。

河聚落研究的关键是：确定聚落基本单元，按功能的聚落分类，不同功能聚落的组合。

从《七星河计划》到《七星河》《凤林城》两部考古报告，可以清楚地看到，七星河聚落形态考古有明确的研究目的、路径、步骤与方法；有以研究方法为基础，依据研究目的与研究视角、思维方式所建立的整个研究逻辑程序；用归纳法概括出聚落形态基本特征，并建立聚落形态与古代人群之间的联系，进而揭示出其中的规则；参照人类学"蓝本"，利用历史文献，对聚落形态与人群组织之间的联系及其规则进行合理解释。

由此可以清楚看出，七星河聚落形态考古是极具特征的模式研究，依此总结出来的"七星河模式"，与从文化考古学总结出来的"华县渭南模式"，以及从社会考古学总结出来的"元君庙模式"一样，都应属于考古阐释学范畴。

我对七星河流域汉魏遗址群的聚落形态研究，可参阅本书第 8 章 8.1.7。

其他　1984 年在辽宁牛河梁遗址第 1 地点出土一件泥塑人头像，头高 22.5 厘米，颜宽 16.5 厘米，基本接近真人的大小，从面部特征看，具有蒙古人种特点。发掘简报把这件泥塑人头像称为"女神像"，出土泥塑人像的相关遗迹称为"女神庙"。这种说法一直延续到今天。

二十世纪八九十年代，我曾多次去牛河梁遗址考察学习，渐渐地对"女神像"和"女神庙"产生了怀疑。我在中国通史教程第一卷《先秦两汉时期》①第一章史前时代"农业发生后的原始艺术"中，介绍了这件红山文化的泥塑作品，并没称为"女神像"，认为尽管不少文章把这件泥塑人像称为"女神像"，但是从这件作品本身却无法分辨男与女，也无法区分人与神。

曲枫在《图形时代的精神寓言——中国新石器时代的神话、艺术与思想》②一书里，对牛河梁遗址这件泥塑提出不同的看法。他说，我们在牛河梁中发现了类似的证据，大型人像的臂腔中有真人的骨头，这样的现

---

① 刘泽华主编：《先秦两汉时期》，复旦大学出版社，2005 年。
② 曲枫：《图形时代的精神寓言——中国新石器时代的神话、艺术与思想》，黑龙江人民出版社，2017 年。

象更可能与它们的某种观念仪式有关，比如希望通过塑像招回祖先的灵魂，假若真的如此，那么这些塑像更应是某种巫术道具而不应是神像，那座空间狭小的建筑可能不过是亡者灵魂的住房，或是储藏巫术道具的库房，而不是什么"庙宇"。最关键的事情是，那件所谓的"女神头像"是否一定为女性其实是可疑的，乳房残块是正常人体的三倍，而头像大小与真人相同，说明乳房与头像并非出自同一个体，因而女性乳房不能成为推断头像性别的依据，这些塑像更应是某种巫术道具而不应是神像。曲枫突破了惯性思维，立足于全新的视角看问题，提出的看法有积极意义。

牛河梁遗址分布很突兀，周围几十千米范围内至今没有发现居住遗址，那么依据什么来确定该遗址的性质？我们不妨跳出长期以来的惯性思维，换个角度想一想，也许这还真的是一个值得研究的问题。

时下讨论以牛河梁遗址为代表的红山文化社会，是否迈进文明的门槛？或者说，如何判断牛河梁遗址在文明进程中所处的位置？这涉及判断文明的标准问题。于是问题来了，目前已有的判断文明的标准，是否适用于牛河梁遗址？我认为，无论是理论层面，还是实践层面，还都值得进一步检讨。

构成红山文化彩陶图案，主要是弧线勾连纹样和折线（三角形）纹样，另外还有一种"边界"式的纹样起到"结构"作用。如果一种纹样作为某一人群的象征符号，那么红山文化人群就有可能是形式上的三分、实际上的二分组织。彩陶纹样与墓地平面布局结构的对应关系，在内蒙古赤峰市大南沟墓地中可以清楚地看出来。

大南沟墓地的彩陶纹样和刻划纹样是整个墓地的性别象征符号。男人为三角形彩陶纹样和刻纹；女人为半圆形彩陶纹样，不使用刻纹。符号本身具备了性别的含义，在不同类别的陶器上表现的意义是相同的。[1]

大南沟墓地彩陶属于太行山东麓彩陶文化系统，红山文化彩陶也属于太行山东麓彩陶文化系统。这样，大南沟墓地彩陶的性别符号，对于

---

① 陈畅：《大南沟墓地的社会组织与性别考古学研究》，《北方文物》，2019 年第 4 期。

认识红山文化彩陶的弧线勾连纹和折线(三角形)纹，以及解释彩陶符号的社会含义，具有一定的启示作用。

我对半坡文化、庙底沟文化、半山文化、马厂文化彩陶，以及大汶口文化彩陶和镂空图案做过分析，发现构成彩陶的母题纹样是不会随着时间发展而产生变化的。同一母题纹样构成的彩陶图案形态方面的差别，往往是由于地域或人群的不同，抑或是构图原则的不同。所以我认为，红山文化彩陶也不会随着时间发展而发生变化。如果彩陶母题纹样具有象征人群的功能，那么这种特殊含义符号应当是稳定的，否则它就失去了标识作用。

红山文化玉器造型由人、鹰、熊组成的认知分类系统，与良渚文化玉器图案的认知分类系统类似。良渚文化玉器图案由人、鸟、鳄三种母题组成。在良渚等级社会里，人头、鳄头、鸟头、鳄鸟复合头构成的符号体系，象征着上层社会的阶序，城邑社区与村落社区各自为一个系统。在良渚宗教世界里，鸟纹、人纹、鳄纹构成了另一个表达系统，用来象征分层宇宙。鸟代表上界，人代表中界，鳄代表下界。借鉴良渚文化玉器，重新研究红山文化的相关玉器，或许会有新的发现。

仔细观察牛河梁遗址群整体空间分布，可以发现遗址群有一定规律可循。把我在前面说的红山文化彩陶纹样造型分类和玉器造型分类，放到相应的出土单位里观察，就会发现出问题来。

我依据良渚聚落单元的活人空间、死人空间及神圣空间，总结出良渚文明的三个基本特征：按地域组织起来的政治社会，复杂社会分层，权力(官僚)等级体系。然而截至目前，红山文化只有规模巨大的神圣空间，缺少完整的活人空间和死人空间，因此，探讨红山文化晚期是否进入早期文明社会，似乎还难以得到实证。牛河梁遗址是礼仪中心恐无多问题，但是这个中心究竟是国家社会的中心，还是复杂社会的中心，还需要进一步的研究。

有朋友希望我把上面那段话说得再明白些，我还得从良渚文明说起。我研究良渚文明的文章里，引用了摩尔根的蒙昧、野蛮、文明三个社会发展阶段，同时也用了"复杂社会"概念，但没有提及"酋邦"，是因为良渚社会是一个具有权力等级体系(官僚体系)的复杂社会——这是早期国家与酋邦社会的最重要区别。据目前已有的考古资料，将红山文化晚期社会理解为复杂社会问题不大，如要认定为早期国家，需要找出一套权力等级体系(官僚体系)，然而现下还做不到。

在我的微信朋友圈里，朋友们曾对游牧聚落进行非常有意义的讨论，下面是讨论的有关内容。

王立新：对于那些几乎不使用陶器的游牧遗存来说，当以什么标准划分考古学文化？这是一个很有意思，并且值得大家来讨论的问题。

丛德新：应该从总体的面貌(特质)来考虑吧。比如小河，有反映其宗教信仰的葬俗及船棺形态的葬具，有斗篷式的服饰、帽饰，有饮食盛具密切相关的(植物)编织器等，共同组成了小河的整体面貌；所以强调整体特点，也是凸显其文化面貌的标准之一。西北大学的王建新老师强调居住址、墓葬遗迹、岩画等"三要素"，虽然可能有片面或值得讨论的地方，但是也是针对农业传统，或者以往强调陶器标准而提出的有益看法。

贾笑冰：其不但很少使用陶器，从新疆的情况看，从游牧经济开始，像样的聚落也很难发现。这对认识、划分考古学文化也是个问题。

陈雍：柴尔德说的某些特定类型的遗存，如陶器、工具、装饰品、埋葬习俗、房屋形制，它们经常一起反复出现。这里，特定类型的遗物和遗迹的共存关系是关键。近年来在新疆、内蒙古发现的游牧族群的考古遗存，几乎没有或者很少发现陶器，缺少类型特征的指示物，如何为新发现的考古遗存命名考古学文化，的确是一个新的课题。

丛德新：这与不能完全以文字作为讨论文明标准的考古学思想是同步的。

陈雍：如果没有陶器或者其他特征遗物，如何把遗址和墓地联系起来？如何把一个家户（household）的不同的季节性居址联系起来？农业聚落形态研究，一般以一个家户对应一座房址。游牧聚落形态研究，就不能用这种办法。一个家户一般有两个以上的居址，靠什么来确定？

丛德新：固然不易。也许从绝对年代（碳十四密集测年）、食性分析、出土物分析、环境、古气候复原，以及建筑类型和性质等方面来帮助认识，以及民族学调查的资料。

陈雍：这正是我想知道的。

丛德新：不过，您提出的问题，解决起来不容易，要依赖更多细致的材料分析。

陈雍：这个问题可能是游牧聚落形态研究的关键所在。

贾笑冰：问题在于很多地区就找不到聚落，墓地的情况更为复杂，在较大的时空范围内墓葬的形制甚至葬俗都表现出了高度的一致。如何确定共时性本身就是大问题，更遑论分辨出相互关系。没有标型器的类型学比较，单靠测年，还是不靠谱。

陈雍：按照戈登·威利的说法，聚落形态研究有助于对史前社会的非物质方面和组织方面进行解释。农业聚落几乎都是长期性聚落。游牧聚落分为不同季节性聚落，一般没有长期性聚落。

许永杰：高句丽有山城和平原城。

陈雍：山城和平原城的功能有何区别？

许永杰：和平岁月与战争状态，我怀疑我们七星河上的平原聚落和山上聚落也有可能像高句丽一样。

余西云：至少他们的冬窝子是相对固定的。

丛德新：季节性的固定居址。

陈雍：游牧和定居游牧有所区别。

丛德新：是的。

陈雍：游牧就是阿敦乔鲁那样的遗址，定居游牧就是现在新疆牧人的居所。

丛德新：实际上，现在阿敦乔鲁（博尔塔拉河流域）遗址，事实上指向游牧，还需要多重证据。

陈雍：一个游牧聚落的基本功能，首先是满足牧人和牲畜居住的需求，或许还有其他功能的单体建筑（或构筑物），比如用于某种仪式或信仰的，不知道考古上发现没有？

丛德新：第二种情况，既需要建筑遗迹及环境的考虑，也需要出土物的证据。也许已经有了，我们还没识别出来。

陈雍：类比今天草原上的毡包，估计古代也有信仰或仪式性质的建筑物或构筑物，这类遗存应是区域性的，对于划分区域聚落群有指示作用。

贾笑冰：仪式性构筑物小到鹿石或石人、大到石堆墓或礼仪性建筑都有存在。山前地带甚至于形态特殊的山峰都有可能起到了类似的作用。

陈雍：游牧聚落的一个家户往往有两个以上的居址，用什么办法能把不同季节居址整合起来呢？

丛德新：不同季节的居址可以推测，但是再进一步确认，就有困难了。

王立新：当前的考古学有一定局限性。

1974年我们班在吉林大安汉书遗址发掘，我的探方恰好落在一个很大的垃圾坑上面，堆积全是当时的生活垃圾，在垃圾堆里我意外发现了粪便遗存，小心翼翼装在瓶子里，和同学认真讨论是人还是动物的粪便，没想到我的做法受到指导教师的批评。从此我一直在考虑这样一个问题：人类排泄行为方式的进化，以及专门排泄场所和收集排泄物器具的出现与发展，是一个很值得研究的问题，我们不但要研究人类为了维持生命如何"纳新"，还要研究如何"吐故"。

陈雍：史前房屋遗址附近有没有专门用来排泄的"灰坑"？

谢尧亭：陈老师所言极是，我经常给学生们讲"厕所"的问题。

于可可（文物出版社）：1981年在白燕实习时，我见到老乡家的茅坑是方形的，而我们发掘的灰坑有方形的，我也长期想过那种灰坑会不会有的就是茅坑，形制遗传至今？只是想着，没提出过，但念念不忘，总觉得肯定有厕所类的遗迹，各种原因使我没提这个疑问，今终见所思的问题被陈老师挑明了，嘿嘿，并非不雅之事，如果白燕遗址中能确认出厕所来，也是文明之一吧。

陈雍：看来古代厕所真是个值得研究的问题。

于可可：说得太对了，对厕所不能有偏见而忽略研究，人类每天都要吃喝拉撒，随着时代进步，"厕所革命"也越发讲究和普及，最早的厕所何时出现的，怎么发展变化的，等等。问题可以想到很多，史上可能不太屑于记载留传，实际上应该正视它。上从帝王将相，下至平民百姓，都离不开如厕问题，考古连垃圾坑都研究，厕所问题也别回避和忽略。

前些天偶见电视里介绍故宫里有一处建筑连接着一个厕所，好像是某后妃的，当作该节目的内容之一播了，猎奇？可见人们对前人的厕所是有关注的。大约古代的灰坑中有些就是有厕所功能的。

又，生活类器物中，除了装吃的、喝的、用的外，估计还要有装便溺的器物，整理古代遗物时大约要考虑有无这类用途。

许永杰的《火炕》①提到黑龙江凤林城址内发现的汉魏时期火炕，还提到渤海、辽金时期的火炕。我见到最早的火炕是东汉时期，中国考古上发现最早的火炕是什么时期的？搞清楚这个问题是挺有意义的。

张文瑞(河北省文物考古研究院)：最早是徐水东黑山。

陈雍：东黑山是什么时期的，西汉还是东汉？

张文瑞：东汉。

贾金标(河北省文物局)：西汉。

陈雍：1975年我们班在白城地区实习，在科右前旗察尔森水库

---

① 许永杰：《一个考古人的旧事新忆》，东北师范大学出版社，2018年。

一个辽代居址里发掘出火炕遗迹，这是我第一次见到古代火炕遗迹。1981 年在河北蔚县庄窠遗址的汉魏时期房址里也发现了火炕。

周广明：考古报告中房子的描述基本上是火塘加一个房子轮廓，基本忽略人的睡眠空间。

王炜林：火炕不知道，但壁炉一类遗迹在陕北至少仰韶晚期就出现了，它是否可以诱发火炕的出现？

贾笑冰：最早的火墙应该是夏家店下层的，最早的火炕应该是大嘴子遗址相当于双砣子三期的，我自己挖到的是辽金时期的。

许永杰：傅佳欣好像说过，殷代就有。

贾笑冰：双砣子三期大致相当于商代晚期。

陈雍：根据前面提到的这些考古发现，再进一步收集资料，可以研究一下中国北方古代房屋的取暖设施了。

（2）城市

城市形态　关于城市考古，学术界大概有三种意见：把在当代城市范围内所从事的考古活动称为城市考古，这类大都是配合城市基建工程的考古项目；以古代城市为研究对象的考古调查、发掘与研究；城市是聚落的一种类型，城市考古属于聚落考古。

陈雍：城市史研究把城市划分为两种类型，即工业化以前的城市和工业化城市，又称为传统型城市和现代型城市。城市考古所研究的城市，属于史学界所说的传统型城市，亦即工业化以前的城市。

苏秉琦把中国文明的起源与发展概括为"古文化—古城—古国"和"古国—方国—帝国"两大阶段。[1] 城与城市制度是这两个阶段的核心，也是文明连续性的重要标志。城发轫于史前，城市制度萌芽于三代，形成于秦汉，鼎盛于宋元明清。中国古代城市形态及古代城市制度的考古学研

---

[1]　苏秉琦：《中国文明起源新探》，商务印书馆（香港），1997 年。

究，成为中国考古学独具特色的研究领域。

　　陈雍：俞伟超的《中国古代都城规划的发展阶段性》是研究中国
古代都城形态及都城制度的经典之作。

　　古代城市形态，包括城市(城)平面布局和城市体系，前者为微观城
市形态，后者为宏观城市形态。城市制度也分为微观和宏观两种。微观
城市制度，包括城市选址、城市规模、城市形制、城市功能区划分、城
市道路规划等内容的城市总体布局。宏观城市制度，为依据国家政体按
不同等级对城市体系所提出的控制性规划要求。

　　陈雍：外国聚落形态考古的理论与方法，无法涵盖中国古代城
市形态与古代城市制度的考古学研究。
　　钱国祥(中国社会科学院考古研究所)：自然地理环境是否对国
家的城市体系也有宏观和微观之分？
　　陈雍：这个问题我没有研究。
　　钱国祥：我在想，当时代表国家的都城，至少在宏观就是大环
境上，是当时统治区域的核心或中心地区，就是当时人心中的天下
之中，而且气候宜人适合人居；微观上就是都城的小环境，自然环
境应该极为优越，周围群山环抱便于防守，地势高亢而又近水，既
水资源丰富，又远离水患和其他自然灾害。今年(2021 年)河南的城
市水灾实际上也充分证明了古人的智慧吧！
　　陈雍：钱国祥说的国家都城选址与人文环境——大环境的关系，
与自然环境——小环境的关系，视角独特，非常重要。

　　古代城市　"城市"由"城"与"市"两个词组成。先秦时期，城与市原
来是两个独立使用的词，它们的含义不同。这两个词合为"城市"，大约
出现在战国时期，见于《韩非子》等文献。城市与城的最大区别，在于经
济功能方面，即"市"的出现。中国历史上最早的"城"出现在史前时期，

"城市"形成于东周时期，其间经历了数千年的漫长发展过程，这里面自有它的原因和规律。

　　陈雍：不同学科分别从城市的起源、形态、功能、景观、空间等方面对城市所做的定义与分类不尽相同。目前，中国考古学对于城市的定义与分类有待研究。

徐苹芳说，中国古代城市的研究，一直是学术界很重视的课题。20世纪50年代以后，中国考古学迅速发展，古代城市考古成为现代中国考古学的重点，发掘面积大，工作时间延续长，像西安、洛阳、安阳、北京等古都，已连续工作了半个多世纪。20世纪70年代以后又特别侧重于史前时期城址的调查和发掘，在中国古代城市的研究中，考古学的研究占有十分重要的地位。根据考古学的发现，目前所知，中国文明社会城市遗址，以河南偃师二里头为最早。

中国古代城市产生以后，发展到近代，根据其规划布局之不同和演变，可以分为四个阶段，即先秦、秦汉、魏晋南北朝隋唐和宋元明清。这与中国古代史划分为上古、中古、近世三个时期是相符合的。简言之，夏商西周时期的都城是以帝王的宫殿和祖先的宗庙为主体的城市，东周时期"两城制"的城市规划是商和西周向秦汉城市过渡的一种形式；秦汉时期的都城以帝王宫室为主体，这一阶段出现了以衙署为中心的地方行政城市；魏晋至隋唐时期的城市，逐步发展成为完备的封闭式里坊制城市；从唐代末期到北宋前期，封闭式里坊制逐渐为开放式街巷制所代替，这一时期还首次出现了经济类型的城市，这是中国城市发展史上的一个大变化，标志着中国社会历史已迈入另一个新阶段。这四个阶段各有其特点，集中反映着中国社会历史发展的阶段性，同时，也明显地表现出了贯穿于中国古代城市历史上的一个特质，即以政治为城市规划设计的最高原则，不论是都城还是地方城市，都是政治统治中心，经济在这些城市中是从属于政治的。只有到宋元以后，社会经济发展，经济的比重才逐渐增加，汴梁和临安才出现商业繁盛、奢侈浮华的都市生活景象，在地方城市中更出现了纯粹以经济生活为主的城镇，这是前所未有的新事物，和传统的城市完全不同。[1]

陈雍：徐先生提出的，中国古代城市产生以后，经历了先秦、秦汉、魏晋南北朝隋唐和宋元明清四个发展阶段，这是考古学上古代城市发展过程的基本分期。

关于史前"城"的起源，有些问题还需要深入探讨。比如，聚落考古一般根据有无城垣将聚落分为遗址与城址两大类，再按面积划分层级，在一组划分层级的聚落中选定中心聚落，据此推定现实社会的中心。有时这种做法也会遇到麻烦。比如，大河村与西山是郑州地区大约同时的文化属性相同的两个遗址，大河村没有城垣，西山有城垣，前者的面积大大超过了后者；另外，西山没有大河村的那种多间相连的排房，器物种类和彩陶种类也不如大河村。在郑州地区聚落群中，根据城垣，西山可能是中心聚落；根据面积，大河村可能是中心聚落；要么大河村与西山是两个抗衡的中心聚落？

陈雍：我认为，史前时期的城，大概以有无祭祀中心区分等级的高低，而历史时期的城，是以有无宗庙区分等级的高低。也就是说，按照城的功能区分，而不是按照面积。

李伊萍（吉林大学考古学院）：按功能对啊。

陈雍：据媒体报道，大河村遗址发现了环壕和城垣。

考古学上发现的仰韶晚期和龙山时期城址的空间位置，是非常值得注意的问题。已经发现的城址，究竟是在区域的中心，还是在边缘？在一个聚落体系中，是处于聚落中心位置，还是其他位置？要回答这些问

---

[1]　徐苹芳、许宏：《探微与纵览盈卷　实践并思考争辉——徐苹芳先生访谈录》，《南方文物》，2007 年第 4 期。

题，首先需要找出相关城址、遗址的分布规律，其次需要确定城的功能。

关于史前最早城的产生，有两个问题需要搞清楚，首先城是否由村落发展而来；其次方形城与圆形环壕村落之间有没有继承和发展的关系。换一种说法，城的出现究竟是进化的结果，还是突变的结果。

长时期以来，学术界根据国外文明的标准，把城市起源与文明起源联系在一起，这么做混淆了中国历史上"城"与"城市"的区别。俞伟超说过，不能拿城墙出现与否作为中国古代城市发生时间的标志。要进一步判断这种有围墙的聚落是否为城市，当然还必须了解其居民的生产与交换情况，是否已经成为这个地区的中心。①

> 陈雍：俞先生说的是以聚落的经济功能作为判断的标准。现在从世界考古材料看，还应该考虑政治和宗教功能。

在整个地球上，中国或东亚这片地区，近代以前，基本属于一个独立发展的系统。中国古代都城规划的变化过程，就是自成一系的。今天，国际范围的考古学者和历史学者已经对西亚、非洲东北部和欧洲的城市起源和发展，南亚的古代城市和中南美的早期城市聚落做了许多研究。探索出中国古代城市的变化规律，对研究世界其他地区古代城市的发展规律，是会有启发的；而从世界其他地区古代城市的变化过程中寻求理解中国古代城市发展规律性的触媒，自然也是必要的。②

学术界探讨中国古代城市起源的视角，不要仅仅停留在先秦时期城市，还应放眼于战国以来长城沿线的城市，汉唐以来丝绸之路沿线的城市，以及金元以来京杭大运河沿线的城市。

不同时期、不同地区、不同文化以及不同等级的居址或城址，与不同等级墓地在空间位置上的对应关系，是一定思想或制度的反映。这种思想或制度，是由不同时期、不同地区、不同人群的宇宙观、生死观、

---

①② 俞伟超：《中国古代都城规划的发展阶段性——为中国考古学会第五次年会而作》，《文物》，1985 年第 2 期。

价值观决定的。城市与墓地、陵寝的对应关系，既是城市考古研究的重要内容，也是墓葬考古研究的重要内容。比如，汉代的陵邑就是城市与陵寝结合的特殊产物。

古代城市体系 一个区域内，城址与其他城址所组成的群体即城市空间分布体系。《史记·五帝本纪》称："舜一年而所居成聚，二年成邑，三年成都"①，都、邑、聚是古人对城所做的分类。春秋战国时期，城的功能从原来的"卫君"发展为"盛民"，这时具有经济功能的"市"出现了，有了"市"，"城"发展为"城市"。

> 许卫红：对！筑城以盛民，在战国时期绝对是以经济发展为目的的。

春秋、战国时期的城址在全国各地大量发现，充分表明这个时期城市迅速发展。据文献记载，中国古代郡县之设始于春秋末期，盛行于战国时期。考古发现的这些古代城址，与各国郡县的设立有关，为秦朝推行大一统的郡县制提供了重要物质载体。

秦汉中央集权郡县制，设立以郡统县的两级地方行政管理系统，形成全国统一的郡县制城市体系。秦汉时期城市体系所体现的规划思想和等级差别，是大一统国家政治制度在城市规划建设上的体现，由此构成了秦汉考古的重要内容。

秦都咸阳和汉都长安，为大一统国家的都城开创了范式。中国古代城市体系及其制度是大一统国家的重要支撑，中国考古学需要完善研究古代城市体系及其制度的理论方法。

> 陈雍：中国古代城市平面布局及城市体系的规划，与宇宙观、礼制、亲族制度或宗法制度、政治制度密切相关。
>
> 董新林：甚是！

---

① （汉）司马迁：《史记》（点校本），中华书局，1962 年。

　　徐苹芳说，秦汉城市的形制与先秦城市有所不同，特别是地方城市，在郡县制确立后，地方行政机构与城市建设相结合，地方城市是以各级地方官吏守土治民的府舍为中心的。这个府舍在城市中形成了一个单独封闭的区域——"子城"。目前所知，中国最早的城市图是长沙马王堆三号汉墓出土的帛画"城邑图"，图中所画的城分为东、西两部分，主要建置皆在城东南部的"子城"（小城），即地方政府的衙署所在。这种布局我们还可以在内蒙古和林格尔汉墓壁画中的宁城图、繁阳县城图、离石城图、武成县城图和朝鲜辽东冡壁画中所画的辽东城图中得到印证。这种新型的地方城市，与先秦时代方国、邦国和诸侯城市有着本质上的区别。①

　　英国学者汤因比在希腊文明史和中国文明史中分别发现了两个"模式"，称之为"希腊模式"和"中国模式"。他认为，中国模式同希腊模式一样，在历史中闪烁着耀眼的光芒，如果把这两种模式相互联系起来加以观察，它们则更加光彩夺目。希腊模式适用于各文明史的早期阶段，中国模式则广泛适用于各文明史的晚期阶段。希腊模式的特点是文化的统一与政治的分裂，中国模式的特点是大一统国家。② 汤因比所说的中国模式的大一统国家，即公元前 221 年至公元 1911 年的中华帝国。中国古代城市体系是大一统国家的重要支撑。

　　历史时期考古学方面工作量最大的是中国古代城市考古学，从最早出现的城市到明清时代的城市，上下数千年，重点发掘了历代都城遗址，广泛调查了遍布全国的各个时代各种类型的城镇遗址。特别在汉唐以后古今重叠式的城市遗址的考古方法上，创造了考察下层城市遗迹的方法，为古代城市考古学的研究开辟了一条新途径。③

　　如何对待古今重叠型的城市遗址，孟宪民说，"城摞城"（学术界称古

---

　　① 徐苹芳：《考古学所见秦汉帝国的形成与统一》，徐苹芳：《中国历史考古学论集》，上海古籍出版社，2012 年。

　　② ［英］阿诺德·汤因比著，刘北成、郭小凌译：《历史研究》，上海人民出版社，2000 年。

　　③ 徐苹芳：《现代城市中的古代城市遗痕》，《远望集——陕西省考古研究所华诞四十周年纪念文集》，陕西人民美术出版社，1998 年。

今重叠型城址)便是包含众多项目的"大文物"。中国是地下"文化资源"最丰富的国家。郑振铎曾这样判断"国情",我国历史悠久、人口众多,中古以来城址多沿用至今,都有地方史意义,有的还有中国史世界史意义,一个也不应落下。孟宪民提出"城址尽保",即把我国全部城址,每个城址全部,都作为对象,都进行保护,而非尽可能尽所能为之。不论现状如何,只要地理空间尚在,城址魅力就还能感受。对所有城址,都应有"确定、保护、保存、展出和恢复这类遗产"(《保护世界文化与自然遗产公约》)的信心。①

> **王炜林:唐长安城基本上就是在城摞城中扬弃的,但最彻底的一次破坏是这 40 年。**

如何处理好文化遗产保护与城市发展的关系,宿白认为首先要了解城市发展史,而要了解城市发展史,最重要、也是最实在的手段,是考古遗迹的辨认。我们有不少历史名城沿用了好多朝代,甚至一直到今天还不断更新建设。这里说的历史名城主要指隋唐以来的城市。隋以前,选地多以若干高地为中心的战国汉代城市,大多由于魏晋南北朝长期战乱的破坏一片狼藉了。隋唐一统后,不少残破的旧城市逐渐被废弃,另在平坦或较平坦的地点兴建了新城。这类沿用到现代的隋唐以来创建的城市要注意文化遗产的保护,根据近几十年的经验,我们认为首先要辨认这类城市在兴建以后范围有没有变化? 城市的主要布局有没有改变,主要是指城门和主要街道的位置有没有变化? 还有主要衙署和宗教建筑的位置有没有变动? 城垣本身有没有增补? 这几个问题基本弄清楚了,这座城市文化遗产的重要性,包括对老城区进行有计划的妥善安排就心中有数了。②

---

① 孟宪民:《尽保城址论——何以像爱惜生命一样保护好历史文化遗产》,生态博物馆公众号,2018 年 5 月 17 日。
② 宿白:《现代城市中古代城址的初步考查》,《文物》,2001 年第 1 期。

孟宪民（中国文化遗产研究院）：宿白先生是中国城市考古的开创者。

（3）墓地

墓地形态 墓地形态主要包括墓地布局和墓地结构。墓地布局体现了墓地的整体性，墓地结构体现了墓葬与墓葬之间各种关系的总和。墓地所代表人群的血缘关系和地缘关系，以及他们的意识形态，决定了墓地的埋葬规则和埋葬方式，现实社会中的人群关系被映射到整个墓地上。因此，墓地形态研究成为研究社会结构的研究路径或研究模式。

墓地形态研究方法与聚落形态研究方法有一定的可比性。村落、城市的规划布局主要与区位环境及人群的生产生活方式有关，墓地的规划布局主要与亲属组织与社会组织、宗教信仰、宇宙观有关，墓地布局比居所布局更接近使用者对于空间规划的要求，墓地布局更能体现出社会层面的意义。

元君庙模式 元君庙模式是张忠培研究元君庙半坡文化墓地发明的研究模式，我们可以通过元君庙墓地发掘报告和张忠培研究元君庙墓地的论文来认识、学习这个研究模式。

元君庙墓地发掘报告的第一章首先交代了墓地的范围，肯定墓地的完整性，以提高对墓地布局分析及由此探讨社会组织的可信度。接下来用层位学、类型学的方法，将有叠压打破关系的九座墓葬分为四组，由此得出四组不同型式的随葬陶器，以此作为墓葬分期的出发点，然后用其他墓葬的器物共存关系来检验，根据检验情况修正、补充、丰富这四组陶器，最后将墓葬分为三期。将墓葬分期结果放到墓地平面图中，从平面布局找规律，发现该墓地规划有序，可分为年代平行的两个独立墓区。每区分三排，墓葬分属三期，每排都含合葬墓，得出墓地—墓区—墓葬，三个层次的布局结构(图 4.2.2-4)。

报告的第二、三章分类介绍了墓穴、葬式和随葬器物。墓葬各方面的具体情况则安排在附录。第六章通过比较的方法，尽可能地复原当时埋葬所遵循的制度或习俗、探讨了当时的社会组织结构，比较的内容分五组：同一空间墓葬间的相互关系；葬式与骨骸的对应关系；骨骸的性别与年龄差；墓葬结构与死者性别、年龄的对应关系；随葬品配伍、数量与死者性别、年龄的对应关系。依据恩格斯《家庭、私有制和国家的起源》以及民族学资料，将合葬墓—墓区—墓地的性质解释为母系家族—氏族—部落。

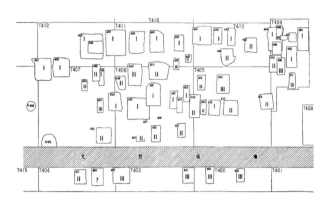

图 4.2.2-4　元君庙墓地墓葬分布图

（据《元君庙仰韶墓地》图二改绘，各墓标注的罗马数字为墓葬的期别）

《认知"元君庙模式"》将上述章节的具体研究步骤概括为：

(1)墓葬年代学研究，通常做法是墓葬分期，分期目的是为了寻绎墓葬埋葬次序。

(2)墓地布局结构研究，先将墓葬分期结果带入墓葬平面图中，根据埋葬次序推导埋葬规律，划分墓地—墓区—墓葬的层次。

(3)运用人文科学知识，合理解释墓地布局结构的三个层次。

元君庙模式是在文化整体观的视角下，用共时性的思维方式看待遗存现象对立、相关、类似的关系，把墓地布局结构体现的平列、包含与被包含的关系，再运用人文科学的知识解释人群组织的结构关系。整体观和共时性是元君庙模式中建构墓地人群社会组织的基础，是深入社会制度研究的前提。[①]

---

①　陈雍：《认知"元君庙模式"》，故宫博物院编：《纪念张忠培先生文集·学术卷》，故宫出版社，2018 年；陈畅：《从华县渭南考古工作看考古学方法论体系的构成》，王巍、余西云主编：《中国考古学理论与方法Ⅰ》，科学出版社，2020 年。

　　陈畅：张忠培先生和我说，任何人都会受到各种各样模式的影响，都会根据已有的知识去阐释遗存。研究者应面对考古学事实，让考古遗存与现象处于内证或主证地位，让材料牵着鼻子走，要根据材料显示的客观情况，它自在的规律，把这个东西抽出来，变为理论，变为一种方法。让材料牵着鼻子走并不是被动的，而是最终让研究对象自身存在的逻辑关系，从自己头脑里反映出来。① 张先生的研究思想是马克思主义唯物论的认识论的体现。

　　半坡文化墓地　临潼姜寨居址围沟外面的东部、东北部、东南部发现的三块墓地，姜寨发掘报告认为属于三个氏族，其余两个氏族的墓地被占压或破坏掉。研究发现，现存的三块墓地的情况差别很大。东部墓地分为北、南两块，北部埋葬儿童，南部埋葬成人；东北部墓地分为北、南两块，分别按死者性别埋葬，其中含有 12 对夫妻异穴合葬墓；东南部墓地分为东、西两块，含有成年男女和儿童。② 这样，姜寨人群的居住方式与埋葬方式，存在明显差异是可以肯定的。截至目前，还没有半坡文化聚落形态与墓地形态整合研究的案例。

　　西安附近的半坡村落居址和墓地只揭露了局部，据已经发表的资料无法得知整个村落和墓地的情况。③ 鱼化寨村落的围沟基本完整，但围沟内的居址没有揭露出来，沟外墓地也没有揭露出来。④ 这两处半坡文化村落遗址和墓地，没有为研究聚落形态与墓地形态提供可能，留下不少遗憾。

　　渭南史家墓地属于一个半坡文化人群集团，埋葬方式跟华县元君庙墓地明显不同。史家墓地根据随葬品分成两群，每个墓群包含若干个墓团。⑤ 元君庙墓地也属于一个半坡文化人群集团，墓地分成两个墓区，

① 陈畅：《回忆张忠培先生讲元君庙墓地》，《中国文物报》，2017 年 10 月 20 日，第 7 版。
② 陈雍：《姜寨聚落再检讨》，《华夏考古》，1996 年第 4 期。
③ 中国科学院考古研究所、陕西省西安半坡博物馆：《西安半坡》，文物出版社，1963 年。
④ 西安市文物保护考古研究院：《西安鱼化寨》，科学出版社，2017 年。
⑤ 陈雍：《史家墓地再检讨》，《史前研究》，1986 年第 3、4 期。

每个墓区内包含三排墓葬。① 由于与这两处墓地对应的居址都没有揭露出来，因此埋葬方式与居住方式的对应关系还无法得知。

宝鸡北首岭居址和居址外的墓地保存情况不好，不具备对比研究的条件。北首岭居址中部广场墓地，是分层埋葬的多人二次葬，估计是举行某种仪式活动的遗存。这处墓地与姜寨居址中部广场墓地的性质相同，表明北首岭村落和姜寨村落的规划布局相似。龙岗寺墓地的埋葬方式与北首岭、姜寨相同，属于村落中部广场墓地的可能性较大。②

华阴横阵半坡文化排葬墓，是三个内含多个合葬墓的大长坑，平面呈"品"字形。每个合葬墓的随葬品都按照一定规则摆放，强烈表现出一种分类形式，象征两个对应的两合组织，这种分类形式是由人群组织与信仰决定的。三个排葬墓大坑是举行宗教仪式活动的遗存，不是一般意义的墓葬。③

几处半坡文化墓地反映的人群组织都是分层两合组织，与姜寨村落反映的人群组织结构是一样的。

大南沟石棚山墓地　内蒙古赤峰市大南沟石棚山墓地共揭露出 77 座墓葬，根据地势的差别和墓葬分布特点，整片墓地分为 A、B、C 三个墓区，墓葬之间没有叠压打破关系，报告发表了 37 个个体人骨鉴定结果。陈畅运用"元君庙模式"研究了这个墓地。④

大南沟墓地三个墓区的形成时间和随葬品分布特征，是首先要解决的问题，这是能否把三个墓区作为一个整体进行考察的前提，更是社会组织研究的前提。因此整个墓地人群社会组织的分析要解决墓葬分期、墓葬分类、墓葬分布、墓葬与人骨的关系。

根据墓葬出土的罐、钵、碗、豆、盆，这五类常见器物的类型学研究，墓地分三期，三个墓区都包含一、二、三期墓葬，可以认为三个墓

---

① 北京大学历史系考古教研室：《元君庙仰韶墓地》，文物出版社，1983 年。
② 陈畅、唐雪梅：《龙岗寺半坡文化墓地布局研究》，《江汉考古》，2013 年第 1 期。
③ 陈雍：《横阵排葬墓再检讨》，《考古》，1994 年第 10 期。
④ 陈畅：《"元君庙模式"在史前墓地研究中的运用——以大南沟石棚山墓地为例》，故宫博物院：《纪念张忠培先生文集·学术卷》，故宫出版社，2018 年。

区的布局特征具有共时性的关系。

根据随葬品组合关系，可将墓葬分为三类：

甲类，竖穿耳，敛口筒形罐＋豆；

乙类，实耳扁体筒形罐＋素面钵＋盆；

丙类，实耳高体筒形罐＋素面钵＋豆＋盆。

三类墓葬代表了三种生活习俗与传统，亦即代表了三个人群，三类墓葬在三个期别都有存在，说明人群的相互区分也具有共时性的意义。整个墓地是由三类人构成的，且没有同一类人聚集埋葬的现象，可以认为三个人群遵循共同的埋葬原则，反映了共同的社会组织原则。

接下来要解决的问题是，三种人群以何种方式结合在一起，以及背后的原因。

墓地中 M20、M28、M54 为成年男女合葬墓。其中 M20 男性墓主属于乙或丙类，女性墓主人属甲类；M28 男性墓主属于乙类，女性墓主属于丙类；M54 男性墓主属于乙或丙类，女性墓主没有随葬品，无法确定人群类别。合葬墓的死者被葬在同一墓坑，说明彼此关系非常亲近，性别相异又分属不同类别的人群，说明彼此没有血缘关系，因此推测具有姻缘关系。

以此为线索，根据彩陶纹样、刻划纹样、生产工具、双耳罐形制等随葬品与具有性别鉴定的墓主人生理性别相对应，确定出 23 座不具有性别鉴定的墓主人的社会性别，由此可厘清男女两性在三个墓区中的分布情况。

在每个墓区内，不论男人还是女人，乙类和丙类总是以组合的方式出现，而甲类则相对独立，若把乙类和丙类(实耳筒形罐的两类)视为一个相互依存的人群，而和甲类人群(穿耳筒形罐类)并列起来，那么 A 墓区内，两性皆以乙丙类为主体，只包含少数甲类人。B 墓区的女人属于乙丙类，男人由甲类、乙丙类、混合类所组成。C 墓区女人属于甲类，男人由甲类、乙丙类这两类人群组成。三个墓区男人成分都较女人复杂，而以 B 墓区最为复杂。因此可以认为，整个墓地布局体现的人群组织以女人为本位，推测居处形式也有类似的特征。人类学研究表明，从母居的居处法则与母系继嗣有关，已婚的夫妇会居住在妻子母亲的团体里，并且他们的孩子会在母亲的村庄中成长，这条规则使得有亲属关系的女性聚在一起。在母系环境中，女性是整个社会建构的基础。大南沟墓地两性人群类别及其与墓地布局的关系，为探讨母系继嗣制提供了基础。

墓地中的三座成年男女合葬墓，两性文化属性相异，属于不同类别人群。整个墓地的单人墓也多见男、女/女、男排列埋葬的形式，推测整个墓地人群存在较为稳定的一夫一妻的婚姻形式。

A 墓区男女主体均为乙丙类，B 墓区女人属乙丙类、男人成分复杂（图 4.2.2-5），C 墓区女人属甲类，男人成分复杂。因此推测 A 墓区以族内婚的婚姻形式为主，B 墓区和 C 墓区以族外婚的婚姻形式为主。

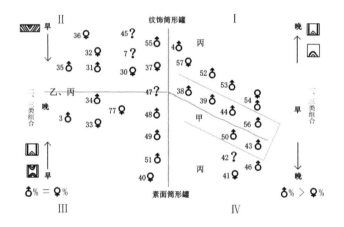

图 4.2.2-5　大南沟石棚山墓地 B 区结构示意图

最后，以墓坑大小、陶器和生产工具的数量作为财富占有量的标志，在三个层次上比较了男女两性；甲、乙、丙人群；A、B、C 三个墓区财富占有量的差别。可以认为整个墓地在性别的层面，在人群类别的层面，在墓地布局的层面，都没有财富占有量的显著差异。推测整个墓地人群不存在经济地位的社会分层，反映出母系社会发展阶段的特征。[①]

---

① 陈畅：《大南沟墓地的社会组织与性别考古学研究》，《北方文物》，2019 年第 4 期。

陈雍：社会组织都是由墓葬、随葬品、人骨及它们的相对关系反映的，是以共时性研究为前提的。

余杭反山墓地　反山墓地在良渚古城内，位于莫角山宫殿区西北部，姜家山墓地的北边，墓葬埋在人工堆筑的长方形高台上。在其西南揭露出良渚文化中期大墓9座，皆头南脚北。可供比较研究的9座墓葬，都随葬有玉梳背(即冠状器)，据此可以推定相对年代：M12、M15、M17、M18、M20为第一期，M14、M16、M22、M23为第二期。

发掘者根据随葬器物认为M22、M23两墓死者为女性，其余为男性。男性墓M12、M14、M16、M17、M20随葬玉钺和石钺，玉钺放在胸部以上，另有两件石钺与之配伍，形成一玉二石的组合，其他石钺放在胸部以下部位。M15、M18没有玉钺，只有石钺。

据玉钺、石钺的刃宽与通长之比平均值可以分为两组：甲组包括M12、M14、M17，乙组包括M15、M16、M18、M20。甲、乙两组随葬玉器的图案也有区别，表明墓葬分组的可信度。

把墓葬分期和分组结果带入反山墓地发现，甲组墓葬在东半部，乙组墓葬在西半部，甲组墓葬的埋葬顺序为 M12→M17→M14→M23→M22，乙组墓葬的埋葬顺序为 M20→M18→M15→M16，两组墓葬在空间上形成两个相互对应的墓团(图4.2.2-6)。

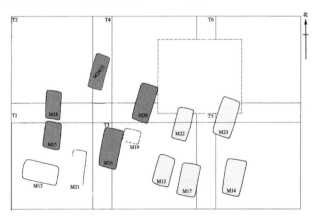

图 4.2.2-6　反山墓地结构示意图

甲组最高等级墓葬 M12、M14；乙组最高等级墓葬为 M20、M16。第一期最高等级墓甲组、乙组各有一座，即 M12 和 M20；第二期最高等级墓甲组、乙组各有一座，即 M14 和 M16。如果将"羽冠人"纹样玉器理解为象征地位，玉璧象征财富，那么这四座墓葬的对应关系可以表示为：

第一期：甲组 M12－地位/乙组 M20－财富

第二期：乙组 M16－地位/甲组 M14－财富

四座墓葬构成的对应关系可以进一步概括为：

甲/乙 与 乙/甲

反山墓地甲组墓与乙组墓的划分，应当取决于墓地人群组织原则，这种二元对立的组织原则，与商王族的组织原则非常相似。张光直对商王族的血缘二元对立与权力二元对立做了详细论述，他将商王族这种二元对立结构称为"乙/丁制"。商王按其称谓的天干分为 A 组（乙、甲、戊、己）和 B 组（丁、丙、壬），在 A、B 两组中，甲、乙、丁的地位最高，庚、辛的组别不确定。A、B 两组成员隔代轮流继承王位，执政的国王和辅政的次王必须分别来自不同的组别，这种关系可以概括为：A/B 与 B/A。

反山墓地由以男性为主体的高等级墓葬组成，其中四座最高等级墓葬的关系为：甲/乙与乙/甲结构，这种对应关系和商王族的 A/B 与 B/A 结构相同。根据商王族"乙/丁制"推测，反山墓地第一期的甲组 M12 是执政国王，乙组 M20 是辅政次王；第二期的乙组 M16 是执政国王，甲组 M14 是辅政次王。在反山墓地代表的统治集团里，执政国王掌握王权，辅政次王掌握财权，王权与财权分离，体现出为保障权力与财富正常运行的制约机制。

反山墓地 M22、M23 两位女性墓主人，据随葬品分析，M22、M23 两位女性墓主人各自的职司不同，可能与商人统治阶层中的"妇"类似。M22 墓主人是一位大巫师，大概和《周礼·春官》记载的"祝"类似。M23 墓主人，她很可能是一位专职记事的"史官"，大约相当于《周礼·

春官》记载的"史"，同时她还兼管财产，和阿兹特克人的"卡尔普利克"相似。①

鹤壁刘庄墓地　鹤壁刘庄墓地共揭露出 338 座墓葬，是迄今发现数量最多、揭露最完整的二里头文化时期以商人为主体的墓地。根据墓葬随葬的陶器分析，墓地由四种考古学文化构成：矮领鬲墓对应下七垣文化、高领鬲墓对应白燕四期文化、夹砂罐墓和一座酒器墓对应东下冯文化、三座酒器墓对应二里头文化。根据年代学研究，刘庄墓地这四种考古学文化年代大致可以对应。

对于刘庄墓地的案例分析首先要解决先商人群的社会组织是怎么样的，和商时期的商人人群组织有什么承继性和差异性。再者就是通过一个墓地的材料，以小见大，探索中国早期国家是如何组织起来的，不同谱系人群的关系是怎么样的。对以上问题的研究路径首先要确定物质遗存的文化属性及时空分布规律，总结墓葬埋葬规则，获得墓地布局的规划原则，据此建立死者人群社会组织的原则，在此基础上以人文科学的知识重构社会组织。

首先，把墓葬分期和炊器分类结果回归墓地平面，东墓域分布着随葬罐和随葬鬲的墓葬，成行或成排埋葬，西墓域仅分布随葬鬲的墓葬，成团埋葬，墓域通过炊器的类别确定，这是墓地划分的第一个层次。其次，根据随葬炊器型别的分布规律，进一步将东、西墓域分为四个墓区，这是墓地划分的第二个层次。再次，根据死者头向和不同文化属性墓葬分布的分布规律，将每个墓区划分为两个墓群，这是墓地划分的第三个层次。最后，发现每个墓群中面积小于 0.7 平方米的小墓把墓群分割成更小的墓团，大墓则居于中间。整个墓地分为 18 个墓团，这些墓团大致同时存在，每个墓团俯身葬死者的文化属性有别。通过葬俗和边界墓确定墓团，这是墓地划分的第四个层次(图 4.2.2-7)。

---

① 陈雍：《解读良渚文明：中国早期国家形态特征及其研究路径》，《南方文物》，2021 年第 1 期。

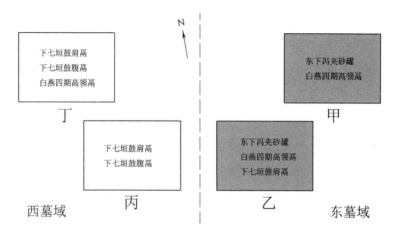

图 4.2.2-7　刘庄墓地结构示意图

　　整个墓地的结构逐次展开，东、西墓域的分割线是墓地规划的中轴线，两个墓域所包含的墓区、墓群沿轴线方向对称分布，纵向的分割线与绝大多数的墓葬方向基本一致，为磁北向东偏转 10°左右，这个方向与商代墓葬和建筑的定位方向一致；每个墓区各有一座随葬酒器的墓葬；墓地布局的结构共有五个层次，为墓地—墓域—墓区—墓群—墓团。

　　和商人亲属关系相关的历史文献记载与刘庄的墓地结构的层次相符合。但要注意到刘庄墓地中没有同一文化性质人群集中埋葬的现象，这一现象应是父系集团具有血缘关系和姻缘关系的死者埋葬在一起的结果，推测墓地人群亲属组织为，社群—宗族—分族—大家族—小家族，这样具有五层结构的父系亲属组织。

　　如果不同考古学文化的人是以亲属关系相结合，那么东、西墓域人员构成以及相应的婚姻法则有所区别。另一方面，东、西墓域的布局及结构是对称的，整个墓地人群符合两合组织的社会组织形式。

　　刘庄墓地这种不对等现象，由社会学的背景知识可知，社会分层是造成这一现象的重要原因之一。社会分层一般又体现为财富的分层和身份地位的分层。刘庄墓地没有铜器墓，因此设定墓葬平均面积、随葬品平均数为财富的指标，用棺百分比为社会地位的指标，分别在墓地结构层面和不同考古学文化人群层面考察社会分层。

东墓域死者财富和地位普遍高于西墓域；特别是位于东北方位的甲墓区地位最高，这一现象应与"殷人尊东北方位"的观念有关。另一方面，东下冯人群财富多、地位高，而下七垣文化鼓腹鬲人群财富少、地位低，两个人群分别葬于东、西两个墓域，似乎说明彼此没有直接的婚姻关系。而白燕四期文化人群和下七垣鼓肩鬲人群内部财富地位分化较为严重，至少分化成两个不同的社会阶层，一部分在东墓域和东下冯文化性质人群结合，另一部分在西墓域和下七垣文化鼓腹鬲人群结合，这两个人群的血缘关系在两个社会阶层中流动，并与两个对立阶层的人群都建立姻缘关系，使整个墓地人群社会有机地组织在一起，形成你中有我，我中有你的格局。由此看来，刘庄墓地代表的人群社会的亲属关系服从于社会分层，而纵向的社会分层则体现在墓地平面上，表现为方位的对立，这是把社会关系可视化的表现。

虽然刘庄墓地中随葬陶酒器的墓葬只有四座，但在墓地布局中的指导意义，特别是二里头文化时期，酒器墓所具有特殊性，更需要放到比墓地人群更大的社会关系格局中考察。

刘庄墓地四座陶酒器墓分属四个墓区，墓主人的财富级别的排序与所在墓区财富等级的排序相符合，随葬品种类数量和墓葬形制大小，也并没有特殊性，而且随葬的陶酒器也像是当地仿制的。因此，陶酒器墓的政治象征意味比较强烈。四座陶酒器墓不仅反映出二里头文化及其相关文化的政治控制，而且还反映出二里头文化人群对刘庄墓地人群社会组织的认可、协调和维系。此类现象也出现在辉县孟庄、东下冯遗址，同样也说明了二里头文化用陶酒器作为社会秩序的象征，用礼制作为社会控制的手段。

于是可以得出这样的认识，刘庄墓地人群的社会组织的性质是由亲属关系构建的、有一定地缘性质的、具有社会分层的两合组织。墓地中物质文化及其分布特征，与墓地人群的制度层面具有相当的关联性，由四种考古学文化构成的墓地人群的社会组织体现了商族的思想意识特征，同时又具有二里头时期的政治特色。①

　　墓葬死者性别　组成社会的"人"有两种属性，一是生物属性，另一是社会属性，由此区分生物的人和社会的人。生物的人依据生理性别（sex）区分为男性（male）和女性（female）。社会的人依据社会性别（gender）区分男人（man）和妇女（woman）。考古学上性别研究，依据人类遗存（一般为骨骼）判断生物性别，依据文化遗存判断社会性别。男女的性别（sex）差异是生物特征，但是社会性别（gender）却包含着特定文化对男性和女性指定和给予的所有特征。男性和女性的生物特征，又是社会多种关系结构得以建立的基础。

　　大南沟石棚山墓地随葬的带耳罐，在使用过程中产生了性别的对立与对应关系，带耳罐本身既是符号也是载体，其"型"的差别表达了两性的差别。

　　彩陶纹样和刻画纹样作为性别符号，出现在不同的陶器载体上，说明此类纹样本身具备了象征含义，表意的部分是符号而非器物。根据有性别鉴定人骨与随葬陶器的对应关系，带有三角形纹样彩陶的死者皆为男性，带有半圆形纹样彩陶的死者皆为女性。这样，三角形纹样和半圆纹样作为标示男性和女性符号的概率很大，彩陶带状图案的识别意义远大于装饰意义。

　　大南沟石棚山墓地的男性主要随葬石斧、石锛等农具，骨匕、骨柄刀、细石器等加工制造工具，个别随葬狩猎工具以及骨针、骨锥等缝纫工具。女性主要随葬纺轮，个别随葬骨针、骨锥等缝纫工具以及细石器等加工制造工具。只有 M54 和 M2 两名男性随葬纺轮，而 M54 合葬墓随葬品可视为男女共用，此外没有男性随葬纺轮。仅 M20 合葬墓女性墓主随葬农具，随葬品也视为男女共用，此外没有女性随葬农具和狩猎工具。因此认为，农具和狩猎工具是具有男性特质的随葬品，随葬石斧、石锛、石镞的死者生理性别是男性的可能性较大。而纺轮是具有女性特质的随葬品，随葬纺轮的死者生理性别是女性的可能性较大。

---

　　①　陈畅：《鹤壁刘庄先商墓地亲属组织和社会组织研究》，《华夏考古》，2021 年第 1 期。

此外，男性随葬加工制造类工具比例占 66.7％，女性仅为 6.7％（除
M20 女），且没有女性仅随葬加工制造工具，因此仅随葬加工制造工具
的死者很有可能为男性。

根据性别鉴定和研究推断结果，大南沟墓地男人平均随葬生产工具
2.97 件、陶器 2.95 件，在随葬品中，两项各占 50％；女人平均随葬生
产工具 1.28 件、陶器 3.28 件，生产工具占 28％，陶器占 72％。类似现
象也见于临潼姜寨半坡文化墓地。史前墓葬的随葬品，一般认为可以反
映社会分工情况，但能否说明男女社会地位的不同，对此学者之间很难
取得共识。

民族志者在 185 个随机抽取的社会中对男女社会分工进行研究，认
为渔猎、石工、木工、制造骨器、建造房屋、平整土地等劳动基本由男
性负责，纺纱、采集、取水、做饭、制作饮品等劳动基本由女性负责，
而制革、制衣等劳动男女都有参与。大南沟墓地性别分工符合民族志调
查统计结果，推测墓地人群有固定的男女社会分工模式，并据此划分个
人财物。

大南沟墓地死者装饰品，根据装饰部位，分为发饰、耳饰、项饰、
臂腕饰、坠饰。发饰为束发器和发夹，耳饰为环或饼状蚌饰，项饰主要
为石环、个别为石璜，臂腕饰主要为石镯，个别为臂环，坠饰基本为蚌
饰，个别为石饰和骨饰。

墓地中有 67％男性和 68％女性佩戴装饰品，在大南沟人群社会中，
男人和女人都偏好佩戴装饰品，且两性对装饰品的喜好程度相当。进一
步分析发现，男人偏好佩戴石环作为项饰，较少佩戴坠饰。女人较少佩
戴项饰，而更喜欢选择蚌质坠饰，只有个别女人佩戴耳饰。两性对于臂
腕饰的喜好程度相当。[①]

夫妻合葬墓　张忠培研究元君庙墓地时，特别注意了夫妻合葬墓的
问题，他认为元君庙墓地里没有发现夫妻合葬墓。半坡文化社会是否存
在一夫一妻单偶婚，是否存在一夫一妻家庭，是我一直关注的问题。

---

① 陈畅：《大南沟墓地的社会组织与性别考古学研究》，《北方文物》，2019 年第 4 期。

我在临潼姜寨居址围沟外面北片墓地和南片墓地里，发现了 12 对异穴并列埋葬的成年男女。居址沟外北片墓地成年男女异穴并葬的有：M 99(女)和 M98(男)、M 95(女)和 M100(男)、M102(女)和 M 96(男，墓穴内还随葬一小孩)、M259(女)和 M258(男)、M260(女)和 M261(男)、M105(女)和 M104(男)、M189(女)和 M 188(男?)、M187(女)和 M 186(男)、M147(女)和 M184(男)以及 M 146(6 岁前男孩)、M107(女)和 M 108(男)以及 M140(小孩)、M272(女)和 M 267(男)、M 270(女)和 M 269(男)。

居址围沟外面北片和南片墓地发现的 12 对异穴并列埋葬的成年男女，他们生前理应不会没有关系。依据目前关于墓葬方面已有知识看这些墓葬，这些"对子墓"很可能是婚姻形式在埋葬方面的体现，反映出姜寨社区里的一些人实行一夫一妻单偶婚的事实。这是半坡文化社会已有一夫一妻家庭的有力说明。

当把这 12 对男女异穴合葬墓解释为夫妻合葬墓之后，再来看 M102(女)和 M 96(男)合葬，M 96 墓穴内随葬一小孩；M147(女)和 M184(男)合葬，旁边 M 146 葬有 6 岁前男孩；M107(女)和 M 108(男)合葬，旁边 M140 葬一小孩。在特定的墓葬情境下，三个随成年男女埋葬的孩子，就可以解释为三对夫妻的孩子了。[①]

对此，张忠培说："陈雍对姜寨聚落的认识，显然基本上区别于《姜寨》报告。如果他的认识成立的话，不仅是对于姜寨的探讨，乃至对半坡文化的研究，如夫妻异穴合葬的意义，都将其向前推进了。"[②]

陈畅在内蒙古赤峰市的大南沟墓地中发现，M20、M28、M54 三墓为成年男女合葬墓。其中 M20 男性墓主属于乙或丙类，女性墓主人属甲类；M28 男性墓主属于乙类，女性墓主属于丙类；M54 男性墓主属于乙或丙类，女性墓主没有随葬品，无法确定人群类别。合葬墓的死者被葬在同一墓坑，说明彼此关系非常亲近，性别相异又分属不同类别的人群，

---

① 陈雍：《姜寨聚落再检讨》，《华夏考古》，1996 年第 4 期。
② 张忠培：《中国新石器时代考古的 20 世纪的历程》，《故宫学刊》，2004 年总第一辑。

说明彼此没有血缘关系，因此推测具有姻缘关系。

她认为，墓地中的三座成年男女合葬墓，两性文化属性相异，属于不同类别人群。整个墓地的单人墓也多见男、女/女、男排列埋葬的形式，推测整个墓地人群存在较为稳定的一夫一妻的婚姻形式。①

临潼姜寨墓地和赤峰大南沟墓地发现的成年男女合葬墓表明，中国史前社会的一夫一妻制出现在仰韶时期，和恩格斯《家庭、私有制和国家的起源》指出的一夫一妻制出现的年代相当吻合。

恩格斯说，一夫一妻制家庭，它是在野蛮时代的中级阶段和高级阶段交替的时期从对偶家庭中产生的；它的最后胜利乃是文明时代开始的标志之一。它是建立在丈夫的统治之上的，其明显的目的就是生育确凿无疑的出自一定父亲的子女；而确定出生自一定的父亲之所以必要，是因为子女将来要以亲生的继承人的资格继承他们父亲的财产。一夫一妻制家庭和对偶婚不同的地方，就在于婚姻关系要坚固得多，这种关系现在已不能由双方任意解除了。②

> 陈畅：岱海地区战国墓葬也发现了一夫一妻的现象。水泉墓地M7和M8、M9和M10为两组男女并穴埋葬的墓葬，男女以铁器、铜器进行对应，似乎可以理解为夫妻异穴合葬墓，随葬品的金属材质具有一定葬仪的象征含义，而非时间或进化意义的更迭。在毛庆沟墓地也有男女并穴埋葬的现象，但缺乏随葬品，仅能从墓葬位置和墓主人性别推测可能存在夫妻关系。从社会发展阶段来看，虽然是战国时期，中原地区早已进入文明社会，但是岱海地区人群组织还是分节社会，应当理解为对应着恩格斯说的野蛮阶段。

彩陶反映的社会结构

半坡文化彩陶究竟是装饰性的，还是标识性的？换言之，彩陶图案

---

① 陈畅：《大南沟墓地的社会组织与性别考古学研究》，《北方文物》，2019年第4期。

② 《家庭、私有制和国家的起源》，人民出版社，1972年。

究竟是为了满足人们的审美需要，还是为了满足人们识别彼此之间的联系与区别的需要？研究表明，半坡文化彩陶图案主要是标识功能，如果有装饰功能的话，那也是相当次要的。因此，具有标识功能的彩陶图案是稳定的，它不会随着时间延续发生根本性变化。

> 王炜林：彩陶初期也许是装饰，但在其繁荣时期，大范围稳定一致的图案，一定是一种标识，应该是某种观念认同的一种表达方式。

研究史前彩陶图案的主要目的，是透过彩陶图案去发现"彩陶人"的社会组织。这样，需要把不同的彩陶图案与图案所表达的不同含义之间建立起一种对应关系，即分类—象征系统，彩陶的分类与象征便成为史前彩陶的研究重点。

考古学上分类，是考古者通过考古遗存的联系和区别，把考古遗存进行分类归组的逻辑思维方式。原始人对外界事物的分类，往往体现了他们自身的分类。这是跨时空的两种分类，但是考古者应当通过考古遗存分类，去努力发现原始人的分类。

所谓象征是一种视觉图像，或是表现某一思想的符号。无论是居址房屋里的生产工具、生活用品、装饰品等，还是墓地、墓穴、葬具、葬俗、随葬品等，都充满大量的象征意义。史前彩陶以具有特定含义的图形或符号来表现某一事物，或者某类事物的分类。一个考古学文化它所包含的分类系统与象征系统，是这个考古学文化所代表的人们共同体的文化行为产物，反映了该文化精神层面的一些特征。

考古学上的分类问题跟人类学一样，是最基本的问题。涂尔干和莫斯认为，所谓分类，是指人们把事物、事件以及有关世界的事实划分成类和种，使之各有归属，并确定它们的包含关系或排斥关系的过程。我们今天如何认识古代社会的分类呢？它们的分类是个人的还是群体的，抑或是社会的？是先天形成的，还是后天形成的？涂尔干和莫斯认为，尽管每个社会都有分类，但人类的心灵天生并不具备建构这种复杂分类的能力，这种分类在自然中是找不到的，它们是文化的产物，因此他们提出的问题是，究竟什么是这种观念安排的模型。他们的答案是，这个模型就是社会本身。最初的逻辑范畴就是社会的范畴，最初的事物分类就是人的分类，无论类别的外在形式，还是类别之间的相互关系全都起源于社会，如果事物的全体被构想为一个单一的体系，这是因为人们就是这样来看待社会本身的，所以逻辑的等级体系只是社会等级体系的另一侧面，知识的统一性也不过是扩展到了宇宙的社会集体的统一性而已。[①]

考古者建立的各种古代遗存分类系统，实际是考古者思古人之所思。我总结的半坡文化彩陶鱼纹分类系统，是我思"半坡文化人"之所思，顶多是接近"半坡文化人"之所思，而非"半坡文化人"之所思。对于这一点，我们必须有清楚的认识。

庄子与惠子在濠上观鱼，庄子看到鱼在水里游，认为"是鱼之乐也"，惠子却不以为然，"子固非鱼也，子之不知鱼之乐"。在庄子与惠子的鱼我之辩中，庄子特别强调了"我知之濠上也"，他之所以能够感到鱼儿快乐地在濠水里游，是因为"知之濠上"，得益于"反其真"的情境。[②] 庄子与惠子鱼我之辩，对于认知考古学研究很有借鉴意义。我们在阐释彩陶的分类—象征系统时，不能脱离彩陶在居址与墓葬里的情境。

下面，通过半坡文化彩陶的图案形式与彩陶的社会含义，即分类—象征系统，探讨彩陶与人群。

(1)半坡文化彩陶的图案构成

半坡文化彩陶的图案构成形式主要有散点、二方连续、单独纹样。散点图案只见于彩陶盆内，二方连续图案见于盆、罐、壶、瓶等器物的外表，单独纹样图案只见于少数瓶、壶器表。

散点图案　西安半坡遗址[③]出土的 P.4691 彩陶盆，盆口沿面图案以

---

① ［法］爱弥尔·涂尔干、马赛尔·莫斯著，汲喆译，渠东校：《原始分类》，上海人民出版社，2005 年。

② 《庄子·秋水》，国学整理社：《诸子集成》，中华书局，1954 年。

③ 中国科学院考古研究所、陕西省西安半坡博物馆：《西安半坡》，文物出版社，1963 年。

黑颜色为底色，留出陶器表面的红颜色形成图案：在 12 点（指钟表盘面上的时间位置）、3 点、6 点、9 点的位置上各有一个竖道，在两个竖道之间有一个箭头指向盆内。盆内壁 12 点和 6 点的位置上各有一个人面形纹样，3 点和 9 点的位置上各有一个鱼形纹样，盆内底部没有任何装饰。西安半坡遗址出土的 P. 4666 彩陶盆，口沿上的图案和前一标本相同，12 点和 6 点的位置上各有一个人面形纹样，3 点和 9 点的位置上各有一个渔网形纹样，用渔网代替或者隐喻鱼，盆内底部没有任何装饰（图4.2.2-8）。

图 4.2.2-8　西安半坡遗址出土的彩陶盆

这种样式的彩陶盆在临潼姜寨遗址也出土了几件（图 4.2.2-9）[1]，T254W162：1 彩陶盆、T254W156：1 彩陶盆是人面纹和鱼纹组成的图案，跟西安半坡遗址出土彩陶盆（P. 4691）一样。T16W63：1 彩陶盆是蛙纹和鱼纹组成的图案，12 点和 6 点的位置上分别是蛙形纹样，3 点和 9 点的位置上分别是双鱼形纹样。T276M159：2 是鱼纹组成的图案，12 点的位置上是双鱼纹样，6 点和 3 点、9 点的位置上分别是单鱼纹样。西乡

<hr />

① 西安半坡博物馆、陕西省考古研究所、临潼县博物馆：《姜寨——新石器时代遗址发掘报告》，文物出版社，1998 年。

何家湾遗址 H242：2 彩陶盆，12 点、3 点、6 点、9 点的位置上分别为人面形纹样。[①]

图 4.2.2-9 临潼姜寨遗址出土的彩陶盆图案

如果我们把鱼形纹样、蛙形纹样、人面形纹样视为"词汇"，那么，被盆沿围合起来的纹样就可以组成"句子"，整个图案能够表达出一定的含义。这种图案的表现方式，跟原始民族绘画记事的颇为相似。

二方连续图案 二方连续图案系指纹样向二方延展，重复形成的图案。半坡文化彩陶最常见的，数量最多的，是以各种鱼形纹样构成的二方连续图案。这类图案具有明显的标识作用。

单独纹样图案 这种样式的图案数量很少，目前只见于瓶、壶类器物。如北首岭遗址出土的鱼鸟纹彩陶壶 M52：1[②]，临潼姜寨遗址出土的鱼鸟纹彩陶瓶 ZHT14H467：1[③]。这类图案表达了特定的含义。

弗朗兹·博厄斯说，各种图案装饰基本构成单位的高度配合，是一种高度意识化的和技巧化的过程。他认为，象征化的装饰是受一种严格的形式原则所支配的。[④] 显然，半坡文化彩陶也是受一定的形式原则支配的。

---

① 陕西省考古研究所等：《陕南考古报告集》，三秦出版社，1994 年。

② 中国社会科学院考古研究所：《宝鸡北首岭》，文物出版社，1983 年。

③ 西安半坡博物馆、陕西省考古研究所、临潼县博物馆：《姜寨——新石器时代遗址发掘报告》，文物出版社，1998 年。

④ [美]弗朗兹·博厄斯著，金辉译：《原始艺术》，贵州人民出版社，2004 年。

　　陈畅：形式原则和语法一个道理。比如半坡文化彩陶盆里面的图案，盆底不能画，图案四分，而不能五分或七分，这是形式规则所决定的。

　　陈雍：研究史前彩陶需要把内在的分类系统搞清楚，依据图案的形式原则所进行的分类，是研究彩陶图案的基础。

　　陈畅：纹样或母题相同，只能表明属于同一文化，不能区分人群组织内部情况。同一文化里面，最主要的区别是图案的形式。

　　陈雍：你说得很对。图案是纹样的组合，形式原则规定了纹样的组合方式。

　　彩陶图案是由纹样组成的，纹样是构成图案的基本单元。构成纹样的主题或称为母题，是创作纹样的题材，如植物、动物、人物。半坡文化彩陶是高度社会化的艺术，通过彩陶图案可以把意义符号化，形成一种相当概括的象征。半坡文化彩陶主要是鱼纹、蛙纹和人面纹。陶器内里的纹样与陶器表面的纹样有所区别。纹样的这种分类，对于探讨彩陶的象征意义，进而探讨彩陶所代表的人群组织，非常有意义。

　　鱼纹　即鱼形纹样。根据鱼纹的形态特征分析，半坡文化彩陶鱼纹的原型是分布在亚洲地区的鲤科鱼类，如鲤鱼、鲢鱼、草鱼等。绘在器物外面的鱼纹有两类，一类是象形化（即具象）的纹样，另一类是几何化（即抽象）的纹样，这两种类型的鱼纹并行存在，在一个遗址里往往能够发现两种，如半坡、姜寨、鱼化寨、大地湾遗址。[①]

　　具象与抽象是人类所具有的两种思维方式。象形化鱼纹和几何化鱼纹就是这两种思维方式的体现。无论是从人的思维方式来看，还是从考古发现来看，半坡文化的两种不同表现形式的鱼纹，即象形化鱼纹和几何化鱼纹之间是不会存在转化或者发展关系的。也就是说，几何化鱼纹不是由象形化鱼纹发展来的，象形化的鱼纹也演变不到几何化鱼纹。

　　澳大利亚土著的原始艺术，有一种以动物和植物绘画的视觉形式来

---

　　① 　陈雍：《半坡文化彩陶的鱼纹分类系统》，《华夏考古》，1993 年第 3 期。

想象、拟人和象征，使它们成为图腾。还有一种以几何形为基础：圆、弧和直线。这种风格并不是有意如实地传达对动物和植物的自然主义描述，而是为图腾关系的观念提供视觉的标志。[1]

半坡文化彩陶正面观鱼纹有两种：第一种为整条鱼(鱼头＋鱼身)，如临潼马陵彩陶瓶[2]，为象形化鱼纹(图 4.2.2-10、图 4.2.2-11)；半坡 P.1159 彩陶盆、半坡 P.1162 彩陶盆[3]，为几何化鱼纹(图 4.2.2-12)。第二种只有鱼头，如龙岗寺 M315：2 彩陶瓶[4]、姜寨 ZHT28M312：1 彩陶瓶[5]等，为象形化鱼头纹(图 4.2.2-13)；北首岭 78H1 彩陶盆[6]、鱼化寨彩陶盆等，为几何化鱼头纹(图 4.2.2-14)。

陈雍：正面观象形化鱼头纹，过去称为"变形猪纹"或"猪头纹"，实属误解，不符合半坡文化彩陶纹样的分类。红山文化玉器"猪头"也属于误解，红山文化分类系统里面没有猪。

图 4.2.2-10 临潼马陵彩陶瓶为象形化鱼纹，对比右图

---

① ［英］罗伯特·莱顿著，李东晔等译，王建民审校：《艺术人类学》，广西师范大学出版社，2009 年。

② 张鹏川：《中国彩陶图谱》，文物出版社，2005 年。

③ 中国科学院考古研究所、陕西省西安半坡博物馆：《西安半坡》，文物出版社，1963 年。

④ 陕西省考古研究所：《龙岗寺——新石器时代遗址发掘报告》，文物出版社，1990 年。

⑤ 西安半坡博物馆、陕西省考古研究所、临潼县博物馆：《姜寨——新石器时代遗址发掘报告》，文物出版社，1998 年。

⑥ 中国社会科学院考古研究所：《宝鸡北首岭》，文物出版社，1983 年。

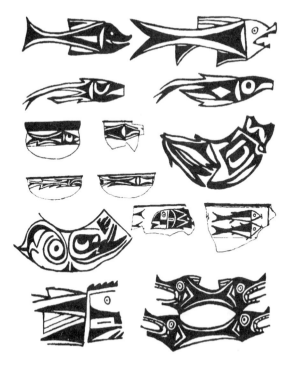

图 4.2.2-11　象形化鱼纹(整条鱼)

图 4.2.2-12　几何化鱼纹(整条鱼)

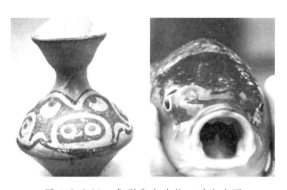

图 4.2.2-13　象形化鱼头纹，对比右图

图 4.2.2-14 几何化鱼头纹

正面观鱼纹是中国古代造型艺术特殊的构图方式——剖分式构图。人类学家发现，北美西北海岸印第安人的造型艺术很多是这种构图方式，列维-斯特劳斯把这种构图方式称为剖分(或译拆半)。[1] 半坡文化彩陶是目前世界上最早的剖分式造型艺术，新石器时代良渚文化玉琮图案和商周时期青铜器饕餮纹都是这种剖分式构图。

大量的象形化鱼纹和几何化鱼纹标本，不外乎是两种画法的鱼头，一种鱼头用黑颜色表现出来，视觉效果为黑色。另一种用黑色的线条勾勒出鱼头的轮廓，轮廓内是陶器原来的颜色，视觉效果为白色。两种颜色的鱼头，无论是象形化的、几何化的，还是正面看的、侧面看的都有（图 4.2.2-15）。

图 4.2.2-15 黑头鱼纹和白头鱼纹

象形化的鱼纹眼睛有两种形态，一种是圆眼，眼珠在正中，有的简化眼睛不画眼珠。另一种是椭圆眼，扁圆的或椭圆的黑眼珠往上翻。几何化鱼纹的眼睛是否也和象形化鱼纹的眼睛一样，目前限于资料，还不

————————

[1] ［法］克洛德·莱维-斯特劳斯著，谢维扬、俞宣孟译：《结构主义人类学》，上海译文出版社，1995 年。

太清楚。姜寨遗址发现了两种眼睛的鱼纹画在同一件器物上，如姜寨 ZHT8⑤：2 陶钵，姜寨 ZHT5M76：8 尖底罐①（图 4.2.2-16）。

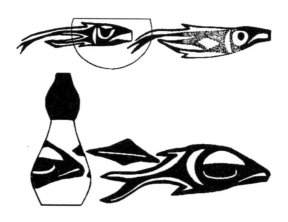

图 4.2.2-16　圆眼鱼纹和椭圆眼鱼纹

　　蛙纹　发现数量较少。如姜寨遗址 T16W63：1 彩陶盆是蛙纹和鱼纹组成的图案，12 点和 6 点的位置上为蛙形纹样，3 点和 9 点的位置上为双鱼形纹样。②何家村遗址 H242：5 彩陶盆，盆内底部绘有一个蛙纹。③

　　长期以来，半坡文化的刻划符号被用来探讨汉语古文字的起源，其实这类刻划符号里面有不少是彩陶鱼纹和蛙纹的抽象的视觉形式，实际是鱼纹和蛙纹的抽象符号④，并不是汉语古文字的前身（图 4.2.2-17、图 4.2.2-18）。

图 4.2.2-17　蛙纹刻划符号

————————

　　①②　西安半坡博物馆、陕西省考古研究所、临潼县博物馆：《姜寨——新石器时代遗址发掘报告》，文物出版社，1998 年。
　　③　陕西省考古研究所等：《陕南考古报告集》，三秦出版社，1994 年。
　　④　陈雍：《半坡文化彩陶的鱼纹分类系统》，《华夏考古》，1993 年第 3 期。

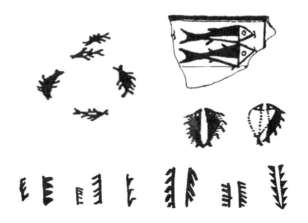

图 4.2.2-18　鱼纹刻划符号

　　人面纹　也许叫作人头纹更为准确，分为戴帽子和不戴帽子两种。这种纹饰只见于彩陶盆和尖底罐。泾渭交汇地区的半坡、姜寨遗址，汉水上游地区的何家湾遗址，发现的人面纹戴帽子。泾水以西地区的北首岭遗址、汉水上游地区的龙岗寺遗址，发现的人面纹不戴帽子(图 4.2.2-19)。

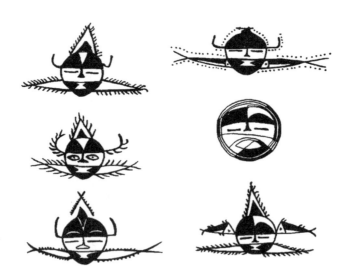

图 4.2.2-19　两种人面纹

　　器物外面绘人面纹的目前只见于尖底罐，在其他种类器物上还没有发现。姜寨遗址出土尖底罐，外面画有一个人面形纹样；龙岗寺遗址出土尖底罐，外面画了两组人面形纹样，每一组六个人面形纹样。

《西安半坡》认为，大概像人头图画的形象和特点，似乎就含有巫术的意义，这种图画可能是氏族部落举行重大的宗教祭祀活动时的氏族成员装饰的图像：头顶上带有非刺状的尖状物是有盛饰的帽子，面颊的两旁和口角所绘的鱼形花纹，可能是图腾纹身的表示，这种形象，和今日一些后进文明的氏族部落，在举行典庆祭祀活动时头戴盛饰的帽子，满身绘刺图腾物及各种其他花纹的情境相仿佛。① 这种解释，可以在北美洲西北海岸印第安人部落找到例证。根据印第安人的情况，半坡文化彩陶人面纹的原型，应当是巫师的形象。

> 陈雍：半坡文化彩陶人面纹，表明了当时巫师的存在。良渚文化玉器上的神人和兽面，实际是祭司的形象。史前巫师与祭司之于人群社会的重要性，犹如祭祀中心之于聚落的重要性，对于研究中国文明起源有一定意义。

半坡文化彩陶如上的系统分类，可以使离散状态的考古材料秩序化，其目的是为了揭示彩陶里所包含的象征意义，进而探讨彩陶所代表的人群组织。

(2)半坡文化彩陶的社会含义

象征是用具体事物表现某种特殊意义的手段，现实中常常是一种视觉图像，或是表达某种意义的符号。考古者不但关注物质的考古遗存，而且更重视考古遗存所蕴含的意义。生物界的动物、植物的存在，从根本上影响着人类看待世界的方式，人们往往用具体事物来象征某种特别的意义，尤其是原始人。

彩陶盆象征村落，鱼纹象征人群　姜寨村落平面近似圆形，一条大壕沟包围在居住区外面，中央是一个广场，广场上有宗教礼仪性质的墓

---

① 中国科学院考古研究所、陕西省西安半坡博物馆：《西安半坡》，文物出版社，1963 年。

葬。广场的北、南、东、西面分布着四组房屋群。房子的周围是灰坑和小孩瓮棺墓。所有房屋的门都有规律地朝向广场，北面房子门朝南，南面房子门朝北，东面房子门朝西，西面房子门朝东。广场的西侧有两条南北向的土路把村子分成东西两半。土路的南北两端各有一个饲养家畜的圈栏，根据出土动物骨骼分布推测，这两个家畜圈栏分别属于北组房屋的居民和南组房屋的居民。居住区围沟外面的东北部、东部和南部，有三片跟村子同时期的墓地。在居住区西侧有几处烧制陶器的窑场。临河西边的大片平坦的土地可能是当时的耕地和牧场。

根据考古发现，四组房屋出土彩陶鱼纹存在着一定的对应关系：北组与南组都出土了白头鱼纹和黑头鱼纹，东组与西组分别出土了白头鱼纹、黑头鱼纹。北组、南组的鱼纹还可以用蛙纹替换，形成另一种对应关系：北组与南组分别对应着蛙纹与蛙纹，东组与西组分别对应着鱼纹与鱼纹。这种对应关系构成以下二元结构：

北组与南组房屋对应东组与西组房屋

彩陶蛙纹对应彩陶鱼纹

两栖动物对应水生动物

高级人群对应低级人群

彩陶盆图案象征半坡文化村落，盆内四个方向的纹样象征着居住在北、南、东、西四组房屋里的人群。圆形环壕里面的房屋，分别被想象的两条轴线分为北南两半和东西两半，北组居民和南组居民使用白头鱼纹、黑头鱼纹和蛙纹彩陶器，东组居民使用白头鱼纹彩陶器，西组居民使用黑头鱼彩陶器。四组居民使用的瓶、壶、罐、盆、钵等陶器也存在着规律性差别。北组、南组居民饲养和消耗的家畜，明显多于东组、西组居民。于是我们可以得出这样的认识，姜寨聚落社会是由北组居民与南组居民、东组居民与西组居民共同组成的两个两合组织，两个组织之间存在高低分层(图 4.2.2-20)。

姜寨圆形村落的中央广场是祭祀礼仪墓地，四周围是居民住房，这种同心结构布局，表达了中心/四周，祭祀/生活，神圣/凡俗的二元对立思想(图 4.2.2-21)。姜寨居民借用对自然界分类的认识来体现社会分层，

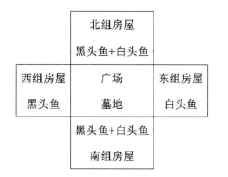

図 4.2.2-20　彩陶盆图案象征半坡文化村落，盆内四个方向的纹样
象征居住在北、南、东、西四组房屋里的人群

图 4.2.2-21　姜寨圆形村落的中央广场是祭祀礼仪墓地，四周围是居民住房，
这种同心结构布局，表达了中心/四周，祭祀/生活，神圣/凡俗的二元对立思想

在聚落布局的规划和具体安排中，不断重复、比拟着自然的分类，用以强化社会分层的合理性。

尖底罐象征人头，人面纹象征地位　北首岭 77M17，墓坑里的人骨没有头颅，在头的位置上摆放着一个口朝下、底朝上的尖底罐，以此罐代替死者头颅，尖底罐象征着人头（图 4.2.2-22）。[1] 姜寨聚落中心广场出土了一件尖底罐残片，罐的外表绘一人面纹。龙岗寺遗址出土的尖底罐，器表画了两圈人面纹，人面有两种形象，两两一组，每条环带里有

---

[1]　中国社会科学院考古研究所：《宝鸡北首岭》，文物出版社，1983 年。

三组人面纹(图 4.2.2-23)。①

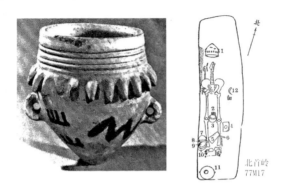

图 4.2.2-22　尖底罐象征人头

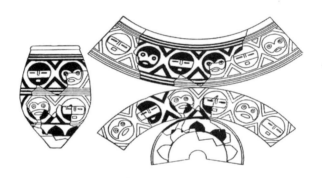

图 4.2.2-23　人面纹象征地位

　　人面纹除了画在陶盆的里面，还画在尖底罐的外面，暗示着人面纹与尖底罐之间存在着一定的关系。姜寨人面纹鱼纹彩陶盆只作为北组房屋周围的瓮棺的葬具，这和彩陶盆里面的人面纹象征聚落北组人群的含义相当契合。于是可以得出这样的认识，尖底罐象征人头，人面纹象征地位较高的人群，或者地位较高的个人。半坡文化彩陶是高度社会化的艺术，通过彩陶纹样可以把意义符号化，形成一种相当概括化的象征。

　　(3)半坡文化彩陶与人群组织

　　半坡文化彩陶清楚地反映出半坡文化人群分层的两合组织，同时还反映出半坡文化人群与庙底沟文化人群并存的事实。

———————————

　　①　陕西省考古研究所：《龙岗寺——新石器时代遗址发掘报告》，文物出版社，1990 年。

半坡文化人群组织结构　将姜寨村落的平面布局对比人类学资料，可以看出姜寨村落是一个具有径分结构和同心结构的两合组织的居所。按照姜寨的经验，通过彩陶推测，半坡村落、鱼化寨村落、北首岭村落等也是两合组织。

列维-斯特劳斯指出："'两合组织'这一术语迄今指的是一种经常见于美洲、亚洲和大洋洲的社会类型，其特点为社会共同体——无论它们是部落、氏族或村落——分为两个偶族，其各自的成员之间有着从最亲密的合作至暗中敌视的各种关系，而通常都兼有这两种行为类型。"两合组织的村落，"对某些土著人来说，村落的形式是圆形的，并分成两半，房屋则分布在整个圆圈内。而对另一些土著人来说，这里仍然是把一个圆形村落分成两个部分，但有两点重要的区别：不是由一条直径线来分割圆圈，而是在大圆中有一个小圆；不是把处于核心的村落划分开来，而是内圈代表了聚集在一起的房屋，与代表清理过的土地、同时又与环绕在整个村落四周的原始森林区分开来的外圈形成。"列维-斯特劳斯把前一种村落类型称为"径分结构"，后一种类型称为"同心结构"（图 4.2.2-24）。①

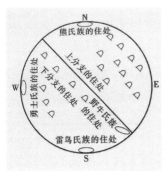
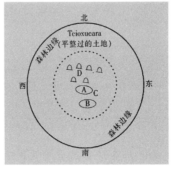

图 4.2.2-24　径分结构（左）、同心结构（右）村落平面示意图
（据列维-斯特劳斯）

---

①　［法］克洛德·莱维-斯特劳斯著，谢维扬、俞宣孟译：《结构主义人类学》，上海译文出版社，1995 年。

径分结构村落是大量的，在北美洲、南美洲都有广泛的分布。马林诺夫斯基调查的特罗布里恩德群岛的奥马拉卡纳人村落就是一个同心结构的例子。南美洲博罗罗村落结构是径分结构和同心结构结合，成为两合组织村落的第三种形式。考古学家在下密西西比河谷中的路易斯安那州发现的公元前一千纪的村落遗址，和博罗罗村落结构非常相似。

按照一定原则规划建设的径分、同心结构的村落，满足了两合组织人群的居住需要，村落在空间利用和建筑摆布上是非常巧妙的。姜寨聚落的这种组织形式和居住形式，反映了两合血缘组织内部的分层。

接下来通过一个地区的彩陶来看人群组织之间的关系。从两种眼睛鱼纹在陕西境内的分布倾向，可以得知，半坡文化人群在区域之间存在着某种区别。另外，从人面纹也可以得到这样的认识。

地区	遗址	圆眼鱼纹	椭圆眼鱼纹
泾水以西和汉水上游地区	大地湾		∨
	王家阴洼		∨
	龙岗寺		∨
	北首岭		∨
泾渭交汇地区	半坡	∨	∨
	姜寨	∨	∨
泾水以东地区	横阵	∨	
	武功	∨	
	东庄村	∨	

半坡文化人群与庙底沟文化人群　学术界一般认为，彩陶鱼纹是半坡文化的标志，彩陶鸟纹是庙底沟文化的标志。

这里先来看看鱼纹和鸟纹并见于同一器物上的标本，半坡文化北首岭鱼鸟彩陶瓶(图 4.2.2-25)[①]，庙底沟文化临汝阎村彩陶缸。这两件标本反映出，半坡文化和庙底沟文化分别从不同的文化立场表达了鱼和鸟

---

① 中国社会科学院考古研究所：《宝鸡北首岭》，文物出版社，1983 年。

图 4.2.2-25 宝鸡北首岭遗址出土的鱼鸟彩陶瓶

的关系，它们之间的关系既不是战争也不是征服，而是并存。用人类学的眼光看，当是地缘组织的反映。

下面的例子能够进一步证实鱼和鸟并存的关系。武功游凤彩陶瓶，侧面看象形化鱼纹，脑袋里嵌进鸟头；姜寨 ZHT5M76：10，正面观象形化鱼头，一个眼睛里嵌进鸟头，和武功的相似，另一个眼睛里嵌进几何化鸟纹符号。再看一件由鱼纹、鸟纹、人面纹共同组合的标本，姜寨 ZHT14H467：1 是目前发现的半坡文化彩陶里最复杂的图案，由三个部分组成：一对变形的人面纹，里面嵌进两个鸟头；一对侧面观象形化鱼纹，整个鱼为黑色；一对正面观几何化鱼纹，每组两个正视几何化鱼纹，鱼头为黑色。[①]

《西安半坡》认为，如果彩绘花纹确是氏族的图腾标志，仰韶文化的半坡类型与庙底沟类型分别属于以鱼和鸟为图腾的不同部落氏族。[②]

> 陈雍：澳大利亚土著人关于两个半族图腾物种的说法"冷皮肤几乎总属于乌图鲁族，而羽毛几乎总属于烟古鲁族"，于是乌图鲁半族有水、蜥蜴、青蛙等，而烟古鲁半族有鸸鹋、鸭和其他鸟类。[③] 澳大利亚土著族群对应的动物分类，对我们今天认识半坡文化的鱼纹

① 西安半坡博物馆、陕西省考古研究所、临潼县博物馆：《姜寨——新石器时代遗址发掘报告》，文物出版社，1988 年。
② 中国科学院考古研究所、西安半坡博物馆：《西安半坡》，文物出版社，1963 年。
③ ［法］列维-斯特劳斯著，李幼蒸译：《野性的思维》，商务印书馆，1987 年。

和庙底沟文化的鸟纹，应当有所启迪和帮助。

半坡文化彩陶图案与庙底沟文化彩陶图案在形式原则方面存在着很大的区别，反映出两种文化人群的思维方式的差异。

> 陈雍：我们研究史前彩陶图案时，特别要注意图案的对称形式。先要区分开纹样与带饰，纹样的对称方式，依对称轴与对称心分为两类。带饰图案都是轴对称，一般分为横轴对称与纵轴对称，另外还有横轴＋纵轴对称。就目前发现而言，庙底沟文化彩陶有对称心对称图案，而半坡文化只有对称轴对称图案。

彩陶鱼纹和鸟纹之所以能够结合在一起，大概是因为半坡文化人群与庙底沟文化人群的地缘组织关系。

> 陈畅：史前考古中的符号研究，不必纠结符号的具体含义，而是要考察符号在社会中是如何运用的。
> 陈雍：史前人的心智，其实并不低于当代人，他们所想所做，往往超乎我们的想象。
> 陈畅：一个是在发展感知和想象，一个是在发展科学。钢斧和石斧相比，使用方式和施用并没有太大差别，只是材质有所区别。所以心智的差别在于不同社会文化对心智要求的发展方向有所区别。

4.2.3 社会进程

从国家的视角看中国古代社会历史发展过程，经历了前国家社会—早期国家—区域性集权国家—中央集权统一帝国[①]，这个过程就是中国古代史的结构。前国家社会发展为早期国家，即中国文明的起源与形成，

---

① 中国古代国家不同阶段的概念依据南开大学刘泽华教授的观点，见本书 8.3.4。

是中国考古学上重要研究领域之一。

关于前国家社会，恩格斯说，摩尔根是第一个具有专门知识而想给人类的史前史建立一个确定的系统的人；他所提出的分期法，在没有大量增加的资料认为需要改变以前，无疑依旧是有效的。在三个主要时代——蒙昧时代、野蛮时代和文明时代中，不消说，他所研究的只是前两个时代以及向第三个时代的过渡。他根据生活资料生产的进步，又把这两个时代中的每一时代分为低级阶段、中级阶段和高级阶段。

恩格斯说，我在这里根据摩尔根的著作而描绘的这幅人类经过蒙昧时代和野蛮时代而达到文明时代的开端的发展图景，已经包含足够多的新特征了，而尤其重要的是，这些特征都是不可争辩的，因为它们是直接从生产中得来的。不过，这幅图景跟我们研究终了时将展现在我们面前的那幅图景比较起来，就要显得太暗淡和可怜了；只有在那个时候，才能充分看到从野蛮时代到文明时代的过渡以两者之间的显著对立。现在我们可以把摩尔根的分期法概括如下：蒙昧时代是以采集现成的天然产物为主的时期；人类的制造品主要是用作这种采集的辅助工具。野蛮时代是学会经营畜牧业和农业的时期，是学会靠人类的活动来增加天然产物生产的方法的时期。文明时代是学会对天然产物进一步加工的时期，是真正的工业和艺术产生的时期。①

中国文明起源的理论与方法

20 世纪后期到 21 世纪初期，关于古代中国文明起源的考古学研究，主要围绕三个基本问题：文明是什么？文明是怎样形成的？文明为什么出现？翻开中国考古学文献，见到最多的是某种或某类考古遗存跟文明的关系、某一考古学文化跟文明的关系、某一地区跟文明的关系等方面研究，这类研究重在对古遗存的认读，往往离不开文明的定义、标志、特点、要素、命名等概念。另一类是有关文明起源的时间、过程、阶段等方面的研究，这类研究涉及文明要素与文明社会的关系，中心区域与

---

① 《家庭、私有制和国家的起源》，人民出版社，1972 年。

图4.2.3-1 李济《中国早期文明》书影

图4.2.3-2 夏鼐《中国文明的起源》书影

边缘区域的关系，多元与一元的关系，进化与传播的关系，渐变与突变的关系等一系列理论问题。再有一类是探讨文明与社会的关系、文明与地理的关系、文明与自然环境的关系、中国文明与世界文明的关系等，这类研究多带有阐释的色彩，实际是探讨中国文明产生的原因、动力、规律及其于世界文明起源的普遍性与特殊性(图 4.2.3-1、2、3)。

汤因比说，一个文明是一个可以通过对它的组成部分进行比较而加以认识的领域，这些组成部分是国家、城邦、宗教部落、排他性的社会群体以及诸如此类的其他社会成分。[1] 布罗代尔不同意汤因比的说法，他认为，如果"文明"一词不过是"社会"的同义词的话，那么就没有创造这个词的必要，也没在学术上推广使用这个词的必要了，要阐释文明的观念，至少需要涉及地理学、社会学、经济学和集体心理学四个不同的领域，作为地理区域的文明，它们的本质特征取决于它们的地理位置所带来的局限或便利；作为社会的文明，离开社会的支持，离开社会带来的张力和进步，文明便不能存在；文化和文明之间这些区别的最明显的外部标志，无疑就是存

---

[1] ［英］阿诺德·汤因比著，刘北成、郭小凌译：《历史研究》，上海人民出版社，2000 年。

在和不存在城市；作为经济的文明，都依赖于经济、技术、生态、人口等方面的环境，物质和生态条件总是在决定文明的命运上起到一定的作用；作为集体心态的文明，都有一种确定的世界观，都有一种集体心态支配着社会大众，在这里，宗教是文明中最强有力的特征，始终是过去和今天的文明的中心问题。[①]

夏鼐提出，认定文明有低标准和高标准，低标准是"农业文明"，高标准是"城市文明"。他的这种说法是从柴尔德的"农业革命"和"城市革命"衍化来的。夏鼐说："现今史学界一般把'文明'一

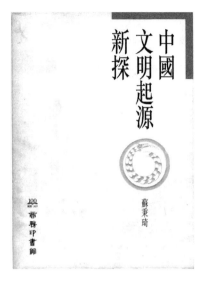

图 4.2.3-3　苏秉琦
《中国文明起源新探》书影

词用来指一个社会以由氏族制度解体而进入了有国家组织的阶级社会的阶段。"实际上还是依据"国家"作为文明的标准。[②]

关于中国文明标准大体能够分成两类，一类为城址、宫殿、墓葬、祭坛、青铜器、玉器、空三足器、占卜甲骨等和文字。另一类为国家、社会等级或阶级、王权、私有制、礼制、占卜术和文字制度等。前一类是物质性的指标，属于考古学范畴，后一类是非物质性的指标，属于社会学、历史学范畴。考古学研究的对象是物质的古代遗存，揭示保存在古代遗存里的文明要素的物化表现形式，阐释其社会学、历史学的含义，应当成为考古学研究中国文明起源的首要问题。

对于文明内涵的不同理解不仅涉及文明的标志与要素，而且还涉及文明过程起止时间的确定与文明过程阶段的划分。

如果将国家起源作为文明起源的基本内容，文明过程的时间上限，根据目前的考古材料，可以往上推到始于庙底沟二期文化的龙山时期早

---

① ［法］费尔南·布罗代尔著，常绍民、冯棠、张文英、王明毅译：《文明史》，中信出版社，2014 年。

② 夏鼐：《中国文明的起源》，文物出版社，1985 年。

期。这个时期大约相当于文献记载的古史传说时代，被一些学者称为早于早期国家的复杂社会时期。如果将农业起源也包括在文明起源之内，那么文明过程的时间上限就将从新石器时代初期开始。文明过程的时间下限，即使同样以国家出现为界标，也存在着认识上的不同，或认为到夏、商，或认为到秦，二者的区别在于作为文明起源标志的国家究竟是什么样的国家上。夏、商是早期国家，秦是帝国，究竟是哪一种国家？不难看出时限问题的实质是不确定的文明概念内涵造成概念外延不清，从而影响到时限的确定。

一些文章经常提到的文明开始时间，实际指的是文明时代开始的时间，即文明形成的界线，也就是文明过程结束的时间下限，这跟我说的文明过程开始的时间上限明显有别，比如，不能将文明形成于二里头文化时期的提法跟文明起源于龙山时期的提法混为一谈。

另一方面，研究者的思维方式也会影响对文明起源的正确认识。按照时间顺序再现文明起源的历史过程，很容易让人从发生的角度追本溯源，往往从结果追到原因，从文明社会产生追到文明要素起源，追来追去，文明起源的过程变得越来越长，时限越来越不清楚，文明的含义在滚雪球式的推衍过程中变得越来越大，越来越模糊。这是线性思维的结果。

> 陈雍：徐苹芳说，目前，中国考古学术界对中国文明起源的意见，比较一致的看法是从仰韶时代晚期，文明起源的要素逐渐形成，龙山时代则是中国文明社会产生的时代，特别是被看作可能是夏文化的二里头文化，是崛起中原的最大的已经成熟的文明国家的遗存。①

由于各个社会个体的文明过程不同，研究者对于文明内涵理解又不

---

① 徐苹芳：《中国文明的形成及其在世界文明史上的地位》，徐苹芳：《中国历史考古学论集》，上海古籍出版社，2012年。

尽相同，故而在文明过程阶段性变化的表述方面存在着差别。归纳起来
主要有三种方式：第一种用起源、发展、形成等抽象概念表述，这是就
一般事物发展而言。第二种用古文化、古城、古国等物质文化形态表述，
这是就物质文化发展而言。第三种用父权社会、酋邦社会、复杂社会等
社会形态或发展阶段表述，这是就社会发展而言。我认为，考古学研究
中国文明起源，最终还是要落实到社会发展上来。①

良渚早期国家的认定标准

恩格斯指出："国家是社会在一定发展阶段上的产物，国家是承认：
这个社会陷入了不可解决的自我矛盾，分裂为不可调和的对立面而又无
力摆脱这些对立面。而为了使这些对立面，这些经济利益互相冲突的阶
级，不致在无谓的斗争中把自己和社会消灭，就需要有一种表面上凌驾
于社会之上的力量，这种力量应当缓和冲突，把冲突保持在'秩序'的范
围以内；这种从社会中产生但又自居于社会之上并且日益同社会相异化
的力量，就是国家。"②

张忠培认为，良渚文化已迈入了文明的门槛，奴隶占有制并非进入
文明时代的良渚文化的社会形态，它具有三个基本特征：第一，社会分
为权贵和基本居民，前者是社会主宰并从后者聚敛财富，然而后者并不
是前者的奴隶；第二，军(王)权与神权并重；第三，良渚文化中被不同
权贵集团统管、具有国家性质的实体，或暂可称之为方国。张忠培主要
从社会分层与权力地位体系论述了良渚社会所处的历史发展阶段，借用
"方国"一词指称并非"奴隶占有制"的地域性(方)国家(国)，为正确认识
良渚社会性质指明了方向。③

在考古学研究和史前史研究里，常见有文明的门槛、文明时代的门
槛、文明社会的门槛等说法。文明，一般指与野蛮状态相对立的状态。

---

① 陈雍：《关于考古学研究中国文明起源的理论与方法》，《文物》，2001 年第 2 期。

② 《家庭、私有制和国家的起源》，人民出版社，1972 年。

③ 张忠培：《良渚文化的年代和其所处社会阶段——五千年中国进入文明的一个例证》，
《文物》，1995 年第 5 期。

摩尔根《古代社会》副标题"人类从蒙昧时代经过野蛮时代到文明时代的发展过程研究"，这本书的内容为从无国家社会发展到国家社会的过程，因此文明时代指进入到国家社会的时代，那么，文明的门槛就是无国家社会与国家社会之间的界限。

进入文明门槛的良渚社会，具有以下三个方面早期国家特征：①

第一，按地域组织起来的政治社会。

摩尔根将史前人类组织的进步过程分为以性为基础、以血缘为基础、以地域为基础三个发展阶段；将人类组织的形式分为社会组织与政治组织两种类型。他说的社会组织以氏族为基本单位，也就是血缘组织，他说的政治社会是按地域组织起来的，通过地域关系来处理财产和处理个人的问题，也就是地缘组织。摩尔根说，第二种方式以地域和财产为基础，我们可以名之为国家，这种组织的基础或基本单位是用界碑划定范围的乡或区及其所辖之财产，政治社会即由此而产生。

莫角山城邑社区的反山墓地与文家山墓地，在埋葬方式及葬俗方面基本相同；荀山村落社区的瑶山墓地与庙前墓地，在埋葬方式及葬俗方面基本相同，各自体现出社区内部人群集团之间的血缘关系，而两个社区之间的差异当是地缘关系的体现。于是得出这样的认识：良渚社会是以地缘域关系组织起来的政治社会，构成该社会的城内社区和城郊社区、村落社区以地域划分为基础，而非以血缘关系为基础，只有在每个社区内的不同人群中还保持着一定的血缘关系。按地缘关系组织起来的政治社会逐渐使血缘关系政治化，现实中的血缘关系最终成为一种记忆或概念，在这个漫长的历史过程中，良渚社会处于这一进程的起始端。

第二，复杂社会分层。

社会分层是社会发展到一定阶段的产物，其主要特征表现为，社会人群分化为不平等的层级。良渚社会的四个社区，依据社区的区位体系与首领的权力地位体系分为四个层级，每个社区内的人群分又为不同阶

---

① 陈雍：《解读良渚文明：中国早期国家形态特征及其研究路径》，《南方文物》，2021年第1期。

层，整个社会形成一定的阶序。

一般认为，城内的反山墓地代表的人群是最高统治阶层，姜家山墓地代表的人群属于贵族阶层，桑树头墓地代表的人群属于平民阶层。最新考古发现表明，莫角山以东的内城东区分布有大量手工业作坊，包括玉器、石器、漆木器、骨角器等丰富的手工业活动，城内毛竹山、高北山、沈家村、小马山、钟家村、野猫山、西头山、公家山、张家山、桑树头和城外的盛家村、金家头、美人地、迎乡塘的表土或边坡的良渚文化生活废弃堆积中，发现与制作玉器、石器相关的成品半成品和加工玉石器的磨石、燧石，说明城内外的手工业生产活动相当发达，充分证实良渚古城核心区外主要是各类手工业作坊区，尤其是玉石器作坊。手工作坊遗址分布表明，各类手工匠人大都居住在城里，还有一部分住在城墙外侧的高地上，这些手工匠人属于平民。文家山、卞家山等遗址里出土的石犁、石耜、石刀、石镰、石铚(即所谓耘田器)等稻作农业生产工具表明，农人居住在古城外郭，这些人也是平民。

莫角山城邑社区人群按照社会地位的高低，依次为：以国王为代表的统治集团(反山)、贵族(姜家山)、郊区首领集团(汇观山)、手工匠人(桑树头)和农人(文家山、卞家山)。

苟山村落社区人群推测至少有三个阶层，村落社区首领集团(瑶山)，村子里的农人(庙前)，中间层次人群有待考古发现与研究。

恩格斯指出，随着生产分为农业和手工业这两大主要部门，便出现了直接以交换为目的的生产，即商品生产；随着新的分工，社会又有了新的阶级划分，各个家庭首长之间的财产差别，炸毁了各地迄今一直保存着的旧的共产制家庭公社，同时也炸毁了为这公社而实行的土地的共同耕作，这样，我们就走到文明时代的门槛了。[①]

第三，权力等级系统。

男性良渚国王和辅政王产生于王族(或贵族)的两个父系家族，类似商王室的两个主要执政群轮流执政。良渚国王通过辅政王和职官、城郊

---

① 《家庭、私有制和国家的起源》，人民出版社，1972 年。

社区首领、村落社区首领及各村落小头领组成的权力等级系统，统治良渚王国的城内社区、城郊社区和村落社区，并控制整个社会的经济与意识形态，用权力维护社会秩序。

这里不妨借助阿兹特克文明的特诺奇蒂特兰权力等级系统，认识良渚早期国家的权力等级系统。阿兹特克国家管理机构的顶层是国王和主要决策者，他们都拥有贵族头衔，在特诺奇蒂特兰，地位仅次于国王的是首辅和四人议事会成员，当国王抱恙或不在首都时，首辅则成为摄政，例行监督巫师，并负责各种各样的财政和法律事务，四人议事会中的两个成员是军队统帅，这四人都是国王的主要顾问和管理者，国王和这五个官员领导了由行政、军事和宗教官员构成的官僚等级体系，官员们从王室家庭、其他的贵族成员和受赏赐的武士中选拔出来，没有任何官职可世袭，悉由国王任命。[①]

良渚早期国家与特诺奇蒂特兰权力等级系统类似，从城邑社区到村落社区构成了阶序化的权力等级体系——以国王为首的官僚体系，最高统治集团实行王权轮换制，同时可能存在职官制。

---

① ［加拿大］布鲁斯·G. 崔格尔著，徐坚译：《理解早期文明：比较研究》，北京大学出版社，2014 年。

第 5 章　指导思想和思维方法

5.1　坚持马克思主义指导思想

　　1949 年以后的中国考古学，虽然经历了一些曲折，但是仍然以建设马克思主义理论体系的中国考古学为主导方向。指导我们思想的理论基础是马克思列宁主义，对于这点我们必须要有正确的认识。

　　新中国成立 30 年以来的中国考古学，夏鼐认为，它的具体研究方法起了很大的变化和进步，马克思主义的辩证唯物主义和历史唯物主义是通过科学的一般方法和考古学的一些特殊方法而起指导作用的。当代世界科学的一个重要发展是一方面专业化而另一方面整体化，前者是每一学科根据它的特有的研究对象去发展它特有的理论和具体研究方法，后者是每一学科与别的学科在理论上互相渗透，在方法上也互相渗透。[①] 我们从前曾号召要建立马克思主义体系的中国考古学，但是现在仍是不能认为已有这样一个体系。我们今后不能停留于一般的号召，而是要真正运用马克思主义解决中国考古学中的理论问题和实际问题。这不是一时便能办到的，但是一定要不断努力。[②]

[①]　夏鼐：《三十年来的中国考古学》，《夏鼐文集》（上），社会科学文献出版社，2000 年。
[②]　夏鼐：《回顾和展望——〈考古〉二百期纪念》，《夏鼐文集》（上），社会科学文献出版社，2000 年。

苏秉琦引用恩格斯在马克思墓前的讲话说："正像达尔文发现有机界的发展规律一样，马克思发现了人类历史的发展规律"，我国考古学和相关的学科都已有了很大的发展，已经有用马克思主义指导研究史前考古和原始社会历史的一批成果，积累了一些经验。相信不需要多久，将会有人以马克思主义理论家的智慧和勇气，来弥补恩格斯在《家庭、私有制和国家的起源》一书末尾所感到的遗憾，真正完成一部中国的续篇。①

张忠培《母权制时期私有制问题的考察》《中国父系氏族制度发展阶段的考古学考察》等论著，以及俞伟超《古史分期问题的考古学观察》等论著，今天已经成为中国考古学用马克思主义指导研究史前考古和历史考古的典范。我分析过这两位考古学家的论文引用马列经典论著的情况，这里举几个例子。张忠培《元君庙墓地反映的社会组织》，引用恩格斯 9 次、斯大林 1 次。张忠培《母权制时期私有制问题的考察》，引用马克思 2 次、恩格斯 12 次、列宁 1 次。俞伟超《古史分期问题的考古学观察》，引用马克思 6 次、恩格斯 8 次、列宁 1 次。

王菁：情报学方法引文分析啊！

俞伟超、张忠培说，在国际范围的考古学研究中，一个具有自己特色的中国学派开始出现了。这个"中国学派"，究竟有什么特点呢？第一是以马克思列宁主义、毛泽东思想为指导，从考古材料出发，运用考古学的方法，仔细观察与分析考古现象所呈现出的矛盾，具体地研究中国境内各考古学文化所反映的包括生产力和生产关系、经济基础和上层建筑这些内容的社会面貌及其发展阶段性。②

物质的根本属性是运动，时间和空间是物质运动的存在形式。同理，物质性考古遗存的运动也离不开时间和空间。因此，时间与空间决定了

---

① 苏秉琦：《〈远古时代〉序言》，苏秉琦主编：《中国通史》第二卷《远古时代》，上海人民出版社，1994 年。

② 俞伟超、张忠培：《探索与追求》，《文物》，1984 年第 4 期。

考古遗存运动的有序性和扩展性。在考古学研究中，坚持马克思主义社会科学研究方法论的指导地位，至关重要。首先要从物质与意识的辩证关系上，正确理解物质性的考古遗存，这是科学认识与把握考古遗存反映的古代社会历史本质和规律的前提。其次要从实践与认识的辩证关系上，正确理解考古学研究活动的认识结构，这是科学认识与把握考古学方法论本质和特征的基础。

哲学认识论具有方法论意义，它能指导如何进行认识，但它不能取代认识。任何一门科学本质上都是在进行认识，没有认识，就没有科学研究。物理学提供对物质世界的物理规律的认识；化学提供对化学世界的变化规律的认识。社会领域也是如此。社会学起着认识社会的整体或局部的作用；经济学起着认识社会经济规律的作用。历史学起着认识历史的作用，认识各国的历史、各个时代的断代史。各门学科的认识不可能由哲学认识论提供。①

考古学也是这样，不懂马克思主义哲学认识论，考古学就缺少哲学依据，但是又不能用哲学认识论取代考古学领域的认识，所以要有考古学认识论。马克思主义哲学认为，人对世界的认识是通过一定的认识结构实现的。所谓的认识结构是指参与认识活动的诸要素在其相互联系、相互作用中形成的比较稳定的结合方式，具体来说，认识结构是由认识主体、认识客体和认识工具三个要素构成的三维结构。在考古学实践活动和认识活动中，考古者是认识主体，考古遗存是认识客体，考古者通过一定的认识工具来认识考古遗存，在这个结构里，考古学方法论就是认识工具。

我在乡下时读了一些哲学书，如毛泽东《矛盾论》《实践论》，列宁《马克思主义的三个来源和三个组成部分》，斯大林《辩证唯物主义和历史唯物主义》(《联共(布)党史简明教程》第四章第二节)等。在大学学习和工作期间，又读了恩格斯《家庭、私有制和国家的起源》、马克思《摩尔根〈古代社会〉一书摘要》、恩格斯《自然辩证法》、马克思、恩格斯《德意志意识

---

① 陈先达：《散步·路上——我与学生聊哲学》，中国人民大学出版社，2014 年。

形态》等。这些经典著作对于考古学研究所产生的影响是相当大的。

> 陈雍：当年在吉林大学读书时，张忠培先生经常跟我们说，搞考古需要学好哲学。他说他上北京大学时，哲学课的成绩是5分（当年实行5分制），这事田建文也知道，他跟我说起过。张先生的考古论著中，充满了哲学思想和方法，值得我们学习。

近年来，我研究考古学方法论和中国文明起源，感到过去读的书不够用，又重新读了马克思主义经典原著，同时还看了几种版本的高校马克思主义哲学教材。我深刻体会到，搞考古学研究需要多看理论书，尤其要学习马克思主义哲学。

一位外国考古学家说，我始终认为唯物主义方法是了解人类行为的最有效的途径，多年来，我尝试通过阐释考古学资料中体现的历史多样性来调和唯物主义的方法，这增进了我对历史唯物主义的兴趣，尽管我最初的兴趣不过是试图避免政治教条对理解过去的影响，无论和更具决定论形式的进化论马克思主义，还是和与唯心主义暧昧不清的所谓新马克思主义相比，戈登·柴尔德的具有历史和情境倾向的马克思主义都显得更为完善。[①]

> 许永杰：马克思主义考古学在世界考古学中还是有一席之地的。

中国考古学应当坚持马克思主义社会科学方法论，正确认识当代西方社会科学方法论，正确认识科学技术在考古学研究中的作用。当前特别需要大力提倡以中国田野考古实践为基础的考古学研究方法，特别需要通过中国田野考古实践，检验中国考古学理论，发展中国考古学理论。

---

① ［加拿大］布鲁斯·G.特里格著，何传坤、陈淳译：《柴尔德：考古学的革命》，中国人民大学出版社，2020年。

　　王炜林：这实际上也是一种理论自信。

　　陈雍：说得好！我们就是要有理论自信。

　　盛立双：中国考古学，走出自己的路，说出自己的话，尽到自己的心。

5.2　掌握几种思维方法

5.2.1　比较与特征

　　比较是一种科学研究方法，现在不仅有比较历史、比较哲学、比较文化，凡是各个学科都可能运用比较方法，因为思想和事物一样都有相同或相异之处，有同异，就可比较。社会也是如此。你们说的，究竟是资本主义制度好还是社会主义制度好，就存在如何比较的问题。社会形态与社会制度的形成属历史过程，所以社会制度的比较既存在纵向比较，又存在横向比较。两种比较并用，才能更好地回答这个问题。①

　　比较是一种有目的有意识的认识活动，是一种思维方法，通过对比找出相同点和相异点，或联系与区别。比较可以在不同的事物之中发现相同之处，即"异中求同"。这种观察事物方法，能够把原本看起来没有联系的各个对象组织在一起。比如，大豆、花生、槐树，这三种植物的外表差别很大，但植物学家根据它们的花和荚果，把这三种植物都归属豆科。考古遗存与考古学文化谱系研究离不开这种思维方法。

　　比较也可以在相同事物之中发现不同之处，即"同中求异"。这种观察事物方法，能够把原本看来有联系的对象分解开来。比如，含有黑陶高柄杯的龙山文化，考古学家可以依据陶鬶、陶鼎的类型差异，把龙山文化分为姚官庄、两城镇、尹家城等类型。

---

　　①　陈先达：《散步·路上——我与学生聊哲学》，中国人民大学出版社，2014 年。

考古学研究可以进行共时性比较。存在于不同空间的考古遗存通过比较，可以找出遗存间的区别与联系，例如，两周时期中国北方青铜器与中原青铜器的横向比较。也可以进行历时性比较。存在于不同时间段落中的考古遗存通过比较，可以找出遗存间的联系与区别，例如，龙山时期的陶鬲与夏商时期陶鬲的纵向比较。

考古遗存必须在同一关系之下才能进行比较，这里所说的同一关系，就是可比性。只有找出遗存之间的可比性，这样比较才能成为可能。无论比较什么遗存，首先要明确哪些方面可以进行比较，而这种比较是否有意义。考古学研究往往是从比较开始的。通过比较研究，可以系统地描述研究对象，进而把许多考古遗存联系起来，从中获得经验性的认识。

比较需要明确比较标准。例如，比较陶器的通高、口径、腹径、底径，还是高宽比，或是口沿外张、内敛的程度。比较的标准一定要确定好，既不能游移，也不能"偷换"。要"从一而终"，就是说，这个既定的比较标准，要适用于全部比较对象，适用于整个比较过程。

我们要认识到，考古遗存的时间特征与空间特征是相对存在的。我们在研究考古遗存时间特征的时候，不要忘记同时存在的空间特征。同样，我们在研究考古遗存空间特征时，也不要忘了同时存在的时间特征。考古遗存特征具有时间因素与空间因素双重性，二者是对立统一的，而具体研究目的则决定了构成考古遗存特征的主要方面，即矛盾的主要方面。

5.2.2　关系与本位

考古学的本位思想，如年代学以"期"为相对年代本位，层位学以"堆积单位"为本位，类型学以"型"为本位，考古学文化以"文化"为本位，聚落形态研究以"聚落单元"为本位，墓地形态研究以"墓葬单元"为本位，性别研究以"性别"为本位，等等。只有搞清楚这些本位概念的内涵与外延，才能捋顺各种关系，进而形成规范的语言表达系统。

本位问题是考古学研究中的主要矛盾，或矛盾的主要方面。如地层学以"地层"为本位，层位学以"堆积单位"为本位，二者的"本位"不同，所以说，地层学又叫作层位学是不对的。又如，性别考古学研究的"性别"，首先需要分辨清楚生物性别和社会性别这两个既有联系又有区别的概念。

考古学上有一个与本位相关的概念，称为"单位"。"考古单位"这个词在使用过程中容易产生歧义，易与从事考古工作机构的"考古单位"混淆，不如改为"考古单元"。单位(元)是考古者研究考古遗存所划分的属性集，如考古层位学的堆积单元——地层、遗迹；考古类型学的特征单元——类型；考古年代学的时间单元——年、期；考古阐释学的功能单元——聚落、城市、墓地。

恩格斯指出："要思维就必须有逻辑范畴。"①确定考古遗存的基本单位(元)，即确定考古遗存的属性集，是考古学研究的重要思想，是进行相关研究首先需要解决的问题。基本单位(元)随着研究层次和关注点的变化而改变。

考古学通过考古遗存及其"关系"的研究，以实现研究古代人类及其社会历史的目的。考古遗存是古代人类活动的结果，记录了与人类活动有关的种种"关系"，有人开玩笑说，考古学就是"关系学"，搞研究就是搞"关系"。

从方法论的视角看这些"关系"，有考古遗存的层位关系、考古遗存的形态特征关系、考古遗存的时间关系、考古遗存的空间关系，以及考古遗存与文化的关系、考古遗存与社会的关系、考古遗存与历史的关系、考古遗存与人群社会组织的关系、考古遗存与人群行为的关系、考古遗存与人群认知的关系，等等。研究考古遗存的某种属性关系，需要年代学、层位学、类型学的知识，研究考古遗存与人群社会、与生态环境的关系，需要阐释学的知识，当然还需要其他相关学科的相关知识。

5.2.3　整体与结构

考古学研究要"透物见人"，通过考古遗存研究人类社会。结构主义

---

① 恩格斯：《自然辩证法》，人民出版社，2015 年。

可以为考古学研究提供一种整体观念的研究模式。结构主义认为，所谓结构是一个整体，是一个有种种转换规律组成的体系，结构应该是可以形式化的。①

我们需要知道什么是结构主义，以及人类学上的结构主义。如果感兴趣的话，可以去了解列维-斯特劳斯的结构主义与拉德克利夫·布朗的结构—功能主义、马林诺夫斯基的功能主义三者的区别——对待婚姻法则与亲属制度的不同看法。这些人类学的内容，可参阅陈畅《结构主义人类学的理论模式的运用——读〈商文明〉有感》。②

考古学上结构主义考古学研究，应当被理解为考古学研究的一种类型。这种研究类型所要探讨的对象，被作为一个"系统"来研究，更多关注的是构成这个"系统"各种"要素"之间的各种关系，也就是所谓"结构"，而不是"要素"本身的内容。

结构主义考古学研究的前提是共时性与整体性。聚落形态研究或墓地形态研究，首先要通过居址或墓地整体布局来判断检验规划思想是否随时间而改变，以及相关遗迹是否保存完整。

> 陈畅：用时间证明时间，即把居址或墓地的分期落到平面上，考察规划思想是否连续一致。

结构主义考古学研究的一般做法是，通过村落、墓地、器物、图案等考古遗存的"结构"，构建人群组织的"结构"，即用不同层次重复性的规律说明这个"结构"。参阅本书第 4 章 4.2.2 社会结构之"彩陶反映的社会结构"。

史前村落和墓地规划的核心思想，实际是社会组织的"结构"。无论是半坡村落、姜寨村落、鱼化寨村落、北首岭村落，还是元君庙墓地、

---

① ［瑞士］皮亚杰著，倪连生、王琳译：《结构主义》，商务印书馆，1987 年。

② 陈畅：《结构主义人类学的理论模式的运用——读〈商文明〉有感》，《四川文物》，2006 年第 1 期。

史家墓地、姜寨墓地等，无一例外都是依据半坡文化人群的亲属组织和社会组织的"结构"进行规划的。因此，我们可以通过房屋、墓葬、器物、彩陶等不同要素间关系的总和，分析出这些物化要素所反映的社会组织"结构"。

结构是事物与事物之间各种关系的总和，是通过建立考古遗存关系探索人类社会关系的纽带。结构主义的二元结构可以用来解释史前社会的两合组织二元结构。人类学家发现，两合组织的村落有两种类型，一种是把圆形的村落分成两个半圆；另一种是把圆形村落分成两个圆形部分，大圆中有一个小圆。前一种类型称为"径分结构"，后一种类型称为"同心结构"。①

姜寨人群按照一定原则规划建设的径分、同心结构的村落，满足了两合组织人群的居住需要。姜寨村落的这种组织形式和居住形式，反映了两合血缘组织的分层与分化。姜寨村落通过房屋、彩陶、器物以及中心广场特殊含义墓葬，在不同层面上反映出来一种重复性规律，这一重复出现的规律就是所谓的"结构"。②

大南沟石棚山墓地及其人群的"结构"有着相同的对应与对立关系，即二分的基础上进行三分，三分格局中总有一个元素，分别与其他的两个元素相对应，或可视为两个层次的二元对立，构成二元对立的本质和三元对立的形式。墓地人群认知体系"结构"产生于自然人的二分属性和社会人的三分属性，这一逻辑关系可以视为墓地人群思维的基本模式。③

大南沟墓地三类人都随葬筒形罐，甲类与乙类似乎是完全对立的，但是他们都和丙类人结合，丙类把甲类与乙类的对立关系整合在一起了。列维-斯特劳斯援引巴兰地尔的观点，认为各种组织其目的在于，重组受扩散威胁的血统，缓和它们的瓦解；恢复它们的连带关系，建立与祖先的交流，防止氏族的各自分离的成员彼此成为陌生人，提供防止冲突的

① ［法］克洛德·列维-斯特劳斯著，张祖建译：《结构人类学（1）》，中国人民大学出版社，2006 年。

② 陈雍：《姜寨聚落再检讨》，《华夏考古》，1996 年第 4 期。

③ 陈畅：《大南沟墓地的社会组织与性别考古学研究》，《北方文物》，2019 年第 4 期。

工具，通过作为加强社会和政治结构的一个因素的精细调节的仪式，来控制和掌握对立和颠覆。这些共性不具备分类意义，但却承载着人群组织成为一个整体的要求，是社会组织稳定存在的必要条件。这样，差异与共性并存，分类与整合并举，是结构主义研究中最重要的辩证统一关系。①

---

① 陈畅：《结构主义重构社会组织的考古学探索》，《江汉考古》，2019年第2期。

第 6 章　考古学文献

　　20 世纪 80 年代，张忠培先生让我给他的研究生讲课，我问他讲什么，他没说具体要讲什么，只提了两点要求：扩大学生知识面、教他们学会看考古报告。按照他的要求，我给他的研究生开了"人文地理与考古学"和"考古学文献常识"，这两门都是过去没有开过的课。

　　先讲"人文地理与考古学"，我讲，学生听、做笔记、写作业，教学效果不理想。接下来讲"考古学文献常识"，采取讲课、看书、写心得、讨论的方式，教学效果比较好。

　　在国家文物局主办的全国田野考古领队培训班(第六至九期)，我结合发掘资料整理，讲了考古报告和考古简报编写。后来，我在国家文物局举办的考古发掘报告编写工作高级研修班，又讲了一次考古报告和简报编写。

　　根据教学体会，我把"考古学文献常识"改为"考古学文献概论"，主要涉及考古学文献理论、历史、应用三个方面的内容。这个讲稿在天津市文化局主办的"文博名师教室"，给我名下的两期学生讲了两次，又进一步完善了这门课程。

　　我认为，考古学科亟须建立和完善考古学文献和考古文献学。

6.1　考古学文献定义

　　考古学文献是根据学科属性和知识内容所区分的一种类型的文献，是在考古学科全部学术活动中产生出来的文献型知识集合。

考古学文献与其他所有的文献一样，具有记录性、知识性和物质性三种基本属性。考古学文献记录了关于考古遗存的知识，关于发现、获得、研究、解释考古遗存的知识，关于考古学理论与方法的知识，关于考古资料积累过程与研究过程的知识，关于考古学文献形成发展的知识，关于考古学科形成发展的知识等内容。因此，考古学文献既是考古学研究的资料来源，也是考古学研究的基础。

　　陈雍：长期以来，学术界对于考古学文献缺乏必要的重视和研究，希望大家一起来讨论。

　　许永杰：我在中山大学也讲考古学文献导读课，给硕士研究生开的，讲义主要是陈老师的底本，课程的主旨是通过本课程的学习，能知道如何阅读考古学报告，学会使用考古资料。

汉语里的"文献"一词，出现于先秦时期。《论语·八佾》："夏礼吾能言之，杞不足征也；殷礼吾能言之，宋不足征也，文献不足故也。足则吾能言之矣。"朱熹《论语集解》引郑玄注："文，典籍也；献，贤也。"按照郑玄的解释，"文献"的含义就是"典籍"和"贤人"。[1]

"文献"到宋代词义发生了变化，马端临《文献通考》对"文献"做出的解释为："凡叙事，则本之经史，而参之以历代会要，以及百家传记之书。信而有证者从之，乖异传疑者不录，所谓文也。凡论事，则先取当时臣僚之奏疏，次及近代诸儒评论，以至名流之燕谈，稗官之纪录。凡一话一言，可以订典故之得失，证史传之是非者，则采而录之，所谓献也。"[2]按照马氏的解释，"文"是"叙事"的历史记载，"献"是"论事"的当代论述。

"文献"的现代汉语词义，中国社会科学院语言研究所词典编辑室《现

---

① 《儒藏》编纂委员会：《儒藏》，北京大学出版社，2005 年。
② （宋）马端临：《文献通考》，中华书局，1986 年。

代汉语词典》："有历史价值或参考价值的图书资料。"①作为标准化术语，1983 年颁布的国家标准《文献著录准则》定义为："文献是记录有知识的一切载体"。文献是由特定知识内涵、不同记录方式、记录载体构成的，其中包括纸质型图书和资料，因此采用标准化术语"文献"，其内涵既准确且包容性强。这里需要强调的是，文献必须记录相关的知识，没有记录任何知识的载体不会成为文献，没有记录到载体里的任何知识也不是文献。从文献使用与传播的角度来说，考古学文献还是考古学知识和信息交流、传播的重要媒介。

20 世纪 20 年代，近代考古学在中国出现，中国考古学文献与之同步出现。"中国考古学文献"作为专业术语在学术界使用，始见于《中国考古学文献目录(1949－1966)》②。这本书所收录的中国考古学文献包括书籍、刊物、报纸、资料等，分为书目和报刊资料两大部分，通过这两部分的进一步分类，可以了解该书编者对中国考古学文献的基本认识。

以上是从先秦时期的"文献"到现代汉语的"文献"，从一般的标准术语"文献"到专门的术语"中国考古学文献"的大致过程。

我们需要分辨清楚"考古学文献"和"考古文献学"这两个不同范畴的概念，考古文献学与考古学文献的关系密不可分，没有考古学文献就没有考古文献学，目前考古文献学还没有形成。

考古学文献随着考古学科的发展而发展，它是考古学研究的资料来源和考古学研究的基础；它是记录考古学知识的载体，具有记录性、知识性、物质性三种文献属性。

考古文献学是研究考古学文献和考古学文献工作的理论与方法的一门学科。考古文献学是考古学与文献学交叉产生的分支学科，它的知识属性属于考古学科，它的文献属性属于文献学。从学科分类上来说，应当属于文献学下面的专科文献学，与历史文献学、地理文献学、中医文

---

① 中国社会科学院语言研究所词典编辑室：《现代汉语词典》(第 7 版)，商务印书馆，2016 年。

② 中国社会科学院考古研究所图书资料室编：《中国考古学文献目录(1949－1966)》，文物出版社，1978 年。

献学等分支学科一样，而不应属于考古学的分支学科。对此，学术界可能有不同的看法。

虽然在学科分类上考古文献学属于文献学，但是建立考古文献学却不是单靠文献学所能做到的，必须依靠考古学研究。首先需要搞清楚考古文献学的一些基本问题，比如考古文献学的对象、任务、定位、范围和体系结构等，这些问题只有考古学才能回答，而其他学科很难做到。

考古学文献属于文献学范畴，所谓的文献学，是指以文献和文献工作为对象，研究文献的产生、发展、整理、传播、利用及其一般规律的学科。中国考古学文献是文献的一个门类，中国考古文献学是文献学的一个分支学科。当前，考古学科亟待加强中国考古学文献研究与中国考古文献学建设。

我在前面说过，考古学既不是国学，也不是由金石学发展来的，金石学近代以后发展为文物学；在学科分类中，考古学与文物学应当是并列关系，属于同一级别学科，但现行学科分类不是这样的；考古学不从属于历史学，考古学和历史学都是一级学科。基于这种认识，考古学文献不应当包括金石学、文物学以及某些历史学的文献。《中国大百科全书》把考古学作为一卷，文物与博物馆作为一卷，这种分类比较科学。

考古学文献的内容可以概括为三个方面：一是通过考古发现与研究所获得的考古学知识，二是获得这类知识所运用的技术手段，三是指导考古实践的理论方法。其中的考古报告和考古简报，构成了考古学文献的基础。田野考古报告在《中国图书馆分类法》分类为：K 历史、地理/85 考古学/872 调查发掘报告。田野考古报告在中国社会科学院考古研究所《中国考古学专刊》分类为"丁种"。

高校考古专业需要开设考古学文献课程，比如，中国考古学文献概论、中国考古学文献选读、中国考古学经典文献导读等，培养学生阅读、检索、利用考古学文献的能力，尤其是阅读考古报告和考古简报的能力，同时还要提高他们考古研究与写作能力。

6.2　考古学文献分类

考古学文献和其他学科文献一样，按照不同的分类标准分为不同的类型，一般分为三类：第一类，依据载体的物理形态，可以分为纸质型、缩微型、声像型、电子型等。第二类，依据加工深度不同，可以分为一次文献（如专著、论文、技术标准等）、二次文献（如目录、文摘、索引、教科书等）、三次文献（如年鉴、百科、文献指南等），以及零次文献（如个人笔记、手稿、信札、实验记录、技术档案等）。第三类，依据内容特点和出版方式，可以分为图书、期刊、会议文献、报告、专利、标准文献、学位论文、档案、政府出版物。[①]

按照国家标准 GB3469－83《文献类型与文献载体代码》，分为专著、论文集、报纸文章、期刊文章、学位论文、研究报告、标准、专利、专著、论文集中的析出文献、其他未说明的文献类型共 11 种。目前，按照内容特点和出版方式的文献分类，学术界还没有一致的意见。

考古学文献必须具备考古学科的基本属性和知识内容。自 20 世纪 20 年代中国考古学文献出现以后，我国的文献分类法中相继出现了"考古学"的类目。20 世纪 70 年代以来，编制的文献分类法，如《中国图书馆分类法》[②]《中国科学院图书馆图书分类法》[③]《中国人民大学图书馆图书分类法》[④]，都在"历史"大类下设列"考古学"或"文物考古"子类。[⑤]

这里以图书为例，看看考古学文献的分类情况。中国社会科学院考古研究所图书资料室（资料信息中心）编《中国考古学文献目录（1949－

---

①　蒋永新：《人文社会科学信息检索教程》，上海大学出版社，2007 年。

②　中国图书馆分类法编辑委员会：《中国图书馆分类法》，北京图书馆出版社，1999 年。

③　中国科学院图书馆图书分类法修订委员会：《中国科学院图书馆图书分类法》，科学出版社，1994 年。

④　中国人民大学图书馆图书分类法修订委员会：《中国人民大学图书馆图书分类法》，中国人民大学出版社，1996 年。

⑤　白国应：《关于考古学文献分类的研究》，《图书与情报》，2002 年第 4 期。

1966)》①《中国考古学文献目录（1971－1982）》②《中国考古学文献目录（1983－1990）》③三本目录索引，体现出一种分类法。全书分为书目和报刊资料索引两个部分，前者是图书分类，后者是文章分类，这里暂不讨论。书目部分分为：总类、田野考古资料、考古学分论、考古学专论、美术考古、古代学技术、古代文化生活、宗教遗迹与遗物、少数民族地区考古、历史地理与名胜古迹、中外关系与文化交流。

北京大学考古学系资料室编《中国考古学文献目录（1900－1949）》④，全书分为书目部分和报刊资料部分。书目的分类和社科院考古所的分类大同小异，分为总类、考古学分论、田野发掘报告、考古学专论、美术考古、古代科学技术、古代文化生活、历史地理、名胜古迹与游记、民族史与民族志、中外文化交流与外国考古。

考古杂志社编《考古研究所编辑出版书刊目录索引及概要》⑤，收录的中国考古学论著专刊，根据内容性质的不同分为四种：甲种为研究性著作，乙种为资料性著作，丙种为通论性著作，丁种为田野考古报告，另外还有特刊一类。这是中国社会科学院考古研究所对考古学论著专刊的一种很特殊分类。

上述几种分类法与中国图书馆分类法⑥之间存在着较大的差别。"中图法"考古学的基本分类如下：

---

① 中国社会科学院考古研究所图书资料室编：《中国考古学文献目录（1949－1966）》，文物出版社，1978年。

② 中国社会科学院考古研究所图书资料室编：《中国考古学文献目录（1971－1982）》，文物出版社，1998年。

③ 中国社会科学院考古研究所图书资料室编：《中国考古学文献目录（1983－1990）》，文物出版社，2001年。

④ 北京大学考古学系资料室编：《中国考古学文献目录（1900－1949）》，文物出版社，1991年。

⑤ 考古杂志社编：《考古研究所编辑出版书刊目录索引及概要》，四川大学出版社，2001年。

⑥ 1971年由国家图书馆倡议，全国36个单位组成编制组，编制了《中国图书馆图书分类法》，简称"中图法"，至今已经出版了五版。"中图法"由马列主义、毛泽东思想，哲学，社会科学，自然科学，综合性图书5个基本部类序列组成。社会科学和自然科学又进一步展开为9个大类和10个大类，进而形成了322个基本类型的分类体系，采用字母和数字相结合的混合制编码。

K 历史、地理

85 考古学

86 世界考古

87 中国考古(金石学入此)

871 各代考古

872 调查发掘报告(依中国地区表分)

873 文物图录和考订

875/879 专题研究

883/887 各国考古(依世界地区表分)

　　陈雍：前面列举的社科院考古所的两种考古学文献分类及北京大学的分类，都和《中国图书馆分类法》K. 历史、地理/85 考古学类目下的分类不同。由此可见考古学文献分类尚待进一步研究，以形成共识，使之逐渐规范。

6.3　考古学文献产生和利用

6.3.1　考古报告和考古简报

　　李济在《安阳发掘报告》第一册《发刊语》说，殷墟的发掘何时能了我们现在不能预定，这种工作不了，谁也不能有最后的意见。但是实物是不变的！随时公布它们出土的历史，以备大家共同研究，也是我们当然的责任，这是我们发表这个刊物的又一个意义。[①]

　　后来他在《〈田野考古报告〉编辑大旨》说，我们相信，健全民族意识，必须建立在真实可靠的历史上。要建设一部信史，发展考古学是一种必要的初步工作。要稳定考古学基础，我们必须将历年来各处田野工作辛

[①] 国立中央研究院历史语言所：《安阳发掘报告》(第一册)，1929 年。

勤积来的田野知识记录下来。一方面做每一个工作的结束，一方面为后来学者做一个参考。①

秉承这种学术思想，史语所考古组从 1928 年安阳殷墟遗址发掘起，一直坚持编辑出版田野考古报告，成为中国考古学的学术传统。

> 陈雍：近百年来，中国考古学术界有一个非常好的学术传统，考古发掘所获资料都用考古报告发表出来，不像有些外国学者，只在文章或书里披露一部分考古资料，中外学者的这种差别，在中国考古学初期就显现出来了。
>
> 王炜林：中国考古学者的天职和传统。
>
> 余西云：中国人有写史的传统，能够更深刻理解资料的重要性。

夏鼐《田野考古方法》说，发掘报告是报道已完成的发掘工作的经过和收获。它的目标应该力求达到：精简扼要，明白易懂，检查参考方便。除发掘正式报告以外，还可以写通俗报道，像报纸上所发表的有关考古发掘的通讯，这须要浅显通俗，竭力避免使用考古学术语，万一不得已使用考古学专门术语，便要用浅近文字加以注释。②

张忠培《漫议考古报告》说，考古报告是被发掘或经调查的遗存的一种有限的和作者从这类遗存获得的信息的载体。发掘是对遗存的科学的保护性破坏，故考古报告是对这类被破坏了的遗存的一种必要的保护形式。之所以如此说，是因为人们要再了解已被发掘了的遗存，除了查看文字记录、图纸、照片及获取的遗存外，就只能阅读考古报告了，而再也见不到遗存本身或未经发掘的"完整"的遗存了。考古报告比保存在单位内的文字记录、图纸、照片及遗存，于时、空的传播方面更具广延性的优点。

他认为，人们应当从考古报告是被发掘或经调查的遗存的一种有限

---

① 张光直、李光谟：《李济考古学论文选集》，文物出版社，1990 年。
② 夏鼐：《田野考古方法》，《夏鼐文集》（上），社会科学文献出版社，2000 年。

的载体，保护遗存的一种形式和传播作者从遗存获得信息的载体这样的定位出发，来要求作者写出一个什么样的考古报告。具体的要求，我个人的认识则是：其一，是什么样的遗存；其二，遗存所在的时、空位置；其三，文字对遗存的表述应力求全面、客观，绘图应准确地反映客体的特点，照片应清晰表达遗存特征；其四，印刷与装帧应力图完善，达到以文字、插图及图版的形式使遗存得到较好保存和传播的水平。

　　陈雍：张忠培这篇文章见《考古发掘报告编写工作高级研修班基础讲义》（国家文物局，2008 年 4 月）。

　　黄信：把考古报告作为遗址保护的延伸。

　　陈雍：张先生认为，考古发掘是对遗址的保护性破坏，考古报告是保存已经发掘遗存的一种特殊形式，体现出他把考古工作纳入文物保护体系中的思想。

　　黄信：自己作为发掘者报告没完成，就是没有保护好遗址，我们会继续努力。

　　考古者通过考古发掘，把物质的考古遗存转化为各种信息，并且记录在一定的载体里，于是产生出田野考古报告。可以认为，考古报告是田野考古工作终结性或阶段性的总结，它是考古遗存转化为考古学文献的重要形式，记录了古代遗址、墓地等形成的过程，还记录了揭示、认识、解释考古遗存的过程。

　　许卫红："物质的考古遗存"，改为"能看到的考古遗存"，如何？

　　陈雍：改得好！

　　陈雍："能看到的考古遗存"，是否改为"收集到的考古遗存"更好些？

　　许卫红：更好了。

　　陈雍：那就改为"收集到的考古遗存"。

考古报告是记录田野考古知识的载体，它所记录的知识包括资料源知识与非资料源知识。资料源知识是指关于考古遗存的知识，非资料源知识是指获取、认识、解释考古遗存的知识。考古报告的资料源知识决定了报告的资料性，非资料源知识决定了报告的科学性。因此，考量一部考古报告有两个标准：一是资料性，二是科学性。一部好的考古报告，资料真实、准确、信息量大；收集方法、记录方法、整理方法、表述方法运用正确、适当；理论方法与逻辑体系准确、清晰；使用概念、术语、单位等严谨、规范。考古报告资料源知识系统的基本属性为知识性或资料性，所以评价考古报告资料源知识系统的标准首先是真实性和完整性，其次是信息量，这些都体现出考古遗存价值。

怎样编撰好考古报告，从认识论的角度来说，就是要处理好考古主体(考古者)和考古客体(考古遗存)之间的实践关系、认识关系、价值关系。

实践关系是指考古主体和考古客体之间改造与被改造的关系。考古者通过发掘改变了古代遗存的物质形态，进而把所获取的考古遗存变成考古报告。

认识关系是指考古主体与考古客体之间反映与被反映的关系。考古者通过田野发掘和室内资料整理、编写报告，对所获取的考古遗存包含的各种信息进行加工，从而获得对客体内含的认识，并在观念上把握客体(考古遗存)。认识关系受实践关系制约，构成实践—认识—再实践—再认识的逻辑过程。

价值关系是指考古主体的需求和客体满足主体需求之间的关系。古代遗存只有同考古者的需求发生联系，古代遗存才有可能成为有价值的考古遗存。考古主体需求程度决定了考古客体价值大小，主体对客体研究越深入，认识就越深刻，需求程度就越高，价值也随之而大。考古遗存的价值意义，是在实践和认识基础上形成的，因此价值关系取决于实践关系和认识关系。换言之，取决于考古发掘、考古资料整理、考古报告编写的工作质量及认知程度。考古报告的核心问题，是讲清楚考古遗存的价值。

考古简报是考古学文献的一个重要种类，它除了具有一定的专业性，还具有一定的时效性，能够及时向学术界报道新的考古发现与初步研究成果。据《考古》1955 年至 1984 年的 100 期刊物统计，田野考古简报占各类文章总数 50％左右。

夏鼐说，发掘简报是可以使用考古学术语的，因为这是为考古界同行而写的初步报告。简报虽简短，但要重点地报道这次发掘中的重要发现，不要成为一本包罗万象的流水账。[①]

陈雍：考古简报具有一定的时效性，但它毕竟属于专业简报，其与新闻报道，无论形式还是内容，都应有所区别，考古者给媒体提供的新闻素材稿，要尽量使用大众看得懂的话语。

考古简报的表述方式和编写方法与考古报告不一样。考古简报主要有调查简报、试掘简报、清理简报、初步报告、年度(或阶段)简报、终结性简报、主要收获或纪略(纪要)等，编写者应当根据考古遗存与考古工作特点，选择合适的体例与编写方式。

谢尧亭：很多人认为发掘到的材料不好，发个简报就完事了，没有整理发掘报告的必要。这大概是多年来只见简报，不见报告的主要原因。这种主观价值判断的认识当然是错误的。但是这种现状很难改变。当然，很多报告出不来的原因是各种各样的，即各有各的不幸。

就编写考古简报我提几点意见供参考：

(1)依据发掘对象及考古工作的具体情况，选择合适的简报体例与表述方式，做到"量体裁衣"，不要把考古简报写成八股文。

(2)讲清楚考古工作的主要收获有哪些，提出了什么问题，解决了什

---

①　夏鼐：《田野考古方法》，《夏鼐文集》(上)，社会科学文献出版社，2000 年。

么问题，达到了什么目的，有什么意义等，重点突出，详略得当，不要把考古简报写成流水账。

(3)给考古报告留出足够的"空间"，无论是选材方面，还是认识方面，简报都不要说得"太满"了，不要让考古报告成为"放大的简报"。

(4)简报介绍遗迹、遗物以不分型分式为宜，可采用枚举法举例说明，不要怕读者说你不会分器物，不懂考古类型学。

(5)对于新发现的考古遗存不要急于定名，可暂称为"某遗址某期遗存"，或"以某某为代表的遗存"，不要去争文化命名，对文化命名"争先恐后"毫无意义。

下面推荐几篇考古简报，可以作为编写考古简报的参考：

《西安附近古文化遗存的类型和分布》，《考古》，1956 年第 2 期。

《1959 年夏豫西调查"夏墟"的初步报告》，《考古》，1959 年第 11 期。

《晋豫鄂三省考古调查》，《文物》，1982 年第 7 期。

《1973 年安阳小屯南地发掘简报》，《考古》，1975 年第 1 期。

《汉长安城考古工作收获续记》，《考古》，1958 年第 4 期。

《唐大明宫发掘简报》，《考古》，1959 年第 6 期。

> 许永杰：这几篇中，《1973 年安阳小屯南地发掘简报》虽可代表一个类型，但写得不好。
>
> 陈雍：我选这篇也有些犹豫，请你推荐一篇换掉这篇。
>
> 许永杰：《1973 年安阳小屯南地发掘简报》最大问题是简报作者的心思都在后面的甲骨上，而且甲骨与共生物、依托堆积单位关系不清。是否可以考虑殷墟早年发掘的简报，梁思永、石璋如的？
>
> 陈雍：你说到了这篇简报的不足之处。早年殷墟发掘简报很多人看不见，最好为 1949 年后的简报。
>
> 许永杰：因小屯南地属殷墟，所以想起了早年殷墟发掘简报。
>
> 彭万：石璋如《殷墟最近之重要发现附论小屯地层》《殷墟最近之重要发现附论小屯地层后记》。前三篇是调查简报，后三篇是发掘简报。
>
> 陈雍：可以把《1973 年安阳小屯南地发掘简报》换掉，改为石璋

如《殷墟最近之重要发现附论小屯地层》《殷墟最近之重要发现附论小屯地层后记》。

阅读田野考古报告是考古者的基本功，不会读田野考古报告，就搞不好考古发掘与研究。田野考古调查、发掘报告和简报是考古学文献的核心与基础，在考古学文献中专业性最强。考古学科的发展离不开田野考古报告。考古资料整理与考古报告编写，是田野考古的重要内容，是实践—认识—再实践—再认识过程的重要环节。

怎样阅读田野考古报告，我认为，可以从三个角度去读：先从编者的角度读，再从发掘者的角度读，最后才是读者自己的角度；先看这本报告是怎么编辑的，再看这个遗址（墓葬）是怎么发掘、整理、认识的，最后从自己的角度阅读、思考，找出问题，做出分析。

业内很多人看考古报告先看结语，然后再各取所需翻看前面有关章节，这种阅读方法我不赞成，我跟学生反复强调，搞学术研究绝不能用这种方法读考古报告。

我们在阅读田野考古报告时，一定要认真看遗址堆积那部分内容，这部分内容能够反映出报告编写者所依据的是考古地层学还是考古层位学。这里简单对比《洛阳王湾》①的第二编、第三编。第二编新石器时代，第一章文化堆积与分期：一、文化堆积情况，二、编年，三、文化分期。第三编周代，第一章层位关系与年代分期：一、层位关系与相对年代顺序，二、分期与特征，三、各期绝对年的估计。通过对比不难看出，第二编与第三编的考古学方法论是不一样的。

张忠培先生教我们阅读田野考古报告的方法，说起来很简单，就是按出土单位做器物卡片，然后再根据研究目的排列卡片。

王立新：张先生把北京大学考古的"经"传给我们了。

---

① 北京大学考古文博学院：《洛阳王湾——田野考古发掘报告》，北京大学出版社，2002 年。

　　陈雍：有的人只知道按出土单位做卡片，但是为什么要这样做，做完卡片以后怎么办，却不甚了了。读一本田野考古报告，是一个从解构到重构的研究过程，有些人只会拆解，不会重构；你不会重构，就不会利用报告进行研究。

我们要搞明白，读考古报告按出土单位做器物卡片，这么做有何道理，理论依据是什么，其实说来很简单，就是考古层位学。

　　陈畅：堆积单位和层位关系是核心思想。

　　王炜林：我们过去多强调要尽量避免将晚期东西混进早期遗存中。实际上，对遗迹单位中早期遗存的甄别也是非常重要的，它们虽然共存，但并非同期。甄别的依据当然就是考古层位学。

　　许永杰：考古报告发的器物，相当于博物馆库房，按质地和形态分类收藏；按堆积单位做卡片相当于把器物回到考古队的文物架，按堆积单位整理。

　　王炜林：现在也流行按堆积单位公布材料，这固然方便了其他人的研究，但前提是发掘者自己先要对材料进行消化吸收，这种直观感觉非常重要。

　　许永杰：衡量一部考古报告的优劣有两个标准，即资料性和科学性，按堆积单位发材料，只注意了资料性，忽略了科学性——著述性。

6.3.2　田野考古档案

田野考古调查、勘探、发掘是有目的的学术活动，在整个活动过程中所形成的有保存价值的管理文件、文字记录、图纸、表格、影像资料、鉴定测试报告、文稿、笔记、日志等，都可以转化为田野考古档案。因此，田野考古档案是真实的原始记录，其所记录大量真实的信息，超出了正式出版的考古报告。

盛立双：田野考古档案(包括文字、图纸、影像等)同正式田野考古报告相比，具有不可逆性。不可逆的东西，应该更重要。

陈雍：原始记录性是档案的本质特征。《档案工作基本术语》对档案的定义为："国家机构、社会组织或个人在社会活动中直接形成的有价值的各种形式的历史记录。"田野考古档案是重要的信息资源，往往保存了考古报告没有披露的历史信息，应当使之在学术研究与学科建设中发挥出不可替代的作用。

田野考古档案是考古学文献的重要组成部分，属于零次文献。文献依据产生与加工深度分类，分为一次文献、二次文献、三次文献和零次文献。按照档案学分类标准，田野考古档案属于科技档案类，所以田野考古档案具有科技档案的专业技术性、成套性和复用性等基本特征。

陈雍：档案一般分为文书档案、科技档案、专门档案三大类。

王炜林：田野考古档案也应该按科技档案管理的要求进行管理。

田野考古档案主要包括：

(1)每个项目工作过程中产生的所有管理文件。

(2)每个项目考古作业的文字记录、图纸、表格等纸质文档。

(3)每个项目的影像资料的不同载体。

(4)每个项目的相关专业技术报告、简报、报告底稿和相关鉴定、测试报告等。

王菁：我觉得还可以加上相关的媒体报道，还有制作的专题片、纪录片等。

陈雍：对，这是田野考古档案的一个方面内容。

田野考古档案可以反复使用，可以供研究者不断查阅，由此体现出档案的信息资源共享性，以及学科发展的延续性。考古档案反复使用与不断查阅，使田野考古档案产生出现实价值和长远价值，这样才能既有利于当前的考古学研究，又有利于考古学科建设与考古事业发展。

需要特别强调的是，田野考古档案的价值，在档案没被利用之前，它是潜在的，是隐性的。只有田野考古档案被研究利用了，其潜在的价值才能显露并发挥出来，没有研究与利用，研究利用者与档案之间无法构成价值关系，田野考古档案价值的实现也就无从谈起。

依据上述道理，各考古部门的田野考古档案，都应当有条件向专业工作者和研究者开放，以供查阅研究，充分发挥出田野考古档案的价值，进而产生积极的社会效益。

> 王菁：关于这点，现在全国有能做到的考古部门吗？
>
> 陈雍：不清楚。如果考古部门的考古档案束之高阁，不被利用，体现不了价值，产生不了效益，那么保留考古档案的意义何在？
>
> 樊鑫（科学出版社）：或许再过若干年，除过正式出版的纸本考古报告外，会有一个二维码，把报告之外关于遗址情况的所有视频、音频、图片、文本等资料一并链接给有需要的研究者观看。到时候，考古资料基本就实现了随时可以补充、更新的"全景"在线状态。

每个考古部门都应认真执行《档案法》，以及《归档文件整理规则》《科学技术档案案卷构成的一般要求》等规范性文件的要求。要有专人负责田野考古档案的收集、整理、鉴定、归档、保管、利用等方面的工作。

实践表明，每个考古项目全部完成以后，必须及时对项目实施过程中产生出来的所有文件和专业资料进行仔细甄别、整理，最后形成符合相关要求的档案文件与档案案卷。田野考古档案如何归档分卷，是一个值得研究的课题。考古档案究竟是按年度归档好，还是按项目归档好，似乎不好强求统一。有人认为，对于工作周期较长的发掘项目，可能按年度归档要好管理些，这种看法仅供参考。

根据《档案法》有关规定："对国家建设和历史研究有长远利用价值的文件材料，列为永久保管。"据此，田野考古档案的保存期限应当是"永久保管"。

　　陈雍：考古档案的保管期限问题，目前还没有具体规定，但是可以按照《档案法》的规定去做。

　　田野考古档案应当依据国家有关法律法规和规范性文件，进行规范化管理。文物考古行政管理部门应当专门制定适用于田野考古档案的管理办法。

　　许永杰：田野考古档案是考古学文献中的最薄弱环节。
　　陈雍：当下考古行政管理部门和业务部门，对于田野考古档案缺乏足够的重视，往往疏于管理。

6.4　考古学文献需要规范化

　　首先要分清规范与规范化。规范是标准文本，规范化指制定规范、执行规范的行为。规范化或称为标准化，《标准化及相关活动的基本术语及其定义》给出的"标准化(standardization)"定义："为在一定的范围内获得最佳秩序，对实际的或潜在的问题制定共同的和重复使用的规则的活动。"①考古学文献规范化，一是制定相关标准文件，二是考古学文献产生、利用、传播、保存等方面的活动，依据相关标准文件以形成最佳秩序。

　　考古学文献规范化是一种规则行为的活动，要依据一定的规则进行活动，这个规则就是标准文件。在这里，标准文件是一个通用术语，一般分为三个层次：第一个层次为法律法规及规范性文件，如《中华人民共和国文物保护法》。第二个层次为国家标准，分为通用基础标准和相关技

---

　　①　ISO/IEC 第 2 号指南《标准化及相关活动的基本术语及其定义》，1991 年第 6 版。

术标准，前者如汉字、汉语拼音、标点符号、量与单位、数字、日期等国家标准；后者如写作、编辑、出版等国家标准。第三个层次为专业标准，如《田野考古工作规程》。当前，一方面需要认真执行已有的标准化文件，另一方面需要完善健全考古学科的专业标准体系。与考古报告产生相关的专业标准规范，是考古学科知识、技术、方法、理论与实践深度结合的结果，应具有统一性、可操作性、可重复性，不应把尚处在探索阶段的认识作为专业规范的要求与规定。

> 陈雍：考古学专业标准除了已有的《田野考古工作规范》，还要有《田野考古档案规范》《考古报告编写规范》《考古制图规范》《考古学术语规范》《考古学文献规范》等。

考古者的学术活动行为规范与道德规范，是考古学文献真实与规范的根本保证。古人有云："言之所以为言者，信也。言而不信，何以为言?"(《春秋穀梁传》)古人所说的"信"，是道德规范，也是价值标准。

第 7 章　考古学和文化遗产保护

　　考古者不仅发现与研究考古遗产，而且保护考古遗产，保护考古遗产是考古者的历史责任。

　　考古调查、发掘是对古遗址、古墓葬和水下文物进行科学研究与保护的重要手段之一。我国对考古发掘活动的管理，始于 20 世纪 20 年代近代考古学在中国出现的时期，发展到今天，已经形成建立在法律、法规和科学基础之上的保护管理体系，与国际社会关于考古遗产管理的原则、方法和主要内容基本一致。

7.1　考古遗产

7.1.1　考古遗产是文化遗产的一种类型

　　1990 年 10 月，国际古迹遗址理事会第九届全体大会在瑞士洛桑通过《考古遗产保护与管理宪章》①，旨在体现通过考古手段获得的文化遗产的突出普遍价值。这个文件提出，考古遗产是根据考古方法提供主要资料实物遗产部分，它包括人类生存的各种遗存，它是由与人类活动各种表现有关的地点、被遗弃的结构、各种各样的遗迹(包括地下和水下的

---

　　① 联合国教科文组织世界遗产中心、国际古迹遗址理事会、国际文物保护与修复研究中心、中国国家文物局主编：《国际文化遗产保护文件选编》，文物出版社，2007 年。

遗址)以及与上述有关的各种可移动的文化资料所组成。

考古遗产的保护政策应该构成有关土地利用、开发和计划，以及文化环境和教育政策的整体组成部分；一般民众的积极参与必须构成考古遗产保护政策的组成部分；考古遗产的保护应看作是全人类的道德义务，它是民众的一项集体责任；考古遗产管理的总体目标应当是就地保存古迹和遗址，包括对一切相关的记录和藏品等进行适当的长期保护与保管。

向民众展出考古遗产是促进了解现代社会起源和发展的至关重要的方法。同时，它也是促进了解对其进行保护需要的最重要的方法。展出和信息资料应被看作是对当前知识状况的通俗解释，因此，必须经常予以修改。它应考虑到了解过去的其他多种方法。重建起到两方面的作用：试验性的研究和解释。然而重建应该非常细心谨慎，以免影响任何幸存的考古证据，并且为了达到真实可靠，应该考虑所有来源的证据。在可能和适当的情况下，重建不应直接建在考古遗址之上，并应能够辨别出为重建物。

《考古遗产保护与管理宪章》有关考古遗产保护与管理的内容，对于我国的大遗址保护、遗址博物馆与考古遗址公园建设，以及公共考古等方面，有着重要的现实意义。

1958 年建成的西安半坡遗址博物馆(图 7.1.1-1)，是我国第一个考古遗址博物馆。这种用"博物馆"对"考古遗址"进行保护和展示，在中国已经有 60 多年的历史了，实践表明，这是一种公众喜闻乐见的考古遗址保护展示方式。最近十几年来，新出现了"考古遗址公园"。然而这种新型公园出现不久，就受到"遗址公园化"的诟病，究其原因，问题出在遗址保护与公园建设哪个是第一位的问题上。

谢辰生认为，遗址公园的一切设施和活动要服从和服务于保护遗址的真实性和完整性，而不是根据花园的要求改造遗址。正如故宫博物院的一切活动要服从保证故宫的真实性和完整性一样，而不能根据博物院的要求改造故宫。这是一条基本原则，做不到这一点的遗址，就不要建

图 7.1.1-1　半坡遗址博物馆

考古遗址公园。[1]

遗址的"真实性"和"完整性"是国际组织在《威尼斯宪章》和《奈良文件》提出的重要概念，后来成为评估世界文化遗产的重要标准。《威尼斯宪章》指出："古迹遗址必须成为专门照管对象，以保护其完整性，并确保用恰当的方式进行清理和开放。"并提出："将它们真实地、完整地传下去是我们的职责。"[2]

我们平时说的"考古遗址公园"是一种简便的说法，在它前面还有"国家"两个字，即"国家考古遗址公园"。"国家公园"的概念是美国人最先提出来的。1832 年，一位美国艺术家在旅途中，发现美国西部大开发对于印第安文明、野生动物和荒野环境影响很大，对此他感到十分忧虑，于是向美国政府提出："它们可以被保护起来，只要政府通过一些保护政策设立一个大公园，一个国家公园，其中有人也有野兽，所有一切处于原生状态，体现着自然美。"1872 年，美国国会批准设立美国也是世界第一个国家公园，即黄石国家公园。后来，美国国会又通过《国家公园组织法》，成立国家公园管理局，形成一套严格的管理制度。目前世界上许多

---

　　① 刘欣随：《大明宫遗址，十大景观背后的争议》，《世界新闻报·鉴赏中国》，2010 年 12 月 8 日。

　　② 联合国教科文组织世界遗产中心、国际古迹遗址理事会、国际文物保护与修复研究中心、中国国家文物局主编：《国际文化遗产保护文件选编》，文物出版社，2007 年。

国家都使用了"国家公园"概念，虽然具体定义有所不同，但是基本含义都是指自然保护区。1971 年世界自然保护联盟做出的定义也是"自然或接近自然的区域"。

中国国家公园体制建设从 2015 年开始试行。建设这个体制对于进一步完善保护地体系，使分类更为科学、保护更加有力，从而实现自然生态系统和文化自然遗产资源国家所有，全民共享，世代传承，具有非常重要的现实意义和长远意义。因此，我认为"国家考古遗址公园"应当纳入国家公园体系里，使之更加有效保护我国最重要最具代表性的考古遗址，并且成为人民群众接受爱国主义教育和陶冶身心的重要场所。

> 陈雍：目前有关考古遗址公园的前期经费投入、土地（大部分为耕地）使用，后期公园管理、运营，遗址保护、社会教育等方面，存在程度不同的问题，需要深入研究解决。

考古遗址博物馆和博物馆的历史类陈列，如何讲好考古发现与研究？如何用考古材料讲好历史？关键是陈列体例和陈列语言。陈列体例、陈列语言是把考古发现与研究的结果形式化的重要手段，既与考古研究内容有关，又与博物馆陈列内容与形式设计有关。

博物馆讲述考古的展览体例，一般有两种：纵排体与横排体，通俗称为竖写、横排。这两种体例类似历史文献的史体与志体。目前，博物馆按年代顺序设计的陈列，通常采用纵排体。由于这种体例所涉及的年代跨度很大，包含内容繁多，展线过长，参观时间往往超过一般观众所能承受的限度，成为当下陈列的通病。横排体的陈列，或称主题单元式陈列，这里面有个分类的问题，分类标准是什么。比如出土遗物，是按功能分类，还是按质地分类，陈列标准只能有一个，不能有的按质地，有的按功能，否则，会把观众搞得晕头转向，很难看明白。公共考古者需要认真学习博物馆陈列方面的有关知识，学会用博物馆语言讲好考古发现与研究，讲好古代遗迹遗物里面的人和事。在这一方面，博物馆学比考古学有更大的优势。

7.1.2 公共考古是为了保护考古遗产

我们说的公共考古，或公众考古，是从英语 Public Archaeology 翻译过来的，Public Archaeology 在美欧国家已经出现多年。英语 Public 对应的汉语，有"公众"和"公共"两个意思。商务印书馆出版的《现代汉语词典》里，"公众"是名词，意思是社会上大多数的人；大众，例如公众领袖，公众利益。"公共"是形容词，属于社会的；公有公用的。例如公共汽车，公共场所，公共财物。① 按照字面理解，"公众考古"是指社会上大多数人的考古学，或称"大众考古"。"公共考古"是指公有、公用的考古学，有点类似大学里的公共英语、公共政治。

近年来，国内公共考古的方法与形式很多，比如每年的遗产日和博物馆日把公众请进考古现场或模拟现场，让公众参观和感受考古过程，近距离接触古代遗存；再如组织公众适度参与不重要的考古发掘与文物保护；又如专业工作者走进学校、社区，展示考古发现，讲授考古知识，宣传文物保护；又如考古专家学者出书写文章，搞专题讲座，网上发博文、微文，想方设法普及考古文物知识；还有加强各种媒体宣传报道，开设公益网站，让公众及时获得更多的考古信息，等等。这些做法已经取得一定的效果和成绩，但是这些做法大都停留在学术的、专业的、技术的层面上，实践证明只有这个层面的内容是不够的。

今天为什么要提倡公共考古？这涉及公共考古究竟为什么的问题。目前所做的科普考古知识，鼓励公众参与考古活动等，都应属于手段，其目的应是培养公众正确认识考古遗产价值，激发保护考古遗产的觉悟与热情，将考古遗产保护看作是全人类的道德义务与公众的集体责任。

联合国教科文组织《关于适用于考古发掘的国际原则的建议》②总则之"公众教育"指出：主管当局应提出教育措施以便通过历史教学、学生

---

① 中国社会科学院语言研究所词典编辑室：《现代汉语词典》（第 7 版），商务印书馆，2016 年。

② 联合国教科文组织世界遗产中心、国际古迹遗址理事会、国际文物保护与修复研究中心、中国国家文物局主编：《国际文化遗产保护文件选编》，文物出版社，2007 年。

参加某些发掘、在报刊上发表由知名专家所提供的考古情报、组织导游、展览和关于发掘方法及所取得成果的讲演、清楚展示经勘探的考古遗址及发现的纪念物、出版价廉而简明的书面专题材料和指南，来唤起和推动对于过去时代遗存的尊重和热爱。为了鼓励公众参观这些遗址，各成员国应做出一切必要安排以便于接近这些遗址。

既然公共考古的目的是为了保护考古遗产，那么应当让公众首先学会如何正确认识考古遗产价值，而不是让公众学会考古技术。公共考古之于公众，是要让公众成为考古遗产的保护者，而不是考古者。

2015 年 1 月 10 日《光明日报》头版发表了评论员文章《将文化遗产保护提升为基本国策》。2005 年，徐嵩龄《第三国策：论中国文化与自然遗产保护》①提出，环境与遗产均为公共产品，均属公益事业。文化与自然遗产管理制度，现已成为公共管理领域中的新兴的全球性热点。他呼吁尽快把文化与自然遗产保护作为国家的基本国策。因此，不难得出这样的认识，考古遗产属于不可再生的文化资源，属于公众的公共产品，公共考古属于公共管理范畴，其目的是为了更好地保护考古遗产。

陈雍：以保护考古遗产为目的的公共考古，主要包括考古遗产教育、考古遗产展示、考古遗产传播。

始于 1991 年的"全国十大考古新发现"评选活动，到今年（2020 年）已经整整 30 周年了。这个评选活动，受到公众与媒体的广泛关注，尤其在突发疫情的当下，据统计，线上点击量已经突破一亿。然而，这个在中国文博界延续叫了 30 年的"全国十大考古新发现"的评选活动，在今年的线上评选活动中，官媒又称为"2019 年度十大考古发现""全国十大考古""十大考古"，同一个活动在官媒上出现几种叫法，实在让老百姓云里雾里，无所适从。

我想起 20 年前，时任国家文物局局长张文彬说过这样的话："20 世

---

① 徐嵩龄：《第三国策：论中国文化与自然遗产保护》，科学出版社，2005 年。

纪 90 年代以来，我国政治安定，社会进步，改革深入，经济繁荣，各项事业都得到新的发展，同全国其他部门一样，广大文物考古工作者摆脱了教条主义束缚，解放思想，实事求是，开拓创新，与时俱进，坚持'保护为主，抢救第一'的方针，配合基本建设，进一步加强了文物保护工作和重点科学发掘，在前人已获得重要研究成果的基础上，拓展了研究领域，深化了对以往考古发现的再认识，丰富和发展了考古学理论研究，使中国考古学进入了一个新的阶段。全国十大考古新发现的评选活动正是在上述背景下开始的，全国十大考古新发现的评选活动始于 1991 年，迄今已历时十年，经过十年的工作，一年一度的评选活动已成为文物考古界广泛参与、文化界和社会各界极为关注的一件大事，对扩大宣传我国文物考古事业成就，规范考古工作的开展，推动考古学的研究均起到了积极作用。"①

"全国十大考古新发现"评选活动，变为"十大考古发现""全国十大考古""十大考古"，丢失的不仅仅是"新发现"三个字，重要的是，丢失了这个活动的初衷。

大概十几年前，我和黄景略、徐苹芳先生聊天，说到评选全国十大考古新发现。我说，咱们考古界有两个考古奖，一个是"考古新发现"，一个是"优秀考古工地"，"考古新发现"评的是祖宗，"优秀考古工地"评的是子孙，一个靠运气，一个靠努力。

黄先生说，评"考古新发现"，也要先看工地做得怎么样，是不是符合田野考古工作规程了，只看发现的东西不行。

徐先生说，新发现要突出一个"新"字，首先你要说清楚"新"在哪儿。我问，是发现的东西新，还是研究的认识新？徐先生说，东西新也是通过研究得出来的，"新"是评选的标准，否则就不叫"新发现"了。你光说个"新"不行，一定要讲清楚你发现的是什么啊，它是什么年代的，以前发现过没有，然后才是它的价值。

---

① 张文彬：《〈中国十年百大考古新发现〉前言》，李文儒主编：《中国十年百大考古新发现》，文物出版社，2002 年。

黄先生说，天津蓟县调查发现 27 处旧石器遗址，实现了零的突破，这是新发现，但是没有发掘，研究也没跟上，所以评不上。

连续 29 年的全国十大考古新发现评选活动，2020 年的终评会改在线上举行，这是不得已而为之的选择。国家文物局副局长说，这对于考古工作者而言，似乎有那么一点点的缺憾，但换个角度看，这次评选活动形式的改变与创新，或能体现了考古人与时俱进，积极利用互联网技术，扩大考古工作社会影响的不懈努力，又最大限度地实现了 30 年来，"全国十大考古新发现"活动面向全社会开放共享的初衷与追求。

《中国文物报》及文博中国、央视新闻、腾讯微视、新华网，以及地方报纸等不同类型的媒体通力合作，连续五天报道了终评会的全部过程，把全国考古新发现的终评活动，清清楚楚放在亿万公众的视野之下。截至 2020 年 5 月 4 日统计，各类点击量合计约 1.66 亿，已经成为融媒体时代中国考古学上公共考古的大事件。

采取线上评选，好像不得已而为之，实则融媒体时代使然。一下子改变传统开会方式，并没有让考古人感到窘迫，反而体现出这支专业队伍的素质与水准。五天里，会场里和会场外的参会人员，几乎都戴着口罩出镜，他们明确传递出强烈的"公共"意识。五天里，项目汇报人称评审专家为老师，会议主持人和评审专家称汇报人为先生、女士。亿万公众通过手机、屏幕看到，"2019 年度全国十大考古新发现"评审会，既是一个学术交流会，又是一个教学相长会。老师，汉语里这个非常古老的词汇，在今天考古人的会议上，竟成为当代最美好的称谓。① "公共考古"的理念，已经渗透到这次特殊的终评会里。

把"全国考古十大新发现"叫作中国考古界"奥斯卡奖"，把考古新发现评选结果称作"中国考古界最高奖项"，我一直对这种说法感到不解。奥斯卡奖是美国电影艺术与科学学院奖的别称，是美国电影艺术与科学学院主办的电影类奖项。奥斯卡奖与中国年度考古新发现，可谓风马牛不相及。

---

① 《史记·荀卿列传》："齐襄王时，而荀卿最为老师。"老师，年老资深的学者。

许卫红：尤其让人理解不了的是这个奖项还成了升职晋级的一个加分项。

朱永刚（吉林大学考古学院）：说得太好了！

王炜林："调查发现考古学对大众的重要性在很大程度上依赖于考古发现的情况"（张光直），事实上，发现的确是考古的魅力。但当一些人想利用"发现"实现考古以外的目的时，发现就变得俗起来，甚至成了不伦不类的奥斯卡。

许永杰：端祖宗饭碗，吃祖宗饭，被认为光荣。

霍东峰：其实变成了挖宝、晒宝大会。

王炜林：经被念歪了。

"全国考古十大新发现"，评选的对象是考古遗产，是考古新发现，绝不是一种名誉的或物质的奖励。说白了，它不是一个奖项，更不是"中国考古界最高奖项"，中国考古界从来没有设立过什么最高奖项。

把学术的变成大众的，无疑是公共考古努力的方向。但是，以媚俗的娱乐化方式去实现这个转化过程，则是不可取的，也是行不通的。我认为，只要看了今年网上终评会现场直播，就不难找到正确答案。

蒋志龙：点评到位。

穆森：最后一段说得厉害。

张春生（天津社会科学院）：文化娱乐化，会把路走歪。

几年前，我写过一篇小文，谈海昏侯墓考古发现与大众传媒，意在探讨公共考古与传媒学的关系。考古发现的信息是依靠媒介进行传播的，从而形成一个通过大众传媒跟公众进行信息沟通的过程。

当"全国十大考古新发现"遇到大众媒体，变成了"中国考古界最高奖项"和"考古界奥斯卡奖"，考古新发现的信息在传播过程中，改变了原来的价值取向和价值判断，给广大信息受众者传递了不正确的信息。

有位朋友看完"2019 年度全国十大考古新发现"线上直播跟我说，作为普通公众可以不花钱看一个相对完整的十大考古新发现诞生过程，这是过去传统手段无法做到的。这次直播是疫情所迫，更有可能是歪打正着，为今后开辟了一个新路。另一位朋友说，这次直播看着挺过瘾，以前即使是业内人士也无法看到评选过程，要等到最后看媒体公布的结果。他们的话很实在，也很中肯。的确，在融媒体时代，许多传统方式可以得到改变，并给予我们更多的启迪。

这次线上直播，作为一般公众，可以通过汇报人的汇报、汇报人与专家的对话以及专家的点评，了解到 2019 年中国考古学上最新发现，还可以了解到，考古者是怎样认识这些新发现的，是怎样认识它们的价值的，让公众在考古学话语体系语境下获得对考古新发现的认知。这是一次意义深远的公共考古实践。

张忠培认为，科学研究与科学普及的关系，实际是提高与普及的关系。时下通常的说法是，在普及的基础之上提高。在普及基础上提高，水准低、基础差怎么能提得高呢？要倒过来思维，要在提高的前提下进行普及。他指出，"提高"是源，"普及"是流，源不断，流才能长流。①我们应该这样理解并从实践上处理好这"提高"与"普及"的关系。这次线上直播，是实打实的在提高基础之上的普及。

> 盛立双："注意并尊重了纳税人的权利"，张忠培先生 2012 年来天津，就公众考古曾经这么说过。"纳税人"三个字听了好几遍录音才辨识出来，一开始听成"那些人"总感觉哪里不对。我觉得这三个字说得太到位了，公众考古做的不仅是情怀，更是义务和职责。
>
> 陈雍：你说的太重要了，还没有人从这个角度谈问题。

社会上许多人缺乏考古学基本常识，分辨不清考古与盗墓的本质区别，本不应责怪他们。另有些一人把考古与盗墓混为一谈，故意贬损考古，这种做法特别歹毒。为了使公众正确认识考古学，长期以来，全国十大考古新发现评选活动在这方面做出了积极努力。这里，我把 2010 年

---

① 陈雍：《说说考古》，故宫出版社，2017 年。

至 2020 年评选出来的，2009 年度至 2019 年度全国百项考古新发现，做一个简单分类统计，数字能够说明问题。

2009 年度，古遗址 8 项，古墓葬 2 项。2010 年度，古遗址 6 项，古墓葬 3 项，古沉船 1 项。2011 年度，古遗址 7 项，古墓葬 3 项。2012 年度，古遗址 9 项(其中 1 项含墓葬)，古墓葬 1 项。2013 年度，古遗址 5 项，古墓葬 5 项。2014 年度，古遗址 5 项，古墓葬 5 项。2015 年度，古遗址 6 项，古墓葬 3 项，古沉船 1 项。2016 年度，古遗址 9 项(其中 1 项含墓葬)，古墓葬 1 项。2017 年度，古遗址 10 项。2018 年度，古遗址 8 项(其中 1 项含墓葬)，古墓葬 1 项，古沉船 1 项。2019 年度，古遗址 7 项，古墓葬 2 项，古沉船 1 项。

以上古遗址类合计 80 项，占总数 72.7％；古墓葬类合计 26 项，占总数 23.6％；古沉船类合计 4 项，占总数 3.6％。分类统计表明，古代遗址是考古发掘与研究的主要对象。"考古即盗墓"的说法显然立不住脚。

霍东峰：我对考古圈子里说的"上工就是上坟"的说法绝不认同。

陈雍：这样自虐调侃实在是太过了。

盛立双：同感。

丛德新：我也不认同。

张春生：宣传不讲究准确科学是一种文化浮躁的表现。搞新闻的成了段子手，不出现笑话才怪。关键是混淆视听，贻害不浅。

在融媒体时代，树立正确的融媒意识，学会掌握正确的传播方式，今天应当成为公共考古的新课题。

2007 年至 2011 年，《盗墓笔记》小说连续出版，风靡一时；在这个背景下，2009 年安阳挖出了"曹操墓"，《盗墓笔记》和"曹操墓"抱团取暖。在真假"曹操墓"的激烈争论中，2010 年"安阳西高穴曹操高陵"入选"2009 年度全国十大考古新发现"。中国考古学会原理事长、中国社会科学院考古研究所原所长徐苹芳指出，考古发掘必须是在排除了发生盗墓的干扰情况下，才能得到真正的实在的东西，但是这个墓明显被盗过。

该墓被称为西高穴墓没有问题，但从当时情况来看，发掘出来的东西都不能证明其是曹操墓。他强调："考古不能与别的什么挂钩，必须遵从自己的内心，遵从学术，而不是被别的东西牵着走，这很可悲！这其实是学术界的浮躁在考古界的反映。"中国考古学会原理事长、故宫博物院原院长张忠培认为，高陵虽然经过投票入选，但并不意味着将来不允许继续讨论。

2015年，江西省考古部门发掘南昌西汉海昏侯墓。是年岁末，悬疑电影《寻龙诀》上映。据报道，截至2015年12月19日零点正式公映14小时后，票房即破亿元大关，总票房累计近16亿元。前一例是科学考古发掘，后一例是盗墓题材的悬疑电影，二者都和古代墓葬有关。

为了解公众对于考古发掘和盗墓电影的关注情况，有人做了一个很有意义的统计对比。2016年1月5日上午11点，在百度搜索引擎中同时输入考古热点事件关键词"海昏侯"和同期上映的盗墓题材电影关键词"寻龙诀"，查询结果为"海昏侯"351,000条，"寻龙诀"2140,000条，后者是前者的6倍。过了两个月，到2016年3月5日上午9点30分，再次在百度搜索引擎中同时输入关键词"海昏侯"和"寻龙诀"，此时海昏侯出土文物展正在首都博物馆展出，《寻龙诀》电影已经下线，查询结果为"海昏侯"3,290,000条，"寻龙诀"38,800,000条。"海昏侯"的搜索结果两个月增长9.37倍，"寻龙诀"的搜索结果两个月增长18.13倍，二者在总数及增长率方面存在很大的差别。由此表明，公众对于盗墓悬疑电影的好奇心与关注度远远高于海昏侯墓考古发掘。

在学术界与娱乐界的关注点相差悬殊的情况下，反观一些媒体对学术性很强的考古报道也包含了一定的娱乐成分。各种媒介载体以海昏侯墓出土的黄金为"热点"，以博取公众的眼球。为了增加娱乐效果，称海昏侯墓的黄金折合人民币价值多少个亿，还把海昏侯打扮成"黄金海昏侯"，铆足力气炫黄金，让你知道什么叫多金任性。一时间，海昏侯墓成了坊间茶余饭后的谈资，考古说了半天还是挖宝，考古队个个都是"摸金校尉"。事实表明，学术失范与学术娱乐化，是融媒体时代公共考古遇到的严重挑战。

据最新统计数据，截至2020年5月7日中午12点，和"2019年度全国十大考古新发现"评选活动相关话题的总阅读量达到 2.8 亿，收看 5 月 1 日至 5 日线上直播达 4043 万人次，网站等相关资讯近 12 万条。融媒体将一个专业性很强的行业评选活动，推送到广大公众视野下，引发了强烈的社会反响。接下来，需要在对相关数据做出量化的相关性分析基础上，深入探讨融媒体时代的公共考古理论与实践。

文化遗产传播的主要方式，分为媒体传播与人际传播，无论哪种传播方式，都离不开信息传播者。我在《说说考古》里以海昏侯墓考古发现为例，分析了考古信息传播与大众传媒的关系。海昏侯墓考古发掘的信息是依靠大众媒体进行传播的，从而形成一个通过大众传媒跟公众进行信息沟通的过程，即信息源—传播者—受传者。

我们从已经产生的传播效果来看，当海昏侯遇见大众传媒后，迅速凸显出两种价值：一种是对于研究西汉列侯的园寝制度所具有的重大历史价值，另一种是价格可能在 10 亿元以上人民币的经济价值。

海昏侯墓的历史价值无疑是传播者得之于信息源，评价经济价值的各种金器数据也应来自信息源，而把出土黄金文物按市值换算成人民币，则是传播者的发明创造。在信息传播过程中，作为信息源的政府部门和考古发掘单位以及相关专家对外说什么是根本，作为信息传播者的媒体记者怎么说和说什么是关键，广大受众就像俗话说的"跟着蜜蜂找花朵，跟着苍蝇找厕所"，而现实中很多人却又分不清孰为蜜蜂，孰为苍蝇。①

因此，作为信息的传播者，不管你是哪种身份，哪种角色，都离不开正确的文化遗产认知与价值判断，只有这样，才能传递出正确的信息。

　　陈雍：文化遗产与旅游融合是人际传播的重要手段。这个手段利用好了，可以扩大遗产所在地的知名度和影响力，促进当地经济发展，改善和提高当地居民的生活。这个手段利用不好，就会对文化遗产造成伤害。目前一些旅游建设开发项目和旅游经营活动，对于文化遗产的真实性所造成的伤害，已经严重影响到文化遗产的历

---

① 陈雍：《说说考古》，故宫出版社，2017 年。

史、艺术、科学价值。最典型例子是将天津原意大利租界区打造为"意式风情区"，传递了错误的历史信息和价值观，损害了天津历史文化名城的真实性。

据媒体报道，2019年国庆节期间，一位网友在全国重点文物保护单位丹阳南朝陵墓石刻附近发现，一群人在三处石刻前拓印。他了解到这些人未经文物部门许可，认为属于非法拓印，立即报告了当地文物部门。

后来涉事带队的上海大学老师到丹阳文物部门道歉，并解释称其研究南朝石刻很久，此番是课堂结合野外游学，将南朝石刻拓片用于学习研究，并没有意识到自己的行为已经违法。

经过专家鉴定，涉事师生的拓印行为未对文物本体造成损害，文物部门没收了非法拓印的拓片，并做出相应的行政处罚。

此事发生后，社会各界有不同的看法，意见比较一致的是，文物部门需要加强田野石刻的监管，要改善保护措施，提高监管手段等，但是很少有人从涉事师生的角度分析问题。

一位自称多年研究南朝石刻的大学老师，既没有文物保护常识，又缺乏法制观念，以其违法行为授之于学生。通过这个案例使我们更加清楚地认识到，在高等院校里开展文化遗产教育的必要性与重要性，文化遗产教育的价值观、审美观、道德观、法制观，比知识技能更重要。

通过这个案例还能使我们想到，据媒体报道，当下不少博物馆和学校喜欢搞拓印技艺参与活动，至于孩子们有无掌握这门技艺的必要，暂且不去讨论，但是拓印要遵纪守法，注意文物安全，却是万万不能缺少的内容。

7.2　历史文化名城

7.2.1　关于历史文化名城

《中华人民共和国文物保护法》第十四条规定：保存文物特别丰富并且具有重大历史价值或者革命纪念意义的城市，由国务院核定公布为历史文化名城。保存文物特别丰富并且具有重大历史价值或者革命纪念意义的城镇、街道、村庄，由省、自治区、直辖市人民政府核定公布为历史文化街区、村镇，并报国务院备案。

历史文化名城、名镇、名村是我国历史文化遗产的重要组成部分，也是文物保护体系中的重要保护类型。历史文化名城、名镇、名村不是荣誉，而是当代人的保护传承的历史责任。

谢辰生先生总结了我国历史文化名城、名镇、名村保护的历程，1982 年国务院公布了我国第一批二十四座历史文化名城名单，同年把名城保护内容写进了《中华人民共和国文物保护法》，2002 年修订的《文物保护法》又增了名城、名镇、名村的保护内容。这是我们对文化遗产保护概念从认识到实践的一个新发展。①

为什么提出历史文化名城、名镇、名村保护？徐苹芳先生说："《历史文化名城名镇名村保护条例》为什么要讲名城、名镇、名村，这是因为现代城镇体系是从古代城镇体系发展来的。从中国历史上看，古代文明形成以后出现城市，汉唐以后出现村落，宋代以后出现镇。我们今天的名城、名镇保护，应当根据古代城镇规划，采取整体保护。名城、名镇、名村保护的核心问题，是价值评估。"

　　　陈雍：上面这段话是徐苹芳先生在建设部、国家文物局召开"贯彻实施《历史文化名城名镇名村保护条例》"座谈会上的发言。他还说，目前谈名城多，谈名镇、名村少。②

历史文化名城保护的基础，是构成名城的若干历史文化街区；保护要素主要包括城市的空间、时间、功能、形态等方面。存在于名城内呈散点状分布的不可移动文物、历史建筑，都不是名城保护的基础，而是

---

① 谢辰生：《关于〈历史文化名城名镇名村保护条例〉的修改建议》，彭卿云主编：《谢辰生文博文集》，文物出版社，2010 年；谢辰生：《对保护历史名城的建议》，谢辰生：《文物何为》，中国文史出版社，2019 年。

② 根据笔者的会议记录。

历史文化街区的重要组成部分。

构成历史文化名城的历史文化街区，是历史形成的，也是客观存在的。一些历史文化街区之所以不被认定，往往由于认识和利益方面的原因。因此，正确理解及认真执行相关评价标准是关键之所在。

穆森：历史文化名城保护是基于整体的，所以历史文化街区是基础。

陈雍：《历史文化名城名镇名村保护条例》第二章第七条第二款规定："申报历史文化名城的，在所在历史文化名城保护范围内还应当有 2 个以上的历史文化街区。"这是对历史文化名城申报条件的特殊规定。实践表明，只有"2 个以上的历史文化街区"最低数量要求是不够的，还要有评估历史文化街区价值及真实性、完整性的依据。

《历史文化名城名镇名村保护条例》自 2008 年 7 月 1 日起实施。2009 年 12 月 7 日，建设部、国家文物局在建设部召开"贯彻实施《历史文化名城名镇名村保护条例》座谈会"。我在座谈会上提出三点建议：

一、细化名城、名镇、名村评价标准，制定《价值评估管理办法》。

二、建立监测巡视机制，制定《监测巡视管理办法》，实行国家、地方分级巡视管理。

三、建立名城市长联席会议制。

历史文化名城、名镇、名村保护的核心是价值问题，所以我特别提出，需要制定一个关于历史文化名城、名镇、名村《价值评估管理办法》。历史文化名城、名镇的价值应当和不可移动文物一样，符合《文物保护法》所规定的历史价值、艺术价值和科学价值。

关于价值评估，陈志华教授指出，建筑师评价老建筑，着眼点主要是审美的，是形式上的，然后是功利的，即是不是还能"有用"，是不是"完好"。他们最讨厌"破破烂烂"，而文物建筑有很大一部分是有点儿破烂或者不很完好的，因为它们都很"年老"了。文物建筑保护专家当然不排斥审美，但他们审定文物建筑是根据它们的历史文化价值，而不仅仅是美，不仅仅是"有用"，也不管破烂不破烂。他们把文物建筑主要看做历史信息(社会的、经济的、文化的、政治的、科技的，等等)的载体，它们的价值决定于所携带的历史信息的量和质，是否丰富、是否重要、是否独特。①

　　关于历史文化名城保护，谢辰生先生指出，保护历史文化名城绝不是像有些人说的那样，就是保护几个四合院，绝不是那么回事，好的四合院当然要保护，有的就不一定非得保护，更不是要保护破破烂烂的大杂院，反对改善人民群众的居住条件，这完全是误解或讹传。一个历史文化名城的保护是全面的、整体的，作为硬件是整体的，整个城都应当保下来，但是现在已经很难了，不过，吴良镛先生曾说：我们要永不言晚。这个很对，要言晚就消极了，我们应当积极尽最大努力，去争取能保多少就保多少。② 保护名城首先是要整体保护，文化街区以及文物保护单位的保护，只是整体保护的重要组成部分，不能把街区保护代替整体保护。保护的街区主要是突出街区固有的传统特色，如北京的大栅栏、什刹海，南京的秦淮河、夫子庙，上海的外滩，天津的三条石(可惜已完全破坏)以及无锡的祠堂街、荣巷，等等。因此，保护文化街区不仅要保护好街区的历史建筑，保持街区的肌理和尺度，而且还要保护好老字号和民俗文化等非物质文化遗产，才能更突出街区的特色。③

7.2.2　天津历史文化名城

天津寻根考古展

　　我从吉林大学调回天津以后，探索用天津考古发现和研究的成果阐释天津历史文化名城的历史与价值，做的第一个展览是"考古寻根"。

---

　　① 陈志华：《文物建筑保护中的价值观问题》，陈志华：《文物建筑保护文集》，江西教育出版社，2008 年。

　　② 谢辰生：《坚持科学发展观，保护民族瑰宝》，彭卿云主编：《谢辰生文博集》，文物出版社，2010 年。

　　③ 谢辰生：《关于〈历史文化名城名镇名村保护条例〉的修改建议》，彭卿云主编：《谢辰生文博集》，文物出版社，2010 年。

天津老人常说，天津是块退海之地，天津人都是燕王扫北时带过来的。每每提起天津人的根，人们想起的往往是各自的血缘祖先和他们生活的故土。多少年来，天津是一个年轻的移民城市，这几乎成为包括许多天津人在内的普遍看法。改革开放以来，天津经历了深刻的社会变革。天津人在思考今后要到哪里去时，联想起过去从哪里来。由追思天津的从前而念及自己生长的热土，一股特殊的情愫倾注于天津人赖以生存的土地和共同拥有的空间。大家在寻找真正属于天津这块土地所独有的东西，寻找我们共同的根。寻根究底，寻到了天津的历史，天津的文化，寻到了蕴涵着天津悠久历史和灿烂文化的古代文化遗存。

1998 年 5 月，天津市历史博物馆推出"天津寻根——天津考古四十年特展"。该展览通过大量的实物、照片、图表、说明文字，展示了 40 年来天津考古发现与研究的成果；通过 460 余件精心挑选的出土文物可以看到，7000 年来，天津先民同黄河流域地区的先民一样，在适应大自然的进程中，一代接着一代从远古走向文明，步入城市；通过展览能够知道天津人文的由来，找到天津城市的历史文化根脉。

这个展览分为三个部分。第一部分"天津的古环境"，介绍了全新世以来天津历史文化产生发展的环境背景。第二部分"天津人文的由来"，讲述了从新石器时代到明清时期天津历史文化的概貌与发展过程。第三部分"留住天津的根"，介绍了 1962 年以来全市三次文物普查所发现的文物资源，强调文物保护的重要性，处理好城市建设与文物保护的矛盾，见图 7.2.2-1、图 7.2.2-2。

图 7.2.2-1 "天津寻根——天津考古四十年特展"

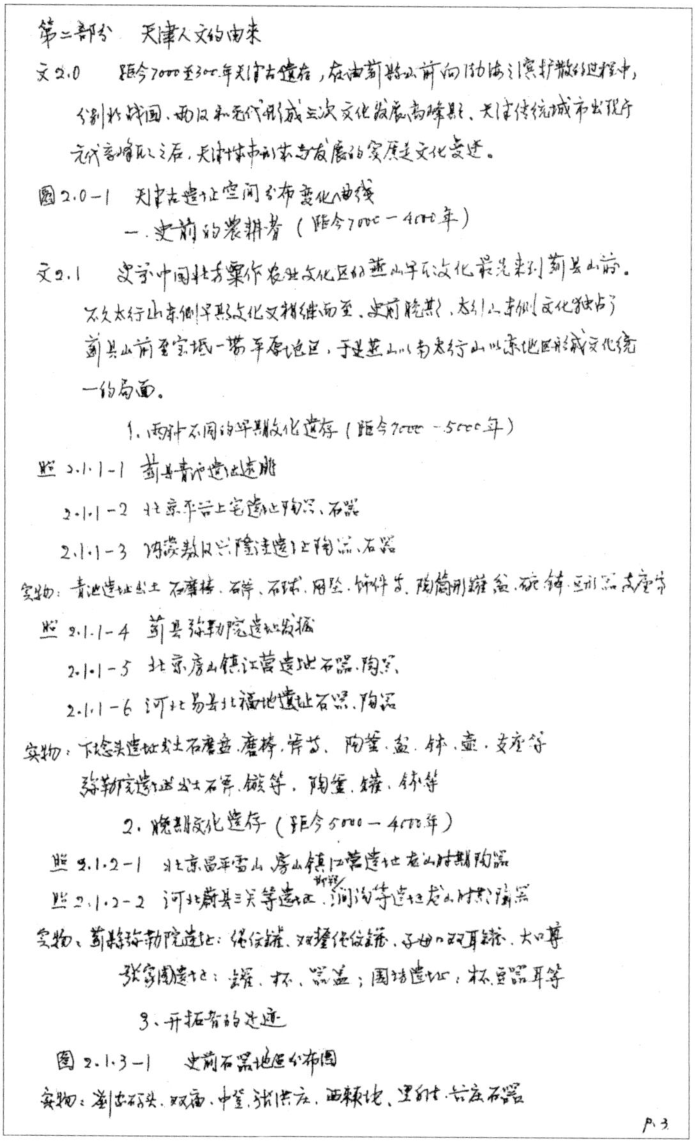
第二部分 天津人文的由来
文2.0 距今7000至300年天津古遗存，在由蓟县山前向渤海之滨扩散的过程中，分别于战国、西汉和元代形成三次文化发展高峰期。天津传统城市出现于元代高峰期之后，天津城市的出现与发展的实质是文化变迁。
图2.0-1 天津古遗址空间分布变化曲线
一、史前的农耕者（距今7000—4000年）
文2.1 史前中国北方粟作农业文化区的燕山南麓文化最先来到蓟县山前。不久太行山东侧早期文化又相继而至。史前晚期，太行山东侧文化独占了蓟县山前至宝坻一带平原地区，于是燕山以南太行山以东地区形成文化统一的局面。
1. 两种不同的早期文化遗存（距今7000—5000年）
照2.1.1-1 蓟县青池遗址远眺
2.1.1-2 北京平谷上宅遗址陶器、石器
2.1.1-3 内蒙敖汉兴隆洼遗址陶器、石器
实物：青池遗址出土石磨棒、石斧、石球、网坠、饰件等，陶筒形罐、盆、碗、钵、豆形器、支座等
照2.1.1-4 蓟县弥勒院遗址发掘
2.1.1-5 北京房山镇江营遗址石器、陶器
2.1.1-6 河北易县北福地遗址石器、陶器
实物：下埝头遗址出土石磨盘、磨棒、斧等，陶釜、盆、钵、壶、支座等
弥勒院遗址出土石斧、镞等，陶釜、罐、钵等
2. 晚期文化遗存（距今5000—4000年）
照2.1.2-1 北京昌平雪山、房山镇江营遗址龙山时期陶器
照2.1.2-2 河北蔚县三关等遗址、邯郸涧沟等遗址龙山时期陶器
实物：蓟县弥勒院遗址：绳纹罐、双鋬绳纹罐、子母口双耳罐、大口尊
张家园遗址：罐、杯、器盖；围坊遗址：杯、豆、器耳等
3、开拓者的足迹
图2.1.3-1 史前石器地点分布图
实物：刘家坟头、双窗、中营、张贵庄、西棘坨、里钓台、台庄石器
P.3

图 7.2.2-2 笔者写的“天津寻根”陈列大纲手稿

举办这个展览的目的，旨在向当代天津人昭示天津古代先民为推动历史发展所付出的艰辛与时光，激发我们对先人们的崇敬和对家乡的热爱，在美的享受中，获得对天津历史与文化的正确认识，同时提高文物保护意识。

展览运用大量出土文物，表现人类历史的发展过程，注重分析和阐

述人类活动规律与自然环境变迁的有机联系，为进一步认识天津的历史与文化的发展脉络，提出一个新的具有启发性的研究视角和方法。

天津人文的由来①

六十年前，一位学者想在史籍里钩稽出天津的历史，翻遍各种文献，但只能从《金史》中找到最早的记录。

五十年前，一位研究华北地理的学者指出，九百年前现今天津附近还是一片汪洋大海，天津市区以西那个时期还没形成陆地。

四十年前，四位搞考古的年轻人挖开天津东郊张贵庄南边的蛤蜊坨子，欣喜地发现了埋在贝壳里的木棺、人骨和土红色或铁灰色的陶器。已有的知识告诉他们，那是战国时期燕国的遗存。

张贵庄古遗存给年轻人带来对天津历史、地理的疑问与思考，同时也引起一些人的怀疑与偏见。在一片啧啧声中，开始了以田野发掘为基本特征的天津考古。天津人从哪里来，天津文化从哪里来的文化寻根也由此开始。

史前和历史时期人类文化遗存是一部历史。考古学家不但用他们的发掘铲揭露遗址，搜集遗物，而且把田野所获的遗存置于人类文化漫长的序列之中，并致力于对文化变迁过程和原因的探索。

距今一万多年，地质史的全新世已经到来，最后的冰期结束，全球气候开始迅速变暖，整个新石器时代比现今还要温暖湿润。那时的华北地区年平均气温比现今高 2～3 摄氏度，年降水量竟然要多出 200 毫米。华北地区居民告别了穴居和狩猎，来到浅山丘陵及山前平原地带，创造了粟作农业文化。

从蓟县州河流域已发现确认出两种农业文化传统：距今 7000—6000 年的青池遗存和距今 6000—5300 年的下埝头、弥勒院遗存。这是目前天津最早的人类文化遗存。它们分别和燕山北麓与太行山东麓的史前文化

---

① 陈雍：《天津人文的由来》，冯骥才主编：《天津老房子·东西南北》，天津杨柳青画社，1998 年。

有着某种联系，同时又具有显著的自身特征。

农业的发展扩大了人类的活动范围。距今 5000—4000 年的遗存，由蓟县山前平原扩展到宝坻河湖冲积平原。

大约距今 4000 年开始进入了历史时期。考古学上的重要发现是青铜器的出现。以蓟县张家园、围坊、刘家坟为代表的青铜文化遗存，几乎覆盖了整个蓟县和宝坻、武清部分地区。这类遗存从北方青铜文化中鉴别出来，遂使天津地区夏商时期文明的研究成为可能。

商代末期，气温再次变冷，迫使北方草原地区居民大举南迁。随着北方青铜文化南渐与商文化内缩，姬周文化乘势占领华北地区。周人在北京琉璃河建立燕都后，燕山南麓地区的土著文化和姬周文化很快融合，产生出以蓟县张家园上层、围坊上层为代表的两种青铜文化。在宁河俵口也能寻到这类遗存的踪迹。姬周文化青铜器墓葬在这类文化区域内凸现，准确地说明了当地土著文化是怎样被涵化的。

蓟县西山北头出土的青铜短剑和津南巨葛庄出土的陶鬲，昭示着春秋时期山戎文化与东周文化北南对峙的局面。

战国时期的燕文化遗存普遍存在于天津地区。值得注意的是，齐文化也曾一度侵入海河以南地区。宝坻秦城和蓟县秦戈，为秦人统一中国的东进路线提供了物证。

天津地区汉代遗存的发现，可以追溯到清光绪十三年（1887 年）。修筑唐山通往塘沽海口的铁路途径芦台镇时，发现一座西汉竟宁元年砖墓。迄今考古发现的汉代遗存，不论是海河以南地区，还是海河以北地区，从西汉初到东汉末一直连续不断。汉王朝的郡县制，在天津地区留下静海汉城、武清汉城和蓟县汉城。这些城址和文献记载的对应问题，让考古学家、历史学家伤透了脑筋。

魏晋隋唐遗存的点点片羽，撒落在海河南北地区。它们宛如一串省略号给遗存所反映的历史抹上了一片朦胧。

金元时期运河上的柳口、河西务和海河上的大直沽、小直沽，构成散点式聚落布局。河与海为这些地方带来人口和文化。战争打破这种格局，天津城拔地而起。它和远处的长城遥相呼应，保卫着北京城。天津城鼓楼早晚一百零八杵洪亮的钟声，伴着传统时期城市前进的脚步走向新的时期。

如果把迄今发现的古遗址逐一标注在天津地图上，就能清楚地看到，它们主要分布在从蓟县山前到渤海岸边的三大块平原上。北部浅山及山前平原上最早的遗存是 7000 年的蓟县青池和 6000 年的下埝头。中部河湖冲积平原上最早的遗存是 4000 年的宝坻牛道口。南部滨海平原的情况有所不同。牡蛎礁平原最早的宁河俵口遗存的年代接近 3000 年(西周)、贝壳堤平原最早的巨葛庄遗存的年代不会早于 2500 年(春秋)。靠近海年轻的上古林贝壳堤上的古遗存年代，只有 700 年左右(金代)。于是出现了规律：遗存年龄越老的越靠近山，年龄越轻的越靠近海。根据这一规律，参考北京市、河北省的万年遗存的生存环境，可以预言，天津的万年遗存就沉睡在蓟县的老山里，等待着考古学家去唤醒。

谁能如此摆布数千年的遗存？是大自然使然，是人类对环境的适应？地质学家从大量的地质资料里分析出这样的事实：滥觞于全新世早期的黄骅海侵，曾经吞没渤海湾西岸大片土地。距今 6000—5000 年，海侵达到高峰以后，海平面转向回落，海进变为海退，时至今天仍然处在海退的过程之中。分布在海河以南平原上的一道道贝壳堤，是渐次海退留下的痕迹。渤海的海进海退和平原成陆，成为古遗存赖以存在的广阔环境背景。天津考古研究从地质学那里找到古遗存由山向海推移的原因。

正当考古学家脸上刚刚露出喜悦，地质学术界又提出新的科学假说：贝壳堤形成的机理，其初期阶段可归入障壁岛范畴，并不是仅传统观点所认为的沿岸堤类型。地质学传统观点受到有力冲击，也使天津考古研究变得十分尴尬。天津考古只有和自然科学密切结合，才有可能找到古遗存历史的真实。

进化论、传播论和环境论等理论模式，可以把离散的古遗存变为一个较为完整的文化系统。现代科学技术可以为考古学考察这一系统提供新的手段。对天津史前和历史时期文化、历史追溯与解释这种真正意义的文化寻根，只能来自考古学。

四十年来，我们一直在努力地发现、研究天津的古遗存。与此同时，又眼看着地下的遗存与地上的文物被浅薄、浮躁、急功近利不时地破坏掉。若干年以后,生活在摩天大楼丛林里的天津人,有一天突然发现,自己的城市竟是建在荒漠上;再过若干年,可能有人会冒出历史为何物的问题。念及此,那么今天的天津人应该为我们这座历史文化名城做些什么呢?

天津古代史要略(提纲)

第一章　绪论

天津域内最早的考古遗存(目前发现最早的考古遗存为距今 8000 年)——时间上限;第二次鸦片战争(1860 年)——时间下限。

距今 1.2 万年以来,全新世海进与海退,海陆变迁,古海岸线与贝壳堤、牡蛎礁。大暖期结束,气候由温湿变为干冷。

古黄河分别于夏商、汉代、北宋三次从天津附近入海。

天津考古遗存呈现出规律性分布:遗存年龄越老的越靠近山脉,年龄越年轻的越靠近海洋,见图 7.2.2-3。这个分布规律显示出,天津古代先民随着全新世海退,从燕山南麓不断向渤海之滨迁移的历史过程。分析和阐述人类活动规律与自然环境变迁的对应关系。

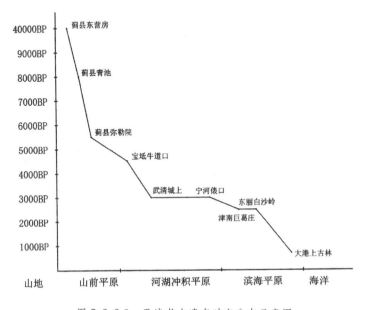

图 7.2.2-3　天津考古遗存时空分布示意图

中国大历史视野下的天津古代史。国家形态、政治轴心、地理位置。

第二章　史前时期

距今1.2万年——地质学全新世、考古学新石器时代、历史学史前时代。渤海发生海进，天津地区开始经历从陆到海、由海到陆的地质环境变迁。史前人类活动受到地质环境及其变化的制约。

距今8000年，当渤海湾西岸和西北岸还是一片汪洋的时候，燕山部落集团的一支在今蓟县青池村附近定居，过着以种植粟谷为业的生活。

蓟县青池遗址。该遗址出土的陶罐，见图7.2.2-4。

图7.2.2-4　蓟县青池遗址出土的陶罐（刘健提供照片）

距今6000年，太行山部落集团的一支在今蓟县下埝头村附近定居，另一支在今蓟县弥勒院村附近定居，他们过着同样的粟作物农业生活。

蓟县下埝头遗址、弥勒院遗址。

距今6000年左右，海进达到高峰后，海平面转向回落，海进变为海退。海水从其侵入陆地的边界（宝坻—武清—沧州一线）后退，渤海湾西岸和西北岸逐渐形成。海退后露出的陆地上，留下史前开拓者的足迹。

宝坻、宁河、武清、北辰发现的石器地点。

第三章　夏商周时期

距今4000年左右，全新世大暖期结束，气候由温湿向干冷转变。中国历史进入历史时期，考古学青铜时代。

夏商时期，燕山南麓地区活跃着以蓟县张家园早期青铜文化为代表的土著。

蓟县张家园遗址。该遗址出土的陶鬲，见图 7.2.2-5。

图 7.2.2-5　蓟县张家园遗址出土的陶鬲（刘健提供照片）

西周初期，周天子封召公于北燕，在今北京房山琉璃河建燕都。天津北部地区纳入燕国版图。以蓟县张家园晚期青铜文化为代表的土著步入早期国家社会。

蓟县张家园遗址。该遗址出土的青铜簋，见图 7.2.2-6。

第四章　春秋战国至汉唐时期

春秋晚期，燕国势力范围扩大到天津大部分地区。北方的山戎一支来到蓟县山前。

战国时期，海河南北几乎全被燕国占领，静海、武清、宝坻、蓟县均发现战国燕城。齐国曾恃一时之勇，插足于海河南部地区。静海西钓台等地发现的齐国遗存。

图 7.2.2-6　蓟县张家园遗址出土的青铜簋（刘健提供照片）

秦国统一六国，宝坻秦城遗址（燕和秦）。

中央集权郡县制，西汉王朝置渤海、北海、东海三郡。文献记载，天津域内有东平舒、泉州、雍奴、无终县。

静海、武清、宝坻等地发现的汉代城址，静海、武清、宝坻、蓟县

图 7.2.2-7　静海县东滩头汉墓
出土的陶灯（刘健提供照片）

等地发现的汉墓群。静海县东滩头汉墓出土的陶灯，见图 7.2.2-7。

东汉末年，曹操与袁氏作战，北征乌桓，在河北平原开凿运渠，把原先分别入海的各个河流联结在一起。文献记载有漂榆邑、角飞城等小城邑。考古发现宁河城顶子、东丽务本等小城址。

隋凿运河，唐兴海运。天津地区隋唐遗存相对集中分布在静海和东丽、大港靠近隋唐海岸线向陆的一侧，以军粮城一带最为密集。推测文献记载的唐"三会海口"可能在军粮城附近。

第五章　宋辽金元时期

宋、辽据界河南北对峙，宋设寨铺（军事据点）把守。调查发现当城寨、泥沽寨、三女寨遗址。辽大修佛塔寺庙，遗留下蓟县独乐寺、白塔、福山塔，宝坻广济寺遗址，武清大良塔址等建筑遗存。

金迁都燕京（中都，今北京），漕运粮米，以给燕京。潞河通漕后，直沽（今天津）成为漕运枢纽。金在海河干流地区（三岔河口至直沽海口）设直沽寨，以重兵把守。金直沽寨遗址有待发现。武清县齐庄遗址出土的金代瓷观音像，见图 7.2.2-8。

元定都大都（今北京），大兴河海漕运，大都官庶军民食粮无不仰给江南。直沽是大都门户、大运河枢纽、海运终点，地理位置相当重要。

元朝改直沽为海津镇，在大直沽设接运厅、临清万户府负责岁漕和防务。在大直沽、小直沽敕建天妃宫，祈求天妃神灵护佑漕运安全。据考古发现推测，海津镇可能在大直沽一带。武清县十四仓遗址出土的元代瓷罐，见图 7.2.2-9。

图7.2.2-8　武清县齐庄遗址出土的
金代瓷观音像（刘健提供照片）

图 7.2.2-9　武清县十四仓遗址出土的
元代瓷罐（刘健提供照片）

大直沽中台遗址、天妃宫遗址。

第六章　明清时期

明永乐二年(1404 年)，设天津卫。永乐三年(1405 年)，筑城，设天津右卫。永乐四年(1406 年)，设天津左卫。天津卫城建筑为传统的"宫(官署)北市(集市)南"格局。明代城市的政治中心在城内北部，尚未形成城市的经济中心，是一座消费型军事城市。

清雍正三年(1725 年)，改天津卫为天津州，天津城市由军事转为行政。雍正九年(1731 年)，升州为府，府治置天津县。天津城市等级提高后，职能范围扩大，人口迅速膨胀，城市空间向城外和沿海河向西北、东南扩展。城市出现两个中心：政治中心在城内，经济中心在城东门外至北门外沿河一带。清代中期以后，城市经济职能由为城市服务转变为为区域服务，成为华北区域经济中心。

明清天津故城。

清咸丰十年(1860 年)，英法联军攻占大沽，天津被迫辟为通商口岸，成为近代城市。

大沽炮台遗址、大沽船坞遗址。

第七章　留住天津的历史

人们往往建设今天的同时破坏着过去。历史过程中的当代人，只有解决好建设与破坏的矛盾，才能担负起继往开来的历史使命。

　　陈雍：这个提纲写于 1999 年 2 月。我打算写本《天津古代史要略》小书，后来忙于天妃宫遗址保护，写书的事就撂下了。

　　我在 1994 年至 2004 年的十年里，主要撰写了《天津考古随笔》①《天津人文的由来》②《天津市考古五十年》③《天津古代史要略》（提纲）《考古的天津》④等。并将考古成果转化为展览，先后撰写了《天津寻根——天津考古四十年特展》⑤《海洋的旋律》⑥《天津人文说由来》⑦。此后，面向公众做了"考古的天津""天津文化遗产：寻找与守望"等专题讲座。

　　这里值得一提的是，2002 年冬天，我和天津电视台国际部两位编导搞了一个九集系列纪录片《发现天津》的企划案。主题是天津考古，考古发现天津的历史、天津文化的血脉、天津城市的根。采用倒叙历史的方法，由今及近到古，倒着历史顺序讲故事，体现出考古地层学思想。每集突出一对主要矛盾，九集形成一个完整的时空框架。这是我和媒体人打交道时间最长、最为深入的一次公共考古实践。

---

① 陈雍：《天津考古随笔》，《天津史志》，1994 年第 2、3、4 期。

② 陈雍：《天津人文的由来》，冯骥才主编：《天津老房子·东西南北》，天津杨柳青画社，1998 年。

③ 陈雍：《天津市考古五十年》，文物出版社编：《新中国考古五十年》，文物出版社，1999 年。

④ 陈雍：《考古的天津》，吉林大学边疆考古研究中心编：《庆祝张忠培先生七十岁论文集》，科学出版社，2004 年。

⑤ 陈雍：《天津寻根——天津考古四十年特展》，天津市历史博物馆陈列大纲，1998 年。

⑥ 陈雍：《海洋的旋律》，元明清天妃宫遗址博物馆陈列大纲，2002 年。

⑦ 陈雍：《天津人文说由来》，天津博物馆陈列大纲，2004 年。

天津历史文化名城的大历史①

2003 年 8 月，我在天津市纪念建城 600 周年活动筹委会办公室咨询组第一次全体会议上的发言中，首次提出天津历史文化名城的大历史概念。

我认为，这次活动应该体现彰显个性、提升形象、扩大影响的目的。彰显个性，包括历史层面和当今时代两个方面。就历史层面而言，可以分为三个时段：万年以来天津先民对环境适应的人文历史，千年以来天津城市的形成发展历史，百年以来天津城市近代化和天津人民斗争的历史。提升形象，关键是天津文化的定性。不要把浅表或局部的文化现象作为天津文化的特性，而应根据内蕴的文化结构或文化模式做出科学的界定。在具体宣传上，可以分出层次和重点，以达到提升形象、扩大影响的目的，见图 7.2.2-10。

中共天津市委办公厅

陈雍 同志：

您在天津市纪念建城600周年活动筹委会办公室咨询组第一次全体会议上的发言，我们进行了初步整理，现发去，请进行修改、补充和完善后，于8月12日前退市委办公厅会议处。我们将汇总整理后印发市有关领导同志和有关部门参阅。

中共天津市委办公厅
2003 年 8 月 6 日

陈雍同志的发言

我建议这次活动应该体现彰显个性、提升形象、扩大影响的目的。彰显个性，包括历史层面和当今时代两个方面。就历史层面而言，可以分为三个时段：万年以来天津先民对环境适应的人文历史，千年以来天津城市的形成发展历史，百年以来天津城市近代化和天津人民斗争的历史。提升形象，关键是天津文化的定性。不要把浅表或局部的文化现象作为天津文化的特性，而应根据内蕴的文化结构或文化模式做出科学的界定。在具体宣传上，可以分出层次和重点，以达到提升形象、扩大影响的目的。

图 7.2.2-10 笔者在天津市纪念建城 600 周年
活动筹委会办公室咨询组第一次全体会议上的发言摘要

---

① 从《天津历史文化名城的大历史》至《天津历史文化名城整体保护的几个问题》等 5 篇文章，是 2003 年至 2019 年，笔者在有关会议上的发言摘要和讲话稿。

天津历史文化名城保护存在的问题

天津是 1986 年国务院公布的国家历史文化名城。截至 2007 年统计，经天津市文物局登记备案的不可移动文物 1400 余处，其中全国重点文物保护单位 15 处，省(直辖市)级文物保护单位 113 处，区县级文物保护单位 155 处，以及世界文化遗产 1 处。

天津的不可移动文物时间序列完整，从距今万年以上的旧石器到距今百年的近现代文物，真实地记录了天津地区人类从山地向海洋不断拓展生产生活空间的历史过程。这些不可移动文物的构成和分布形成天津不可移动文物的基本特点。古代文物占不可移动文物总数 60%，近现代文物占不可移动文物总数 40%，近现代文物的 20% 为工业遗产；古代文物的 90% 分布在有农业的 12 个区县，近现代文物的 85% 分布在市内 6 区。每百平方千米文物分布密度为 11.7。市内 6 区高密度分布的不可移动文物，又以近现代文物占绝大多数。

以各级文物保护单位和历史文化名城为核心的天津历史文化遗产，集中体现了中国优秀传统文化，反映了天津城市发展的空间演变过程以及城市发展与环境变迁的关系，是天津市可持续发展的不可再生的重要文化资源。

数据显示，2003 年天津市城镇化率为 41.5%，到 2008 年将达到 55%；天津市人均生产总值，2003 年为 3126 美元，2007 年超过 6000 美元，到 2010 年将超过 8000 美元。我市在很短时期内城镇化迅速发展，人均生产总值快速上升。与此同时，文物和历史文化名城受到了很大的冲击，文物和历史文化名城保护进入了非常关键的时期。需要指出的是，这种冲击和城市建设具有一定的相关性，但建设和破坏间不存在必然的因果关系。在这种形势下，正确处理好城市建设与文物和历史文化名城保护的关系，对于学习实践科学发展观，保持经济社会全面、协调、可持续发展，具有十分重要的意义。

当前天津市文物和历史文化名城保护方面主要存在以下问题：

(1)文物保护与城市建设的矛盾日益突出。在城市建设中拆除、损毁和所谓"迁建"包括各级文物保护单位在内的不可移动文物的现象屡屡发生。自 1982 年《中华人民共和国文物保护法》颁布以来，市内 6 区已有近 200 处(以 2006 年 9 月《人民政协报》署名文章披露的数据为基础)不可移动文物在城市建设中未经批准被拆除，其中直辖市级、区县级文物保护单位占有一定的比例，近年来破坏的速率还在不断加快。特别值得注意的是，那些已被拆除的文物保护单位从手续上至今未被撤销，由此造成我市登记备案的文物保护单位数量与实际情况不相符。另外，由于文物保护法律法规规定了文物保护单位的拆除、迁移要经过严格的审批程序，因此为了规避法律规定，在拆改文物保护单位之前采取了撤销文物保护单位的做法。

(2)在全国重点文物保护单位的保护范围或建设控制地带内施工的行为时有发生，为此受到国家文物主管部门的批评或执法督察。未经主管部门审批，以及未经考古工作，在可能埋藏文物的区域进行大型建设工程和开发项目的行为，严重危及了地下文物的安全。

(3)"无保护身份"建筑的保护问题日益突出。所谓"无保护身份"建筑，是指目前尚未依据《文物保护法》确认的不可移动文物，以及尚未依据《天津市历史风貌建筑保护条例》确认的历史风貌建筑，但是这些建筑具有一定的历史、艺术、科学价值，是历史文化名城的重要组成部分。不容否认，这是历史原因造成的结果，但这种结果不具有合理性，绝不能因其没有保护身份而轻易将其拆毁、破坏。

(4)保护与利用的矛盾日益突出。市内历史文物建筑经腾迁、维修后，有的改变了原用途或不合理开发，尤其是政府主管部门委托企业对国有不可移动文物进行腾迁、维修，改变建筑原貌和用途的做法值得讨论和深思。

(5)"保护性破坏"的问题日益突出。以陈旧理念、落后手段实施的文物建筑修缮工程，或是未经认真复原考证，对历史建筑进行随意复原，或是没有报批手续、未按有关规定设计、没有设计和施工资质的修缮工程，对不可移动文物、历史建筑造成很大的破坏，目前这方面的案例逐渐增多。

（6）价值取向和保护原则方面的矛盾日益突出。在"重近轻古"思想的作用下，天津古代城市的核心地区被整体拆除，在老城厢地区大造假古建。在"重洋轻中"思想的作用下，租界殖民文化被盲目宣传，"意式风情区""法式风情区"等错误提法充斥公众视听，价值观方面存在一定的问题。

（7）历史文化名城整体保护问题日益突出。以单体建筑保护替代历史文化街区保护，以少数历史风貌街区保护替代整个历史文化名城的保护，只注意建筑本体保护，忽视或无视历史文物建筑与历史文化街区的背景环境（往往是建筑之间互为环境）及文化生态、人文精神的保护，天津历史文化名城的真实性和完整性，遭到严重损害。

存在问题的根本原因：一是不能严格遵守《文物保护法》《历史文化名城名镇名村保护条例》，二是至今没有出台《天津市历史文化名城名镇名村保护条例》。

天津大运河遗产的初步认识

2006 年 5 月，国务院公布包括天津在内的京杭大运河为第六批全国重点文物保护单位。同年 12 月，国家文物局将大运河（隋唐大运河与京杭大运河、浙东运河）列入中国世界文化遗产预备名单。

大运河遗产可以根据遗产与运河的地理相关、功能相关和历史相关进行分类。遗产的时间下限暂定在 1949 年以前。遗产主要类别包括大运河本体及历史运河线路，跟大运河水利、交通有关的人工建筑物、构筑物及附属物，跟大运河有关的古代沉船及沉积文物，大运河沿线的古代遗址与墓葬，大运河沿线的古代与近代社会生产、生活建筑及其遗存，以及大运河文化景观。遗产中还应包括现存的因大运河而生的历史城镇、村落。

天津境内的大运河是元代开通的京杭大运河，部分河段可能是金代运河，金元以来的河道有不同程度的变化。山东临清至天津的南运河和北京通州至天津的北运河，在天津市区三岔河口交汇入海河。《天津通志·水利志》记载的天津境内京杭大运河的长度，是水务部门管理河道的长度，而不是天津境内大运河的实际长度，实际长度数据目前还没有公布。

反映大运河古代水利、航运的建筑物和构筑物，目前仅存静海靳官屯九宣闸(始建于清光绪七年〈1881 年〉，20 世纪 80 年代进行了彻底改造)以及"南运减河靳官屯闸"碑(清光绪十七年〈1891 年〉)。武清筐儿港坝(始建于清康熙三十八年〈1699 年〉，扩建于清雍正六年〈1728 年〉)及清康熙御书"导流济运"碑(康熙四十九年〈1710 年〉)，清乾隆御书"阅筐儿港减河水坝作诗"碑(乾隆三十二年〈1767 年〉)，此碑上后增刻乾隆三十五年(1770 年)、三十八年(1773 年)视察筐儿港坝诗二首。以及和大运河有关的古代碑刻，如明"重修玄帝庙记"碑(武清)、清"重修河神庙记"碑(武清)、清"河捐晓谕"碑(武清)、清"东西双塘义渡记"碑(静海)、清"乾隆钓台诗"碑(静海)等。

目前掌握的和大运河有关的古代沉船线索主要集中在杨村以北地段，有 7 处：杨驸马村沉船、三角坝沉船、陈庄村沉船、双树村沉船、五街沉船、东西仓沉船、聂官屯村沉船。据《中国文物地图集·天津分册》记载，沉船内出土的遗物多为元代，船体保存基本完好，现仍埋在地下。

根据《中国文物地图集·天津分册》统计，天津境内大运河沿线分布的隋唐至元明清时期的遗址、墓葬约 50 处，最重要的有十四仓遗址、旧县遗址等。最近的考古调查表明，大运河沿线有古代遗址近 100 处。

和运河关系最为密切的宗教建筑是两座元代敕建的天妃宫。东庙始建于元代前至元年间，今为遗址博物馆，天妃宫遗址为全国重点文物保护单位。西庙即天后宫，始建于元代泰定年间，今为民俗博物馆，天津市(省级)文物保护单位①。

沿大运河两岸分布着 10 余座明清时期修建的清真寺，在大运河沿线中形成令人瞩目的文化现象。静海唐官屯清真寺，建于清代晚期，20 世纪 90 年代重修。河北区金家窑清真寺，建于明万历二年(1574 年)，清

---

① 　现为全国重点文物保护单位。

光绪、民国重修，是市区内年代最早的清真寺。红桥区清真大寺，建于清康熙四十二年(1703年)，历经多次修葺，是天津现存规模最大的清真寺，天津市(省级)文物保护单位。红桥区清真南大寺，建于清道光二年(1822年)，1940年重修、扩建。北辰区天穆清真南寺，建于清咸丰四年(1854年)，1988年重建。天穆清真北寺，建于明永乐二年(1404年)，1988年重建。武清区杨村清真寺，《文物地图集》记载为清乾隆年建，据礼拜殿顶琉璃瓦上戳记，应不晚于清雍正八年(1730年)。武清区河西务清真寺，建于清代晚期，20世纪90年代重修。值得注意的是，南运河上的杨柳青镇从古至今没有清真寺。这些清真寺与大运河的相关性，非常值得研究。

沿大运河还有不少佛教、道教建筑。如河北区的大悲院，清顺治十五年(1658年)修建，康熙八年(1669)重修，1940年扩建，今为天津市(省级)文物保护单位。南开区的玉皇阁，始建于明初，宣德二年(1427年)重建，今为天津市(省级)文物保护单位。杨柳青镇的文昌阁，明万历四年(1576年)始建，崇祯七年(1634年)、清咸丰十年(1860年)、1941年重修，今为天津市(省级)文物保护单位。

老三岔河口地区大悲院、金家窑清真寺和望海楼教堂共存，构成天津城市一个独特的文化现象。望海楼教堂，清同治八年(1869年)修建，1870年和1900年两次被烧毁，1904年重建，今为全国重点文物保护单位。

运河遗产在国际、国内是一个较新的研究领域。联合国教科文组织、国际古迹理事会、世界遗产委员会等国际组织对于运河遗产都有密切关注和广泛研究。国际上对运河的研究有两种取向，一是把运河遗产作为世界遗产研究，主要从科技历史角度来研究，研究成果体现在国际产业遗产保护委员会于1996年制定的《国际运河遗迹清单》。从这个角度来研究运河，突出了运河线路本身以及与其直接功能相关的构筑物和区域遗存。另一是把运河作为遗产廊道、文化线路来研究，强调文化遗产保护、生态保护、社会经济资源的利用。这样的研究是将历史、自然、经济、社会等多种因素综合考虑，目的是更好地利用遗产。

国际上这两种研究对于中国都是非常需要的，是做好大运河遗产调查和保护的理论支撑。一方面，大运河要申报世界文化遗产，就需要认真研究国际遗产组织关于运河遗产的相关理论、价值领域和评价标准。另一方面，要综合考虑运河遗产的保护生态效益与经济效益，落实生态游憩功能，就需要认真研究遗产廊道、文化线路的理论。

目前，需要全面调查采集天津大运河遗产信息，深入研究体现大运河遗产真实性和完整性的突出普遍价值。大运河是一种建筑整体、技术整体以及景观的杰出范例，是至今仍在使用的文化遗产，将它真实、完整地保存下去是我们义不容辞的历史责任。

陈雍：2019 年 11 月 29 日，天津规划和自然资源局公示《天津市历史文化名城保护规划（2020－2035 年）》（征求意见稿）称：京杭大运河天津段总长约 195.5 千米，包括北运河和南运河两个区段，在三岔河口与海河相连通，其中列入世界文化遗产的河道遗产为北运河段、南运河段、三岔河口，全长 71 千米。

天津历史文化名城的基本特征

1982 年，《国务院批转国家建委等部门关于保护我国历史文化名城的请示的通知》公布北京等 24 个城市为第一批国家历史文化名城。1986 年，国务院公布上海、天津等 38 个城市为第二批国家历史文化名城。同时强调，在现代化建设中切实保护好优秀的历史文化遗产，加强精神文明建设，发展旅游事业，是十分必要的。

国家历史文化名城公布以后，城市历史与城市文化引起许多学者的关注。一阵阵城市季风刮起来，"我不知道风，是在哪一个方向吹"，跟着京派与海派的风，天津刮起了卫派风，一时间，"码头文化""市井文化"成了"卫派文化"的代表。

根据六十多年的天津考古发现与研究，在中国城市里，天津是一个极具个性的城市，可以用"一三五三"四个数字概括出这座历史文化名城的基本特征。

一，即一个人地关系的大规律。10 万年以来的考古遗存，从燕山到渤海渐次分布。目前，天津境内发现的古代遗存年代为距今 200 年至 10 万年，分布在从北部蓟州山地到南部滨海平原的范围里，遗存年龄越古老的越靠燕山，年龄越年轻的越靠近渤海。

三，即三个时段的大历史。长时段的"万"，中时段的"千"，短时段的"百"。10 万年以来天津先民适应环境的人文历史，千年以来天津城市的形成发展历史，百年以来天津城市近代化和天津人民斗争的历史。

五，即五个层级的古代城市体系。按人口数量和地理单元相关性，天津古代城市分为五个层次等级。我在《明清天津城市结构的初步考察》一文中，通过城市社区、人口、生态，大致按照各级"中地"的人口数量和相互间距离，把明清天津城市分为小村、村庄、乡镇、城镇、县城五个层级。各级"中地"强烈地表现出"亲河"的特性，级别越高的亲河性越强，离河越近的人口越多。①

三，即三元结构的近代城市。天津开埠后，城市布局形成中、外、新三个板块。中，指 1404 年始建的天津卫城；外，指 1900 年至 1915 年，俄、意、奥、英、法、德、日等 9 国在天津设立的租界；新，指 1902 年以后建成的河北新区。明清天津卫城是根本，九国租界是侵入，河北新区是变异。在中国历史文化名城里，天津具有极其鲜明的个性。

天津历史文化名城整体保护的几个问题②

历史文化名城是我国文化遗产的重要组成部分。历史文化名城及其依存环境应被视为一个相互联系的统一体，包括名城所依存的自然生态环境和历史文化环境，以及城市建筑系统和城镇体系。所谓整体保护，是指保护这个相互联系的统一体。

---

① 陈雍：《明清天津城市结构的初步考察》，《城市史研究》第 10 辑，天津古籍出版社，1995 年。

② 陈雍：《天津历史文化名城整体保护的几个问题》，《天津文史》，2021 年第 3 期。

（1）关于天津历史文化名城的自然生态环境和历史文化环境

天津北依燕山，东临渤海，古代城市选址定位在北流南运河、南流北运河与东流海河交汇处，地理位置重要。

《文物保护法》《名城保护条例》以及《威尼斯宪章》《保护世界文化和自然遗产公约》《华盛顿宪章》《西安宣言》等国际组织文件，强调了文物、名城、遗产所依存的"周边环境"。著名文物学家、国家文物局原顾问谢辰生的《对保护历史名城的建议》提出，保护历史文化名城，"一定要坚持保护环境和保护资源的基本国策，切实保护好生态环境和历史文化环境"[①]。

天津的自然地理基本特征为：北部是狭小的山地，中部是广袤的平原，东部是辽阔的海域。天津北部有蓟州国家地质公园、九山顶国家自然保护区、八仙山国家森林公园、盘山国家风景名胜区等山地类型自然遗产。天津东部有古海岸和近海湿地国家海洋保护区等海洋类型自然遗产。历史文化名城与自然遗产融为一体，彰显出人类与自然、过去与现在之间的和谐。

城市是人类适应环境的结果，社会发展一定阶段的产物。十万年的人文史、千年的城市史、百年的近代史（简称万、千、百），构成天津历史文化名城的历史环境。作为历史见证，应是天津历史文化名城的基本价值。

考古发现表明，10 万年以来的人地关系为：距今 10 万年至 2500 年的古代遗存分布在北部山地和山前洪积—冲积平原，距今 2500 年至 1000 年的古代遗存分布在中部河湖冲积平原，距今 1000 年至 200 年的古代遗存分布在东部滨海平原，概括说来，就是年老的遗存靠近山，年轻的遗存靠近海。这个规律是天津古代居民适应环境变迁的结果，尤其与 1.2 万年以来全新世海进和海退的关系最为密切。天津历史文化名城城镇体系的形成与发展，受到这一规律的制约。

---

① 谢辰生：《对保护历史名城的建议》，谢辰生：《文物何为》，中国文史出版社，2019 年。

  天津北部山区有世界文化遗产长城(图7.2.2-11),中部平原区有世界文化遗产京杭大运河(图7.2.2-12)。特别需要说明的是,天津市域内的长城为明代蓟镇长城一部分,总长度为40.3千米,整体公布为天津市(省级)文物保护单位,目前只有黄崖关段3.1千米列入世界文化遗产名录,天津不存在明代以前的长城。市域内的京杭大运河总长度为195.5千米,整体公布为全国重点文物保护单位,目前只有南北运河三岔河口段71千米列入世界文化遗产名录。因此,天津的长城、京杭大运河保护任重道远,还有很多工作要做。

图7.2.2-11　明长城蓟州段(刘健提供照片)

图7.2.2-12　南运河静海陈官屯段(盛立双提供照片)

（2）关于天津历史文化名城的城市建筑系统和城镇体系

依据《文物保护法》《名城保护条例》，天津历史名城的历史城区建筑系统由不可移动文物（包括建筑物、构筑物、遗址、史迹）、历史建筑、历史文化街区所构成。这个建筑系统依传统和形态，分为中国传统城区和近代外国（西洋和东洋）租界区、近代北洋新区三个类型（简称中、外、新）；依功能和结构，分为"一本二标"，即中国传统城区为本，近代外国租界区、近代北洋新区为标。当前亟待改变历史城区"本弱标强"的畸形现状。

名城、名镇、名村构成名城的城镇体系。著名考古学家、中国社会科学院考古研究所研究员徐苹芳说，《历史文化名城名镇名村保护条例》为什么要讲名城、名镇、名村，这是因为现代城镇体系是从古代城镇体系发展来的。从中国历史上看，古代文明形成以后出现城市，汉唐以后出现村落，宋代以后出现镇。我们今天的名城、名镇保护，应当根据古代城镇规划，采取整体保护。名城、名镇、名村保护的核心问题，是价值评估。

从历史上看，天津是一个双核城市。中国古代城市寺庙分为官方和民间两大系统，城隍庙、文庙、天妃（天后）宫属于官方系统，通常一座城市建一座。元朝在大直沽、小直沽各建一座天妃宫，表明当时存在两个政治文化中心。明朝在天津卫城建城隍庙，清雍正朝改为天津府城隍庙，并在大沽镇建城隍庙，表明天津在清代前期已具双核城市的雏形。20 世纪 80 年代，学术界提出天津城市是一个以中心城市为主核、滨海城市为次核的城镇体系结构，形象地称为"一个扁担挑两头"。基于这一认识，同时结合近年大沽海神庙遗址、大沽船坞旧址、大沽炮台旧址等不可移动文物保护的经验教训，大沽历史城镇地区应当适时纳入历史文化街区保护。

（3）立足于历史文化名城及其依存环境真实性的保护

国际遗产领域的真实性（或称原真性）概念，首先由《威尼斯宪章》提出。其后，特别是从《保护世界文化与自然遗产公约》实施以来，这一概念的内容已经大为丰富。今天，不仅适用于单体建筑，也同样适用于历史文化名城；不仅适用于历史文化遗产，也同样适用于自然遗产。

著名建筑学家、清华大学教授陈志华指出，从文物建筑是历史的见证这个基本价值观便可以自然地引发出文物建筑保护的根本原则，那就是，必须尽可能保护它们的原真性。《威尼斯宪章》第一段里写道："为子孙后代而妥善地保护它们（文物建筑）是我们共同的责任，我们必须保持它们的原生状态所包含的全部丰富内容。"只有保持着原生态的文物建筑才能真实地见证历史，失去了原生态的建筑是不可能作为历史的见证的，它们只能歪曲历史，而历史是不允许歪曲的。所谓原生态，指的是一件文物建筑保持着从它的建造起到登录为受保护的文物止（或此前某个有重大意义的历史剧变时刻止）所获得的全部有意义的历史信息以及文化、科学和情感价值。而从登录为受保护的文物起，它就不允许再有实质性的改变。《威尼斯宪章》因此要求"不可以改动文物建筑的平面布局和装饰""各时代加在一座文物建筑上的正当的东西都要尊重""任何一点不可避免的增添部分都必须跟原来的建筑外观明显地区别开来，并且要看得出来是当代的东西"。而且，它还要求保护文物建筑的"传统的环境"，也不得搬迁文物建筑，等等。陈志华提出的"从登录为受保护的文物起，它就不允许再有实质性的改变。"这是认定文物原状的基准，这个基准也同样适用于历史名城和历史街区。①

《国务院批转城乡建设环境保护部、文化部关于请公布第二批国家历史文化名城名单报告的通知》（1986 年）附件"天津历史文化名城简介"说："天津是我国北方重要的港口贸易城市、交通枢纽。从金、元时起，由于漕运兴盛促进商业繁荣而发展起来。明代在此设卫建城，进一步奠定了古城的基础。"

21 世纪初，在"有多少城市可以重来"的喧嚣声中，天津老城遭到毁灭性破坏。谢辰生 2009 年 5 月 18 日写给时任国务院主要领导的信中说："天津的问题也非常严重。天津作为历史文化名城，主要包括两个部分：一是老城，二是租界。近些年来，所谓老城区，如大胡同、官银号以及

---

① 陈志华：《文物建筑保护文集》，江西教育出版社，2008 年。

城里八大家的一些大院已基本拆光，甚至金钢桥也被拆掉。老天津卫基本不存在了。"①见图 7.2.2-13。

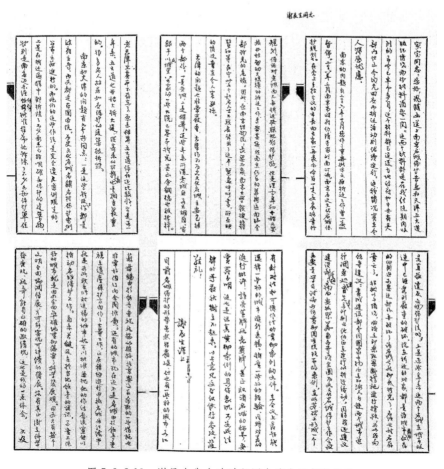

图 7.2.2-13　谢辰生先生致时任国务院主要领导的信

当下老城厢历史文化街区的问题是，新建鼓楼周围开辟的城厢中路、城厢东路和城厢西路，其平面布局和新起路名彻底颠覆了老城的真实性。"天津卫故城遗址"第二次全国文物普查核定公布为南开区 1—A1 不可移动文物②，第三次全国文物普查核定公布为南开区第 30 号不可移动文

①　李经国编：《谢辰生先生往来书札》，国家图书馆出版社，2010 年。

②　国家文物局主编：《中国文物地图集·天津分册》，中国大百科全书出版社，2002 年。

物①，它作为天津传统城市历史见证的特殊意义和重要价值是永远存在的。该遗址分布范围四至清楚，1901年天津城墙被拆除，此后城墙基址、顺城道路、城壕埋入环城的东、北、西、南四条马路下面，这四条马路是"天津卫故城遗址"的明确标识，"天津卫故城遗址"应该纳入老城厢历史文化街区的核心保护区范围内。只有这样，才能保证老城厢历史文化街区的真实性，否则老城厢历史文化街区就失去了存在的意义。当下需要提升"天津卫故城遗址"的保护级别，真正把保护落到实处，尽快研究老城厢历史文化街区的修复方案。

说到真实性，这里顺便说一下天津历史文化名城、文物古迹、自然遗产的真实性受旅游产品过度开发的威胁。天子津渡遗址公园、意式风情区或意大利风情旅游区、五大道观光马车、蓟州北齐长城、"早知有盘山何必下江南"等旅游景区建设和营销手段，对遗产本体真实性、环境真实性、知识层面真实性等方面造成了程度不同的伤害，这种现象应当尽快得到制止。

（4）立足于历史文化名城及其依存环境相协调的保护

据1846年刊印的《津门保甲图说》记载，在清代天津城市向东部滨海地区扩展的过程中，大沽成为万人以上的城镇，船户、军户、盐商的数量约占全体住户职业构成的半数左右。大沽海神庙、大沽船坞、大沽炮台等明清海防遗产是中国明清海防遗产的重要组成部分，对于研究明清两朝的海防思想、海防政策、海防战略、海防体系及造船、军工制度以及第二次鸦片战争史，有很重要的价值。另外，近代海洋化学工业遗产、临海铁路遗存、海口水利工程遗存等也相当丰富。

大沽历史城镇地区处于滨海环境，海岸带为泥质海岸类型，宽阔的潮间带培育出生物多样性，贝壳堤、古海岸遗迹、牡蛎礁、潟湖和近海湿地生态系统，在世界上极具典型性。对于研究海陆变迁、环境变迁，以及开发海洋经济，有着十分重要的科学价值和现实意义。

---

① 天津市南开区文件（南政发〔2013〕第10号）。

我在十几年前曾经说过，今天滨海新区建设是古代居民从燕山南麓逐步向渤海之滨扩展活动空间的历史过程延续；总结古代人类的行为模式与自然环境的关系，有助于正确认识当代人类行为使自然环境已经、正在和将要发生的改变。近年来，大规模的围海造陆，严重破坏了渤海湾西岸海岸带，自然生态环境遭到破坏，大沽历史城镇地区周边环境日益恶化，大沽海神庙、大沽船坞、大沽炮台距离海洋越来越远了。

《中国文物古迹保护准则》在"保护原则"中强调："与文物古迹价值关联的自然和人文景观构成文物古迹的环境，应当与文物古迹统一进行保护。"[1]《内罗毕建议》则具体指出："在导致建筑物的规模和密度大量增加的现代城市化的情况下，历史地区除了遭受直接破坏的危险外，还存在一个真正的危险：新开发的地区会毁坏临近的历史地区的环境和特征。建筑师和城市规划者应谨慎从事，以确保古迹和历史地区的景色不致遭到破坏，并确保历史地区与当代生活和谐一致。"[2]

（5）立足于历史文化名城及其依存环境可持续发展的保护

历史文化名城及其依存环境可持续发展有两层含义，一是历史名城及其依存环境在社会和经济可持续发展中，不断发挥重要作用；另一是在社会和经济可持续发展中，文化与自然遗产同时不断发展。著名环境与遗产经济学家、国务院参事徐嵩龄说："对于遗产保护与地方经济发展的关系，其正确理解是，两者应是相互依赖、相互协调、相互促进的。这实质上是一种可持续意义上的理解。这一认识不能仅停留于理论层面，而应体现于实践层面。"[3]

蓟州历史文化名城是考古学上所说的"城摞城类型"古城，自上而下叠压着明清、金元、辽代、汉代不同历史时期城址。20 世纪 90 年代以前，基本保留了古代城市格局和不同时期历史风貌。近年来，城市建设、

---

①　联合国教科文组织世界遗产中心、国际古迹遗址理事会、国际文物保护与修复研究中心、中国国家文物局主编：《国际文化遗产保护文件选编》，文物出版社，2007 年。

②　联合国教科文组织世界遗产中心、国际古迹遗址理事会、国际文物保护与修复研究中心、中国国家文物局主编：《国际文化遗产保护文件选编》，文物出版社，2007 年。

③　徐嵩龄：《第三国策：论中国文化与自然遗产保护》，科学出版社，2005 年。

房地产开发与旅游开发的威胁日益增加，新建的鼓楼广场破坏了古城中轴线，残留的古城墙受到不同程度损毁，古城格局和历史风貌只能依稀可辨。古城背后山上新建的大片楼房，盘山上为旅游新修建的道路和索道，威胁着人与自然之间长期作用产生的特殊文化景观。文化与自然遗产对本地区社会与经济可持续发展的重要作用，长期得不到正确认识，蓟州历史名城及其依存环境已经为经济增长付出了代价。

蓟州北部山区自然与文化遗产数量多、种类全、体量大，在国际国内具有独特性和唯一性。自然遗产前面已经说过，文化遗产可以举出旧石器遗址群、千像寺造像、千像寺遗址、明代长城蓟州段、静寄山庄遗址、清代皇家园寝、盘山抗战遗产等各级文物保护单位与世界文化遗产。蓟州北部山区潜在的世界文化与自然双遗产价值很大，亟待加强保护、整合与评估。当前要紧紧抓住长城国家文化公园建设契机，推进文物资源保护管理利用，促进蓟州历史名城及其依存环境可持续发展。

《保护和发展历史城市国际合作苏州宣言》指出："制定有效的保护政策，特别是通过城市规划措施，保护和修复历史城镇地区，尊重其真实性，一方面，是因为历史城镇地区集中保存着对不同文化的记忆；另一方面，这类城区能够使居民体验到文明由过去向未来的延续，可持续发展就是建立在这个基础上的。"[①]

马家店遗址发现与保护的艰难历程[②]

位于天津市红桥区的马家店遗址，是第三次全国文物普查新发现的"重要历史事件及人物活动纪念地"。它记录了清光绪二十五年（1899年），天津学者王襄、孟广慧等人在天津"西门外马家店"鉴定、购买殷墟甲骨的重要历史信息，成为甲骨文发现历史上的唯一坐标点。这里，将我亲历马家店遗址发现与保护的历程，作一简要回顾，并再次呼吁加强

① 联合国教科文组织世界遗产中心、国际古迹遗址理事会、国际文物保护与修复研究中心、中国国家文物局主编：《国际文化遗产保护文件选编》，文物出版社，2007 年。

② 陈雍：《马家店遗址发现与保护的艰难历程》，《中国文物报》，2020 年 1 月 10 日。

马家店遗址保护，尽快实现遗址的科学展示与合理利用，以此方式纪念殷墟甲骨文发现 120 周年。

(1) 缘起

1986 年初冬，天津市文史研究馆和天津社会科学院历史研究所邀请我参加"纪念王襄诞辰 110 周年座谈会"。甲骨学家胡厚宣在会上说："甲骨文是一八九九年冬发现的。当时，北京有王懿荣，天津有孟定生和王纶老(王襄)，最先识别蒐集甲骨。很长时期以来，一直说甲骨文是由王懿荣首先发现的，而对天津孟、王两位向未提及。应该指出，当王懿荣在北京开始蒐集的时候，天津的孟、王两位就已经蒐集了。"

1999 年 10 月，我应邀参加天津市文史研究馆、天津市政协文史资料委员会等单位组织召开的"纪念甲骨文发现百年暨纪念文化名人王襄座谈会"。会上，天津市文史研究馆馆员、书法家李鹤年对《华北日报·华北画刊》(1931 年 7 月 5 日)刊载的汐翁《龟甲文》提出质疑，认为殷墟甲骨文发现的历史应当"本着认真二字，实事求是"，要寻找孟广慧、王襄当年购买甲骨的"马家店"。

　　陈雍：最近在网上看到李颖《出土文献研究六十年——李学勤教授访谈录》(《汉语史与文献学微刊》公众号)，李学勤说：甲骨文的发现是近代学术史上的一件大事，它涉及甲骨学这门重要学术领域的肇端。有关如何发现甲骨文的故事引起人们的广泛兴趣。社会上曾流传过一个王懿荣吃中药，在龙骨上发现甲骨文的说法，我近来写了一篇小文章，名为《汐翁〈龟甲文〉与甲骨文的发现》，指出这是一个误传。

　　事情是这样的：1931 年 7 月 5 日《华北日报》的《华北画刊》上，刊登了一篇很短的文章《龟甲文》，署名"汐翁"。这篇文章讲到发现甲骨文的事，说得非常模糊，但很有戏剧性，后来大家都认可这个说法。现在，有人把这个题材拍成电影，拍成电视剧，都是按照这个路子来的。汐翁的那篇文章说，当时任国子监祭酒的王懿荣害了病，据说是疟疾，到北京的达仁堂中药店去买药。有一味药是龙骨。

《老残游记》的作者刘鹗当时寓居在他家里，发现龙骨上面有字，拿给他看，王懿荣就把北京市药店所有的龙骨都收集来了，差不多有五千片。故事基本就是这样子。

汐翁的这篇文章，几乎没有人看见过。我所知道的只有董作宾先生过去编的《甲骨年表》引了前面的一小段。里面有错字，还有一些修改。天津的一位老先生任秉鉴找到这个报纸，他给我寄了一份那个报纸的复印本。我就根据这份报纸，写了那篇有关甲骨文发现的小文章。

读到汐翁的文章后，我发现有几个问题。

第一个问题，王懿荣有没有害过疟疾？没有。王懿荣的老家福山出了一本《王懿荣集》，里头所有的王懿荣本人的文献都没有讲到这件事。

第二个问题，胡厚宣先生调查过，北京根本就没有达仁堂这个药铺，天津才有。

最近还有人从中医的角度写了一篇文章，说治疟疾根本不能用龙骨。而且，龙骨这种东西，如果入药的话，卖时一定磨成粉，药店不会给人整块的龙骨。所以，这些都是很离奇的地方。王懿荣的儿子王崇烈、王崇焕写过回忆父亲发现甲骨文过程的文章，也都是说从古董商那里看见的，他家里人从来没有说过他是在药铺里买的。如果他儿子知道他在药铺买的，有这么重大的发现，一定会说出这个事来的。但他们没有说过，也没有想到过这些内容。

第三个问题，按汐翁的说法，刘鹗住在王懿荣家里先发现龟板上的文字，拿给王懿荣看。事实上，刘鹗那时候根本不住在王懿荣家里。刘鹗的孙子刘蕙荪编撰的《铁云先生年谱长编》上说，光绪二十四、二十五年(1898年、1899年)，刘鹗客游北京时，寄寓在"宣南之椿树下三条赵文洛故宅"，并不住在王懿荣家里。汐翁关于刘鹗在王懿荣家看见甲骨文的事不见于刘鹗本人1903年所著《铁云藏龟·自序》，也没有其他任何相关材料依据。汐翁的文章还说，刘鹗被贬到新疆之后，遇赦回到北京。事实上，刘鹗并没有遇赦返京，而是死在新疆戍所。所以，汐翁的那篇文章不是信史，只是报纸上的游戏之作。

最早提到在中药铺里发现甲骨文的人是明义士（James Mellon Menzies）。明义士是一位加拿大学者，也是一位著名的甲骨学者，曾在河南安阳任牧师。明义士在齐鲁大学任教时，撰写的讲义《甲骨研究》说，卖甲骨给王懿荣的古董商范维清1914年跟他讲到这件事。说光绪二十五年（1899年），有学者名王懿荣，到北京某药店买龙骨得了一块有字的龙骨。这是关于王懿荣从药材龙骨中发现甲骨文的说法最早的一例。以前没人说过这事。

那么，我们可以假定是有一些甲骨被当成龙骨卖给药店，这个也许是事实。因为，罗振玉让他的弟弟罗振常跟他的内弟范兆昌一起到安阳做过田野调查，罗振常记述此事的《洹洛访古游记》说到当地人把甲骨当龙骨卖的事儿。文中说，当地人以甲骨充当龙骨卖给药铺时，有字"则以铲削之而售"。所以药铺里当龙骨卖的甲骨上不会有字。

不过从另一方面来讲，说王懿荣发现、鉴定甲骨，这是确定无疑的事情。为什么呢？因为清末有一大批著名的金石古文物学家，像陈介祺、吴大澂，有的官做得很高，像潘祖荫，王懿荣官也不低。但到了1898年、1899年的时候，这些人大部分都已经过世了。吴大澂虽然还活着，但已经回老家了，1902年死于苏州。所以，在北京能够看到古董商卖甲骨的学者，主要就是王懿荣，没有别人。

汐翁的文章说，对甲骨文，当时的"法、日二邦，皆有专门研究者"。看一看胡厚宣的《五十年甲骨学论著目》，从1899年到汐翁写文章的时候，从来没有一个法国人写的甲骨文论著。从这方面来看，也可以知道汐翁的文章是信笔由缰，不可信从的。

2005年夏，天津市文史研究馆馆员、民俗学家张仲告诉我，王襄买甲骨的地方在西门外西大湾子。次年正月初五跟我说："王襄买甲骨的地方找到了，铃铛阁'麻雀店'就是他文章里说的马家店。"

2009 年 6 月 30 日，《今晚经济周报》刊发杜鱼《马家店：最早的甲骨交易地》，认为红桥区故物场大街 1 号(及南小道子 85 号)就是王襄著述里说的"西门外马家店"，引起媒体和公众的高度关注与热议。

我和时任天津市文史研究馆副书记王学书对此做了调研。2009 年 8 月 20 日联名提交"天津市政协第十二届二次会议 1103 号提案"，呼吁有关部门尽快对马家店遗址予以认定并加以保护，建议依托遗址建立"王襄发现甲骨文纪念馆"。

天津市文史研究馆对马家店遗址保护和筹建纪念馆高度重视，立即联合天津市政协文史委组成"王襄与甲骨学"课题组，对 1899 年王襄鉴定、购买甲骨的历史事实和具体地点展开调查。

(2)王襄所述"西门外马家店"

王襄(1876－1965)，字纶阁，号簠室，中国现代金石学家、甲骨学家，中国最早发现、收集、研究甲骨文的学者之一，天津市文史研究馆首任馆长，中国共产党党员。

王襄《簠室殷契征文序》(1925 年)称："自清光绪己亥下迄民国纪元，此十四年间所出甲骨颇有所获"，表明他从清光绪己亥年(1899 年)开始收藏甲骨。据《王襄著作选集》①收录的《题所录贞卜文册》(1933 年)、《题易稽园殷契拓册》(1935 年)、《亡弟雪民传》(1946 年)、《簠室殷契》(1955 年)、《孟定生殷契序》(1957 年)、《古文字流变臆说》(1961 年)、《古文字流变臆说上编导言》(1961 年)七篇文章，可以复原出王襄首次鉴定、购买殷墟甲骨的具体时间、地点、当事人和事情前后经过。

清光绪二十四年(戊戌，1898 年)十月，潍县古董商范寿轩到王襄家出售古物，谈话间说到河南出土有字骨版，在座的孟广慧认为"此骨版为古之简策也"，催促范贾回河南收购。

清光绪二十五年(己亥，1899 年)十月，范贾又来到王家，说已经得到古骨版，"期吾侪到彼寓所观览"。于是王襄和孟广慧、王雪民、马景含同往范贾所寓"西门外马家店"。王襄回忆："店甚简陋，土室壁立，窗

---

① 唐石父、王巨儒整理：《王襄著作选集》，天津古籍出版社，2005 年。

小于窦。坑①敷苇席，群坐其间，出所谓骨版者，相共摩挲，所见大小不一，沙尘满体，字出刀刻"。经鉴定，方知有龟甲、兽骨二种。因范贾索价太高，王、孟各购买若干小块，剩下大部分甲骨携至京师，"后闻为王文敏公购去，有全龟腹甲之上半，曩时视为珍品亦在其中"。

胡厚宣《甲骨学商史论丛初集》②认为，1899 年王襄和孟广慧开始收集甲骨。《五十年甲骨文发现的总结》③说，1899 年和王懿荣同时蒐购甲骨的，还有王襄和孟定生。"这件事，前人知道的不多，我们可以抄录王襄的两文(即《题所录贞卜文册》《题易穞园殷契拓册》)作证""不过孟、王两氏的蒐求甲骨，至少当和王懿荣氏同时，这一点很多学者都忽略了"。

陈梦家《殷墟卜辞综述》④认为，除王懿荣外，最早鉴定与收藏甲骨的，当推孟定生与王襄。"甲骨出土后最早在戊戌(1898 年)冬为潍估范寿轩所注意而首先经孟定生认为有古简之可能；己亥(1899 年)秋，范寿轩携甲骨至天津求售，首先为孟定生、王襄购取若干小块，其他较大之甲骨(包括一个整甲的上半)大部分归于王懿荣"。

(3)这里就是"西门外马家店"

天津各界人士寻找王襄所述"西门外马家店"，始于 20 世纪 80 年代。1987 年初，红桥区文化馆馆长、文保所所长王锡荣听王襄次子、地方史专家王翁如说，他小时候跟王襄去过当年买甲骨的马家店。从他家到马家店大约要走半个小时，离韦驮庙很近，附近有破烂市，还有卖鸟的。随后，王锡荣把这件事告诉了红桥区房管局干部王宗发。

王宗发在民国时期旅店资料里发现有"二道街老马家店"，店主姓马，是回民店，即西马路马家店胡同元升店。王宗发调查发现，该店为青砖小二楼，明显与王襄所述"西门外马家店"不符。于是他想到，铃铛阁一

---

① 原文"坑"字，为"炕"字笔误。
② 胡厚宣：《甲骨学商史论丛初集》，哈佛燕京学社，1944 年。
③ 胡厚宣：《五十年甲骨文发现的总结》，商务印书馆，1952 年。
④ 陈梦家：《殷墟卜辞综述》，科学出版社，1956 年。

带民国时期小旅店很多，店名带"马"字的，只有南小道子"马蚰店"，又叫"画眉店"，小时候常去买鸟，当时在河南、山东一带很有名气，店主姓马，是个大车店。门开在南小道子上，有青砖门楼，院内东西两厢各有五间土房(即所谓的"篱笆灯房")，屋内是大通炕，院内南面为青砖房。20世纪70年代改为红砖房，故物场大街一侧的大门是后来开的。王宗发认为，这个大车店应是王襄说的"西门外马家店"。

不久，王锡荣依据王翁如和王宗发讲述的内容写成《马家店轶事》(1994年)，向社会披露了王襄买甲骨的马家店，"它的旧址位于今红桥区春德街、韦驮庙大街附近的南小道子，原大门坐南朝北、门前街就叫南小道子，旧门楼仍然保存着，但早已改做居民住宅"(图7.2.2-14、图7.2.2-15)。

图 7.2.2-14　马家店遗址航空影像

图 7.2.2-15　南小道子 85 号旧门楼改做民居

2005 年 12 月，天津电视台拍摄"甲骨学与天津"专题片，张仲和王宗发到南小道子 85 号现场指认，这里就是"西门外马家店"。

2008 年，红桥区铃铛阁地区开始大规模拆迁，天津市建筑遗产保护志愿者团队对该地区有价值的历史建筑和史迹展开调查。次年 6 月，团队成员张强、王振良等人深入故物场大街 1 号(以及南小道子 85 号)调查，采访当地百岁居民，通过文献和语音方面的考证，确认故物场大街 1 号(以及南小道子 85 号)即王襄所述"西门外马家店"。同时，在"马家店"附近发现了王家大院历史建筑。

2009 年 12 月，天津市红桥区人民政府答复我和王学书"天津市政协十二届二次会议第 1103 号提案"称："据红桥区文物管理所调查，马家店(又名马家蚰店、画眉店)坐落在红桥区南小道子 85 号(故物场大街 1号)，该址是中国甲骨文最早的确认地(交易地)。1949 年后马家店被更名为'民利旅馆'，1990 年后被改造为职工宿舍(据居民讲)，大门改开在故物场大街 1 号。红桥区文物保护管理所在 2008 年已对该地进行了文物普查，但目前尚未认定。"

2019 年 11 月 1 日，"纪念甲骨文发现 120 周年座谈会"在北京召开，王襄发现甲骨文的"马家店"在津城坊间又被提起，这时发现了关于马家店的新线索。12 月 6 日，我访问了文史学者任秉鉴。

任秉鉴 1923 年出生，小时候住老城东门里，常去西门外南小道子玩，那有卖蛐蛐、卖鸟的，再往前走是韦驮庙。南小道子顶头把角的地方有个大车店，原本叫"马家客店"，因为天津人说话爱"吃字"（省略的意思），说成了"马家店"，当地老太太叫"麻雀店"。院内停放大车，两边的土坯房很破，院子里面是砖房。

1939 年至 1941 年，任秉鉴在严修家办的美术馆篆刻班学习，当时由王襄二弟篆刻家王钊(雪民)授课。他说："王雪民跟我们讲，你们要知道，比钟鼎文早的是甲骨文，这种字是我哥发现的，当年我和我哥去马家店买的，这事你们不要到外面去说。""大概九几年李鹤年跟我说，王襄买甲骨的地方就是南小道子马家店。""1997 年李鹤年把他写的《孟广慧、王襄、王懿荣与甲骨》油印本送我，他跟我说马家店的事，应该在 1997 年以后。"任秉鉴访谈，进一步证实了马家店遗址的真实性。

(4)"马家店遗址"认定为文物

马家店遗址发现后，保护与拆迁的矛盾日益突出，文物认定与保护变得更加艰难、曲折。2009 年 10 月 1 日，文化部《文物认定管理办法》正式实施，建筑遗产保护志愿者团队穆森、张强立即向红桥区文化和旅游局递交《关于将马家店遗址认定为不可移动文物的申请书》，该局以《文物认定法管理办法》缺乏认定标准和可操作性为由，拒绝受理。几经周折，延至 28 日才得到申请被受理的电话通知。

几乎同时，马家店遗址的地上建筑开始拆除。国家文物局顾问、中国文物学会名誉会长谢辰生闻讯后，致电天津市文物局有关领导，对方表示立即采取措施，一经确认将及时保护。

这时，"甲骨学与王襄"课题组对马家店遗址的调查、寻访、考证还在继续进行。谢辰生、徐苹芳委派我对铃铛阁王家大院历史建筑进行调查。

为了推动马家店遗址保护，2009 年 12 月 18 日，天津市政协文史资料委员会、天津市文史研究馆召开"纪念王襄发现甲骨文 110 周年暨马家店遗址保护座谈会"。时任天津市政协副主席俞海潮参加座谈会并讲话，他说："天津应该建设王襄先生纪念馆，要以此宣传天津，弘扬天津文化。"

2010 年 2 月 25 日，"王襄与甲骨学"课题组在北京文博大厦召开马家店遗址保护座谈会(图 7.2.2-16)。文物考古界著名专家谢辰生、徐苹芳、黄景略、张忠培应邀出席，宿白因事没来。

图 7.2.2-16　马家店遗址保护座谈会

谢老等专家听取了调查情况汇报，审阅了《马家店遗址调查报告》(图 7.2.2-17)。然后分别就马家店遗址的历史背景、遗址现状、价值评估以及当前存在的主要问题提问，课题组成员一一做了回答。经过研究讨论，专家们形成以下意见：

图 7.2.2-17　专家审阅《马家店遗址调查报告》

坐落于天津市红桥区故物场大街北端和南小道子西端相交处的马家店遗址（现地址为故物场大街 1 号、南小道子 85 号），是 1899 年王襄、孟定生鉴定、购买殷墟甲骨文的地方，是中国甲骨文发现辨识的重要遗址，经过论证，我们认为：

一、关于马家店遗址，在王襄先生的著述中有多处记载，记述明确。著名学者陈梦家和胡厚宣对王襄发现辨识甲骨文的历史已有明确论述，事实清楚。

二、天津王襄与甲骨学课题组关于《马家店遗址调查报告》详细论证了马家店遗址的调查考证情况，真实可信。

根据上述情况，我们认为按照《第三次全国文物普查不可移动文物认定标准》之"5.1 与历史进程、重要历史事件、历史人物有关的史迹与代表性建筑的本体尚存或有遗迹存在"，应认定为不可移动文物，属于"重要历史事件及人物活动纪念地"一类。建议依法对马家店遗址认定，进行有效保护(图 7.2.2-18)。

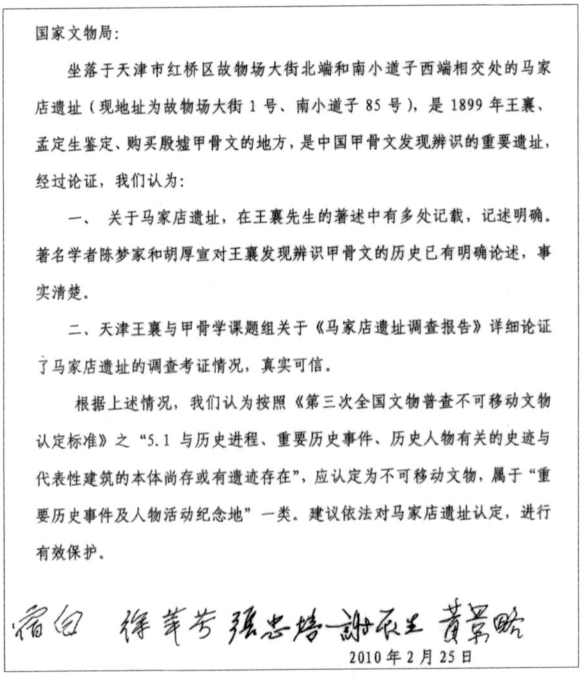

国家文物局：

坐落于天津市红桥区故物场大街北端和南小道子西端相交处的马家店遗址（现地址为故物场大街 1 号、南小道子 85 号），是 1899 年王襄、孟定生鉴定、购买殷墟甲骨文的地方，是中国甲骨文发现辨识的重要遗址，经过论证，我们认为：

一、关于马家店遗址，在王襄先生的著述中有多处记载，记述明确。著名学者陈梦家和胡厚宣对王襄发现辨识甲骨文的历史已有明确论述，事实清楚。

二、天津王襄与甲骨学课题组关于《马家店遗址调查报告》详细论证了马家店遗址的调查考证情况，真实可信。

根据上述情况，我们认为按照《第三次全国文物普查不可移动文物认定标准》之"5.1 与历史进程、重要历史事件、历史人物有关的史迹与代表性建筑的本体尚存或有遗迹存在"，应认定为不可移动文物，属于"重要历史事件及人物活动纪念地"一类。建议依法对马家店遗址认定，进行有效保护。

2010 年 2 月 25 日

图 7.2.2-18 马家店遗址专家论证意见

次日上午，我和课题组钱志强到宿白家，把马家店遗址调查经过、结果和座谈会的情况做了汇报。宿白边听边看报告边提问，最后在论证意见上签名。据悉，当年宿白审阅过的那本《马家店遗址调查报告》已经被北京大学图书馆永久收藏。

在马家店遗址保护座谈会上，几位专家还审阅了我写的《王家大院调查报告》。徐苹芳说："这是一处有别于福建土楼、山西乔家大院、北京四合院的民居，有很高的社会学价值，是研究社会史的新材料，一定要保护好！"为了使王家大院尽快得到保护，谢辰生、徐苹芳、黄景略、张忠培即席给时任天津市委主要领导写信。

据 2010 年 3 月 3 日《中国文物报》文章披露，国家文物局已经根据前述专家论证意见下达了有关文件，请天津文物局根据专家意见对马家店遗址进行文物认定。

同年 3 月 16 日《天津日报》图片新闻报道："昨天，红桥区文化旅游局已经正式将马家店遗址列入第三次全国文物普查范围，确认为不可移动文物。据了解，马家店遗址位于红桥区故物场大街 1 号院(南小道子 85 号)，是我国甲骨文的发现地，具有极高的历史价值。专家建议筹建'王襄发现甲骨文纪念馆'。"

同年 3 月 17 日《中国文物报》报道，国家文物局局长单霁翔向全国政协第十三届三次会议提交"加强天津马家店遗址调查保护工作的提案"，建议天津市有关部门及时将马家店遗址认定为不可移动文物，切实加强马家店遗址的保护工作。

经过各界的不懈努力，马家店遗址终于被列入《天津市红桥区第三次全国文物普查不可移动文物名录》。

(5)文物保护亟待加强

《马家店遗址调查报告》认为，1899 年王襄等人在天津老城西门外马家店购买殷墟甲骨、发现甲骨文，不仅是天津文化史上的重大事件，而且在中国近代学术史上具有划时代意义。作为这一历史事件的物质载体和历史见证的马家店遗址，今天已成为中国甲骨学史上唯一的起始标志，具有极高的历史价值而弥足珍贵。

《王家大院调查报告》认为，王家大院以其独特的布局形态和结构，明显有别于天津老城的传统大院，其与所存在的环境相互协调并融为一体，在天津文化遗产中具有特殊性。过去的王家大院曾经是王氏家族父系差序格局的物质载体，今天已经成为中国农业文明社会差序格局的历史见证，在当今中国大城市中是十分难得的实物资料。

随着天津市红桥区"棚改"全部"清零"，铃铛阁地区如今早已是绿茫茫一片平地。马家店遗址在没有任何保护措施的情况下，地上建筑被彻底拆除，失去明确的地表标识；王家大院历史建筑更是荡然无存了。人们发现，原来的树木都被保留下来。不可移动文物、历史建筑与树木的不同境遇，实在令人唏嘘感叹，天津城市历史文化何时也能像自然环境一样受到重视并得到有效保护？

面对此景，我想起当年谢辰生、徐苹芳等专家给天津市委主要领导致信反映："近日，我们在研究天津甲骨文发现地——马家店作为历史遗迹保护的过程中，发现在红桥区另有一处重要的历史文化资源，现称为

图 7.2.2-19 《谢辰生先生往来书札》书影

王家大院，据初步调查的资料看，这处宅院有很高的社会学研究价值。它完全不同于福建土楼、山西大院和北京四合院等民居形式，是研究社会家庭结构史的新材料，建议加以保护修缮，对外公开展览。"时任天津市委主要领导批示(2010 年 3 月 15 日)："十分感谢谢老等专家对天津的关心支持。一定要保护好历史建筑，请市政府和红桥区认真研究。"这封信收录在《谢辰生先生往来书札》①，见图 7.2.2-19。这已经成为中国文物保护史上的重要历史文献。

---

① 李经国编：《谢辰生先生往来书札》，国家图书馆出版社，2010 年。

面对此景，我还想起九年前(2010 年 4 月 29 日)谢辰生和黄景略应天津市之邀，现场考察马家店遗址和王家大院历史建筑群时(图 7.2.2-20)，谢老特别强调："以开发代危改是绝对错误的，而是应本着政府主导，公共利益优先的原则去做""就地平衡无法解决文保与拆迁之间的矛盾"。无论在当年还是在现在，这都有重要现实意义。

图 7.2.2-20　谢辰生、黄景略考察马家店遗址现场情景

今年(2019)冬天，正好是王襄在"西门外马家店"发现甲骨文 120 周年，也正好是天津得名筑城 615 周年。经历了三十多年艰难历程的马家店遗址，如今就像一位被推上手术台的老者，还在默默地等待着，不知道要等到何时，也不知道等到什么结果。大风吹散了多日的雾霾，遗址上的枯树在冷风里摇，谁能告诉我，教我如何不想它？

王家大院历史建筑与王氏家族聚居形态

浙江绍兴籍王氏家族大院曾经是天津市红桥区铃铛阁历史地段①内规模最大的明代移民聚居建筑群。我在该历史地段拆迁前对当时尚存的王家大院建筑群和王氏后人行了多次实地调查与采访(2009—2010 年)。

---

① 《历史文化名城保护规划规范》(GB50357－2005)：历史地段(historic area)，遗存较为丰富，能够比较完整、真实地反映一定历史时期传统风貌或民族、地方特色存有较多文物古迹、近现代史迹和历史建筑，并具有一定规模的地区。

根据实地调查和采访记录，结合文献和碑刻资料，对王氏家族的居住建筑和聚居形态进行了研究。

(1)现存建筑的调查

铃铛阁历史地段位于天津市红桥区南部，得名于"天津卫三宗宝"之一的铃铛阁①，在天津老城厢西马路(即天津卫故城西城墙遗址)迤西，南运河故道迤南。这个历史地段是明清天津城市的重要组成部分②，和天津老城有着同样悠久的历史。域内遗留下许多文物古迹、近现代史迹和历史建筑，保留着历史格局和传统风貌，构成王家大院的文化生态环境。2009年下半年开始的大规模拆迁，使铃铛阁历史地段受到严重破坏。

王家大院坐落在铃铛阁历史地段北部，地势北高南低，被芥园道(原铃铛阁大街，北面)、魏家胡同(东面)、二盛号胡同(南面)、丁字胡同(西面)四条街巷围合，整个建筑群与周邻建筑分隔清楚，相对独立(图7.2.2-21、图7.2.2-22)。

图7.2.2-21 王家大院及其周边环境影像　　图7.2.2-22 王家大院建筑群航空影像

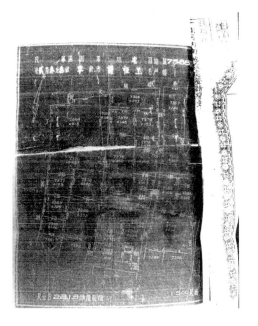

图 7.2.2-23　王家大院房契蓝图
（王昌烜提供照片）

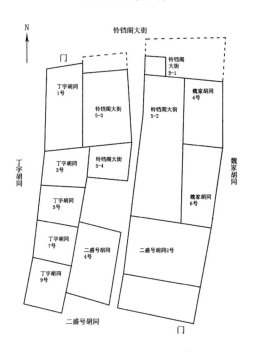

图 7.2.2-24　王家大院平面示意图

根据航空影像、实地勘查和王氏后人王昌烜的叙述，并参照 1949 年王家大院房契蓝图（图 7.2.2-23），笔者绘制出王家大院平面示意图（图 7.2.2-24）。图中建筑包括丁字胡同各院、二盛号胡同各院、魏家胡同各院、铃铛阁大街 5 号各院，目前留存 14 个院子（原有 15 个）、约 60 间平房，虚线为现今不存在的部分。王家大院建筑群以中央通道为轴线，分为东、西两个部分，分述如下。

①王家大院中央通道

大院中部原有一条宽约 2 米的人行通道贯穿北南（图 7.2.2-25），现今中央通道北段仍可通行，局部地面残留着原来的条石。通道北端入口处原有三级石阶，20 世纪 70 年代拆除，1995 年芥园道拓宽时入口被毁掉。通道近中部西侧原有一院，现被晚期建筑占据。通道南段被晚期房屋和院落阻断，南端入口原在二盛号胡同 4 号院

图 7.2.2-25　王家大院中央通道示意图

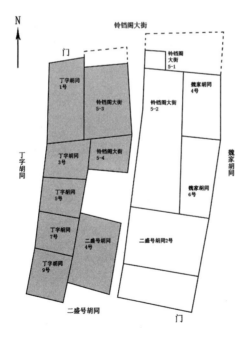

图 7.2.2-26　王家大院西部各院示意图

的院门附近。在 4 号院内北行，还可以找到原来通道的遗存。调查时在当地居民家中分别见到原来北端入口和南端入口的木门扇。

②王家大院西部

王家大院西部包括丁字胡同 1、3、5、7、9 号和铃铛阁大街 5-3、5-4 号、二盛号胡同 4 号，共计 8 个院子（图 7.2.2-26）。丁字胡同 1 号和铃铛阁大街 5-3 号为原王氏家祠，俗称王家祠堂（图 7.2.2-27）。据王昌炬回忆，祠堂西院北侧原为三开间大门，明间开通，两次间封闭，现改作临街店铺。西院南侧有房 3 间，木构架保存完整，部分墙体为晚期重新修建，南房有廊遗存。祠堂东院北侧原有正房 3 间，1995 年芥园道拓宽时拆毁，现存南房 3 间，可以见到廊的遗存。院内西侧可以见到原坐西朝东厢房的遗迹。东、西两院建筑年代特征为清代晚期至民国早期。

据王昌炬回忆，原祠堂

图 7.2.2-27　王家祠堂

大门上有"王氏家祠"匾①，院内南房前有"福箴堂"匾，院内四周廊柱上有"福箴堂"字样②，祠堂东院、西院墙上有石碑。2008 年 3 月，西院出土了清道光癸卯年(1843 年)"旌表节孝外祖母王母焦太安人碑"；2010 年 4 月，祠堂东院出土了 1929 年修葺家祠碑。东院北房内原供奉家庙、灵书(即牌位)等，南房为客厅，家族在此开会议事。

　　丁字胡同 3、5、7、9 号院都是北侧为房南侧为院的格局，房屋均为面阔三间硬山式建筑。据王昌烜说，原来各院门开在院子东侧，通向中部的通道，早已堵死；现今西侧通往胡同的院门，大都是 1949 年前开的，3 号院门是 1962 年开的。

　　丁字胡同 3、5、7、9 号院北屋原建筑保存情况不一，有的保留基础、梁架和部分墙体，有的在原基础上翻建，但仍使用原来的木料，从外观上看，青砖多在墙体下部，红砖在上部，各院建筑高度略有出入。这几个院子原建筑受到后期干扰比较严重，建筑年代需要进一步考证。

────────────

　　① 王昌烜所说"王氏家祠"，与民国刊本《天津县新志》卷二十四之三之碑刻(三)"王公叔开孝行传，石在王氏家祠"吻合。

　　② 王昌烜所说"福箴堂"，与"旌表节孝外祖母王母焦太安人碑"以及王氏收藏的老照片吻合。

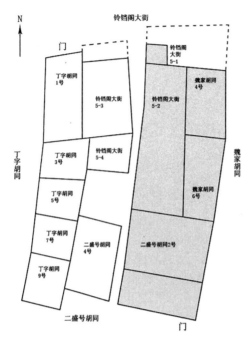

图 7.2.2-28　王家大院东部各院示意图

二盛号胡同 4 号位于王家大院西南隅。据王氏后人说，院门的位置上原来是中央通道的南入口。院内有坐西朝东老屋 3 间，据说是晚清时二盛号失火后修建的，此传说与建筑体现的年代特征大致吻合。

从中央通道经铃铛阁大街 5-2 号院向西转折就是 5-4 号院，其间没有院墙和门，据说原来有木门和木隔断，但早已不存。北房三间基本完整，西山墙和丁字胡同 3 号院北屋相连。

③王家大院东部

王家大院东部包括铃铛阁大街 5-1、5-2 号，魏家胡同 4、6 号，二盛号胡同 2 号(分为南北两道院)，共计 6 个院子(图 7.2.2-28)。1995 年芥园道拓宽时，破坏了原铃铛阁大街 3 号院。最近的拆迁，拆除了魏家胡同 2 号院。

现编号为铃铛阁大街 5-1 号为原铃铛阁大街 3 号院残留部分。该院保留了通往中央通道的老院门，平时此院门不开，房主在临街一侧又开了一门。

铃铛阁大街 5-2 号院保存相当完整，院门开向中央通道，三间北房和三间南房略高出周邻房屋，为硬山式建筑，前檐有宝瓶柱式女儿墙，院东侧有异型房屋，均为民国早期建筑。屋内较完整地保留了原来的内檐装饰。

魏家胡同 4 号院北面三间硬山式建筑保存基本完好，砖瓦作受到后期干扰，门窗保持着民国早期样式，室内装饰也基本保持了原貌。

魏家胡同 6 号院的房主早已搬到外边去住，此院长期闲置无人，无法进去调查。据王昌烜说，北房的四梁八柱保存完好，房子的老样子还能够清楚地看出来。

二盛号胡同 2 号院位于大院的东南隅，院门开在东南角，院内分为南、北两个院子。一位居此 50 余年的大娘站在院内距门口不远处说，她刚住进来时，这地方有个红色的"木架子"，两边是粗粗的柱子，上面横匾上有字，但不认识。大娘所述证实了王氏后人的回忆，这里曾是王家大院的南大门，门上有匾，门内东侧原有坐东朝西的门房。

二盛号胡同 2 号院头道院和二道院都是北房南院的格局，头道院北屋保存情况较差，二道院北屋明显分为东、西两个部分，西半部房屋木作表现出清晚期特点。

(2)王氏家族的历史

文献资料辑录

焦氏　夫王得禄

嘉庆十七年，旌表王得禄之妻焦氏。

同治刊本《续天津县志》卷十四列女(上)，光绪刊本《重修天津府志》卷四十九列女(四)，民国刊本《天津县新志》卷二十二之二列女(二)。

旌表节孝外祖母王母焦太安人碑记

盖闻鬼神，非其族类，不歆其祀。又曰神不歆非类，民不祀非族，祀典之不及他族，有由来矣。而余外祖母焦太安人，松柏之操，冰雪之节。当外祖殿侯公之好禅寂也，远出不归，舅氏纫家事，惟外祖母任，艰苦既已备尝。及吾母归吾先君也，又视余家事一如己事。余等兄弟五人，姊妹四人，提携抚养之恩，指不胜数。暨余等幼年失怙，世事未谙，外祖母百般指示，教育殷殷。俾余等稍知上进，皆外祖母之力。非外祖母，余等何有今日也。外祖母尝因舅氏乏嗣，顾隐然以为忧。吾母抚余等，诏之曰："汝外祖母百年后，一切葬祭，尔等事也。若忘吾母，是忘吾也。此言宜切记之，并以告后世子孙。"慈命谆谆，敢或忘诸。外祖母以雍正十一年四月二十日生，嘉庆十七年六月十四日卒。余等为之请旌表，具棺椁，视殡敛，卜茔圹于小稍直口，以合葬迄今。凡春秋献享，或祭扫坟墓，皆与吾家一例照办。盖尊遗命，亦以报大德也。《书》曰："鬼神无常享，享于克诚。"诚之至者，神亦未必不享，岂敢避非族非类之讥乎。特恐不能行之久远，谨以勒诸石，以告后世子子孙孙，其共体此意也夫。

大清道光癸卯年五月　　福箴堂王文通、希舜、文运、文达立

此碑原在王氏家祠西院(今铃铛阁丁字胡同1号)，2008年3月出土，现藏天津市红桥区文物管理所。

王文通
道光十九年，天津府知府恒公春，督同邑绅王文通、黄士琳，捐资重修。

同治刊本《续天津县志》卷四学校之试院。

王文通，字舆权，四品衔，现寿八十八。

同治刊本《续天津县志》卷十三人物之耆寿。

王希舜 子恩泰 子妻杨氏
王希舜，字绍虞，行伍出身，历官北马头汛把总、葛沽营城守营千总、旧州营、祁口营采育营守备。

民国刊本《天津县新志》卷二十之三荐绅(三)道光朝条。

杨氏，守备王希舜子恩泰妻，年十九而寡。孝事翁姑，守节二

十余年卒。

同治刊本《续天津县志》卷十四列女(下)。

王文运　祖信然公 父钰照公 母汪氏 子槐

王公叔开孝行传(石在王氏家祠，高二尺一寸，广四尺二寸，四十二行，行二十六字，正书。)

津门王氏，巨族也。簪笏联翩，云礽蕃衍，经文纬武，英济一门，良由积德之厚。继起之贤，翔洽熏陶，蔚为家瑞，而所以承先启后维持感化其间者，实一人之力焉。公讳文运，字叔开，号焕章。先籍浙江山阴，明初北徙天津，传至公祖信然公，有子五人，其季钰照公，生子亦如之，公其三也。继叔父金耀公为之后，事如本生。钰照公捐馆舍，公八龄哀痛如成人。道光辛卯，本生妣汪病，祷天断指和药进，寻瘳；及没，庐墓而宿，是公之孝于亲也。仲兄绍虞任城守千总，讷节相委造火器，公为出奇督造合用，擢旧州营守备。己酉卒任所，亲往扶柩以归，是公之笃于兄也。季弟化成好施戒杀，谓婚丧宜用素筵，公嘉其意，遂为家风不改，是公之友于弟也。辛丑勘新茔，建宗祠，置祭田三十余顷。粤匪事起，著《火马飞云火攻炮一切战守火具图说》，咸丰癸丑匪扰畿南，钦命巡防大臣庆恭肃公督兵赴临洺关会剿，约公从，公以家世武职且毁于贼，举家从戎，同深敌忾。乙卯连镇克捷，兄弟子侄晋秩有差，是公之提挈遍家族。先是，道光癸巳郡饥，设四厂散米，多拥挤伤，公综西厂未伤一人。己亥郡守恒宜亭浚城濠、建鼓楼、修试院，公董其事，且助钜资，庚子秋闱获隽者倍于前；咸丰戊午各国议和天津，公为当道委重应接不暇，仍时戒亲故静守勿张皇，获全甚夥，是公之保爱及乡人。方从戎赴赵北口也，市空军乏食，公访旧游任保护，市民稍集；贼踞独流，我军由河间折回第三堡围之，攻守具备，贼不敢犯；甲寅贼窜阜城等处亦如之，到处恺劝饷赖以济；贼匪连镇不出，僧邸筑长堤七十里属公总工程，民不扰而贼大困；复献议射简明告，示杀贼缴械准投诚，并造喷筒火毬等，十二月二十三日焚李家庄木城，于是乎有连镇之捷，是公之建设有功于君民。咸丰丙辰，子槐选河南夏邑县，地遭捻匪乱，授以方略，卒获安平；母忧服阕改山西代理万全县事，公以"操守好，公事勤"策励之，及槐奉委防芮城，又教以倡办乡团协守河干，发捻两次扑犯莫能渡，旋摄芮城篆，迎养至署，凡诸善政皆奉命严君，是公之教泽兼敷于他省。若夫秉性刚方，精通材艺；周恤排解惟力所及，不必其人知之；非礼相加夷然不校，其子侄或不能平，公谕之曰："人不可无量，量所以载福也"；又尝曰："门庭昌炽皆由积累。昌炽者天，积累者人，天不可为，而人可为，汝曹勉之"，则是训词敦厚，学养深沉，所以为干济之中枢，绵家庭之积庆者矣。乾隆乙卯九月十九日戌时生，同治乙丑四月初五日酉时卒，寿七十有一。光绪四年旌表孝行，建坊入祠。赞曰：

公之化，蔼然同堂；公之惠，溢乎梓乡。公之略，戡彼强梁；公之训，覃及远方。公之学养，邃无尽藏。公之禀植，敻轶凡常。综是德艺，孝为之纲。本立道贯，积厚流芳。辀轩入告，扬之庙廊。褒旌典赉，列祀建坊。蔚然邦家之光，宜乎余庆而永昌。

　　光绪癸卯仲春月吉日　　梅振瀛敬撰　　王维贤敬书

民国刊本《天津县新志》卷二十四之三之碑刻（三）。

　　王文运，字叔开，号焕章。官候选知府。道光十一年本生母汪病膈，文运断左手无名指和药进，病瘳。其后汪以他疾卒，庐墓三年，终身不茹荤酒，置新茔，建家祠，购祭田三十余顷。十三年岁饥，散米西门。十九年董修试院，浚城壕，且捐资焉。咸丰三年粤匪北犯，从官军征剿出力。同治四年卒，年七十有一。

民国刊本《天津县新志》卷二十一之三人物（三）。

王文运，候选知府。母汪氏病，医药罔效，夜断左手四指寸许和药，病愈。后母卒庐墓，服阕归家，终身不茹荤酒，里人称王孝子。

光绪刊本《重修天津府志》卷三十四人物（三）。

王文运，字叔开，号焕章。道光十三年董修试院，浚城壕，且捐资焉。

民国刊本《天津志略》第十五编人物。

贡生　王槐

同治刊本《续天津县志》卷十二选举之贡生。

王槐，字仲山，出身优贡，历官山西知县，署万泉县（辑者按："泉"当为"全"之误）、芮城县、祁县知县。

民国刊本《天津县新志》卷二十之二荐绅（二）咸丰朝条。

子槐，优贡生，官知县。

民国刊本《天津县新志》卷二十一之三人物（三）。

王文蔚　妻张氏
内阁中书王文蔚妻，割股疗父疾，瘳。

同治刊本《续天津县志》卷十四列女（上）。

王恩洪

王恩洪，字普霈，武生出身，历官天津镇标杨青汛、北马头汛把总、文安汛、城守营千总、通永镇标山海路中营、正定镇标左营、天津镇标左营、四当口营守备、福建邵武营都司。

民国刊本《天津县新志》卷二十之三荐绅(三)道光朝条。

王恩溶

王恩溶，字华舫，行伍出身，历官大沽协标左营把总、改河间协标肃宁汛把总、署天津城守营北马头汛把总、升霸州营文安汛千总。

民国刊本《天津县新志》卷二十之三荐绅(三)同治朝条。

王恩桐

王恩桐，字凤冈，行伍出身，历官天津镇标右营千总、河屯协标朝阳营守备、直隶提标建昌路都司、署建昌营都司。

民国刊本《天津县新志》卷二十之三荐绅(三)同治朝条。

王恩普

王恩普，行伍出身，历官大沽协标右营把总、葛沽汛千总。

民国刊本《天津县新志》卷二十之三荐绅(三)同治朝条。

王恩第　妻刘氏

王恩第，历官游击。

民国刊本《天津县新志》卷二十之三荐绅(三)同治朝条。

刘氏，王恩第妻，结缡月余夫故，氏誓以死守，抚嗣子成立，今四十七岁。

同治刊本《续天津县志》卷十四列女（下）。

王恩波

王恩波，字晴澜，行伍出身，历官天津镇标北马头汛把总、天津城守营千总。

民国刊本《天津县新志》卷二十之三荐绅（三）同治朝条。

口述历史撮要

王家大院和王氏家族的口述历史，依据王恒延《我的回忆》手稿和王昌烜采访录音、录像整理。

王恒延，1941 年出生于二盛号胡同 2 号院，后移居北京，高中毕业，高级工程师，为王氏四门后人（迁津第 17 代）。王昌烜，1953 年出生于丁字胡同 3 号院，居住至今，初中毕业，工人，为王氏三门后人（迁津第 18 代）。他的回忆内容多是根据其父王恒垣（原天津市第三中学教师）口述。王恒延为王昌烜本家叔父。

王氏祖籍浙江山阴（今绍兴），相传为王阳明后裔，但此说没有文献证据。王昌烜收藏有祖传"浙绍山阴是旧家"印章，相传祖居山阴城东十五里（一说五里），燕王扫北时来天津，赐地五十亩建宅，传至"昌"字辈已经 18 代，将近 500 年。

王氏家谱中的辈分排字：国、廷、文、恩、世、大、恒、昌……共40 字，"国"字辈以上尚有祖辈 20 个字。入清以来，王氏祖先隐而不仕，至"文"字辈以后家族逐渐显赫，成为天津城西名门望族。自王廷钊老九爷始立后"五门"，"文"字辈五兄弟各立一门，各门家谱由各门分管，家谱"文革"时均已烧毁。至于明朝和清朝前期王氏家族的情况，现今王氏后人已经说不清楚。

王家大院，一说有 500 年的历史，一说有 300 年的历史。祠堂建于何时，王昌烜说不清楚，只知道民国时修过①。二十世纪二三十年代，王氏家族人丁较为兴旺，大约 300 口。据当时报纸记载，王氏家族曾为社区居民演出戏曲。

自 1957 年祠堂院的部分房屋归公以后，大院里逐渐住进外姓人家，王氏家族聚居的格局开始逐渐解体。"文革"以后住户变化更大，现今大院里住有 20 余户各姓人家。

王氏族人大都将王家大院称作祠堂院，或称福箴堂，认为祠堂院最为尊贵②。王昌烜说，王家大院为"后五门"嫡系居住，铃铛阁大街以北还有北院，丁字胡同以西还有西院，魏家胡同以东还有东院，均为王氏远房族人居住。王氏族人将整个大院分为东、西两支，以大院中央通道为界。东支称为二盛号院一支，得名于二盛号花炮作坊；西支称为大槐树院一支，得名于丁字胡同迤西的大槐树。

王恒延、王昌烜分别绘制的王家大院布局和居住情况示意图（图 7.2.2-29、图 7.2.2-30），记录了王氏五门四代 40 余人的居住位置及其相互关系。王昌烜可以说清楚图中大部分人名之间的辈次、长幼关系。

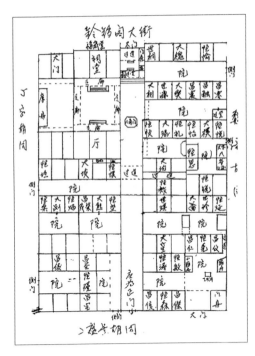

图 7.2.2-29　王恒延绘制的示意图

---

① 王昌烜所说"民国时修过"，与 2010 年 4 月祠堂东院出土的民国己巳年（1929 年）碑文记载吻合。

② 2009 年 10 月笔者调查时，在捞纸张胡同 4 号院见到一位王氏族人，她非常羡慕地对王昌烜说："你家住在祠堂院多好。"但实际上她家住房明显比王昌烜的要好，她却认为住在祠堂院好，可见家祠在族人心目中的地位。

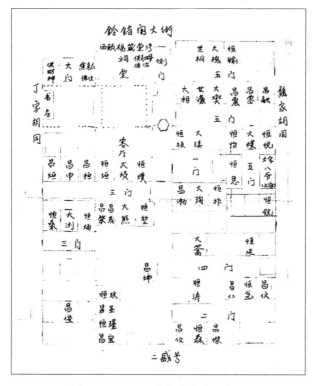

图 7.2.2-30　王昌烜绘制的示意图

关于王氏家祠与家族

关于王氏家祠。《天津县新志》[民国二十年(1931 年)]卷二十一之二人物(二)：“王文运，子叔开，号焕章。官候选知府。道光十一年本生母汪病膈，文运断左手无名指和药进，病瘳。其后汪以他疾卒，庐墓三年，终身不茹荤酒，置新茔，建家祠，购祭田三十余顷。”据该书卷二十四之三之碑刻(三)《王公叔开孝行传》：“辛丑勘新茔，建宗祠”，家祠修建的年代为清道光辛丑年，即 1841 年。《新志》注云：“石(按，即“王公叔开孝行传碑”)在王氏家祠”，可知至迟 1931 年时已有“王氏家祠”之称。据民国己巳年碑可知，1929 年修葺家祠。

王家大院周边的街巷年代，可以作为推断王家大院年代的旁证。现将《天津市地名志·红桥区》[1]有关内容摘录如下。

---

①　红桥区地名志编纂委员会编：《天津市地名志·红桥区》，天津人民出版社，1997 年。

　　王家大院北边的铃铛阁大街，东起芥园道，西至慈惠寺大街，中与丁字胡同、槐树胡同、挑水胡同、高家大门等五条胡同相交。长235米，宽3米。形成年代无考。因比邻铃铛阁得名。

　　王家大院东边的魏家胡同没有记载。其东的铃铛阁大胡同，北起太平街中段，南至海会寺西街，中与芥园道相交。长147米，宽2.3米。1840年形成，因比邻铃铛阁得名。

　　王家大院南边的二盛号胡同，东起铃铛阁西胡同，西折南至海会寺西街。长67米，宽1.8米。约1780年建，因有二盛号花炮作坊，故名。

　　王家大院西边的丁字胡同，北起铃铛阁大街中段，南至海会寺西街，中折西折北不通，折南至海会寺西街。长189米，宽2米。约1880年形成，因胡同形如丁字，故名。

　　丁字胡同之西有槐树胡同，北起铃铛阁大街中段，南至永明寺大街。长113米，宽2米。约形成于1782年，因胡同内有一棵槐树故名。

　　综上所引，王家大院周边街巷的年代分别为：北边，不详；东边，1840年；南边，1780年；西边，1880年、1782年。祠堂修建年代(1841年)恰好落在大院周边街巷年代范围(1780—1880年)内，由此推知，现今王家大院平面布局的形成不晚于19世纪40年代，此与"老九爷立后五门"的年代大致吻合。另据西边和南边胡同的年代推

图 7.2.2-31 《津门保甲图说》西门外图说第三

测，估计 18 世纪已经有了大院的一些房屋。

检清道光二十六年(1846 年)刊本《津门保甲图说》之"西门外图说第三"，稽古寺铃铛阁西侧已经清晰地绘出由四条街巷围合的区块，这个区块应为王家大院所在(图 7.2.2-31)。此与据王家大院周边街巷推断的年代基本吻合。

关于王氏家族。根据文献、碑刻和口述资料，初步整理出王氏家族世系，见图 7.2.2-32。

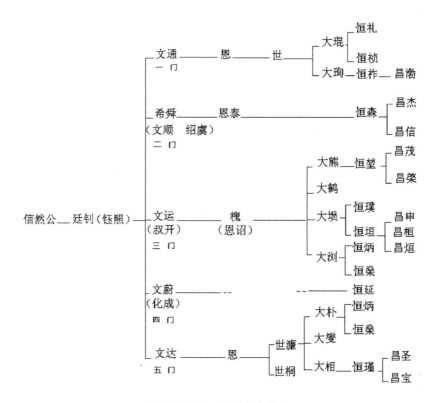

图 7.2.2-32　王氏家族世系

(3)居住形态与家族关系

王家大院的各个院落依据中部通道有序布列，内部交通通道在平面构成"非"字形格局。整个大院分为东、西两支，东支各院的院门一般朝西开，西支各院的院门一般朝东开，由此体现出一种内聚的思想。西支的北端有祠堂西院大门，东支的南端有二盛号胡同 2 号院"红木架"大门，二门形成东南与西北向对应关系，见图 7.2.2-33。东、西两支内部各门的居住位置，见图 7.2.2-34。依据祠堂定位，东、西两支与祠堂形成"品字形"位序关系，见图 7.2.2-35。

　　王家大院五"门"（即五个父系大家庭）的位序，实际是依父系辈分确定的空间位置关系，遵循的是古代中国的昭穆制（图 7.2.2-36、图 7.2.2-37）。

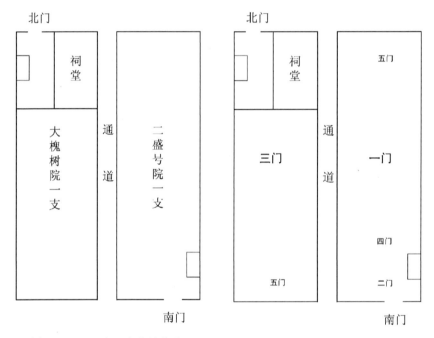

图 7.2.2-33　东西支位置关系　　　　图 7.2.2-34　各门居住位置

图 7.2.2-35　东支、西两支与祠堂形成品字形位序关系

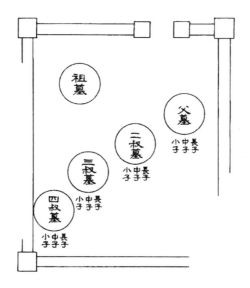

图 7.2.2-36 唐《葬录·茔地图》

图 7.2.2-37 宋《地理新书·昭穆葬图》①

---

① 图 7.2.2-36、图 7.2.2-37 摘自宿白:《白沙宋墓》,文物出版社,2002 年。

大院"东支"以一门为核心，居祠堂之左(依祠堂面对方向，下同)，大院"西支"以三门为核心，居祠堂之右，形成如下所示的对应关系：

各"门"院内各家同样按照昭穆关系居住。例如，五门"世濂"(父)居中，"大燮"(长子)居左，"大相"(次子)居右。又如，三门"大浏"(父)居中，"恒炳"(四子)居左，"恒燊"(五子)居右。又如，三门"大熊"(祖)居中，"恒堃"(父)居左，"昌茂"(长子)"昌棠"(次子)居右。又如，四门"恒尧"(父)居中，"昌仪"(长子)居左，"昌仁"(次子)居右，等等。各院内的位序关系，见图7.2.2-38。

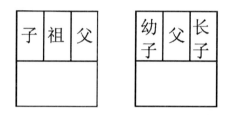

图 7.2.2-38　院内居住位序示意图

王氏后人绘制的示意图，实质是一定时间一定人群的社会化空间，真实地反映出同族聚居的居住方式，这种遵循昭穆制的居住关系就是王家大院布局的内在结构，这一结构是居住在大院里人群社会关系的映射。王家大院这种布局和结构与旧时天津城市民居、当代浙江农村民居比较，显现出其所具有的共性和个性特征。① 可以认为，这种布局和结构的王家大院，不仅满足了王氏家族由浙迁津的聚居需求，而且这种布局形态和结构成为今天认识王家大院真实性与完整性的重要依据。

(4)王家大院的社会历史价值

王家大院是天津具有代表性的乡土建筑，它记录了曾经的农业文明社会的差序格局。

国际古迹遗址理事会《关于乡土建筑遗产的宪章》指出：乡土建筑遗产在人类的情感和自豪中占有重要的地位。它已经被公认为是有特征和

---

① 参见天津地方志编修委员会编《天津简志》第二十七篇第一章第三节"住宅格局和居住习俗"，天津人民出版社，1991年；浙江省考古研究所编：《兰溪长乐村》，未刊稿。

魅力的社会产物。它看起来是不拘于形式，但却是有秩序的。它是有实用价值的，同时又是美丽和有趣味的。它是那个时代生活的聚焦点，同时又是社会史的记录。它是人类的作品，也是时间的创造物。如果不重视保存这些组成人类自身生活和新的传统性和谐，将无法体现人类遗产的价值①。

《关于保护乡土建筑的无锡建议》指出：对乡土建筑形成的聚落整体，包括周边环境及其所蕴含的合理的生活方式、传统民俗等非物质文化遗产同样要加以保护；将乡土建筑作为第三次全国文物普查的重点内容；各级政府应从新农村建设基础设施补助费中安排资金用于乡土建筑的保护，同时鼓励、引导社会资金的投入；建立中国古迹遗址保护乡土建筑专业委员会，并加强与国际相关组织的交流与合作；鼓励复兴传统建造工艺和知识，不断提高乡土建筑保护水平②。

王家大院以其独特的布局形态和结构，明显有别于天津老城里的大院，其与所存在的环境相互协调并融为一体，在天津文化遗产中具有特殊性。该建筑群符合国际古迹遗址理事会《关于乡土建筑遗产的宪章》的认定标准，同时符合文化部《文物认定管理暂行办法》和国家文物局《关于贯彻实施〈文物认定管理暂行办法〉的指导意见》的有关规定，对于研究古代天津城市和早期浙籍移民社区具有很高的历史学和社会学价值。

王家大院内部的五个父系大家庭，居住有序，辈次分明；王家大院及其周围的王氏族人如同水波扩散般地居住，形成父系差序格局。著名社会学家费孝通指出："我们社会中最重要的亲属关系就是这种丢石头形成同心圆波纹的性质。亲属关系是根据生育和婚姻事实所发生的社会关系。从生育和婚姻所构成的网络，可以一直推出去包括无穷的人，过去的、现在的和未来的人物。""在我们传统的社会机构里最基本的概念，这个人和人往来所构成的网络中的纲纪，就是一个差序，也就是伦。"③过去的王家大院曾经是王氏家族父系差序格局的物质载体，今天已经成为

---

①②　联合国教科文组织世界遗产中心、国际古迹遗址理事会、国际文物保护与修复研究中心、中国国家文物局：《国际文化遗产保护文件选编》，文物出版社，2007 年。

③　费孝通：《乡土中国》，生活·读书·新知三联书店，1985 年。

2000 年来中国农业文明社会差序格局的历史见证，在当今中国大城市中是十分难得的实物资料。

著名建筑学家陈志华认为："乡土建筑，尤其是完整的乡土聚落，是乡土文化研究的容器，各种乡土文化遗产研究都可以装进这个大容器里去。"①王家大院建筑群就是这样的大容器，承载着王氏家族迁津以来数百年的历史，这个大容器一旦不存在了，王氏家族物化的历史将成为口耳相传的故事。陈志华教授针对王家大院保护问题特别强调："中国2000 年农业文明的基础是家族聚居，它培育了这个社会，以血液和精气滋养着辉煌的文化。没有民众史的历史是残缺不全的。现在的大都市中，这种传承有序、至今依然香火延续的家族老宅万一不存，再不保护，这种曾经最典型的中国社会细胞就会彻底消失在我们这辈人手中。"②

对于理解王家大院价值的信息来源真实可信，现存的王家大院具有一定的真实性和完整性。

联合国教科文组织《实施〈保护世界文化与自然遗产公约〉的操作指南》指出："理解遗产价值的能力取决于关于该价值信息来源的真实度和可信度。对涉及文化遗产原始及后来特征的信息来源的认识和理解，是分析评价真实性各方面的必要基础。"③按照《操作指南》的要求，调查者对于作为"信息来源"的所有物质的、书面的、口头和图形的信息，予以甄别、梳理、考证，以保证"信息来源"必备的真实性和可信性，以使理解王家大院的历史、特征、性质和意义成为可能。

王家大院坐落明确，四至范围清楚，四条街巷围合的建筑群形成一个相对独立的小街区；整体平面大体呈东西短南北长的长方形，由 15 个院落近 60 间平房构成，各院落主体建筑基本存在，建筑特征体现的年代为清代至民国时期；各个院落依据中央通道布列有序，平面构成"非"字形格局，各构成单元及平面布局与 1949 年王家大院房契蓝图基本吻合。

---

① 陈志华：《抢救乡土建筑的优秀遗产》，陈志华：《文物建筑保护文集》，江西教育出版社，2008 年。

② 《公民在行动》，《中国文化报》，2009 年 10 月 20 日，第 6 版。

③ 联合国教科文组织世界遗产中心、国际古迹遗址理事会、国际文物保护与修复研究中心、中国国家文物局：《国际文化遗产保护文件选编》，文物出版社，2007 年。

建筑尺度和街巷肌理基本保持了原貌，大院与周邻建筑、街巷有机结合，主次分明，周邻建筑、街巷不仅是大院的背景环境，而且成为表明大院历史的物证；大院的历史沿革和社会含义已成为认识王家大院真实性与完整性的重要依据。因此，现存的王家大院建筑群具有一定的真实性和完整性是毋庸置疑的。

陈雍：2009 年下半年，王家大院开始拆除，为了保护这处历史建筑，志愿者们奔走呼号，做出了种种努力。2019 年 4 月，幸存下来的"祠堂院"等建筑被拆除，王家大院最终被夷为平地。王家后人王昌烜和志愿者张强费尽周折，将几扇清代木门无偿捐献给红桥区文物部门。

不要损害盘山的历史真实性①

2019 年初，权威官宣这样推介天津盘山：这里的"京东第一山"/曾让乾隆喟叹/早知有盘山，何必下江南。后面两句话是天津盘山导游词的著名桥段，在报刊文章和网络媒体上出现的频率很高。当下，最权威的官宣又言之凿凿，更是让人信之无疑，看来这话"实锤"了。

"曾让乾隆喟叹/早知有盘山，何必下江南"，按照正常的说话逻辑，应当是下江南在先，上盘山在后，否则就不会有"早知"与"何必"。但是查阅文献，历史并非如此。乾隆当了皇帝以后，第一次到盘山的时间，比他第一次下江南的时间早了 12 年，上盘山在前，而下江南在其后。

据《清高宗实录》记载，从乾隆四年（1739 年）至嘉庆二年（1797 年），历时 58 年，乾隆帝先后到蓟州盘山共 33 次，其中 1752 年、1758 年、1766 年一年内去了两次。具体时间为：乾隆四年（1739 年），乾隆七年（1742 年），乾隆九年（1744 年），乾隆十年（1745 年），乾隆十二年（1747 年），乾隆十三年（1748 年），乾隆十四年（1749 年），乾隆十五年（1750

---

① 陈雍：《不要损害盘山的历史真实性》，《天津文史》，2020 年第 2 期。

年)，乾隆十七年(1752 年)春秋各一次，乾隆十八年(1753 年)，乾隆十九年(1754 年)，乾隆二十年(1755 年)，乾隆二十一年(1756 年)，乾隆二十三年(1758 年)春秋各一次，乾隆二十五年(1760 年)，乾隆二十八年(1763 年)，乾隆二十九年(1764 年)，乾隆三十一年(1766 年)春秋各一次、乾隆三十四年(1769 年)、乾隆三十五年(1770 年)，乾隆三十七年(1772 年)，乾隆三十九年(1774 年)，乾隆四十年(1775 年)，乾隆四十七年(1782 年)，乾隆五十年(1785 年)，乾隆五十二年(1787 年)，乾隆五十四年(1789 年)，乾隆五十六年(1791 年)，乾隆五十八年(1793 年)，嘉庆二年(1797 年)。

据《清高宗实录》《清史稿》《南巡盛典》记载，乾隆帝从十六年(1751 年)开始南巡，其后二十二年(1757 年)、二十七年(1762 年)、三十年(1765 年)、四十五年(1780 年)、四十九年(1784 年)继续南巡，历时 33 年，前后共 6 次。

乾隆帝下江南的时间段(1751—1784 年)，完全落在上盘山的时间段(1739—1797 年)内，并且每次下江南的时间与上盘山的时间都错开：乾隆十五年上盘山，十六年下江南；二十年上盘山，二十二年下江南；二十五年上盘山，二十七年下江南；二十九年上盘山，三十年下江南；四十年上盘山，四十五年下江南；四十七年上盘山，四十九年下江南，乾隆上盘山与下江南的目的应当有所不同。

先来看乾隆 33 次巡幸盘山的记载，其中 19 次是去遵化谒陵途经蓟州，4 次为塞上行围秋狝，10 次为专幸盘山。乾隆九年修建盘山行宫，十年命名为"静寄山庄"。乾隆帝从第 3 次上盘山，开始驻跸静寄山庄。盘山行宫是北京以外规模仅次于避暑山庄的第二大皇家行宫园林，清廷修建盘山行宫静寄山庄是与拜谒东陵密切相关的，而热河行宫避暑山庄则与木兰秋狝密切相关。据有关研究，乾隆帝在前 32 次巡幸盘山期间，处理的全国性军政要务几乎遍及乾隆一朝的所有主要事件。

再来看乾隆 6 次巡察江南的记载，其中 5 次视察江苏运河、淮河与黄河水利工程，4 次视察浙江海塘工程。乾隆四十九年，第 6 次南巡即将结束时，他在杭州写《南巡记》称："予临御五十年，凡举二大事，一曰西师，一曰南巡。"特别强调："南巡之事莫大于河工。"他自己把南巡的主要目的讲得明明白白。

"乾隆游江南"的各种传说，是老百姓喜闻乐道的题材，在中国民间有着广泛的群众基础。最先出现的是晚清小说《乾隆巡幸江南记》，又称《乾隆下江南》《乾隆游江南》《乾隆韵事》等，作者不详。1922 年，天一公司拍摄无声电影《乾隆游江南》九集，介绍说影片取自清代稗史及坊间传说。20 世纪 70 年代，香港拍摄《乾隆游江南》《乾隆下江南》《乾隆下扬州》等故事片。90 年代以后，大陆出现了多部乾隆题材的影视作品。几乎与此同时，随着各地快餐式旅游的兴起，乾隆这位最有料的皇帝，受到空前的调侃与戏说。

环境与遗产专家徐嵩龄指出，中国文化遗产的原真性已经和正在受到旅游的伤害。根据中国的遗产旅游实际情况，可以将旅游建设和经营活动对遗产原真性的破坏，从五个方面进行评估。他认为，在"知识层面原真性"方面，中国有相当多遗产地的讲解脱离遗产地的真实价值，重复一些似是而非、似曾相识的民间传说，普遍伤害了遗产地的真正历史、科学、美学价值。① "早知有盘山，何必下江南"，显然已经严重伤害了盘山的历史真实性。

天津有个"装王府"②

一年多以前就听说，天津的李纯祠堂要改成"天津庄王府"。今年(2010 年)3 月，终于在官网上见到报道："'天津庄王府'五一亮相！报道称，今年五一，这座修旧如旧的天津庄王府将正式对外开放，届时将成为天津又一处极具特色和标志性的文化旅游新景区。南开文化宫古建筑群(李纯祠堂)，是市级文物保护单位和天津重点保护等级历史风貌建筑。据考证，它的前身是北京的庄亲王府，是正宗王府制式建筑。作为除北京城外唯一一座具有清代皇族色彩的古建筑群，有着'天津小故宫''津门

---

① 徐嵩龄：《第三国策：论中国文化与自然遗产保护》，科学出版社，2005 年。
② 陈雍：《天津有个"装王府"》，《天津文史》，2021 年第 1 期。

庄王府'的美誉。"

早在去年，媒体就开始为"天津庄王府"闪亮登场大造舆论。例如，2009年10月28日《城市快报》以"督军府克隆庄王府"为题，煞有介事地介绍李纯祠堂的来历。记者援引某"高人"的"考证"：1913年，江苏督军李纯在北京西直门外以20万元购得明朝大宦官刘瑾旧宅（后为清庄王府宅第），拆建成居民住宅，称"平安里"，将拆下的建筑部件、材料（如琉璃瓦、雕梁画栋、墙砖、石雕等）拆运抵津，于1923年在此建成仿古建筑，其建筑结构仿效故宫布局，故有天津"小故宫"之称。因整座建筑与紫禁城格局相似，曾受到举报，袁世凯随即派人调查，李纯不敢坦言私宅，谎称用作李氏祠堂。这一说法得到袁世凯谅解，也成为官方说法，遂此建筑群始终被称为李纯祠堂。

今年4月28日《每日新报》披露了"天津庄王府"的规划方案，整个建筑群分为四个部分，从大门进来以后，是所谓的皇家园林；第一道院，将重现昔日王府风采；第二道院，是利用原建筑的天津非物质文化遗产博物馆；第三道院，还原真实王府生活，"品味"正宗王府大餐。

这三篇报道正好凑成一段相声，一个逗哏，一个捧哏，一个腻缝，这段相声不是《扒马褂》而是"穿马褂"，民国李纯祠堂穿上了清代庄亲王府的"黄马褂"。

其实李纯祠堂的前身不是北京庄王府，它既不是"正宗王府制式建筑"，也不与"紫禁城格局相似"。要说清楚这个问题很简单，先来看北京的庄亲王府。

承泽亲王硕塞是顺治皇帝的五哥，硕塞第一子博果铎于顺治十二年（1655年）袭亲王，改号曰庄，以庄亲王承袭，"世袭罔替"，传十三代。庄亲王府的前身"承泽亲王府在太平仓"，太平仓是明朝的仓署。翻开清代地图，庄亲王府坐落四至非常清楚，南起太平仓胡同，北至麻状元胡同（今群力胡同），东起皇城，西至麻状元胡同和太平仓胡同西口以东。在乾隆《京城全图》上可以见到庄亲王府的平面布局情况。庄亲王府跟北京城里其他亲王府的格局大体相同，这是因为清代对于王府建造有非常严格的规定。康熙《大清会典》规定，王府坐北朝南，全部建筑分为中、东、西三路，中纵轴由南向北依次为正门、大殿、后殿、后寝、后罩房，东西纵轴可以自由配置。庄亲王府的东纵轴为附属建筑，其北部有亲王家族祠堂；西纵轴主要是王府花园。在建筑规制方面，正门面阔五开间，大殿面阔七开间，后殿面阔五开间，后寝面阔七开间，后罩房面阔九开间，东西配殿面阔五开间。王府绝对不能也不敢超过皇宫。庄亲王府总占地面积 75600 平方米，约合 113 亩。

1900 年，慈禧想利用义和团抵制八国联军入侵，命庄亲王载勋等篡夺义和团的领导权，载勋把"义和团公所"设在王府内，并设拳坛。八国联军入侵北京以后，载勋自尽，王府受到八国联军报复性的破坏并被烧毁。1902 年，载勋弟载功继承庄亲王爵位时，王府几乎成为废墟。

1913 年，天津北洋军阀李纯(秀山)和他弟弟李馨(桂山)，听说豫王府里挖出了金子，用 20 万两白银从载功之子溥绪(末代庄亲王)手里买下毁坏殆尽的庄王府，结果李氏兄弟什么也没挖出来。1914—1924 年，李纯把拆下的砖瓦木料运回天津，给自己修建祠堂。1923 年，李纯在庄王府遗址上建住宅"平安里"，李馨书写匾额。这块匾额现今收藏在北京西城区文化委员会。李纯建的平安里早就不存在了，现在是办公、商业和居民住房，只遗留下地名。从卫星影像上，还能大致辨认出庄王府遗址的范围。

李纯祠堂坐落在今南开区白堤路旁，方向不正，为东北—西南向，由三进院落组成。头道院前有一大片空间，西南端有砖砌照壁，依次为石制楼式牌坊、华表、神道碑、单孔拱桥。天津电台"天津卫的故事"称，50 多年以前还有石人石马。头道院子前的这片空间，这次维修方案叫作"前导空间"，由"大门"和"皇家园林"组成，新添建的大门是克隆北京南池子过街门坊，原来神道上的牌坊、华表、神道碑等，被改造到新建的"皇家园林"里。山门面阔三开间，前殿面阔三开间，中殿、后殿均为面阔五开间。东西配殿均为三开间。无论是建筑格局，还是建筑的规制，都跟庄亲王府相差甚远。虽然到了民国年间，李纯也没敢越制，中轴线上的建筑只敢建成三开间和五开间。另外，李纯祠堂占地面积 23750 平方米，约合 35.6 亩，大约是北京庄王府面积的三分之一。李纯祠堂三进院子里的建筑材料，据"王府"字样的琉璃瓦，推测部分取自庄王府，而牌坊、华表、神道碑等常见于寝园的石构件，绝不会是庄王府的旧物。

这次维修李纯祠堂新添加的"庄王府""银安殿"匾，属于相当低级的错误。"某某王府"是他称而不是自称；"银安殿"是民间俗称，与其对应的说法是"金銮殿"。"天津庄王府"把唱戏、说书里的"银安殿"匾额做成汉文与满文对照，实在令人不解。更让人贻笑大方的是，所有"庄王府"匾额一律从右往左念，可"庄"字却都是简化字。

明明是李纯祠堂，偏要说成"天津庄王府"，这个假冒伪劣的"装王府"，使天津市(省级)文物保护单位①的历史真实性受到严重伤害，公众的感情到受到严重伤害，消费者的权益也受到严重侵害。

新建的金汤桥还是文物吗

20 世纪 60 年代，著名桥梁专家茅以升的《天津的开合桥》说："几乎全国的开合桥都集中在天津，而且天津市区的绝大多数的桥也就是这种开合桥"。当年茅以升说的那些开合桥，现今已经所存无几了。

海河上的金汤桥，建于清光绪三十二年(1906 年)。1949 年 1 月 15 日，中国人民解放军东北野战军四个主力纵队在金汤桥会师，该桥以"天津会师纪念地"公布为天津市(省级)文物保护单位。

1970 年金汤桥的开启设备被拆除，从此不能开合，但还能通行车辆。进入 21 世纪后，天津要把海河努力打造成为"世界名河"，2003 年金汤桥被彻底拆除，2005 年重建了一座新桥。

2010 年 5 月 21 日，《天津日报》有篇题为《金汤桥该修修了》文章称，金汤桥是海河上的一座名桥，随着改造提升海河环境，金汤桥进行了重建，金汤桥也旧貌换新颜。目前桥上地面玻璃、地灯破损无人问津，地砖发生脱节，甚至对游人造成意外伤害，该修修了。文章虽短却实话实说，终于承认了金汤桥是重建的，而且是"旧貌换新颜"。金汤桥被重建以后的很长一段时间里，媒体一直忌讳"重建"这个词，这篇文章终于带

---

① 李纯祠堂今为全国重点文物保护单位。

头说了实话。

新建的金汤桥像一个硕大的模型摆在海河上。桥上只能过人不能过车，新添建的引桥的阶梯、地面都是玻璃的。每当雨雪天气，行人过桥，战战兢兢胆战心惊。当初新桥的引桥阶梯、地面都是透明玻璃，身着裙装的女士不敢上桥，生怕走光，尤其害怕被桥下排排坐的男人毒眼射击。后来，媒体援引南方某大商场玻璃楼梯让女士走光的例子，建议将新建金汤桥的透明玻璃改为磨砂玻璃。

为了让新建的金汤桥赶上"世界名河"的步伐，重建时还增添了变幻的灯光和有煤气管道相连的喷火装置。新桥落成典礼特意安排在夜晚，夜幕下桥上灯光忽而蓝，忽而黄，忽而红，忽而绿，无数个喷嘴吐着火苗，行人穿过桥就像穿越"超级玛丽游戏"的吐火长龙，我被设计者的想象力"震撼"了。

新桥建成以后很多人质疑，这个桥还是天津市(省级)文物保护单位吗？前面提到的那篇呼吁修桥的文章，很巧妙地回避了这个问题。至今还躺在荒草丛里的老桥残骸，还是不是文物呢？

7.3　乡土建筑

7.3.1　湖南的古村落

二十几年前，我由研究北首岭聚落、姜寨聚落和史家村等半坡文化墓地，萌发出用考古学法方法研究古村落的想法。我把这个想法同张忠培先生讲了，他认为这个想法好，可以在湖南岳阳的张谷英村试着搞一搞，并且很快和湖南省文物局何强副局长取得了联系。张先生考虑到我听不懂岳阳话，还特意安排余西云(岳阳人)跟我一起调查，李伊萍听说了也想参加，当时我们商量了一个大致的方案。后来因为种种原因，这个方案没能实现。

湖南考古所郭伟民所长听说我要调查古村落，送给我湖南所编著的

《濂溪故里——考古学与人类学视野中的古村落》①。这本书是将考古学与人类学、建筑学、地理学相结合，田野调查与考古发掘相结合，综合研究湘西道县楼西村——濂溪故里乡土建筑的成功案例，读后很受启发。

截至目前，中国考古学术界用考古学理论方法和手段研究乡土建筑已经取得了一些值得关注的成果，实践表明，考古学在乡土建筑保护中，应当而且也能够发挥出特有的作用。

7.3.2 陈志华的乡土建筑

20世纪80年代，陈志华教授组织领导清华大学乡土建筑调查研究团队，以"整体研究""整体保护"的模式，对中国代表性乡土建筑进行调查研究，形成了一系列调查研究专著。

我读了陈志华教授的《北窗杂记》《文物建筑保护文集》《中国乡土建筑初探》(图7.3.2-1、图7.3.2-2)以及《诸葛村》《关麓村》《十里铺》等书以后，从保护理念与理论方法上，对中国乡土建筑的认识，有了很大的提高。

图7.3.2-1 《文物建筑保护文集》书影   图7.3.2-2 《中国乡土建筑初探》书影

---

① 湖南省文物考古研究所编：《濂溪故里——考古学与人类学视野中的古村落》，文物出版社，2011年。

中国社会是城市与农村二元结构，分为城市聚落与农村聚落。日益加剧的城镇化，造成农村聚落不断受到破坏，乡土建筑遗产亟待抢救与保护。长期以来，陈志华教授不断大声疾呼：我们中国人已经在乡土建筑遗产的研究和保护方面做了一些工作，得到国际上的承认和重视，公认有所贡献。但当前，我们的当务之急还是赶快扭转长期以来对乡土建筑遗产保护的忽视，而把它们正式看作文物建筑中极为重要的部分，立即着手普查、评价、遴选、保护，它们已经不多了！① 为此，他撰写了一系列保护乡土建筑的文章，出版了《中国乡土建筑初探》等论著，同时作了诸葛村、关麓村等有代表性的乡土建筑个案研究。

中国有一期非常漫长的农业文明的历史，中国的农民至今还占着人口的大多数。传统的中华文明，基本上是农业文明。农业文明的基础是乡村的社会生活。在广阔的乡土社会里，以农民为主，加上小手工业者、小商贩、在乡知识分子和少数退休还乡的官吏，一起创造了像海洋般深厚瑰丽的乡土文化。

乡土建筑是乡土生活的舞台和物质环境，它是乡土文化中最普遍存在的、信息含量最大的组成部分。它的综合度最高，紧密联系着许多其他乡土文化要素或者甚至是它们重要的载体。不研究乡土建筑就不能完整地认识乡土文化。甚至可以说，乡土建筑研究是乡土文化系统研究的基础。②

乡土建筑这个概念具有鲜明的社会学含义，它不仅仅是建筑学的概念。"乡土"的含义，应与费孝通《乡土中国》的"乡土"含义相当。费孝通说，这里讲的乡土中国，并不是具体的中国社会的素描，而是包含在具体的中国基层传统社会里的一种特具的体系，支配着社会生活的各个方面。它并不排斥其他体系同样影响着中国社会，那些影响同样可以在中国的基层社会里发生作用。搞清楚我所谓乡土社会这个概念，就可以帮助我们去理解具体的中国社会。

---

① 陈志华：《抢救乡土建筑的优秀遗产》，陈志华：《文物建筑保护文集》，江西教育出版社，2008 年。

② 陈志华：《中国乡土建筑初探》，清华大学出版社，2016 年。

概念在这个意义上，是我们认识事物的工具。在具体现象中提炼出认识现象的概念，在英文中可以用 Ideal Type 这个名词来指称。Ideal Type 的适当翻译可以说是观念中的类型，属于理性知识的范畴。它并不是虚构，也不是理想，而是存在于具体事物中的普遍性质，是通过人们的认识过程而形成的概念。①

陈志华认为，由乡土建筑构成的聚落整体，是乡土社会的物质载体，也是乡土文化研究的容器，各种乡土文化遗产研究都可以装进这个大容器里去，我们平常所说的乡土建筑，是指这个聚落整体，而不是单体建筑。

> 陈雍：乡土建筑是由住宅、宗教建筑、文教建筑、商贸建筑等构成的聚落整体。或者说，乡土建筑的存在方式是形成聚落。陈志华先生的这种认识，和考古学上的"聚落单元"非常相似。

乡土建筑优秀遗产的价值远远没有被正确而充分地认识。一个物种的灭绝是大的损失，一种文化的灭绝岂不是更大的损失？大熊猫、金丝猴的保护已经是全人类关注的大事，我们的乡土建筑却正在以极快的速度、极大的规模被愚昧而专横地破坏着。我们正无可奈何地失去它们。我们无力回天。但是我们决心用全部的精力立即抢救性地做些乡土建筑的研究工作。我们的乡土建筑研究从聚落下手。这是因为，绝大多数的乡民生活在特定的封建宗法制的社区中，所以，乡土建筑的基本存在方式是形成聚落。陈志华还说，聚落好像物质的分子，分子是具备了某种物质全部性质的最小的单元，聚落是社会的这种单元。我们因此以完整的聚落作为研究乡土建筑的对象。

建筑师评价老建筑，着眼点主要是审美的，是形式上的，然后是功利的，即是不是还能"有用"，是不是"完好"。他们最讨厌"破破烂烂"，而文物建筑有很大一部分是有点儿破烂或者不很完好的，因为它们都很

---

① 费孝通：《乡土中国》，生活·读书·新知三联书店，1985 年。

"年老"了。文物建筑保护专家当然不排斥审美，但他们审定文物建筑是根据它们的历史文化价值，而不仅仅是美，不仅仅是"有用"，也不管破烂不破烂。他们把文物建筑主要看作历史信息(社会的、经济的、文化的、政治的、科技的等)的载体，它们的价值决定于所携带的历史信息的量和质，是否丰富、是否重要、是否独特。①

> 陈雍：俗话说以貌取人，不少人以貌取屋，甚至拿鉴定危房的标准去衡量文物建筑、历史建筑和乡土建筑。问题出在评价标准上，不同专业的评价标准可以有差别，如果价值观出了问题，道德观出了问题，那就触到了文物建筑、历史建筑和乡土建筑保护的底线。
>
> 孟宪民：建筑师的评价标准蛮可怕的。
>
> 许永杰：对于古村落，把当代居民清出去，是很不好的事情，没有了居民，就没了人气，没了灵魂，如同行尸走肉；没有人居住的村落不是古村落，是废墟，是民居博物馆，我刚到广州看的肇庆大旗头村就是这种"古村落"。
>
> 陈雍：许永杰说的这个问题现下比较多见，不仅古村落、历史建筑，甚至世界文化遗产丽江古城等地也存在这类问题。
>
> 李伊萍：丽江古城因此受到世界遗产委员会的批评。

7.3.3　国际社会的乡土建筑

20 世纪末叶，乡土建筑受到国际社会的高度重视。1999 年 10 月，国际古迹遗址理事会(ICOMOS)在墨西哥通过《关于乡土建筑遗产的宪章》②，作为对《威尼斯宪章》(1964 年)的补充。

关于乡土建筑遗产的价值，《关于乡土建筑遗产的宪章》指出：乡土

---

① 陈志华：《文物建筑保护中的价值观问题》，陈志华：《文物建筑保护文集》，江西教育出版社，2008 年。

② 联合国教科文组织世界遗产中心、国际古迹遗址理事会、国际文物保护与修复研究中心、中国国家文物局主编：《国际文化遗产保护文件选编》，文物出版社，2007 年。

建筑遗产在人类的情感和自豪中占有重要的地位。它已经被公认为是有特征和魅力的社会产物。它看起来是不拘于形式，但却是有秩序的。它是有实用价值的，同时又是美丽和有趣味的。它是那个时代生活的聚焦点，同时又是社会史的记录。它是人类的作品，也是时间的创造物。如果不重视保存这些组成人类自身生活和新的传统性和谐，将无法体现人类遗产的价值。

乡土建筑是一个社会文化的基本表现，是社会与其所处地区关系的基本表现，同时也是世界文化多样性的表现；由于文化和全球经济转型的同一化，面对忽视、内部失衡和解体等严重问题，全世界的乡土建筑都非常脆弱；有必要建立管理和保护乡土建筑遗产的原则。

关于乡土建筑遗产保护原则，《关于乡土建筑遗产的宪章》指出：当今对乡土建筑、建筑群和村落所做的工作应该尊重其文化价值和传统特色。乡土性几乎不可能通过单体建筑来表现，最好是各个地区经由维持和保存有典型特征的建筑群和村落来保护乡土性。乡土性建筑遗产是文化景观的组成部分，这种关系在保护方法的发展过程中必须予以考虑。乡土性不仅在于建筑物、构筑物和空间的实体构成形态，也在于使用它们和理解它们的方法，以及附着在它们身上的传统和无形的联想。

2007 年 11 月，在无锡召开的中国文化遗产保护论坛，通过了《关于保护乡土建筑的无锡建议》[①]，对中国乡土建筑保护具有重要的指导意义。《关于保护乡土建筑的无锡建议》指出：对乡土建筑形成的聚落整体，包括周边环境及其所蕴含的合理的生活方式、传统民俗等非物质文化遗产同样要加以保护；将乡土建筑作为第三次全国文物普查的重点内容；各级政府应从新农村建设基础设施补助费中安排资金用于乡土建筑的保护，同时鼓励、引导社会资金的投入；建立中国古迹遗址保护乡土建筑专业委员会，并加强与国际相关组织的交流与合作；鼓励复兴传统建造

---

① 联合国教科文组织世界遗产中心、国际古迹遗址理事会、国际文物保护与修复研究中心、中国国家文物局主编：《国际文化遗产保护文件选编》，文物出版社，2007 年。

工艺和知识，不断提高乡土建筑保护水平。[①]

同年 12 月，国家文物局印发了《关于加强乡土建筑保护的通知》，对加强乡土建筑保护，传承和弘扬优秀传统文化提出了明确的要求，并将乡土建筑作为第三次全国文物普查的重点之一。在第三次全国文物普查中，各地许多乡土建筑登记为不可移动文物，有的还核定公布为各级文物保护单位。

谢辰生先生指出，目前，国际上对保护乡土建筑文化遗产也十分关注，当前我国名城保护虽然问题较多，但在祖国大地有价值的村镇还有不少保存完好。因此，我们应吸取在城市危房改造中破坏名城的经验教训，在今后城镇化的过程中要注意保护好名村名镇。[②]

7.3.4　传统村落与乡土建筑

"传统村落"是我国学者提出的概念，起先叫作"古村落"，它和国际古迹遗址理事会提出的"乡土建筑"区别很大。

2012 年 12 月，住房城乡建设部、文化部、财政部三部门联合下发了《关于加强传统村落保护发展工作的指导意见》，随后公布了几批传统村落名录。一下子，保护传统村落的呼声，压过了正在实施的乡土建筑保护，造成了传统村落保护与乡土建筑保护在理论层面和实践层面上的混乱。

> 穆森：古村落还是基于文物保护而衍生的，而传统村落则是更多基于非遗活态传承的要求，二者应该有本质的不同。
>
> 陈雍：乡土建筑和传统村落的重要区别在于，着眼于物质文化遗产还是非物质文化遗产。当下"非遗"在利益驱动下，重申报、轻保护的问题越来越严重了。

这里需要强调的是，乡土建筑是国际社会关于文化遗产保护领域的

---

① 联合国教科文组织世界遗产中心、国际古迹遗址理事会、国际文物保护与修复研究中心、中国国家文物局主编：《国际文化遗产保护文件选编》，文物出版社，2007 年。

② 谢辰生：《对保护名城的建议》，谢辰生：《文物何为》，中国文史出版社，2019 年。

专业术语，我国学术界和文化遗产保护领域，不但使用了这个专业术语，而且采纳了国际上的保护理念和原则。在长期的实践中已经清楚地认识到，保护好中国多种多样的乡土建筑遗产，是中国对世界文化遗产的重大贡献。

7.4 文化遗产教育

联合国教科文组织《保护世界文化和自然遗产公约》①最先提出，应通过一切适当手段，特别是教育和宣传计划，努力增强本国人民对公约确定的文化和自然遗产的赞赏和尊重。《关于在国家一级保护文化和自然遗产的建议》②呼吁，各成员国应开展教育运动以唤起公众对文化和自然遗产的广泛兴趣和尊重，还应继续努力以告知公众为保护文化和自然遗产现在正在做些什么，以及可做些什么，并谆谆教诲他们理解和尊重其所含价值。为此，应动用一切所需之信息媒介。

《国务院关于加强文化遗产保护的通知》提出，提高人民群众对文化遗产保护重要性的认识，增强全社会的文化遗产保护意识。教育部门要将优秀文化遗产内容和文化遗产保护知识纳入教学计划，编入教材，组织参观学习活动，激发青少年热爱祖国优秀传统文化的热情。

7.4.1 文化遗产课堂

2015 年 11 月，天津市红桥区丁字沽小学成立文化遗产课堂，我应邀参加了教学专家组。为什么要成立文化遗产课堂？发起人穆森这样说："文化遗产课堂旨在遵循教育规律，以学校和学生为主体，立足美育与德育相结合，开展文化遗产教育，并推动其纳入国民教育体系中的一种实践探索。"

谢辰生先生非常关心文化遗产课堂建设，为丁字沽小学文化遗产课

---

①② 联合国教科文组织世界遗产中心、国际古迹遗址理事会、国际文物保护与修复研究中心、中国国家文物局主编：《国际文化遗产保护文件选编》，文物出版社，2007 年。

堂题字(图 7.4.1-1)。他说："早在 1987 年《国务院关于进一步加强文物工作的通知》中，我们就提出要开展文保教育，在中小学的教科书中，要加强有关祖国文物的内容，教育青少年提高民族自尊心和自豪感，继承和发扬革命传统，做有理想、有道德、有文化、有纪律的一代新人。天津的文化遗产课堂给全国开了一个好头，值得鼓励与推广。我会邀请文物教育界的老朋友一起来天津当志愿者，继续为你们鼓与呼！"①

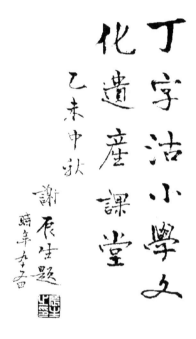

图 7.4.1-1　谢辰生先生为文化遗产课堂题字(穆森提供照片)

据天津教育史专家张绍祖研究，丁字沽小学校园里保留的古建筑，当地居民称为娘娘庙，即文献记载的白衣寺。清光绪二十九年(1903 年)"废庙兴学"，改白衣寺为第四半日学堂，清宣统三年(1911 年)改为民立第十一初等小学堂。穆森用"从教育遗产到遗产教育"，概括了丁字沽小学从"废庙兴学"到"文化遗产课堂"110 多年的历史。天津大运河畔这座具有 117 年历史的小学校，已经和正在发生着深刻的变化，如今发展成

---

① 《天津日报》，2017 年 5 月 18 日，第 9 版。

为全国文化遗产课堂联盟，现下学校正在筹划依托古建筑创建校园博物馆(图 7.4.1-2)。

图 7.4.1-2　丁字沽小学文化遗产课堂(穆森提供照片)

陈雍：在 1700 多千米长的京杭大运河沿线，只有天津还保留了因运河而兴办的大、中、小学近代新式教育集群(北洋大学、铃铛阁中学、丁字沽小学)，这是丁字沽小学发展的深厚历史背景。

为了加强中国和法国在文化遗产保护和教育领域的合作，丁字沽小文化遗产课堂两次邀请法国国家科学院教授、北京大学访问学者伊沙贝教授为孩子们讲授法国文化遗产。

为办好丁字沽小学文化遗产课堂，我和十几位退休的老同志，从 2015 年 11 月至今，义务为丁字沽小学做了一些事情。2020 年因为疫情，延迟到 8 月 22 日，专家组部分成员和建筑规划专家、《中国文物报》记者、天津大学社会实践大学生，一起到丁字沽小学考察调研。我代表专家组送给孩子们《五千年良渚王国》文化遗产少儿读本(图 7.4.1-3)。我们高兴地看到，丁字沽小学文化遗产课堂越办越好。

图 7.4.1-3　笔者代表专家组赠书(穆森提供照片)

天津市丁字沽小学文化遗产课堂发展到今天，已经第六个年头了。2021 年 4 月，山东师范大学历史文化学院相关专家来天津，对丁字沽小学文化遗产课堂实验课程进行鉴定评估，我应邀参加了鉴定工作会。

高等师范学校对普通小学的文化遗产教育进行教学评估，是件新鲜事，也是大好事，必须给予关注，给予支持。我觉得，目前鉴定评估遇到的最直接最实际的问题是"标准"，评估"标准"涉及以下四个方面的问题。

(1)关于文化遗产定义、分类、评价的问题。其依据应当是我国的《文物保护法》《非遗保护法》，以及联合国教科文组织的《保护世界文化与自然遗产公约》《保护世界非物质文化遗产公约》。

(2)关于文化遗产教育的内涵与外延问题。我在三年前曾提出，文化遗产教育可以分为两个层次，其一为知识、技能，其二为价值观、审美观、道德观、法制观。

(3)关于文化遗产教育的教学问题。主要包括教材、教学法、课程标准、教师培训。

(4)关于文化遗产教育的体系问题。应当成为国民教育不可或缺的组成部分，尽快把文化遗产教育纳入国民教育体系是首要问题。

> 陈雍：上面说的体系问题，也就是文化遗产教育的归属、定位问题。还有一点，博物馆的社会教育应当属于文化遗产教育范畴，也应当纳入国民教育体系。

石家庄市南石家庄小学位于城乡接合部，原属正定县，学生中外来人员子女占比较大，长期以来各年级学生的成绩上不去。2016年学校进行调整，新学校提出学生和学校"一起长"，回归教育本质的情怀和物质的教育行动"一起长"，开设了校本课程——常山战鼓。

常山战鼓是石家庄市的国家级非物质文化遗产项目，由鼓、钹、锣等打击乐器组合成的一种民间锣鼓，曲牌有几十种，一般几十人至上百人在广场表演。南石家庄小学老师把这个非遗项目作为校本课程，老师和学生一起创编课程，全校师生一起参与战鼓演出（图7.4.1-4）。这门课程有教材（包括鼓谱、敲法、曲牌等），有考核标准和考核办法（分为八级，通过考试晋级），有指导老师、分管校领导。用校长的话说，这是一门让学生们体验自信成功的课程。

2018年4月，我和文化遗产课堂专家组部分成员到石家庄市长安区调研，实地观看了"常山战鼓校本课程"展示，听取老师和学生们谈亲身体会感受。座谈时，我请校长从计算机里调出2015年（学校调整以前）和2016年、2017年（学校调整以后）全校各年级期中、期末考试成绩，这是校长没有料到的。通过三年学习成绩对比，我看到文化遗产课程，已经对学科课程产生了积极的影响，同时也看到，一面面战鼓敲出了学生们内心的自信，热爱学校和集体的自觉，以及对美的欣赏和追求。这次调研，南石家庄小学文化遗产课堂给我留下了很深的印象。

图 7.4.1-4　表演常山战鼓的孩子们(穆森提供照片)

7.4.2　文化遗产教育应作为终身教育纳入国民教育体系

2018 年 1 月，"首届全国文化遗产教育展示论坛暨'文化遗产课堂'实践两周年研讨会"在天津举行(图 7.4.2-1)。来自全国文博、考古、教育界专家学者在三天的会议上，围绕"将文化遗产教育纳入国民教育体系"议题进行了集中课程展示和深入广泛的交流探讨，一致通过了《关于将文化遗产教育纳入国民教育体系的天津共识》。大家认为，文化遗产教育的本质是终身教育，首先应当从将文化遗产教育纳入国民教育体系做起。

我在研讨会上做了"文化遗产教育应作为终身教育纳入国民教育体系"的发言。

文化遗产是不可再生的文化资源，文化遗产是中华优秀传统文化的结晶和重要载体，保护文化遗产和自然遗产是我国的基本国策，文化遗产教育是保护和传承中华优秀传统文化的重要举措。这是一个基本判断和基本认识。

在这种基本认识和基本判断下，我们认为，文化遗产教育首先要搞明白文化遗产教育的基本属性问题，也就是它的定位问题。我们可以与

图 7.4.2-1 首届全国文化遗产教育展示论坛(穆森提供照片)

已知的国防教育、法制教育、美育教育做类比，我们的文化遗产教育，能不能像这几种教育，单独作为一个门类，如果可以，那么在我们现行的教育中，它的定位在哪儿？

对于这个问题，我们有个认识过程。20 世纪后期"国学热""非遗热"在各地兴起，当时流行国学、非遗进校园进课堂，出现了很多搞法，丁字沽小学的文化遗产课堂就是在这个大背景下出现的。眼下在丁字沽小学的文化遗产课堂，还能或多或少找到这个背景的痕迹，而在其他地方一些文化遗产课堂，还可以看到"国学热"和"非遗热"的余波。

为了促进国学、非遗进校园进课堂向文化遗产课堂转化，我们和丁字沽小学一起努力做了三件事：第一课程设置，第二教材编写，第三教师培训。至今我们还在做这三件事，还在摸索这三件事。把文化遗产课作为校本课程，已经不能适应目前我们国家对于教育的要求，不能适应当前中华优秀传统文化保护和传承的发展对于我们的要求。所以，我们要把文化遗产课堂提升为文化遗产教育，还要把文化遗产教育纳入国民教育体系之中。

现在可以从一小一大入手抓起。小学除了语、数、外课程，还有科学课程。我们能不能参照科学课的设置，在小学开设文化遗产课，着手编写文化遗产教材，编写小学文化遗产课程标准，要培养能够教文化遗产的老师。只有教材不行，必须拿出课程标准，否则这个课就教不好，就无法评估。在大学开设文化遗产通识课，开好这门课，先要编制大学文化遗产课程指南。

把文化遗产课作为一个门类纳入现行教育体系里，要有法律依据，需要把文化遗产教育写到两个专业法里，一个是《文物保护法》，一个是《非遗保护法》。在两个法里要体现相关内容，这是我们做文化遗产教育的法律依据，要从根本上解决问题。

接下来是文化遗产教育的基本内容。目前对于文化遗产的认知，大多数为知识技能范畴，仅有这部分内容是远远不够的，应当由三个部分构成：一是文化遗产的知识和技能教育。前提是，什么是文化遗产？目前在文化遗产认识上，大家还没有取得共识，现在有一种广义的文化遗产或泛指的文化遗产，还有一种狭义的文化遗产或专指的文化遗产，泛指的文化遗产和专指的文化遗产是不一样的。其内涵与概念应当依据国内的《文物保护法》《非遗保护法》和国际的两个巴黎公约，这样就是专门意义的了，是法律给出的定义和分类，是国际公约定义的文化遗产，我们要讲的知识和技能应该是这个范畴里的内容，而不是泛指的文化遗产。二是文化遗产的思想道德教育问题，这是价值判断和世界观的问题，遗产教育所传授的知识，与价值判断是密切相关的。三是文化遗产的法制教育问题。我给出七个关键词：文化遗产；知识；技能；价值观；审美观；道德观；法制观。

文化遗产教育的构成，可以概括为以上三个方面、七个关键词。在这里面，四观教育比知识技能教育更加重要，只有抓住四观教育，才能抓住文化遗产教育的核心。我们努力的方向是，文化遗产教育作为终身教育纳入国民教育体系里。

　　　陈雍：文化遗产教育对于学校教育而言，不是可有可无，也不是锦上添花。孩子们心里种下文化遗产的种子，将来就会发芽、开花、结果。

穆森：文化遗产教育要全面融入教育体系，全面融入社会，成为终身教育。

7.4.3　文化遗产少儿读物

在现行的人教版小学语文课本里，融进了很多关于文化遗产的知识，采取知识渗透、由浅到深、循序渐进的方式，把文物、非物质文化遗产、中国世界文化遗产三个部分内容安排到相应年级的课程里。从一年级到六年级的内容大概有，纸鸢、纸船、风筝、黄山奇石、故宫、颐和园、庐山瀑布、赵州桥、长城、秦兵马俑、丝绸之路、北京的春节、藏戏、特色民居等。我觉得，考古文物工作者写给孩子们看的科普读物，要尽量贴近小学的教学情况，让孩子们能够自主阅读，不断产生浓厚兴趣，以扩展对文化遗产的认知。

继四川文物考古研究院编《少儿考古入门》、云南文物考古研究所编《卡通手绘云南——南南考古探秘》、宋新潮和潘守永主编《博物馆里的中国》等少儿读物出版后，最近，刘斌和余靖静著、曾奇琦绘《五千年良渚王国》——大考古学家写给孩子的历史文化普及读本出版了，文化遗产保护从娃娃抓起，需要我们对孩子们从小进行文化遗产教育，把文化遗产教育纳入国民教育体系，这是考古文物工作者和教育工作者的共同责任。希望考古学家写给孩子看的书能在少儿文化遗产教育中发挥出积极作用。

《五千年良渚王国》是一本写给孩子们看的文化遗产教育读物，体现世界文化遗产良渚古城突出的普遍价值的真实性和完整性，全都融汇在所有绘画和文字里，知识性和价值观也有很好的表述。插图采用了中国彩墨画的表现形式，动画片、连环画等构图方式，图文并茂，看上去清新明快。翻看这个绘本，让我仿佛找到了当年看动画片《九色鹿》《埃及王子》的那种感觉。

说到动画片，20世纪国产动画片里有许多经典之作。比如，首开民族动画片风气的《骄傲的将军》，享誉世界的中国经典大片《大闹天宫》，中国水墨画风格的《小蝌蚪找妈妈》，极简风格的《三个和尚》，儿童题材的《没头脑和不高兴》等，对孩子们心智、品行和审美的培养，起到了书本所不及的作用。今天我们写给孩子看的文化遗产绘本，完全可以从这些优秀的动画片里面得到许多有益的启迪和借鉴。

　　陈雍：目前有些动画片、绘画本儿童读物，明显受日本动漫影响，缺少民族风格。

　　我从小就喜欢漫画，儿时看的丰子恺、张乐平和德国卜劳恩的漫画，至今脑子里还留有很深的印象。长大了才渐渐懂得，漫画用单幅、四格、连环的形式说故事、讲道理，语言幽默、夸张、可笑、辛辣，画面无须很多文字，或者没有文字，但易读易懂，尤其是漫画的幽默给人带来的快乐和启迪，是在字书里得不到的。

　　前些年，蔡志忠漫画《论语》《老子》《菜根谭》等给人们带来一种新鲜感，没想到那么深奥的国学经典也能用漫画来讲述。后来，漫画国学经典系列、漫画中国通史、漫画百科全书又接踵而至。在这种大背景下，我注意到考古界也出现了漫画考古。2013 年四川文物考古研究院编《少儿考古入门》最先面世，2014 年云南文物考古研究所编《卡通手绘云南——南南考古探秘》接着出版，2015 年郑州大学一位考古专业女生画的《考古日记》《送给要进入考古圈的你们》走红网络。

　　《少儿考古入门》强调考古学知识体系，采用老师教学生的方式，说的话大都是专业术语，而漫画只是起着插图的作用，该书基本没有脱离传统教科书的窠臼，所以引不起孩子们的兴趣。《卡通手绘云南——南南考古探秘》在编写过程中，据说征询了许多小学生意见，咨询了多位考古界专家、儿童文学作家、出版界专家、文化传播专家、动漫设计师等，多次修改文字稿和卡通形象，读本整体设计方案做了好几稿，因此普遍反映比较好。郑州大学考古女生的漫画《考古日记》等，把学习和生活中的感受、认知用漫画讲出来，既有学习考古的体会，又有苦中有乐的思想变化，其中不乏卖萌和调侃的噱头，让人感到考古不神秘，考古有意思。

中国的漫画大约出现在晚清时期，至今已有二百多年的历史。考古漫画犹如老树上绽出的稚嫩新芽，需要我们精心呵护、培育。我们用漫画讲考古，首先要有好的文字脚本，这就需要对考古学有深刻的理解和准确的把握。考古学知识体系由技术、知识、理论三个不同层次内容构成，用通俗易懂的方式讲明白技术、知识、理论的相关内容，是件很不容易的事。如果是给孩子们看的，必须符合儿童的心理特征，符合儿童的阅读习惯。其次要掌握和运用好漫画的艺术手法和语言。既然是漫画，就一定要符合漫画的艺术特征，特别是幽默的特征。幽默的本质是诙谐、有趣、可笑和意味深长，漫画的幽默跟相声"抖包袱"一样，如果相声里没有"包袱"，或者"包袱"没有"抖响"，这个相声就不哏儿。"四格漫画"（或多格）用四幅成组的漫画讲述一个小故事，包括开头、发展、转折和结尾，幽默的结尾往往是令人意想不到的，这种艺术形式能够把"神秘"考古讲得形象而生动。①

图 7.4.4-1 呦呦在良渚博物馆
参观画画（王洋提供照片）

画给孩子们看的文化遗产绘本，要掌握和运用好插图的艺术手法和语言，表现出插图的艺术特点，尤其是漫画的幽默特点，这样才能够把文化遗产讲得形象生动，给孩子留下深刻的印象。

7.4.4 家长对孩子的文化遗产教育

照片里这个小姑娘叫呦呦（图 7.4.4-1），当年六岁，活泼可爱。有一天，呦呦的爸爸、妈妈带着她和弟弟参观杭州良渚博物馆。两个孩子在家长的培养下，很喜欢看博物馆。呦呦和弟弟边看边画，在呦呦的画里表现出她对良渚"神徽"的理解（图 7.4.4-2）。

---

① 陈雍：《说说考古》，故宫出版社，2017年。

良渚遗存是客观存在的，每个人对良渚遗存都会有自己的理解。呦呦眼睛里的良渚神人，并没有骑在怪兽身上，而是手里拿着玉钺，站在地上。你看，她把王和巫合在一起了——当然，这是考古者的解读，但我相信孩子的理解能力，更喜欢她对良渚遗存的理解。

图 7.4.4-2　呦呦画的良渚"神徽"
（王洋提供照片）

我很赞赏呦呦父母的教育方式，在博物馆里鼓励孩子通过参与，在一定情境中获得经验，从而完成学习过程。孩子像沃土，参观博物馆仿佛在沃土里撒上一粒种子，沃土会使种子发芽、开花、结果。

呦呦爸爸把我在微信朋友圈里说的话讲给了呦呦，她特别高兴。她用微信告诉我：我画的那个人，拿着两个玉璧，他身子底下的那个横条是一条围巾，他的嘴巴我觉得是一个大鸡蛋，有花纹的大鸡蛋，我画的那个人，不是站着或者坐着的，他是跪着的。

我反复琢磨呦呦跟我说的话，她先告诉我画里有些内容，比如手里拿着两个玉璧，身子下面是一条围巾，嘴巴是一个有花纹的大鸡蛋——这些都是我没注意到或者没能理解到的，然后她告诉我那个人不是站着或者坐着的，他是跪着的——我理解她画的人是站着的。

呦呦不仅有丰富的想象力，还有一定的文物知识，她能自如说出玉璧、花纹这类词汇，看来在她头脑里已经有了自己的认知图式，通过在良渚博物馆特定情境中学习，又建构出新的认知图式，这种新的认知图式是创造性的，是孩子自己所特有的。

呦呦妈妈同意我把孩子比作沃土、博物馆比作种子，她说，博物馆其实不光是传播固有的知识，它能种下一粒种子，每个孩子都很独特，能看到不一样的东西，通过引导可以开出各式各样的花。

　　许永杰：这是王洋和刘一婷带着女儿、儿子参观良渚博物馆。

　　陈雍：博物馆的文化遗产教育，可以从呦呦解读良渚"神徽"中得到启示。

　　穆森：洛阳天子驾六遗址博物馆里也有很多小朋友们的画作和理解。

　　林冠男（南越王博物院）：博物馆是能启智的。

第 8 章　学考古和用考古

8.1　读书

8.1.1　殷墟妇好墓

《殷墟妇好墓》，中国社会科学院考古研究所编著，文物出版社，
1980 年

安阳殷墟 1976 年发掘的五号墓，发掘报告称为"殷墟妇好墓"，认为墓主人是商王武丁的配偶妇好。读《殷墟妇好墓》，我注意了五号墓出土的铜器铭文，按照商代文字的构字法和铜器铭文的辞例，我对铭文做了初步分析，觉得铭文释读方面还存在进一步研究的空间，该报告应当按照考古学惯例称为《殷墟五号墓》。

据原报告，五号墓位于小屯村北偏西 100 米处，在宫殿宗庙区的西南侧，距离丙基址很近，而远离西北岗侯家庄、武官村的王陵区。五号墓所处的位置，不符合以往对于殷墟遗址整体布局的认识。

该墓底距墓口 7.5 米，深入水下 1.3 米，随葬器物主要放在墓坑内五个位置。由于棺椁在渗出的地下水面之下，除了某些大中型铜器稍微清楚外，大部分器物的具体位置不详。依据原报告无法复原墓坑内出土器物的具体位置，更无法根据具体位置研究器物自身的组合关系。

出土铜器 468 件(不包括小铜泡)，按用途大致可以分为礼器、乐器、工具、生活用具、武器、马具、艺术品和杂器。

礼器共 210 件，其中 190 件铸有铭文。报告编写者根据铜器铭文内容分成九种，铭文分别释为：1. 妇好和好，2. 司母辛，3. 司𪔀母和后𪔀母癸，4. 亚弜，5. 亚其，6. 亚启，7、8、9 从略。

原报告所分的第一种"妇好和好"类铭文，可以分解为帚、母、子、万 4 个单字，按照组合方式，可以分为 6 类：第 1 类组合为：帚＋母＋子＋母，第 2 类组合为：帚＋母＋万＋子，第 3 类组合为：帚＋母＋子，第 4 类组合为：母＋子＋母，第 5 类组合为：帚＋母，第 6 类组合为：母＋子，见图 8.1.1-1。

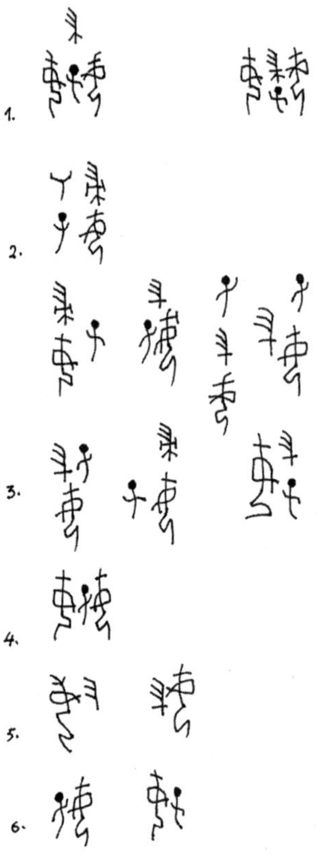

值得注意的是，每一类组合铭文的单字排列方式有不同的样式，见图 8.1.1-1。原报告将这 6 类组合方式的铭文均释为"妇好"和"好"，并没有举出证据加以论证，故而显得十分牵强。

尽管在商代甲骨文和金文里"女"和"母"可以通用，但是在殷墟一期甲骨卜辞里的"帚(妇)好"字均从女，《甲骨文编》卷十二"好"字条下收录的 33 个形体均从女，无一从母。[1] 殷墟五号墓铜器铭文均从母，而无一从女。由此可见，商代的"女"与"母"，在一定的范围内是不能够随意互换使用的。

另外，构成这些铭文的帚、母、子、万，在商代铜器铭文和甲骨卜辞里都是具有独立意义的字，上面 6 类组合方式的铭文可以依据单字进行解读。因

图 8.1.1-1 "妇好和好"铭文分类

① 中国科学院考古研究所编辑：《甲骨文编》，中华书局，1965 年。

此，只有实现了铭文的正确释读，而后才有可能对铭文做出正确的解释。

周广明：这关涉武丁和"妇好"的关系问题，特殊的婚姻关系，既是母后（无血缘关系）又是妻子。所谓宫殿基址应是武丁为"妇好"专门营建的享堂。

陈雍：殷墟五号墓的上面有建筑基址，大概是"享堂"之类的建筑，和当年史语所发掘的丙基址没有关系。原报告对铭文的释读有误，五号墓主人并非"妇好"。还有一点需要研究，我分的 6 类铭文组合跟器物种类的对应关系，是否有规律可循，值得研究。

谢尧亭：陈老师所言甚是。我在课堂上给 2015 级本科生就讲过这种怀疑，既无人骨鉴定结果，铭文又不可靠，还出土大量兵器，等等，不能不使人生疑。

陈雍：这个墓不是采取降水措施以后发掘的，而是在水里捞东西，致使报告没有一张完整准确的墓葬器物分布图，更没有器物出土时照片，所以丢失了大量的重要信息，对于深入研究出土铜器的内在组合关系方面造成了无法弥补的损失。

8.1.2 良渚遗址群系列报告①

1.《瑶山》，浙江省文物考古研究所编著，文物出版社，2003 年

2.《反山》，浙江省文物考古研究所编著，文物出版社，2005 年

3.《良渚遗址群》，浙江省文物考古研究所编著，文物出版社，2005 年

4.《庙前》，浙江省文物考古研究所编著，文物出版社，

---

① 详见陈雍：《解读良渚文明：中国早期国家形态特征及其研究路径》，《南方文物》，2021 年第 1 期。

2005 年

　　5.《文家山》，浙江省文物考古研究所编著，文物出版社，2011 年

　　6.《卞家山》，浙江省文物考古研究所编著，文物出版社，2014 年

　　7.《良渚古城综合研究报告》，浙江省文物考古研究所编著，文物出版社，2019 年

　　我从 2005 年开始关注良渚文化，但接触余杭良渚遗址的时间比较晚。2019 年春在良渚考古工作站观摩学习，促使我系统研读良渚遗址群系列考古报告。

　　在读报告的过程中，我给自己立下几条规矩：第一，坚持马克思主义社会科学研究方法；第二，立足中国考古学，一切从考古材料出发；第三，揭示良渚文明与三代文明的连续性；第四，正确对待当代西方考古学理论与方法。从中国文明中总结出文明的一般法则，应当是研究的方向。

　　马克思认为，应当从物质层面和精神层面去认识文明，因为人们在自己生活的社会生产中发生一定的、必然的、不以他们的意志为转移的关系，即同他们的物质生产力的一定发展阶段相适合的生产关系，这些生产关系的总和构成社会的经济结构，即有法律的和政治的上层建筑竖立其上并有一定的社会意识形式与之相适应的现实基础，物质生活的生产方式制约着整个社会生活、政治生活和精神生活的过程。

　　我从良渚文化古城遗址及相关遗址群的物质、制度、精神层面理解良渚文明，揭示社会组织、经济制度、控制手段和信仰、认知体系的基本特征。

　　1. 聚落形态

　　浙江余杭发现的良渚文化古城遗址及相关遗址群，在太湖以南地区形成一个相对独立的聚落单元。这个聚落单元由凤山遗址群落、荀山遗址群落和临平山遗址群落组成。整个良渚聚落单元分为四个层级：

Ⅳ级：以反山墓地和莫角山宫殿区为核心的城邑

Ⅲ级：以汇观山墓地为重心的古城周边村落

Ⅱ级：以瑶山墓地为重心的古城外围村落

Ⅰ级：以临平山遗址群落为代表的边缘村落

良渚聚落的年代学研究表明，汇观山观象台、瑶山观象台、莫角山宫殿台基、反山墓地台基、水坝、城墙、钟家港河道等工程项目，都是从良渚文化早期开始动工营建，所有工程都是围绕古城而建的，由此体现出良渚古城的整体规划思想。

中国古代城市的路网结构是城市规划的重要内容之一。良渚古城的"井"字形道路(水路)网，为古代城市路网结构提供了最早的规划思想。

先秦城市布局特别强调"中心位置"，良渚古城内用井字形道路网、高台建筑、中轴线等手段凸显"中心位置"，强烈体现出"居中"的规划思想。

城内的莫角山宫殿区台基与反山墓地土台同建于良渚文化早期，宫殿区的房屋皆坐北朝南，墓葬区的墓葬均头南脚北，东部宫殿区与西部墓葬区的空间位置表达出良渚人的宇宙观。良渚古城以东对应生，西对应死，与先秦文献记载吻合。城内西部的墓葬区，从北向南分别是反山墓地、姜家山墓地和桑树头墓地。一般认为，反山是王族墓地，姜家山是贵族墓地，桑树头是平民墓地，这种布局体现出良渚人的价值观。良渚古城的宫殿区与墓葬区的空间位置关系，以及不同等级墓地的空间位置关系，都可以在殷墟遗址找到相似性。

根据良渚聚落形态研究，结合文献记载，良渚古城外的汇观山村落和荀山村落、临平山村落对于古城而言，分别为古城的"郊"与"野"。良渚聚落在中国历史上最早出现了"城邑"与"郊野"分化，成为中国古代"城市"与"农村"二元结构的肇始。

2. 社会结构

社会结构主要由社会组织方式、社会制度形式和社会价值规范组成。研究良渚社会的考古学基础是居址和墓葬，而墓地形态被理解为社会关系的映射。

　　良渚社会形成城邑社区与村落社区两种类型，包括莫角山城邑社区、汇观山村落社区、荀山村落社区和临平山村落社区。

　　莫角山城邑社区的城内，包括反山墓地代表的国王统治集团、姜家山墓地代表的贵族和桑树头墓地代表的城内平民。城郊包括汇观山墓地代表的首领集团，文家山墓地和卞家山墓地等代表的城外平民，或许还存在中间层次人群。莫角山城邑社区的全体居民虽然按照权力地位与社会分工划分居住空间和墓地，但是他们遵循着共同的社会礼仪与丧葬习俗，在一定的组织制度和认同意识作用下，成为一个地区性社会。

　　瑶山墓地死者代表了村落社区的最高阶层，庙前墓地人群代表了村落社区的最低阶层，虽然他们的社会地位差别很大，但是在物质文化层面和制度文化层面上，仍然保持了一致性。

　　良渚早期国家主要有以下三个方面的特征。

　　第一，按地域组织起来的政治社会。莫角山城邑社区的反山墓地与文家山墓地，在埋葬方式及葬俗方面基本相同；荀山村落社区的瑶山墓地与庙前墓地，在埋葬方式及葬俗方面基本相同，各自体现出社区内部人群集团之间的血缘关系，而两个社区之间的差异当是地缘关系的体现。可以认为，良渚社会是以地缘域关系组织起来的政治社会，构成该社会的城内社区和城郊社区、村落社区以地域划分为基础，而非以血缘关系为基础，只有在每个社区内的不同人群中还保持着一定的血缘关系。按地缘关系组织起来的政治社会逐渐使血缘关系政治化，现实中的血缘关系最终演变成一个民族的集体记忆，在这个漫长的历史过程中，良渚社会处于这一进程的起始端。

　　第二，复杂社会分层。社会分层是社会发展到一定阶段的产物，其主要特征表现为，社会人群分化为不平等的层级。良渚社会的四个社区，依据社区的区位体系与首领的权力地位体系分为四个层级，每个社区内的人群分又为不同阶层，整个社会形成一定的阶序。

　　莫角山城邑社区人群按照社会地位的高低，依次为：以国王为重心的统治集团(反山)、贵族(姜家山)、郊区首领集团(汇观山)、手工匠人(桑树头)和农人(文家山、卞家山)。荀山村落社区人群推测有三个阶层，村落社区首领集团(瑶山)，村子里的农人(庙前)，中间层次人群有待考古发现与研究。

第三，权力等级系统。男性良渚国王和辅政王产生于王族(或贵族)的两个父系家族，类似商王室的两个主要执政群轮流执政。良渚国王通过辅政王和职官、城郊社区首领、村落社区首领及各村落小头领组成的权力等级系统，统治良渚王国的城内社区、城郊社区和村落社区，并控制整个社会的经济与意识形态，用权力维护社会秩序。

良渚早期国家与特诺奇蒂特兰权力等级系统类似，从城邑社区到村落社区构成了阶序化的权力等级体系，最高统治集团分别由数人组成，实行王权轮换制，同时存在职官制。

3. 社会物质生活

地理环境和人口因素是社会物质生活的必要条件，对社会尤其是早期社会发展，有一定的制约和影响。水利工程与古城工程的年代保持一致，在古城规划营建方面，以水利工程代表的环境保障系统与以城墙代表的城邑防御系统有着同等的重要性，表明了水利工程在良渚文明中的重要作用与地位。

良渚社会修建规模如此之大的水利工程，绝不是短时间内能够实现的，也绝不是城邑社区居民能够完成的。在一个相当长的时间里，持续组织、调动大规模的人力资源和物质资源，除了需要专业知识和技术手段，更需要权力与制度的保障。无论史前还是历史时期的水利工程必定要由国家经营，这样，国家从事这类活动的能力，就比土地所有权更进一步成为政治力量的基础。大规模水利工程与国家权力之间的关系，在良渚文明中可以进行非常有意义的研究，当我们把研究的视角从工程技术方面转向权力与制度方面，这样就可以把水利工程的研究从技术层面提升到国家层面上来。

生产方式改变了水稻生产规模。茅山稻田在良渚文化晚期发生了明显变化，突出表现在几十平方米的小田块发展为上千平方米的大田块，充分说明生产方式所发生的巨大变化。水稻生产依赖于人力，由于技术水准低下，因此每个农人所能生产的剩余产品数量稀少，如果希望提升单位耕地所承载的人口数量，通常需要在单位粮食生产上投入更多的劳力，因此，人口密度的增长不会自然而然地导致单位面积内食物剩余产品的增长，不管采用哪种农业制度，早期文明中的 70%～90% 的生产力必须投入在食物生产之上。

良渚早期国家将原来松散粗放的水稻生产方式，改变为大规模集约化生产，用提高单位面积产量的方法来增加稻谷的总产量，满足良渚社会的人口增长与统治阶层对于剩余产品的需求，在投入大量人力的情况下，仍然不能满足人口增长与统治阶层对于农业剩余产品的需求时，于是出现了用畜力补充人力的耕作方式。如果把茅山遗址良渚文化石犁与广富林文化时期多处连续的牛蹄印联系在一起，推测良渚人已经掌握了用牛拉犁种植水稻的技术，或许与当时实际情况的距离不会太远。

对于持续发展 1000 余年的良渚文化突然衰亡的原因，学术界有不同的解释。有学者从农作物种植制度方面寻找原因，认为在中华文明的形成时期，水稻是长江中下游地区农业生产中唯一的农作物品种，属于典型的单品种农作物种植制度，在现今的机械化农业生产技术水平条件下，单品种农作物种植制度是农业生产的发展趋势，但在农业生产技术尚不发达的史前时代，单品种农作物种植制度存在着极大的隐患，对各种自然灾害的抵抗能力弱，因此，以单品种农作物种植制度为特点的古代农业越是发达，人类对其依赖性越强，其存在的危险性就越大，任何自然的或人为的灾害都有可能轻易地摧毁整个农业生产体系，由此造成以这种农业生产体系为基础的古代文化传统的迅速衰亡，良渚文化的突然衰亡有可能就是一个典型的例证。

玉钺、石钺在不同墓葬的分布显示，所有男性墓葬都随葬石钺，石钺当是死者的社会性别符号；随葬玉钺死者社会地位要高于仅随葬石钺死者；玉钺、石钺的不同组合及数量配置，象征着不同层级。良渚玉、石器用质地与纹饰构成一个分类——象征序列体系，这个体系基本分类为：玉与石，有纹饰与无纹饰。

从玉、石钺功能的视角来看，良渚制玉手工业与制石手工业应当是同一个产业。接下来的问题是，良渚社会的制玉石手工业，首先，需要研究制玉石匠人、制玉石工具和作坊、玉石料和产品等生产力系统的实体性要素；最后，需要研究玉石器生产的专业分工、协作和生产管理等生产力系统的运筹性要素；最后，还要通过墓葬死者与随葬玉石器的关系，研究玉石器占有者与生产者在生产、流通、分配、占有中的关系，即生产关系系统。

有关良渚社会玉石器的三个问题：一是各类玉石料的来源地及其获得方式，二是各类玉石器的加工地及其流通方式，三是各种精美玉器是通过什么方式与途径聚集到良渚古城的，这些问题应该和制玉石手工业制度密切相关。良渚社会的玉石器和原料，还有稻谷和家畜，从生产领域到消费领域是通过怎样的方式进行流通的，这个过程是如何组织和控制的，这方面的研究对于深入认识良渚社会，有着非同一般的意义。

4. 社会控制方式

池中寺发现的稻谷仓储遗存，与美人地、卞家山遗址发现水稻遗存有着本质区别，它说明随着政治统治与权力集中，土地所有权发生了根本性变化，良渚社会分成以国王为代表的统治阶层和以平民为代表的被统治阶层，前者对后者实施政治控制，后者向前者缴纳土地赋税，而土地赋税则是建立在统治阶层完全掌握土地权力的基础上。

良渚早期国家的广大民众除了要向统治集团缴纳土地赋税，还要向统治集团提供徭役，徭役实际上是赋税的变体。良渚水利工程和古城工程，应当理解为社会剩余劳动转化为徭役形式最直接的体现，水利工程的劳力应当来自统治者所管辖的各个村落社区。这里的深层次问题是，在良渚早期国家形成过程中，土地所有权与生产关系方面所发生的根本性变化。

古代墓葬是丧礼行为的最终结果，因此被视为研究古代丧礼最直接的实物资料。研究表明，死者佩戴或缝缀的装饰品与随葬的玉石器等物品，具有一定的象征意义，这些随葬的玉石器是死者社会性别与权力地位的象征符号。这种特殊意义的玉石器在现实生活中是不可转让的，由于玉石器与死者关系密切，从而导致这些器物埋在墓里，永远不会出现在生者社会的使用领域。

良渚丧礼玉石器组成的象征系统包括三种表达方式：第一种，用有无关系表达社会人群的横向关系，如用装饰品锥形器与璜象征死者社会性别，用生产工具钺与纺轮象征死者性别分工，用玉璧及璧形玉琮象征城邑社区人群，区别于村落社区人群。第二种，用序列关系表达社会人群的纵向关系，以装饰品级别的差异象征死者社会地位的差别，以玉石钺质地、纹饰、种类及数量象征死者社会地位等级。第三种，为前两种方式叠加，以玉钺、玉琮和玉璧象征死者权力等级，代表最高等级王权、神权、财权。

钟家港古河道遗存反映的是祭礼。古河道出土人骨，经过鉴定都是非正常死亡。"锶同位素"检测发现，这些人骨绝大部分是吃大米的，只有两例为吃小米，良渚时代南方人吃大米，北方人吃小米，显而易见，这两例吃小米的人骨应是北方人。

钟家港古河道北段和南段遗存与一般良渚遗址和墓葬的区别相当明显，尤其是非正常死亡的男女青年骨骼和人头盖骨容器，表明这类遗存的特殊性，对比郑州商城社祀遗迹，钟家港古河道遗存应当是社祀遗存。良渚社祀遗存的发现，成为早期国家举行社祀的实物例证。

5. 社会意识形式

良渚社会的精神生活，被以巫术为主要形式的宗教主导着。中国古代文明的重要特征是经过巫术进行天地人神的沟通，沟通手段的独占是中国古代阶级社会的一个主要现象，促成阶级社会中沟通手段独占的是政治因素，即人与人关系的变化，中国古代由野蛮时代进入文明时代过程中主要的变化是人与人之间关系的变化，而人与自然的关系的变化，即技术上的变化，则是次要的，从史前到文明的过渡中，中国社会的主要成分有多方面的、重要的连续性。

良渚玉器的人物图像，自上而下分为鸟/人/鳄三个层次，体现出天上/地上/地下三重宇宙范式，这个图像中的"人"，即文献记载的巫觋，他位于升天的"鸟"与入地的"鳄"之间，鸟与鳄成为他通神的助手，符合萨满教的特征。良渚玉器人物图像实际表现的是戴帽穿衣的巫觋形象。

萨满鼓在萨满教仪式中占据最重要的地位，它的象征意义很复杂，巫术功能也丰富多样,是实施萨满教降神必不可少的一部分。反山墓地发现的两件圆形鼓象征着宇宙。

良渚社会的等级化与阶序化,使人们对自然界的认知也具有分层的特征,"巫觋图像"中的鸟、人、鳄,被安排在天空、陆地、地下三个空间。如果对良渚玉琮进行解构,把琮上下的圆视为天地,把贯穿上下的射孔视为通道和主柱,把连接琮上下的直槽和节面视为方位和通道,那么这一复杂几何形式的立体,是当时宇宙观的象征。

在世界各地许多萨满教中,出现了与数字 9 和 7 有关的事项和传说,这是萨满教对于宇宙观的进一步理解与表达。良渚王国用 9 个一组或 7 个一组玉锥形器象征分层社会的最高等级或次高等级,体现了王权与神权至高无上的思想。

良渚玉器被赋予宇宙观的同时,良渚古城规划建设和使用也体现出分层宇宙观。莫角山宫殿区、皇坟山宫殿区和反山墓地等墓地,高出城内地表约 6~5 米,贯穿古城南北的钟家港古河道深约 3 米,这样很容易分出来,城内空间分为上界(天空)、中界(陆地)、下界(河流),中界又分为高台与平地二阶。良渚王国的祖先和神居住在天上,国王和贵族居住(埋葬)在高台上,高台或许象征着良渚人与上界、下界沟通的崇山,平民们居住(埋葬)在平地上,社祀的牺牲与人牲被抛弃到河里,分层的社会人群对应着分层的宇宙空间,通过城市规划和礼仪强化分层宇宙观。

良渚玉器最具代表性的单独纹样为人头、鳄头、鸟头,以及鳄鸟复合头,纹样从正面及侧面两个视角表现人与动物的头部形象,侧面形象实际是正面形象的分解形式,当把方柱形玉琮的角部纹样向两侧展开,两个侧面纹样便构成一个正面纹样。今天我们通过半坡文化彩陶—良渚玉器—商代青铜器这个考古遗存组成的链条,可以清晰地看到古代中国造型艺术的连续性。

在良渚王国的墓地里,某些纹样玉器在这些墓葬出现,另些纹样玉器在那些墓葬出现,人与动物纹样在墓葬的分布,形成若干个聚合单元,这些聚合单元在一定程度上反映了使用墓地人群的社会关系。对反山墓地甲组、乙组执政王、辅政王的纹样进行比较可以看出,执政王的纹饰必须包括人、鸟、鳄三种纹样，但使用样式还没形成规范。辅政王必须包括鸟、鳄二种，可以是鳄、鸟组配，也可以是鳄鸟复合头。

将良渚政治社会的纹样系统与良渚宗教社会的纹样系统叠加起来，能够得出这样的认识：良渚执政王的纹样代表着王权与神权，辅政王的纹样代表着承上启下的权力，村落大首领的纹样代表着低于国王等级的王权与神权。

良渚玉器以人、鳄、鸟最具特征的代表性纹样高度配合构成的图案，充分体现出高度的意识化和严格的形式原则，象征着良渚等级社会的价值观和宇宙观，充分表明玉器在社会控制方面所起到的重要作用。

世界文明形成的方式（或形态）主要有两种：一种称为世界式的，即连续性的文明；另一种称为西方式的，即突破性的文明，所谓世界式的或非西方式的，主要的代表是中国，中国文明的形态很可能是全世界向文明转进的主要形态，而西方的形态实在是个例外，因此社会科学里面自西方经验而来的一般法则不能有普遍的应用性。至少有五千年历史的中国文明，具有连续性与多元性两个显著特征，五千年前的良渚文明，为这个古老文明提供一个重要的源头。因此，对于良渚文明的解读，我没有拘泥在过去的成说上，也没有置历史文献于不顾，最终在良渚文明中找到了与夏商文明在一些重要方面的连续性。我相信，在中国其他早期文明里，同样存在着诸多重要方面的连续性和普遍性。

夏商周早期国家是以文献记载的族属命名的，史前时代早期国家没有文献记载的族群名称，只能暂以考古学文化命名。这里需要特别指出的是，考古学文化分布范围与早期国家政治疆域并不重合，尤其是现下以良渚文化命名的早期国家的政治疆域，实际上仅仅覆盖了尚未划分类型的良渚文化分布范围内的某个区域。

8.1.3 邰城汉墓

《邰城汉墓》，陕西省考古研究院、杨凌区文物管理所编著，上海古籍出版社，2018 年我在《北方文物》和《考古》上见到许永杰的博士生王洋写的关于邰城汉墓文章，许永杰告诉我，王洋参加了邰城汉墓的资料整理和报告编写。前些天，收到《邰城汉墓》报告，看了一遍有所收获。

考量一部考古报告有两个标准：一是资料性，二是科学性。资料应当真实、准确、全面、信息丰富；收集方法、记录方法、整理方法、表述方法应当运用正确、适当；理论方法与逻辑体系应当准确、清晰；使用概念、术语、单位等应当规范。依此标准审视《邰城汉墓》，还是不错的。

按照以往的考古报告题名，"某某汉墓"是指称现今某地发掘的汉代墓葬，如《长安汉墓》《白鹿原汉墓》《西安龙首原汉墓》。然而我在陕西省地图上没有找到"邰城"，好奇心让我关注起这个汉代墓地。

《邰城汉墓》第一章"历史沿革"对邰城做了简略的说明，可知即西汉的斄县。"斄"字，出土文物均写作"犛"，有关汉代斄县出土文物铭文，参见陈直《汉书新证》，以及袁仲一写的有关文章。斄为秦置，见《史记·曹相国世家》和《樊哙列传》。据《后汉书·郡国志》记载，右扶风郿县下属有邰亭。清代学者王先谦认为，邰亭即西汉斄县。[1] 斄县到东汉时归郿县管辖，改为邰亭，斄县只存在于秦与西汉时期。

> 孟宪民：活人住的地方在哪？
>
> 陈雍：没有找到，你问到点子上了，没有邰城，何来邰城汉墓？

《邰城汉墓》报告没按照考古学上的惯例，依现代地名命名，直接将这片墓地称为"邰城汉墓"，如此定名明显欠妥。事实上，这处汉墓究竟是不是居住在邰城的居民墓地，目前还无法做出准确的判断。

原报告认为，该墓地当是邰城遗址的组成部分之一，是邰县县邑的一处普通平民墓地。报告将该墓地分为五期，各期的年代为：第一期约相当于高祖之后文帝之前的汉初；第二期大致相当于文景时期；第三期

---

[1] （清）王先谦：《后汉书集解》（影印虚受堂本），中华书局，1984 年。

大致相当于景帝到武帝初期；第四期相当于武帝到宣帝时期；第五期相当于元成哀平以至王莽时期。年代学研究表明，墓地年代全部落在西汉的年代范围内，适与文献记载的鬻县存在的年代相吻合。这样，该墓地就有了一个明确的时间与空间的坐标。

原报告在按单位介绍墓葬材料和墓地年代学研究的基础上，对墓地的考古学文化，墓地结构、埋葬制度与人群组织，以及墓葬反映的社会变迁，这三个方面进行了很有意义的探讨，因此，第四章成为报告的重点。

报告在细致观察与比较的基础上，首先对墓葬形制、随葬品种类和形制进行了目的明确的分类。然后对随葬品的摆放位置、随葬品的配伍、随葬品与墓葬的对应关系、随葬品与死者性别的对应关系等考古现象进行了深入分析。报告编写者特别注意了墓葬的内容与形式的关系，把现象作为入门的向导，透过考古发掘所获的种种现象，去认识使用墓葬的人群及其社会。

历史时期考古能不能像史前时期那样研究考古学文化，是历史考古学需要从理论与实践方面进行探索的课题。俞伟超《考古学中的汉文化问题》①认为，考古学中的"汉文化"，指的是考古学文化，不仅包括具有相似形态特征的遗存，而且还包括有关技术的、社会的、精神的内容。考古学文化就可以当作某一人们共同体一切活动的一个综合体。实现考古学文化的人们共同体，在历史上曾经历过从血缘纽带到地缘纽带的变化，考古学文化的形成途径及其文化的组成成分和内容，亦因而发生相应变化。两汉时期汉文化的出现，正说明了这个变化。

《邰城汉墓》以关中地区的一个县城居民墓地为案例，说明了汉文化在西汉时期的形成过程。

研究汉文化的形成与发展，我认为，一是要从考古学文化的物质的、制度的、精神的三个层面分析；二是要注意三个问题：战国多元文化传

---

① 俞伟超：《考古学中的汉文化问题》，俞伟超：《古史的考古学探索》，文物出版社，2002年。

统，汉承秦制，新的文化成分；三是这三个问题在考古学文化的三个层次上是如何具体体现的。

关中地区汉文化的形成，应当与原关东六国地区的汉文化的形成有所不同，无论是经历的过程还是发展的速度，都应表现出明显的地域特征。邻城汉墓对于这方面研究，究竟能够提供哪些新鲜的资料与有意义的信息，是需要好好总结的。

"邻城汉墓"所体现的汉文化，哪些是延续传统的，哪些是接受新兴的，需要落实到墓葬形制和葬具、随葬品、葬俗和葬制三方面上来。如就陶器而言，仿铜陶器、日用陶器、明器陶器这三类里面，哪些是延续传统的、哪些是接受新兴的，也要进行具体分析，并落到器物及其组合上。另外，除了地域文化传统外，似乎还有家族的文化传统。

"邻城汉墓"共揭露出西汉小型墓葬 294 座，墓葬按形制分为竖穴土坑墓、竖穴墓道洞室墓、斜坡墓道洞室墓三类。前两类见于第一至第四期，第三类见于第五期。据此，原报告认为，邻城汉墓实际上分别属于两个时期的墓地。

但是，进一步分析墓葬平面图就会发现，只有少数第五期墓葬的墓道打破前期墓葬，其墓室坐落在空白区域内，而其他第五期墓葬的位置均不与前期墓葬抵牾。因此，第五期墓葬可以视为坐落在前期墓葬的墓地里，或者说，294 座墓葬属于同一个墓地。少数晚于第五期第 7 段的墓葬，可能不属于这个墓地。

原报告认为，整个墓地可以分为若干小墓区与若干大墓区。小墓区内实行家葬制，以核心家庭为单位。大墓区内实行族葬制，汉墓的这个"族"，是比商周族群更低级的人群组织划分。整片墓地是一种什么性质的墓地，报告没有说明。这里需要讨论的问题是，那些核心家庭与"族"之间是什么关系？"族"与"族"之间是什么关系？诸"族"与墓地代表的社会组织之间又是什么关系？因为原报告没有明确划分小区、大区的标准，所以在墓地平面图上不能准确画出分区的界限。

原报告认为，第一期第 1 段的年代不早于高祖时期，第五期第 7 段大致在西汉末至王莽时期，之间共计 210 年左右时间。如果按照人口统计学的计算方法，一代人的年龄为 25～30 岁，邰城汉墓大约包括了 7～8 代人，与报告所分的 5 期 7 段大体对应。具体来看，第三期第 3 段为景帝至武帝时期，第四期第 4 段为武帝时期，分配的时间可能显得长了一些。考古上的分期，一般是依据器物的变化，器物变化的速度有快有慢，变化慢的，时间就延迟了，比如武帝时期。

前面分析了报告所划分的一段时间长度，大体能够与墓葬死者一代人的年龄对应，笼统而言，一段墓葬对应一代人。基于这一认识，把分段的结果放到墓地平面图里，然后再去分析墓葬间的辈分关系。这种想法，似乎可以试一试。

整个墓地依据兆沟和空白地，以及墓葬形制、随葬品、葬俗葬制，划分的不同层次区块，为探讨墓地人群组织的血缘关系与地缘关系，提供了研究的基础。在报告对于墓地社会组织的研究里，不无令人感到遗憾的是，缺少核心家庭与父系大家庭(以及家族)的关联，其原因是没有揭示出墓葬之间的辈分关系，亦即墓地的昭穆制。

此外，能否通过这片墓地探讨西汉社会的基层组织——里或单，也是一个值得考虑的问题。

王洋(武汉大学历史学院)：陈老师指出的都是要害，基层组织里、不同层级家庭的辨识与关系、埋葬原则如昭穆制，西汉"族"的性质等，都是报告试图讨论却力不能及的问题。

8.1.4　鄂尔多斯文物考古文集第三辑[①]

《鄂尔多斯文物考古文集》第三辑，鄂尔多斯青铜器博物馆编辑印刷，2019 年

黄河出了青铜峡后北流，折转向东流，而后又急转南流，形成一个

―――――――――

① 　此为《鄂尔多斯文物考古文集》第三辑书序。

"几"字形的大弯，鄂尔多斯高原就在这个大弯里，其西、北、东三面被黄河环绕，南面毗连黄土高原，整个地势中间高周边低，分为黄河流域区和鄂尔多斯内流区。黄河支流窟野河水系的乌兰木伦河和黄河支流无定河水系的萨拉乌苏河(即红柳河)分别流经高原的南部。这里说的鄂尔多斯地区，指鄂尔多斯高原，不包括黄河"几"字形大弯以外的周边地区。

鄂尔多斯是不同谱系文化和不同民族的争夺地区，是农业转化为牧业的地区，也是居民及其文化相互更替的地区。这是鄂尔多斯地区先秦两汉时期的历史文化大背景。①

1. 目前发现的始于旧石器时代晚期的先秦考古遗存，几乎都分布在南流黄河的西岸与乌兰木伦河、萨拉乌苏河流域地区，考古遗存在空间分布上呈现出：东部及南部密集，西部较少，北部没有的特点。

2. 进入全新世大暖期盛期以后，鄂尔多斯地区出现最早的新石器时代遗存，是准格尔旗鲁家坡遗址第一期为代表的遗存，又见于准格尔旗坟墕、脑包梁等遗址，以及伊金霍洛旗闫家坡、达拉特旗槐树湾及鄂托克前旗巴音查汗等遗址。这类遗存不见杯型口小口尖底瓶、鱼纹彩陶器等半坡文化典型器物，文化面貌与半坡文化有别而与陕西的零口文化、山西的枣园文化相似，应当属于同一文化系统。根据零口村遗址的层位关系，零口文化晚于白家村文化、早于半坡文化。这类遗存之后，是否有半坡文化遗存，还需要进一步做工作。目前发现的变体庙底沟文化(或称西阴文化)遗存，与鲁家坡遗址第一期代表的遗存之间在年代上还有缺环。

3. 到了仰韶晚期，这个地区的考古遗存变得比较复杂。陶器的水器类主要有三种，分别为以准格尔旗南壕遗址 I H5：2 为代表的小口双耳壶、以准格尔旗二里半遗址 H1：1 为代表的小口尖底瓶和以准格尔旗百草塔遗址 90ZB 采 3 为代表的小口平底瓶。另外，准格尔旗小沙湾遗址 F4：8、F4：1 两件小口尖底瓶，整体形态像百草塔 90ZB 采 3 小口平底

---

① 张忠培：《〈鄂尔多斯文物考古文集第二辑〉序》，王志浩主编：《鄂尔多斯文物考古文集》第二辑，远方出版社，2004 年。

瓶，但底部遗留有盲肠状的小尖底，似乎可以理解为小口平底瓶与小口尖底瓶的混合变种。根据考古发现与研究，小口双耳壶应当源于包头阿善遗址第二、三期遗存以及察右前旗庙子沟、大坝沟遗存。小口尖底瓶应当源于西安半坡四期文化及华县泉护二期文化。小口平底瓶又见于南流黄河东岸的内蒙古清水河白泥窑子遗址和西岸的陕西府谷郑则峁遗址，南流黄河两岸地区可能是这种小口平底瓶的主要分布区域。三种水器在鄂尔多斯地区诸遗址分布的情况需要予以注意，有三种情况：一种是小口双耳壶与小口尖底瓶共见于同一遗址，这种遗址数量较多，如准格尔旗周家壕、南壕、官地、寨子塔、百草塔等以及伊金霍洛旗朱开沟Ⅶ区等遗址，由此反映出，两种文化人群共同生活在同一个村落里；另一种是遗址里只见有小口双耳壶，如准格尔旗寨子上遗址，如果不是因为田野发现有限或者发表资料不全的话，那么这类遗址是一种文化人群居住的村落；再一种是遗址里只见有小口平底瓶，如准格尔旗白草塔遗址，出有小口平底瓶与小口尖底瓶的混合变种器的小沙湾遗址可以暂且算作此类，出土这种水器的遗址是另一种文化人群居住的村落。

4. 龙山时期的陶器群包含了三种文化传统，一种以双鋬陶鬲为代表，一种以单把陶鬲为代表，一种以大双耳陶罐、高领陶罐为代表。根据考古发现与研究，双鋬陶鬲应当源于山西的杏花文化，单把陶鬲应当源于陕西的客省庄文化，大双耳陶罐、高领陶罐应当源于甘肃的齐家文化。龙山时期的遗址分布，大致表现出南流黄河西岸地区双鋬陶鬲的数量，大约多于乌兰木伦河及其以西地区；而乌兰木伦河及其以西地区单把陶鬲和大双耳陶罐、高领陶罐、陶豆的数量，大约多于黄河西岸地区。由此反映出，来自不同地区的三种文化人群，相继来到鄂尔多斯地区以后的活动情况。还需提到的是，龙山时期居民的活动范围已经扩大到鄂尔多斯内流区，在杭锦旗锡尼镇附近发现一处遗址，遗址中部遗留有残灶，周围散布很多石器和陶器残片。石器包括磨制器和细石器，陶器可以辨认的有带附加堆纹的篮纹陶罐、绳纹罐、壶、甗等。

5. 距今 4000 年左右，全新世适宜期结束了，气候变得干冷，中国北方环境发生重大变化。这次寒冷事件对人类文明的进程产生了巨大的影响，中国历史开始进入文字记载的历史时期。这个时期，以伊金霍洛旗朱开沟遗址为代表的青铜遗存，纳入了以二里头文化与早商文化为重心的中国青铜文化大格局里。商朝末年小冰期到来，气候骤然变冷，迫使生活在内蒙古高原和黄土高原的北方部族大举南迁，朱开沟遗址居民也一起南下，此后数百年间鄂尔多斯地区没有人类活动的遗存。

6．东周时期，这个地区发现最早的考古遗存是准格尔旗东南的魏家峁镇西麻青墓地，已清理 19 座墓均为竖穴土坑墓，仰身直肢葬或仰身屈肢葬。随葬陶器置于死者头端或足端，基本组合为鬲、盂、罐，或葬有羊肢骨。根据墓葬葬俗和随葬陶器推定为春秋早期至晚期的秦人墓葬。最晚的秦人墓葬是准格尔旗西南的川掌镇八垧地梁墓地和壕赖梁墓地，年代大约为战国晚期至秦代。另外出土秦王政十五年（前 232 年）"广衍"铜戈、"广衍"铜矛的上塔墓地，其年代大约为战国末期至秦代。

川掌镇勿尔图沟注入牸牛川南岸的秦汉广衍县故城与纳林镇束会川西的秦长城、再迤西的秦直道等遗址遗迹，与秦人墓地共同说明了秦人在鄂尔多斯地区经略的历史过程。

7．大约从春秋末期开始，鄂尔多斯地区相继出现了一处处"鄂尔多斯青铜器墓葬"，这类墓葬分为东、西两群。东群包括准格尔旗西沟畔墓地、玉隆太、宝亥社、瓦尔吐沟等墓葬，以及速机沟窖藏、东胜区碾房渠窖藏。东群墓葬随葬陶器多为素面单把罐。特别需要注意的是，宝亥社墓随葬了中原式青铜礼器，这是西群所不见的。西群包括伊金霍洛旗公苏壕、石灰沟墓及杭锦旗桃红巴拉墓地、阿鲁柴登墓，这群墓随葬金器较为突出。西群墓葬随葬陶器也是以素面单把罐为主。

东群、西群"鄂尔多斯青铜器墓"位于魏家峁镇秦人墓地和川掌镇秦人墓地以及秦汉广衍县故城的北方，两个墓群中间以秦长城、秦直道相互分开，其年代范围为春战之际到战国晚期。东、西两群"鄂尔多斯青铜器墓"与秦人墓地、秦人建筑物、构筑物并不是处于一种相互对立的状态，这种文化生态表明了秦人与"鄂尔多斯青铜器人"共同生活在黄河怀抱的土地上的情景，这和岱海地区的赵人与"鄂尔多斯青铜器人"共处的文化生态很相似。

用边疆人类学的研究方法来研究"鄂尔多斯青铜器人"，把他们放到中原农耕族群与北方草原游牧族群的中间，就会发现他们既是华夏族群的边缘，又是北方游牧族群的边缘，形成中国古代北方的三元人文地理结构。

8.1.5　中国考古学理论与方法十讲①

《中国考古学理论与方法十讲》，许永杰著，科学出版社，2018 年

一个时期以来，国内出版的关于考古学理论与方法的书籍，大都是翻译、编译的国外论著或者编写的专业教科书，不同学派论道，各种学说纷呈，让初学者如同雾里看花，是非莫辨。刚刚出版的许永杰《中国考古学理论与方法十讲》(简称《十讲》)，是中国高校 20 世纪 70 年代培养的考古学者的第一本研究中国考古学理论与方法专著，作者通过他所做的中国考古学个案研究，铺陈演示中国考古学理论与方法，并且经过了十几年课堂教学磨炼与检验，从而成为研习中国考古学理论与方法的必读之书。读完《十讲》这本书，我深深感到，我们这代考古人的理想，在中国考古学这片希望的田野上。

1. 中华民族是一个善于理论思维的民族，中国考古学人也不乏对学科理论与方法的思考。20 世纪 20—50 年代中国考古学的草创期，就有梁启超的《中国考古学之过去及将来》②，傅斯年的《考古学的新方法》③，李济的《中国考古学之过去与将来》④，夏鼐的《考古学方法论》⑤等涉及和论述考古学理论与方法的文章。

对于 20 世纪 50—80 年代中国考古学的建设时期的理论与方法，夏鼐有很好的总结："1949 年以来，由于考古学研究的发展，一方面使我们有

---

①　详见陈雍：《在希望的田野上——〈中国考古学理论与方法十讲〉读后》，《北方文物》，2019 年第 1 期。

②　梁启超：《饮冰室合集》，中华书局，1936 年。

③　傅斯年著，雷颐点校：《史学方法论》，中国人民大学出版社，2004 年。

④　张光直、李光谟编：《李济考古学论文选集》，文物出版社，1990 年。

⑤　夏鼐：《考古学方法论》，《图书季刊》，1941 年新第三卷第一、二合刊。

可能利用考古资料来解决从前单凭文字史料所不能解决的问题；另一方面也提出一些过去不可能提出的问题，在'百花齐放、百家争鸣'的政策指导下，有些问题经过讨论得到了解决，有些问题仍在继续争论中。我们要不断地改进考古研究方法，要认真学习马克思列宁主义和毛泽东著作，打好理论基础。除了运用考古学本身的各种研究方法(如地层学方法、类型学方法)和运用文字资料和民族学资料之外，我们还要运用自然科学的方法以解决考古学上的问题。"①

20 世纪 80 年代以后发展期的中国考古学理论与方法论著很多，篇幅所限，兹不胪列。对此张忠培说：一个是考古学术界理论思维活跃起来，理论著作多了起来，中国考古学进入理论建设新时代；另一个是中国和西方考古学广泛接触的一个时代。从考古学来说，就是要让材料，即遗存牵着自己鼻子走，扩大认识遗存的手段，提高认识遗存的准确度，强化考古遗存的量化分析，并在此基础上提升考古遗存的定性释读水平，深化考古学文化的谱系研究，提高考古学遗存体现的人际关系的分析能力，去发现其中的联系与规律。②

2. 《十讲》第一讲以学科史为题，开篇说著名遗址，心怀敬畏，行有所止；接下来讲经典著作，不忘师训，致敬经典。作者以此表明中国考古学理论与方法是中国本土实践的产物，体现出鲜明的学术立场和价值取向。在这一讲的内容里，说到了科学发掘方法，遗址分期和考古学文化编年序列(属于年代学范畴)，提出了华县渭南模式(属于研究模式范畴)。该书的第二讲至第四讲是对考古年代学、考古层位学、考古类型学运用的演示，第五讲至第十讲是对考古阐释学探索的示范。这样，全书的十讲里面主要包括科学发掘方法与科学研究方法，考古学方法论与研究模式，以及研究视角、思维方式、研究思想等内容。

3. 考古地层学与考古层位学这两个概念有着本质的区别，不可以混同，也不能替代。考古地层学的核心是"地层"，地层的堆积顺序用"层

---

①　夏鼐：《新中国的考古学》，《考古》，1962 年第 9 期。

②　张忠培：《中国新石器时代考古的 20 世纪的历程》，《故宫学刊》，2004 年总第一辑。

序"表述。考古层位学的核心是"堆积单位"，堆积单位的堆积顺序用"层位关系"表述。

"后冈三叠层"在中国考古学上标志着考古地层学的出现。后冈遗址依据土质、土色和厚度划分不同的地层；依据地层里包含物将所划分的地层合并为仰韶文化层、龙山文化层、小屯文化层，一个文化层可以包含一个或者几个地层；依据三个文化层的叠压次序，划分为后冈下层、后冈中层、后冈上层。在这里，地层是构成遗址堆积的基础，文化层是遗址堆积的内涵，遗址层是遗址堆积的年代。

"客省庄三叠层"在中国考古学上标志着考古层位学的出现。客省庄遗址依据周代文化层叠压的早期周代瓦鬲墓，被瓦鬲墓打破的粗篮纹陶灰坑8，被粗篮纹陶灰坑8打破的彩陶灰坑7，归纳出客省庄遗址的分期。在这里，周代文化层下面的瓦鬲墓、灰坑8、灰坑7被视为独立的堆积单位，各自代表了遗址不同时期的文化堆积，并依据墓葬、灰坑间的打破关系进行遗址分期。

4.《十讲》第四讲以陶鬲谱系研究作为讲述"考古类型学"的内容，表现出作者敏锐的眼光和独到的想法。陶鬲是古代中国特有的代表性器物，对于陶鬲的研究自然成为中国考古类型学研究的重点。裴文中、苏秉琦和邹衡、张忠培两代考古学者对于中国陶鬲的研究，以及作者对于甘青地区陶鬲研究，"继承和发展了蒙特柳斯的考古类型学，把考古类型学发展到了他国所未能达到的阶段"。

《十讲》第五讲《距今五千年前后的文化大迁徙》《周文化形成与周人兴起的考古学考察》，就是建立在陶器的横向谱系与纵向谱系研究的基础上，解读出特定陶器在时间延续与空间传播方面的社会历史原因。

5. 考古学文化是解释考古遗存的重要概念，是文化考古学的重要内容。考古学文化这个概念"在组织和解释考古材料方面已经扮演而且还将继续扮演一个重要角色。正如我们所见到的，这个概念的引入，将使考古学家可以根据地区文化传统的相互影响和发展去观察史前史，并且逐渐地引导人们对这些文化间外部联系的研究进而深入到另外一个更深层次的对其内在结构的关注"①。

中国考古学者创造了研究中国考古学文化的模式。《十讲》第一讲提到的张忠培"华县渭南模式"，是一个区域的考古学文化编年序列的研究模式。大家耳熟能详的苏秉琦"区系类型模式"，则是几个大体同时区域的考古学文化编年序列的研究模式。② 另外，还有一种研究不同地区同一时期考古学文化遗存的模式，例如许永杰的《黄土高原仰韶晚期遗存的谱系》，可以简称为"黄土高原模式"。

6. 20 年前，我在《关于中国考古学的思考》③里说过，目前中国考古学关于遗存"解释"的研究，概括起来大约有以下几种方法：①利用历史文献解释的方法；②运用历史唯物论概念解释的方法；③通过其他人文学科知识解释的方法；④通过自然科学知识解释的方法；⑤通过模拟实验解释的方法。为了尽快地把解释的方法总结出来，这就需要抓更多的个案研究，使这一方法更加丰富，通过理性的分析，使这一方法逐渐形成体系。张忠培强调，考古学研究要"以物论史，透物见人"④。"以物论史"之史，在不同的语境下有广义历史与狭义历史的区别。"透物见人"之人，在不同的范畴里分为人类社会历史与人类行为思想。

中国考古学有深厚的历史学与金石学的大背景，依据考古遗存重建历史的研究，显然不能置历史学与金石学于不顾。《史前考古与古史传说整合研究的两个瓶颈》《周文化形成与周人兴起的考古学考察》《禹会村祭坛是否为涂山会盟之地?》诸文章，旨在将考古资料与历史文献整合以重建古代历史，由此体现出作者的学术修养与追求。作者认为，系谱类比法用于史前考古与古史传说的整合研究，就是将考古遗存的文化谱系与古史传说的帝王世系进行类比，以得出考古学文化与古帝王联系的认识。对于古史传说与史前考古材料的整合研究，作者提出的四个研究视角与

---

① ［加拿大］布鲁斯·炊格尔著、蒋祖棣等译：《时间与传统》，生活·读书·新知三联书店，1991 年。

② 苏秉琦：《关于考古学文化的区系类型问题》，《文物》，1981 年第 5 期。

③ 陈雍：《关于中国考古学的思考》，《文物季刊》，1997 年第 2 期。

④ 张忠培：《中国考古学的展望》，《中国考古学：九十年代的思考》，文物出版社，2005 年。

研究途径是具有建设性的意见。《嫩江流域史前先民的生计模式——从昂昂溪骨质渔猎工具说起》《中国考古学研究中的情景分析》《"陶抄"的考古情景分析》等文章,对于据考古遗存以研究古代人类行为与思想,都做出了很有意义的探索。

7. 张忠培指出:"考古学不是中国的原创,中国的金石学没有发展为中国考古学。对中国来说,考古学是输入的舶来品,人们将考古学输进中国,用它的一般理论、方法和技术研究中国考古遗存,就有一个用这考古学的一般理论、方法、技术同中国考古遗存及研究中国考古遗存的实践相结合的问题。结合得不好,则考古学是考古学,中国考古遗存还是中国考古遗存,依然是两张皮,没有成为中国考古学,只有结合好了,才能长成为中国考古学。"①考古学以及考古学一般理论、方法和技术的中国本土化,是中国考古学的首要问题也是根本问题。近百年来,中国几代学者矢志不渝努力探索中国考古学及其理论、方法、技术的本土化。

8.1.6 侵华日军第七三一部队旧址——细菌实验室及特设监狱考古发掘报告②

《侵华日军第七三一部队旧址——细菌实验室及特设监狱考古发掘报告》,黑龙江省文物考古研究所、侵华日军第七三一部队罪证陈列馆、哈尔滨工业大学土木建筑工程学院、东北师范大学历史文化学院编著,李陈奇主编,科学出版社,2018年

李陈奇研究员主持发掘并主编的《侵华日军第七三一部队旧址——细菌实验室及特设监狱考古发掘报告》近日面世了。从考古发掘到报告出版,仅仅用了不到四年的时间,这在学术界是非常少见的。这是一本在中国考古学上极为特殊的田野考古报告,中国考古学家用手铲揭露出侵

---

① 张忠培:《〈中国考古学:走出自己的路〉前言》,故宫出版社,2018年。

② 陈雍:《手铲揭露的侵华日军罪证——〈侵华日军第七三一部队旧址:细菌实验室及特设监狱考古发掘报告〉读后》,《中国文物报》,2018年11月27日。

华日军惨无人道的罪证，把这处旧址潜在的世界文化遗产价值发掘出来，谨向李陈奇及其团队致以崇高的敬意！

考古发掘的主要收获有以下四个方面：

第一，运用田野考古手段，依据现存建筑基址的平面、立面的叠压、打破关系，揭露出细菌实验室、特设监狱和中心走廊的布局、内部结构以及地下基础与地下设施，并获得精准的数据；依据层位关系，确立了整个建筑始建、使用、毁弃的历时过程；依据室外地坪及室内地面，建立起整个建筑各单元之间的共时关系。

第二，依据按建筑单元（即各编号基址）和遗迹单位归属出土遗物，以及目的明确的器物分类研究，分析出各个建筑单元的功能及功能间的相互关系，对于精准确定细菌实验室及特殊监狱的位置、格局及性质，具有非常重要的意义。

第三，打破庭院地面的掩埋焚烧坑和打破建筑物的爆炸点这两组最晚的遗迹，直接说明了"四方楼"毁坏的原因，凝固了日军最后的疯狂行径，报告结语进一步结合文献记载与口述史料，对此展开了令人信服的论述。

第四，对细菌实验室、特设监狱和中心走廊三部分的建筑结构技术、建筑施工工法、建筑材料性能的研究，以及建筑信息模型的建立，为建筑史学、历史学等学科提供了一个 20 世纪 30 年代的日本军事建筑样本。同时，对今后同类建筑遗址的考古发掘与比较研究，有着非常重要的参考价值。

这部考古报告看似简单平实，实际上学术功底相当扎实。报告从最高层面上保持了考古遗存、历史档案、口述史料与考古学研究、建筑学研究的一致性，最后再把这几个方面整合在一起，准确讲述出什么人在什么时候建造了一座什么样的建筑，每个建筑单元是用来做什么的，后来为什么毁掉了，再后来又生了什么样的变化，充分体现出"七三一旧址"的真实性。而考古领队和报告主编的田野考古基本功与考古学方法论修养，则融汇在收集考古遗存、分析考古遗存、描述考古遗存、解释考古遗存的各个阶段之中。

考古学的研究目的不是描述物质文化，而是解释考古遗存。这部报告在解释遗存方面下了很大的功夫。李陈奇在发掘现场对爆炸点的初步分析和考古报告对此的进一步解释，这是我首先要举出的例子。

考古报告根据 H1～H6 的位置、形状和坑内堆积物的种类、出土时呈现的状态，以及坑内发现的大量焚烧痕迹、烧焦木头和炭化碎木屑，判断出这些灰坑的用途，复原出当时掩埋焚烧的过程：先在实验室外就近挖一土坑，然后把木材架于坑底部点燃，待充分燃起时，将实验室器皿集中投入焚烧，最后用坑内挖出的土回填压实。报告在特定的情景下对掩埋焚烧坑和爆炸点进行的复原与解释，使读者仿佛见到了当时的情景。

考古报告根据研究目的的需要，对出土遗物先按质地分类，再按功能分类。全部出土遗物按照出土单位发表。在对遗物进行的分析研究中，特别抓住了与细菌实验室密切相关的各种实验器具，尤其是玻璃器皿，如试管、导管、滴管、细菌培养器、大量各种口径的溶液瓶等，这是七三一部队进行细菌研制和活体实验的最为直接的证据。考古报告说，H6 集中出土了 212 个溶液瓶，绝大部分瓶内留存有当时的溶液。从防疫角度考虑，已对 201 个瓶子直接进行封存。后续的化验研究工作即将开始，或许会有更为重要的发现。

考古报告细致分析了实验用玻璃器皿在细菌实验室和特设监狱具体分布情况：各种实验玻璃器皿主要分布于第 3 栋和第 5 栋，第 7 栋和第 8 栋少见，第 4 栋和第 6 栋基本不见，这种情况证明第 3 栋和第 5 栋是进行细菌研制和人体实验的主要场所。这种研究方法和国外聚落考古中的居址内特定器物微观区域分布研究的方法相类似。

对于考古遗迹解释，记得李陈奇对我说过，除了遗址的揭露，对一些遗迹和迹象的解释也很重要。例如对第 7 栋和第 8 栋监狱格局与大小房间功能的解读，就大大出乎历史学者的意料。原来他们根据当事人的回忆等资料，认为监狱走廊两侧就是大小相同、数量对等的房间，具体说就是一侧 6 个房间，即每层 12 个，两层就是 24 个房间。可发掘后完全不是那么回事，房间有大有小，其实是功能上的区别。特设监狱的具体情况，考古报告里面有较为详细的描述与分析。

谢辰生先生指出，文物的价值是通过科学研究认识的。[①] 文物作用的大小，取决于文物价值的高低，因而文物的作用也会随着人们对文物价值认识的深化而变化。"七三一旧址"考古发掘与研究，极大地深化和提高了"侵华日军第七三一部队旧址"的文物价值，使人们清楚地认识到这处不可移动文物是日本军国主义反人类、反文明、反伦理滔天罪行的确凿证据，是 20 世纪人类对其同类残酷虐杀的见证，以此铭记历史，警示后代，昭示未来。这是中国考古学家用手铲发掘出来的侵华日军罪证，由此表明考古学也能研究抗战史。

20 世纪 70 年代以来，"二战"遗产成为世界文化遗产的一个类型。1979 年，波兰的奥斯威辛集中营被列入《世界遗产名录》；1996 年，日本的广岛和平公园被列入《世界遗产名录》。2007 年，联合国教科文组织把奥斯威辛集中营命名为"奥斯维辛—比克瑙德国纳粹集中和灭绝营"。

为了进一步认识"侵华日军第七三一部队旧址"的重要价值，我把联合国教科文组织关于世界文化遗产"奥斯威辛集中营"的评价转引在这里，供大家对比参考：

奥斯维辛集中营是纳粹蓄意进行人为种族灭绝的纪念地（德国1933—1945 年），是导致无数人死亡的反人类重大罪行之一的确凿证据。同时，也是对人类在极端逆境中坚持抵抗德国纳粹政权对于自由和自由意志压制及种族灭绝力量的人类精神纪念地。这里是对人类大屠杀、种族主义政策和残酷野蛮行为进行记录的关键场所。这里是关于人类历史黑暗篇章的集体记忆，是对下一代的教育场所，也是对极端意识形态和剥夺人类尊严带来的悲惨后果的沉重警示。[②]

波兰的奥斯威辛集中营和日本的广岛和平公园被列入《世界遗产名录》，是根据《保护世界文化与自然遗产公约》和《实施〈保护世界文化与自然遗产公约〉的操作指南》。两个文件特别强调，遗产价值之罕见超越了国家界限，对全人类的现在和未来均具有普遍的重大的意义。两个文件

---

① 谢辰生：《文物保护和与科学研究的历史发展概述》，彭卿云主编：《谢辰生文博文集》，文物出版社，2010 年。

② 汤芳菲：《奥斯维辛集中营世界文化遗产保护的启示》，《北京规划建设》，2016 年第 4 期。

还特别强调，遗产必须具备《奈良真实性文件》所阐述的真实性。上述这些内容，对于"侵华日军第七三一部队旧址"突出普遍价值的深入研究与真实性的有效保护，具有重要的指导意义。

世界反法西斯战争对人类历史的进程产生了广泛而深远的影响，中国人民抗日战争是世界反法西斯战争的重要组成部分。在"二战"遗产视野下，作为中国抗战遗产的"侵华日军第七三一部队旧址"，更加凸显出不可或缺的重要性。

8.1.7　凤林城：1998—2000 年度考古发掘报告①

凤林城：1998－2000 年度考古发掘报告，黑龙江省文物考古研究所编著，科学出版社，2019 年

根据《凤林城》发表的资料和研究成果，我对七星河聚落形态与历史重建提出进一步的认识，希望对此内容感兴趣的同好，一起做更深入的探讨。

对于聚落形态的解释，炊格尔提出从三个方面考虑：第一，单个的建筑物：生存的系统控制；建筑材料的利用；环境；技能和技术；家庭结构；财富和等级的差异；其他社会制度和特殊需求；生产的专业化；宗教信仰；政治制度；世俗的品位和时尚。第二，社区的布局：环境与生存技术；家庭与亲属组织；阶级，宗教群体和族群；专门化；价值与取向，宇宙观。第三，地区性的形态：自然资源的性质与利用；贸易；政治组织；战争；宗教；品位与象征因素；迁移和人口变化。炊格尔强调，假如我们把聚落形态当作是一个社会对于一系列决定因素的调整的结果——这些决定因素对社会的要求无论是从它们的重要程度还是从它们的种类来说都是各不相同的，那么，我们不仅必须考虑影响聚落形态的各种因素，而且还要考虑不同因素影响一个特定形态的互动方式。各种因素的重要性会依位置状况和它们之间的临时性关系的不同而不同。

---

① 详见陈雍：《历史时期聚落形态考古的七星河模式》，《北方文物》，2019 年第 3 期。

既然炊格尔认为聚落形态——居住与生活方式——社会组织之间存在着
必然联系，那么通过单个建筑物、社区的布局、地区性的形态研究社会
组织，就应当成为可能。①

1. 七星河流域聚落体系结构分析

《七星河》认为，位于七星河北岸的小扁石河遗址群规模最大，包括
城址 19 处，其中三重城垣城址 1 处，双重城垣城址 4 处，居住址 31 处，
该遗址群有可能再划分为 4 个次级的遗址群。顺着这个思路，可以对"小
扁石河聚落单元"的布局结构做进一步分析。

构成本聚落单元的城址可以分为 3 类，加上遗址共计 4 类：第 1 类：
三垣城址，098 长胜 2 号城址，只有 1 座。第 2 类：双城或二垣城址，
081 友好 3 号城址，085 合发城址，096 爱林城址；106 老牛圈城址，117
葡萄园城址，123 猴石 1 号城址，共计 6 座。第 3 类：一垣城址，101 长
胜 3 号城址、114 兴胜 1 号城址等，共计 12 座。第 4 类：居住址 31 处。

本聚落单元以 098 长胜 2 号城址为中心，分为西北片区与东南片区。
081 友好 3 号城址、085 合发城址、096 爱林城址位于西北片区，106 老
牛圈城址、117 葡萄园城址、123 猴石 1 号城址位于东南片区，每一片内
分别包含相应的单垣城址和遗址，整个聚落单元的布局结构如表一所示。

表一

Ⅳ级	098 长胜 2 号城址					
Ⅲ级	西北片区			东南片区		
	081 友好 3 号城址	085 合发城址	096 爱林城址	106 老牛圈城址	117 葡萄园城址	123 猴石 1 号城址
Ⅱ级	相关城址	相关城址	相关城址	相关城址	相关城址	相关城址
Ⅰ级	相关遗址	相关遗址	相关遗址	相关遗址	相关遗址	相关遗址

位于七星河北岸的兴隆山遗址群，有 1 座第 1 类城址和 2 座第 2 类
城址，与其毗邻的新民遗址群里只有 2 座第 2 类城址，因此将两个遗址

---

① 张光直：《考古学中的聚落形态》，《华夏考古》，2002 年第 1 期。

群合并，称为"兴隆山聚落单元"。本聚落单元的城址、遗址合计 38 处，分为东北片区和西南片区，整个聚落单元的布局结构如表二所示。

表二

Ⅳ级	131 有利 2 号城址			
Ⅲ级	西南片区		东北片区	
	138 向阳 1 号城址	139 向阳 2 号城址	155 东架子山城址	154 幸福 1 号城址
Ⅱ级	相关城址	相关城址	相关城址	相关城址
Ⅰ级	相关遗址	相关遗址	相关遗址	相关遗址

位于七星河北岸的小扁石河聚落单元与兴隆山聚落单元东西相望，构成了两个聚落单元在空间位置上的相互对应关系，见表三。

表三

西	东
小扁石河聚落单元	兴隆山聚落单元

依据以上两个聚落单元内部结构以及两个单元之间的空间对应关系的认识，进而分析其他遗址群，于是还可以分析出 6 个以三垣城址为中心的聚落单元14，它们两两对应构成 3 组对应关系，见表四、表五、表六。

表四

北	南
哈建聚落单元 以 049 新久城址为中心	大脑袋山聚落单元 以 244 大脑袋山 1 号城址为中心

表五

北	南
永利聚落单元 以 252 永泉炮台山城址为中心	马蹄河聚落单元 以 227 畜牧场城址为中心

表六

西	东
金沙河聚落单元 以 283 廿八队城址为中心	聚宝山聚落单元 以 282 孤峰城址为中心

以上 8 个聚落单元均分布在七星河的河谷边缘，小扁石河聚落单元与兴隆山聚落单元、哈建聚落单元与大脑袋山聚落单元位于七星河北岸地区；永利聚落单元与马蹄河聚落单元、金沙河聚落单元与聚宝山聚落单元位于七星河南岸地区；8 个聚落单元大体呈 "C" 字形拱卫着河谷里的凤林城址与炮台山祭祀遗址；凤林城址位于七星河北岸，炮台山祭祀遗址位于七星河南岸，全部城址、遗址构成以下的对应关系：

聚落单元/聚落单元

北岸聚落单元组合/南岸聚落单元组合

外围聚落单元组合/中心城址与中心祭祀遗址组合

中心城址/中心祭祀遗址

凤林城址的平面布局结构也很有意思。早期城址中部是以大房子 F23 为代表的一组建筑，其外围分别是第五城区与第六城区，第四城区与第二城区。晚期城址中部是第七城区，其外围两侧分别是第九城区与第八城区，第一城区与第三城区。早期与晚期城址的具体样式有所区别，但其整体结构为：中心/外围；其外围结构为：西部两个区域/东部两个区域，由此反映出两个时期相同的建筑规划思想。

2. 从聚落体系结构推导社会组织结构

据上分析，七星河流域汉魏时期遗址群构成了一个相对复杂的聚落体系：一个聚落单元内分成两个次级单元，一个次级单元内还可以一分为二，这样的聚落单元可以分为四个层级；空间位置相邻的两个聚落单元组成有对应关系的聚落单元组合；七星河北岸分布着两对聚落单元组合，南岸分布着两对聚落单元组合，整个聚落体系明确表现出一分为二的 "结构"。列维-斯特劳斯指出，"两合组织" 这一术语迄今指的是一种经常见于美洲、亚洲和大洋洲的社会类型，其特点为社会共同体——无论它们是部落、氏族或村落——分为两个偶族。① 不难看出，七星河流域多层级二分结构的聚落形态，完全适应了分层两合组织的居住与生活需要。

列维-斯特劳斯认为，所谓的"结构"是要素和要素间关系的总和，这种关系在一系列的变形过程中保持着不变的特性。② 七星河流域聚落体系二元结构与人群社会组织二元结构，实际上反映出聚落人群对于自身及外部事物分类所依据的"图式"。在聚落形态上，这种"结构"总是按照"图式"规则在不同的平面上表现出各种具体要素的二元形式，与人群社会组织的二元结构保持着高度的一致性。

3. 外七星河流域遗址性质的初步推测

在外七星河流域(或称为下游)地区只发现有遗址，而没有城址，大都分布在低河漫滩上，有的甚至就在沼泽地里，遗址呈线形分布，没有成群团的现象，截至目前，这个区域的遗址没有做过试掘或发掘。按照遗址的这种分布状态，我估计和气候环境有直接的关系。七星河流域地区全年降雨量的70%～80%集中在6—9月，10月下旬至次年3月下旬为地面冻结期，长达5个月之久，季节冻土发育，厚度一般1.6～2米，最厚可达2.5米。③ 根据气候环境推测，这些遗址应当形成于地面冻结期，如果这种推测不误的话，那么这些遗址就是为了从事某种生产活动的季节性遗址。我把这种想法和许永杰说，其实他早就想到了，并且还查过不少文献资料，他做学问严谨，只要是没发掘过，不掌握遗址的性质，就不把推测的想法写进报告里。所以只好暂且把我的想法写在这里，以求对整个七星河流域的聚落形态有一个完整的认识，七星河上游与中游地区的是长久性居住生活的遗址和城址群，下游(外七星河)地区是季节性生产生活遗址。

---

① [法]克洛德·莱维-斯特劳斯著，谢维扬、俞宣孟译：《结构人类学》，上海译文出版社，1995年。

② [日]渡边公三著，周维宏等译：《列维-斯特劳斯——结构》，河北教育出版社，2002年。

③ 黑龙江省文物考古研究所：《七星河——三江平原古代遗址调查与勘测报告》，科学出版社，2004年。

4．对重建历史的一点补充

《凤林城》认为，七星河流域聚落居民是文献记载的北沃沮，此说可信。《三国志·魏书·东夷传》记载东沃沮"无大君王，世世邑落，各有长帅"，又说"沃沮诸邑落渠帅，皆自称三老，则故县国之制也"①。一般认为东沃沮为总称，析称为南沃沮、北沃沮。因此《三国志》记载的东沃沮特征也可以看作是北沃沮的特征。其最明显的特点是没有大君王，按照世系居住各自的邑落，邑落的长官为长帅(或称为渠帅)，他们对外自称为汉人的县三老。据此可知，那时的沃沮族群还没出现阶级社会的国王，每个邑落只有自己的军事长官，但不具有最高权力。

如果这种认识大致不差的话，七星河流域的 8 个聚落单元大约是 8 个按世系居住的两合组织，整个聚落体系的人群组成一个北沃沮联盟。位于聚落体系中心的凤林城和炮台山祭坛是这个联盟的政治—宗教中心，城内的中心建筑大约是召开议事会的场所，军事首领也可能住在那里。《东夷传》的记载，能够让本文前述的沃沮社会组织结构变得具体而形象起来。

《凤林城》指出，采自凤林城址 F1、F2、F9、F10 等 8 个晚期房址的放射性碳素测年数据，均落在魏、西晋至十六国之际，可定凤林文化的年代在魏晋十六国时期，下限则可能已进入北魏早期。刘晓东认为，凤林城址晚期出土的一种带鞍马形陶塑与三燕出土的马形陶塑极为相似，故推断凤林文化下限已进入十六国时期。② 他的这种认识与放射性碳素测年完全吻合。另外，王先谦《后汉书集解》卷八十五《东夷列传》"至光武罢都尉官，后皆以封其渠帅，为沃沮侯"注云："沈钦韩曰：沃沮自魏后不复著，盖百济立国于其境，而沃沮亡矣。"③沈氏所说"沃沮自魏后不复著""而沃沮亡矣"甚是，但"百济立国于其境"不确。放射性碳素测年、出土遗物断代和历史文献记载三重证据充分表明了，《凤林城》对凤林文化的年代判断是极具说服力的。

---

① 　(晋)陈寿：《三国志》(点校本)，中华书局，1959 年。
② 　刘晓东：《鞨鞨文化的考古学研究》，吉林大学博士学位论文，2014 年。
③ 　(清)王先谦：《后汉书集解》(影印虚受堂本)，中华书局，1984 年。

8.1.8　凤山楼——聚落考古视角中的粤东古村落①

《凤山楼——聚落考古学视角中的粤东古村落》，吴敏著，社会科学文献出版社，2019年

去年秋天，中山大学许永杰教授告诉我，他的研究生用考古学理论方法研究粤东古村落的书快要出版了。不久，在《华夏考古》上看到他写的《考古学研究古村落的成功尝试》。他说，吴敏的《凤山楼——聚落考古学视角中的粤东古村落》一书是考古学对古村落的研究，既是一个以考古学者的眼光考察古村落的民族考古学的个案，又是一个以考古学的方法研究古村落的聚落考古学的个案。聚落考古和乡土建筑，我都感兴趣，所以很想见到这本书。

最近得到这本书，读了感觉真好看。说这书好看，有两层意思。凤山楼村很难得，保存相当完整，历史信息丰富，居民依然生活在里面，充满了活力；吴敏以考古学者的视角，用聚落考古与民族考古的理论方法，揭示出凤山楼村居民的居住与生活方式，讲述了许多有意思的故事。她导师在书前代序里，又从古村落研究史、围楼的建筑类型与文化谱系，以及社会史等方面，对这个案例作了更高层次的提升。

始建于17世纪前期的凤山楼村，是一个客家人聚族而居的单姓血缘村落，枕山临河，村南是农田。凤山楼依后头山坡而建，随地势由南向北渐次抬高，平面形状近似圆形，其中心位置为沈氏宗祠，包围祠堂的建筑分为内外两个环形，其北有半环形建筑，均由"布袋间"构成。内环、外环当地称作寨内、寨围，北部半环称为寨畔。所有建筑均为一层，共计有房屋103间。凤山楼名为楼，实际不是楼。这种建筑当地称为围楼或围寨，它与福建客家人的圆形土楼不一样，也与广东梅州客家人的围龙屋有区别，是潮州客家人聚族而居的代表性建筑。

---

① 陈雍：《乡土建筑遇上考古学——〈凤山楼：聚落考古学视角中的粤东古村落〉读后》，《中国文物报》，2020年6月5日。报纸刊载有删改，此为原稿。

村子里的所有建筑物犹如众星捧月，围绕在凤山楼的周围。围楼的东、西、北三面，是成片的"竹竿厝"排房和为数不多的三合院、四合院。大量民居之外，还有一些不同功能的公共建筑。

考古学聚落与乡土聚落的内涵近似。陈志华提出，乡土建筑的聚落是指一个完整的古村镇，又称为乡土聚落。乡土建筑保护的战略性指导思想，是以保护聚落整体也就是完整的古村镇为基本方法。这是保护乡土建筑所携带的历史文化信息的最有效的方法。乡土生活赋予乡土建筑丰富的文化内涵，我们力求把乡土建筑与乡土生活联系起来研究，因此便把乡土建筑当作乡土文化的基本部分来研究。聚落的建筑大系统是一个有机整体，我们力求把研究的重点放在聚落的整体上，放在各种建筑与整体的关系以及它们之间的相互关系上，放在聚落整体以及它的各个部分与自然环境和文化环境的关系上。①

戈登·威利认为，聚落形态涉及人类居住方式与自然环境的关系，以及居住方式与社会结构的关系。② 聚落考古通过单个建筑物、社区布局(建筑物组合)、地区性形态(聚落组合)，以达到研究社会的目的。用聚落考古方法研究乡土建筑，能够直接进入到人的社会，要比通过古代遗址研究社会强许多。

凤山楼研究案例主要从四个方面入手：聚落与其依存的自然环境和人文环境的关系；聚落内部各类建筑(构筑)物之间及其与整体的关系；聚落与居民的关系；区域内同一属性聚落之间的关系。其中聚落与居民关系研究，是聚落考古无法企及的，只能凭借社会学和人类学。

对构成聚落单元的建筑(构筑)物进行分类，是整个研究的重要一环。凤山楼案例首先依据建筑(构筑)物的使用功能，将凤山楼村的建筑(构筑)物分为民居、祠堂、庙宇、场埕、学校等类别，再将它们回归到所在的空间里。然后再依宗族派系及族群社区，与祠堂、民居等类别进行对

---

① 陈志华：《乡土建筑保护十议》，陈志华：《文物建筑保护文集》，江西教育出版社，2008 年。

② ［美］戈登·威利著，谢银玲、黄小燕等译，陈淳审校：《聚落与历史重建——秘鲁维鲁河谷的史前聚落形态》，上海古籍出版社，2018 年。

应，实际是依社会结构与社会生活联系所进行的社会功能分类，这是考古学与人类学的结合。

拉德克利夫-布朗提出，可以用社会过程、社会结构、社会功能这三个概念来描述"社会"。研究社会结构时，我们所关注的具体事实是那种实际存在于某一时期、把某些人联结起来的一整套关系。对此，我们能够做直接观察，但我们的描写并不是它的特殊性。科学(有别于历史学或传记学)所关注不是特殊的、独特的，而是普遍的、各种各样的可重复的事件，及其存在的可发现的规律。①

凤山楼里有6座祠堂。中心是沈氏宗祠厚德堂，堂内供奉沈氏太始祖，合祀五世至十一世先祖公妈神位牌，地位最尊。第一圈房屋(寨内)有裕德堂，属于顶房，供奉十世祖。第二圈房屋(寨围)有怀德堂，属于顶房，供奉十一世祖；其东侧有崇德堂，属于下房，供奉十三世祖。第三圈房屋有成德堂，属于二房，供奉九世祖；其东南侧有世德堂，属于顶房，供奉十四世祖。六座祠堂供奉的祖先，由中心向外的辈次为：太祖——十世祖——十一世祖、十三世祖——九世祖、十四世祖。如果排除掉第三圈的九世祖，能够清晰显示出祖先辈次由内向外排列的规律。

费孝通说，以"己"为中心，像石子一般投入水中，和别人所联系成的社会关系，不像团体中的分子一般大家立在一个平面上的，而是像水的波纹一般，一圈圈推出去，愈推愈远，也愈推愈薄。在这里我们遇到了中国社会结构的基本特性了。我们儒家最考究的是人伦，伦是什么呢？我的解释就是从自己推出去的和自己发生社会关系的那一群人里所发生的一轮轮波纹的差序。《释名》于沦字下也说"伦也，水文相次有伦理也。"潘光旦先生曾说：凡是有"仑"作公分母的意义都相通，"共同表示的是条理，类别，秩序的一番意思"。②

凤山楼研究案例抓住整个聚落的核心——祠堂，通过祠堂与民居、祠堂与墓葬的关系，揭示出凤山楼村的社会关系是一个"一根根私人联系

---

① [英]拉德克利夫-布朗著，潘蛟、王贤海等译，潘蛟校：《原始社会的结构与功能》，中央民族大学出版社，1999年。

② 费孝通：《乡土中国》，生活·读书·新知三联书店，1985年。

所构成的网络"①。

维笃祖祠楹联称："左为昭右为穆彬彬皆有前礼，春日祭秋日祀济济门内衣冠"。鹤山祖祠楹联称："木本水源思孝永，左昭右穆追远承"。昭穆是祠堂必须遵守的古制，凤山楼六座祠堂是否按照昭穆位序定位？经过检验，发现只有成德堂的位置存在问题。对此，我感到难以理解，于是请教吴敏。她告诉我，成德堂二房实际是抱养的二子，福建诏安新营是养子出生地，所以又称为新营祖祠。沈氏八世祖耀崑公生长子洪畴公，次子宇象公，后来抱养二子，宇象公改为三子。现实生活中的长幼排序，与祠堂的昭穆位次，显然是两回事，为这个问题找到了合理的解释。

许永杰《考古学研究古村落的成功尝试(代序)》根据凤山楼村的关帝庙和土地庙的分布特点，将早期凤山楼村分为围楼社区和东扩社区。围楼社区的关帝庙在北部寨畔里，东扩社区的关帝庙在最南面一排房子里，构成北—南对应关系。

根据这一现象的提示还可以发现，凤山楼内的祠堂，南面的沈氏宗祠厚德堂为尊位，北面属于顶房的祠堂居左(依面对方向，下同)为昭位，北面属于下房、二房的祠堂居右为穆位。凤山楼东侧区域内的祠堂尊位(理论上的)在最北面，属于顶房的祠堂位于右侧的昭位，属于下方的祠堂位于左侧的穆位。围楼社区祠堂的"品"字形位序和东扩区祠堂的"品"字形位序方向适为相反，两个社区祠堂的位置在空间上形成对称心对称(与对称轴对称有别)，即在空间作半圆(180 度)旋转以形成对应关系。

吴敏从《沈氏宗谱》《沈氏族谱》《凤山楼沈氏族谱乡志》，梳理出凤山楼沈氏宗族的来历、沈氏入粤一支的迁徙路线，并且实地调查了粤闽两地的相关村落。据她所述，可以大致勾勒出沈氏入粤一支在广东饶平、福建诏安的主要聚落分布情况。这些聚落的位置，是依各聚落宗族辈次关系，在空间上构成昭穆位序。

通过凤山楼聚落内民居、祠堂等建筑物的空间位置关系，以及沈氏聚落群的空间位置关系，可以抽绎出人群的社会关系，以及社会关系编

---

① 费孝通：《乡土中国》，生活·读书·新知三联书店，1985 年。

织的社会关系网络。这个社会网络的结构，即费孝通说的"差序格局"。

凤山楼村居民对于昭穆的认知，吴敏做过实地调查。她说："在活的村落里，我想知道的都是可以问的。回答有三种情况：知道，不知道，有争议。比如说昭穆，我曾问过：'我们村祠堂对联写了左昭右穆，祠堂建造有按此规矩吗？'他们给我的回答：'不是'。有一些问题，乡亲们的确不清楚，那么就回答不上来。还有一些问题提出后，几个人持不同意见，我就组织大家讨论，经过激烈争辩，给出一个答案。这种回答，我视为第一手资料。此外，还有一种是遮遮掩掩，吞吞吐吐，欲言又止。"她说："对于昭穆我认为，在祠堂牌位中得到很好的体现，但囿于书写者对这种规制越来越陌生，也会有错误，但还是按规矩来做。由于人口繁衍快慢与财力兴盛、支派雄起的先后，导致公地开发快慢和强度不同，祠堂建造不一定按照规制来了。我感到，规制在历史上形成并延续，在实际生活中，并不一定得到一丝不苟的执行，是有偏差的，根据自身需要，做出一定的调整。"可以看出，用昭穆表达宗法制，今天在凤山楼村已经渐行渐远。

19世纪后半叶是凤山楼的重要发展时期，由此奠定了凤山楼村的基本格局。村子最南面一排是社区重要的公共建筑，由西向东分别是：大宫、厚德堂、佑启堂、孔庙、天后宫、思成堂、关帝庙。这些公共建筑分为庙宇系统和祠堂系统。

大宫，供奉沈氏先祖武德侯，为祖先崇拜。孔庙供奉孔子，为儒教信仰。天后宫，供奉天后妈祖，为民间信仰。关帝庙，供奉关羽，为民间信仰。在明清两代，孔庙、天后宫、关帝庙，是府、县城市的官方庙宇配置。乡镇一般不设孔庙，只设文昌宫。不难看出，凤山楼村效仿了城市的庙宇配置。

沈氏宗祠厚德堂，供奉沈氏太始祖，合祀五世至十一世先祖公妈。鹤山祖祠佑启堂，属于下房，供奉十一世、十二世祖。沈氏祖祠思成堂，属于顶房，供奉十三世、十四世祖。宗祠和顶、下两房祖祠，统领着整个社区的祠堂系统。

在漫长的农耕时代，历代王朝的统一政权机构只到达县一级，村落实际上是一个自治体。在大多数汉族地区，这个自治体是由宗族管理的，宗法制度在农村最成熟、最稳定、最完备，渗透到文化的各个方面。①旧时的凤山楼村，用庙宇为代表的精神维系与祠堂（包含宗谱或族谱、同姓会）为代表的血缘纽带，对整个聚落进行有效社会控制与自我调适。

　　凤山楼村的庙宇、祠堂在村子最南面，为整个社区的公共活动空间；其后是各家各户的住房，为每个家庭的私密空间，凤山楼村的空间格局宛如一座大宅门，前面是门厅，后面是寝堂。今天的村委会和学校一仍其旧，还是建在村子南面第一排，在村南公共活动空间里，又增加了新时代的新功能。古代凤山楼村规划理念，至今没发生根本改变。

　　为深入研究凤山楼村，吴敏做了 6 次田野调查。她和丈夫、儿女一同吃住在村子里，与村民们建立起相互信任的友好关系。她导师许永杰说："2013 年，吴敏等陪同我进凤山楼村考察，我倾听了她如数家珍般的娓娓介绍，亲见了耆老村干部接待我们如家人般的热情。"陈志华说过，聚落的研究，不但要关注聚落的实体和历史，而且要关注村民的生活和感情。文物建筑保护的基本意义在于保护历史和文化的实物见证。历史和文化中充满了感情，创造者和保卫者的感情，妻儿老小的感情，青灯黄卷寒窗苦读的学子感情和胼手胝足汗洒黄土的劳动者的感情。清爽雅致、精雕细刻的村屋是祖辈的智慧和辛劳，矮檐破墙是祖辈的苦难和挣扎；灿烂明丽的未来是过去历史养育出来的，人不能对历史没有感情。文物所蕴含的历史文化信息应该是全面的，不但应该有认识的价值，也应该有磨砺和提升人们精神的情感力量。②

　　吴敏笔下的凤山楼村，之所以不是一堆堆冰冷的砖瓦石块，是因为沈氏宗族居民还生活在那里，古老村落依然充满了人气与活力。当下采取的"空心化"与"腾笼换鸟"，使乡土建筑变成没有生命的躯壳，丰富的乡土文化也将随着人去村空而消亡。保护乡土建筑已经不能再等待了，

---

　　①　陈志华：《抢救乡土建筑的优秀遗产》，陈志华：《文物建筑保护文集》，江西教育出版社，2008 年。

　　②　陈志华：《乡土建筑保护十议》，陈志华：《文物建筑保护文集》，江西教育出版社，2008 年。

不能再延误了，耽搁一天就会损失一批，我们已经损失不起了，乡土建筑遗产的抢救已经到了最后关头。① 如今，需要更多的人参加到保护乡土建筑的队伍里来。

乡土建筑遇上考古学，使考古者清楚认识到，如果没有社会学、人类学的帮助，没有乡土建筑方法论的支持，考古学会显得力不从心；如果没有扎实的田野调查，捧着书本坐在沙发里，写不出乡土建筑研究案例。

8.1.9 考古有意思：秦始皇的兵与城

《考古有意思：秦始皇的兵与城》，许卫红著，中信出版集团，2020 年

最近看了许卫红的《考古有意思：秦始皇的兵与城》，脑袋被开出许多洞——"脑洞"是该书的高频词。作者用发散性思维、意想不到的桥段、生动风趣的语言，把段子与故事、考古与历史、知识与技术、情感与良知、责任与担当，巧妙地结合起来。看着书，不知不觉被作者带到考古工地上，带进秦始皇的兵与城里。《考古有意思》，真的有意思！

这里将发在微信朋友圈里的读书札记，按咸阳城、始皇陵、兵马俑三个部分归类，大都是对书里有关内容的补充和延伸。

1. 关于咸阳城

秦都咸阳没有城墙，范围线只能是虚线。从 1959 年渭水调查队第一次开始进行考古调查，咸阳城考古工作已经开展了六十年。六十年一甲子，咸阳城还是虚线框，面貌仍然扑朔迷离，不能不说有点尴尬。（第 188 页）

---

① 陈志华：《抢救乡土建筑的优秀遗产》，陈志华：《文物建筑保护文集》，江西教育出版社，2008 年。

"咸阳城"的确是个谜,《史记》《汉书》等史籍不见这种说法,《史记》三家注和《汉书》颜氏注里才见有"咸阳城",《三辅黄图》则称为"咸阳故城"。

春秋战国时期考古上发现,河南有新郑郑韩故城,河北有邯郸赵王城、易县燕下都、平山中山灵寿城,山东有临淄齐故城、曲阜鲁故城,湖北有江陵楚纪南城。目前关东六国的都城,除了开封地下的魏大梁城还没发现,其他五国都发现了带城墙的都城。

秦都咸阳到底是不是一座带有城墙的都城,至今还很难做出肯定或否定的回答。

> 有关咸阳城的事,以《三辅黄图》演绎版本最精彩。此书最大特点是"三无",作者、成书时间、为何失传、今本又是由谁纂辑,甚至原书名何意,一概不知。(第 194 页)

《三辅黄图》过去一般认为是六朝时的作品。陈直先生说,《三辅黄图》始著录于《隋书·经籍志》,仅称一卷。晁公武作三卷,陈振孙作二卷,今本为六卷,疑南宋苗昌言校刻时所分析。清代各刻,皆依从之。余则定今本为中唐以后人所作,注文更略在其后。《三辅黄图》一书在古籍中所引,始见于如淳《汉书》注。如淳为曹魏时人,则原书应成于东汉末曹魏初期。由原本到今本,须分三个阶段。如淳、晋灼、张晏、孟康、臣瓒诸人,引用以注《汉书》,是第一阶段。《南方草木状》荔支条、《水经注》《文选》李善注、《汉书》颜师古注所引,是第二阶段。中唐时期,用颜注增补,并加《西京杂记》《拾遗记》,是第三阶段,与《元和郡县图志》文字相同尤多。①

所谓"三辅",即京兆尹、左冯翊、右扶风。此书原本有图,久经散失,如叙述未央宫及沧池、冰池,皆引有"旧图曰",昆明池引有"图曰",可以为证。

---

① 陈直:《三辅黄图校证》,陕西人民出版社,1980 年。

有一种砖面模印有 12 或 16 个字的铺地砖，很受藏家追捧。12 字的内容是"海内皆臣，岁登成孰，道毋飢人"，16 字的内容多了"践此万岁"4 个字。文字砖的字体修长，都是秦小篆阳文。继国家博物馆 1950 年入藏了一块之后，2005 年前后此类砖再次大批量出现在西安古玩市场上，据说出自山西夏县禹王城和洪洞县范村。尽管对于其中个别字，比如是不是把"饥"错写成了"飢"，"飢人"该理解成是吃人还是要饭的乞丐，学术界没有统一的认识，但这并不影响砖的重要历史价值。（第 267 页）

许书引用了国家博物馆收藏的 12 字砖的照片，页下注引李零《"邦无飢人"与"道毋飢人"》，许书的正文里采用了李文的释文和说法。

国家博物馆收藏的 12 字汉砖，我曾经在中国历史博物馆"中国通史陈列"看过，后来出了图录，应释为：海内皆臣，岁登成孰（熟），道毋飢人。"人"字上面的字，从食、从几，非常清楚。汉代的"飢"和"饑"是两个字，《说文解字》："飢，饿也。从食几声。""饑，谷不孰（熟）为饑，从食幾声。"[1]

"饥人"一词见于汉代文献，如《后汉书·吴汉列传》注引《续汉书》曰："时道路多饥人，来求食者似诸生，汉召，故先为具食。"[2]

写作"飢人"的汉砖，我没见过。汉代"飢"字写法，可以参见《汉印文字征》第五篇第十页"飢"字下，"北海飢长""杜陵飢官□丞""东平飢官长印"三印文字。

> 2017 年为配合基本建设，在咸阳挖出一"窝"秦陶量。（第 409 页）

陶量发现过程，书里讲得挺有意思。我想起内蒙古赤峰市蜘蛛山遗址出土秦陶量和奈曼旗善宝（或作"沙巴"）营子古城出土秦陶量，这两件

---

① （汉）许慎：《说文解字》（影印本），中华书局，1963 年。
② （南朝宋）范晔：《后汉书》（点校本），中华书局，1965 年。

陶量上都有始皇帝二十六年诏。蜘蛛山遗址出土陶量残片的文字为："廿六年皇帝尽诸候黔首大安诏丞相状"。善宝营子古城出土的陶量残片的文字为："六年帝并兼有天下诸候黔首大"。

诏文"诸侯"的"侯"字，内蒙古出土的两件陶量都讹作"候"。诏文"尽并兼"三字，善宝古城出土陶量作"并兼有"。真是天高皇帝远，远离咸阳城的地区竟然把始皇帝的第一道诏书都写错了。

> 咸阳城府库建筑遗址出土封泥一方，封泥有四个字，内容是"大某缯官"。第二个字很模糊，也许是"府"，也许是"内"。大府和大内，一个属于天子系统，一个属于国家系统。（第328页）

府库遗址出土石磬题刻"乐府"（第306～307页），为少府属官。相家巷出土封泥"右织"与"左织缦丞"，相当于《百官公卿表》少府属官东织、西织。据此推测，这件封泥"大"下面可能是"官"字，"大官"也是少府属官。《汉书·百官公卿表》称，少府，秦官。太官，主膳食。睡虎地秦简《效律》[①]："大官、右府、左府、右采铁、左采铁课殿"，汉印、封泥均作"大官"，与秦简同。

我对封泥文字的看法发出来后，许卫红告诉我，这个字的笔画不是官字的结构，过去出土有"大内"陶文。根据她的提示，我又重新考虑，觉得那个模糊的字是"内"的可能性比较大。"大内"一职，见于云梦睡虎地秦简，又见于《史记》《汉书》。

睡虎地秦简《金布律》[②]有一条关于"授衣"的规定："在咸阳者致其衣大内，在它县者致衣从事之县。县、大内皆听其官致，以律禀衣。"律文讲得很清楚，在咸阳服役的，应在大内领取衣服；在其他县服役的，应在所在县领取衣服。《史记·孝景本纪》记载："以大内为二千石"，《集解》："韦昭曰：大内，京师府藏。"又云："置左右内官，属大内"，《索

---

①② 睡虎地秦墓竹简整理小组：《睡虎地秦墓竹简》，文物出版社，1978年。

隐》："主天子之私财曰小内。小内即属大内也。"①小内，即少内。

　　府库遗址出土残石磬铭文"北宫乐"，据另一件残石磬铭文"乐府"（第306页插图），"北宫乐"下面缺损"府"字，即"北宫乐府"。山东临淄西汉齐王墓随葬器物坑出土铜器铭文②"北宫"三见，均为"大官北宫"，"南宫"五见，隶属不明，或疑与"北宫"同属"大官"。据此类比秦咸阳石磬铭文"北宫"，推知当为职官名，而非宫室名。

　　2. 关于始皇陵

　　　　咸阳为都期间，秦王公陵园有两组：城西北的咸阳塬上一组称为西陵，城东南的骊山脚下一组称为东陵。从昭襄王时代开始，秦国的王陵区已从咸阳西陵区移至咸阳东的芷阳。（第163页）

　　《汉书·地理志》"霸陵"下注："故芷阳，文帝更名。"③《秦汉南北朝官印征存》④第一页有"茝阳少内"秦印。《史记·秦始皇本纪》："昭襄王享国五十六年，葬茝阳"，与秦印吻合。今本《史记》《汉书》其他诸篇均讹作"芷阳"。

　　　　葬于芷阳的昭襄王上辈有宣太后，平辈有唐太后，子辈可能有悼太子，孙辈有庄襄王及其夫人帝太后。秦始皇是昭襄王的曾孙，应该追随近祖埋葬在芷阳，秦始皇陵园总体上属于东陵。（第163页）

　　如何理解西陵区—咸阳城—东陵区三个单元的空间位置关系？如何理解东陵区内昭襄王等陵墓与始皇陵园的位置关系？这些关系是否符合《周礼》记载的昭穆之制？《后汉书》说，园邑之兴，始于强秦。解决问题的关键应当在秦始皇陵园的布局结构。

①　（汉）司马迁：《史记》（点校本），中华书局，1962年。
②　山东省淄博市博物馆：《西汉齐王墓随葬器物坑》，《考古学报》，1985年第2期。
③　（汉）班固：《汉书》（点校本），中华书局，1962年。
④　罗福颐主编：《秦汉南北朝官印征存》，文物出版社，1987年。

《史记·吕不韦列传》有段话挺有意思。始皇七年(前 240 年),庄襄王母夏太后薨。孝文王后曰华阳太后,与孝文王会葬寿陵。夏太后子庄襄王葬芷阳,故夏太后独别葬杜东,曰:"东望吾子,西望吾夫"①。

夏太后是孝文王的妾、庄襄王的"真母",她既没与丈夫埋在咸阳塬西北的寿陵,也没有与儿子埋在咸阳东南的芷阳,而是选择了二者居中的位置,若以这个位置为参照,"东望吾子,西望吾夫"其实质就是"左昭右穆"。以夏太后墓为对称心,孝文王墓在咸阳城西北,庄襄王墓在咸阳城东南,二墓在平面上形成如同折纸风车那样的对称关系。

始皇陵和咸阳城的空间位置关系值得注意。城位于陵的西边,陵位于城的东边,活人住在西边,死人埋在东边,这是秦人宇宙观的反映。这种宇宙观跟良渚人、商人的宇宙观正好相反。

我在《解读良渚文明:中国早期国家形态特征及其研究路径》②里指出,良渚古城东部宫殿区与西部墓葬区的空间位置表达出良渚人的宇宙观:东/太阳升起/宫殿区/生;西/太阳落下/墓葬区/死,良渚古城以东对应生,西对应死。

殷墟的宗庙宫殿区在小屯村,小屯村的西北是西北岗王陵区,王陵区的南面是孝民屯贵族墓地,再往南是殷墟西区平民墓地,宗庙宫殿区与墓葬区在空间上形成二元对立关系,跟良渚古城是一样的。

进一步分析就可以看出,秦始皇陵园的地形高低与死者地位的高低相对应,南北高差 70 多米,由南向北构成由高而低的梯度变化。陵园围墙内,南端是秦陵封土,其北面西侧是一组建筑遗址,东侧是陪葬墓区。根据这种布局,陵园当以南面为尊位,其左为礼制建筑,其右为陪葬墓。这种布局大概是《独断》说的,宗庙之制,古学以为人君之居,前有庙,后有寝。古不墓祭,至秦始皇出寝,起之于墓侧。故陵上称寝殿,有起居衣冠象生之备。

由此推知,芷阳区的秦帝王陵寝,以南面为尊位,坐南朝北,西边

---

① (汉)司马迁:《史记》(点校本),中华书局,1962 年。

② 陈雍:《解读良渚文明:中国早期国家形态特征及其研究路径》,《南方文物》,2021 年第 1 期。

是昭位，东边是穆位，昭襄王墓在西边，始皇墓在东边，符合《周礼》的
昭穆之制。

秦昭王时期，秦都咸阳城的规划思想发生了重大变化。咸阳城的尊
卑关系与芷阳墓区的尊卑关系在平面上构成对称关系，即西边的方形在
平面上围绕"对称心"旋转180度，以形成东边的方形。这段内容可能有
点烧脑。马克思说过，一门科学，只有当它成功地运用数学时，才能达
到真正完善的地步。我想，考古学研究应当努力运用数学。解读秦始皇
陵园和秦咸阳城址的关键，是在考古遗存中揭示出秦人的宇宙观、价值
观和认知系统。这些都会体现在规划思想上。

> 给秦始皇修陵的人，文献中称其为"骊山徒"。"骊山徒"不是刑
> 徒。秦称"徒"的人是指"徭役"，并非罪犯，"刑者"才是"刑徒"。
> 1980年，秦始皇陵西侧赵背户村发掘有30多座修陵人墓葬，其中
> 19位墓主身边都放了一片建筑使用的瓦，瓦面上刻写了墓主的籍
> 贯、身份、生平。其中，有10人的籍贯地名分属原三晋、齐、鲁、
> 楚等地区；有10人生前涉及拖欠国债，"居赀赎债"，还不起钱以劳
> 役抵偿；有11人有爵位。有自由身才能有军功，才能有爵位，很明
> 显这些人生前不是罪犯也不是官奴，他们从全国各地被征集到此只
> 是服劳役。（第108页）

许书把1980年在赵背户村发掘的秦人墓地称为"修陵人墓葬"，认为
是文献中的"骊山徒"，而不是发掘简报所说的"刑徒"，此说正确。

《史记·秦始皇本纪》云："骊山徒多，请赦之，授兵以击之。"[1]据
《汉书·陈胜传》"秦令少府章邯免骊山徒、人奴产子"[2]，可证"骊山徒"
为专有名词。"刑徒"，见于《秦始皇本纪》"于是始皇大怒，使刑徒三千人
皆伐湘山树"。赵背户村发现的"骊山徒"墓的死者身份，与洛阳汉魏故城
发现的"刑徒墓"死者身份有别，两处墓地随葬墓志记载得很清楚。

---

①② （汉）司马迁：《史记》（点校本），中华书局，1962年。

秦始皇陵西侧赵背户村秦修陵人墓出土刻字板瓦 18 件，共刻有 19
个人名，其中一块板瓦上面刻有两个人名。19 人籍贯可知者有 9 个县，
其中东武 6 人，杨民(氏)3 人，博昌 2 人，赣揄 2 人，平阴 1 人，平阳 1
人，阑(蘭)陵 1 人，嬃(騶)1 人，觜(訾)1 人，因字残损籍贯不明 1 人。
我对瓦文的认识，与《秦始皇陵西侧赵背户村刑徒墓》①的不同。

《秦始皇陵西侧赵背户村刑徒墓》认为，瓦文里有"武德"县。检验 18
件刻有文字板瓦，只有 79M32.03 为"杨民居赀武德公士契必"，"公士契
必"的籍贯为杨民(氏)，武德当是里名。79C53 瓦文"博昌居此(赀)用里
不更余"、79M19.02 瓦文"平阴居赀北游公士滕"、79C49 瓦文"阑(蘭)陵
居赀便里不更牙"，可为参证。

瓦文"赣揄"，《秦始皇陵西侧赵背户村刑徒墓》均释作"赣榆"，不确。
陈直先生依据"赣揄丞印"汉封泥、"赣揄马丞"汉印、东汉鲜于璜碑文"赣
揄"，认为《汉书·地理志》琅琊郡属县"赣榆"应作"赣揄"。② 今据赵背户
村出土瓦文"赣揄"，以及《汉印文字征》十二·九"赣揄令印"，可以进一
步证明《汉书》确误。

瓦文"东武"六见，据"东武遂"与"赣揄距"刻于同瓦内侧(原瓦没有器
物号)，可以推知，瓦文"东武"为秦琅琊郡属县。

79C35 瓦文："嬃上造姜"，"嬃"为"騶"的替代字。騶，秦薛郡属县。
《史记·封禅书》："(始皇)即帝位三年，东巡郡县，祠騶峄山，颂秦功
业"，《索隐》曰："騶县之峄山。騶县本邾国，鲁穆公改作'邹'。《从征
记》北岩有秦始皇所勒之铭。"③

陈直先生说，王先谦谓周时作邹，汉时作騶之说未可信也。东汉《刘
宽碑》有"邹长汝南潘俭"题名，可证邹、騶二字在两汉时通用并无区别。
按，《汉印文字征》一○·三有"騶之右尉"。④

1979—1980 年，考古发掘的秦始皇陵修陵人墓地中有一百具尸

①　始皇陵秦俑坑考古发掘队：《秦始皇陵西侧赵背户村刑徒墓》，《文物》，1982 年第 8 期。
②④　陈直：《汉书新证》，天津人民出版社，1959 年。
③　(汉)司马迁：《史记》(点校本)，中华书局，1962 年。

骨，除了年龄在 25～30 岁的三位女性、6～12 岁的两个儿童外，其余均是 20～30 岁的男性。尽管秦律规定女人也要承担徭役，但修陵人墓地体现出，土木工程所用人力仍以男人为主。（第 77 页）

这组人骨数据为探讨秦代徭役制度提供了非常重要的实物资料。首先是人骨的年龄构成。男性死亡年龄为 20～30 岁的有 90 余例，女性 25～30 岁 3 例，儿童 6～12 岁 2 例。人骨死亡年龄表明，成年人服役的年龄为 20 岁。有学者据睡虎地秦简，推断秦国（朝）服役年龄为 15 周岁。[①]

《汉书·高帝纪》："萧何发关中老弱未傅者悉诣军"，孟康曰："古者二十而傅。"[②]如淳曰："律，年二十三傅之畴官。"《汉书·景帝纪》：景帝二年（前 155 年）"令天下男子二十始傅"，师古注曰："傅，著也。言著名籍，给公家徭役也。"[③]文献记载傅籍年龄为 20 岁或 23 岁。秦简《编年纪》记载，昭王四十五年（前 262 年）十二月甲午鸡鸣时，喜（按，喜为人名）产。今元年[按，秦王政元年（前 246 年）]，喜傅（按，傅籍）。[④]据此，喜傅籍的年龄为 16 岁。如果傅籍年龄就是服役年龄的话，那么，据始皇陵修陵人墓地人骨服役年龄可以推知，秦朝傅籍年龄为 20 岁。这样，睡虎地秦简记载的"喜"傅籍年龄，要比文献记载小了 4 岁。

前面说了修陵人墓地的人骨年龄构成，这里说说人骨的性别构成。100 余具人骨里，男性 90 余，女性 3，性别不明儿童 2。据云梦睡虎地秦简[⑤]记载，服役的女性均为隶妾，服役的儿童为小隶臣妾。秦代的男性官奴称为隶臣，女性官奴称为隶妾。睡虎地秦简《工人程》规定："冗隶妾二人当工一人，更隶妾四人当工【一】人，小隶臣妾可使者五人当工一人。"秦简"可使"，若按居延汉简的记载，为七岁以上儿童。秦律规定，小隶臣妾到规定年龄，登记为隶臣妾。据此，赵背户村修陵人墓地的两个 6～12 岁儿童，可能是秦简所说的"小隶臣妾可使者"。

①　高敏：《云梦秦简初探》（增订本），河南人民出版社，1981 年。
②③　（汉）班固：《汉书》（点校本），中华书局，1962 年。
④⑤　睡虎地秦墓竹简整理小组：《睡虎地秦墓竹简》，文物出版社，1978 年。

秦始皇陵偏殿曾经出土过一枚石荧，14 面体，一面刻有"骄"，一面刻有"男＋妻"，另外 12 面则依次刻有数字 1 到 12。有人猜想这是给秦始皇提供的博戏之物。其实，先秦至两汉时期，博戏遍布街头巷尾，如同今天人们在街头打麻将一般，守陵人业余时间也玩得不亦乐乎。（第 36 页）

所谓"石荧"，即骰子，饮酒行令之器。陈直先生《出土文物丛考(续)》①考证了传世 5 件酒令铜骰子，以及满城二号汉墓出土铜骰子和一套数字铜钱、一套韵语铜钱。满城汉墓出土骰子为十八面，一面刻"酒来"，对应一面刻"骄"。

满城汉墓报告称两套铜钱为"宫中行乐钱"，实为酒令钱。一套依次铸有"第一"至"第廿"数字。另一套每钱铸有三字，出土时散乱，原来顺序不明。发掘报告对铜钱的释文、排序、解释均有可商榷之处，我曾做过考证。② 我的释读为：

起行酒，歆其加(嘉)。乐乃始，歆酒歌。

得佳士，圣主佐。府库实，金钱扡(弛)。

五谷成，万民番(蕃)。常毋苟，天下安。

贵富寿，朱(珠)玉行。乐无忧，寿毋病。

寿(畜)夫毒，畏妻鄙。骄吹己，自歆止。

铜钱铭文首句"起"与末句"止"相呼应，风格和《汉铙歌》很像，用韵比较工整。据此可知，铜骰相对应两面上的"酒来"与"骄"，大约相当于钱铭"起行酒，歆其加"与"骄吹己，自歆止"，其作用是表示起止。

秦始皇陵出土石荧上的"男＋妻"和"骄"，对比满城汉墓酒令钱铭，"男＋妻"，应当是"畏妻"二字，相当于钱铭"畏妻鄙"，"骄"相当于钱铭"骄吹己"，以此表示起与止。钱铭"寿(畜)夫毒"，意思是养汉恶毒，"畏妻鄙"，意思是怕婆可耻。

---

① 陈直：《出土文物丛考(续)》，陈直：《文史考古论丛》，天津古籍出版社，1988 年。

② 陈雍：《秦汉文字札丛(一)》，《史学集刊》，1986 年第 4 期。

3. 关于兵马俑

> 二号坑预计有各类武士俑 900 余件、陶马 470 余匹、战车 80 余辆，涵盖步、骑、车三兵种。（第 9 页）

始皇陵兵马俑二号坑的步、骑、车三个兵种，与《史记·张仪列传》所述"秦带甲百余万，车千乘，骑万匹"三个兵种完全吻合。带甲，或称兵甲。

秦俑身上塑造的铠甲是和真正铠甲大致相同的模拟物。杨泓《中国古代兵器论丛》(增订本)①把秦俑身上的铠甲依形制分为三种。其中一种主要供骑兵使用，铠甲较短，是为了乘马方便。另一种是专为战车上的车御使用的，所以缀编有长长的护臂甲，并有护手甲，铠甲的甲身也最长。再一种为一般步兵战士和战车上的战士使用的，也是秦国军队中普遍而且大量装备的铠甲类型。特别值得注意的是，所有出土陶俑的头上，都没有戴兜鍪。

> 秦国调兵的虎符实物，有一件现存于陕西历史博物馆，是秦代杜县使用的杜虎符。符上有错金铭文 9 行 40 字。（第 98 页）

还有两件传世著录的秦虎符。一件为阳陵虎符，罗振玉旧藏，今在国家博物馆。另一件为新郪虎符，日本某氏旧藏。这两件秦符，王国维有跋。

阳陵符文云："甲兵之符，右在皇帝，左在阳陵"，新郪符文云："甲兵之符，右在王，左在新郪"。将三件虎符文字对比不难发现，杜符称"君"，新郪符称"王"，阳陵符称"皇帝"。

陈直先生认为，阳陵符为始皇二十六年(前 221 年)以后之物，新郪符为始皇未兼并六国以前之物。杜符的"君"，即始皇弟长安君成蟜。《史记·秦始皇本纪》始皇八年(前 239 年)云："王弟长安君成蟜，将军击赵，

---

① 杨泓：《中国古代兵器论丛》(增订本)，文物出版社，1980 年。

反死屯留，军吏皆斩死，迁其民于临洮。"秦都咸阳，杜则属于长安地区以内。此符当为始皇八年以前之物。①

> 在秦始皇陵园目前能见到的陶马都是典型的中国本土马种，体型较小，属于矮马品种。（第 127 页）

秦国（朝）军队有骑兵和马车，少不了马匹。始皇陵园东侧的上焦村发现了马厩遗址。遗址的坑位排列密集有序，南北向分作三列。坑中出土器物有的带有题铭，我曾结合睡虎地秦简《厩苑律》和传世的秦印，推测秦朝廷所属的马厩分为大厩系统，包括大厩、小厩；中厩系统，包括中厩、左厩、右厩；宫厩系统：只有宫厩。上焦村马厩遗址三列马厩坑，可能象征着秦朝廷的三个马厩系统。②

《秦汉南北朝官印征存》③第 5 页有"龙马厩将"秦印。《春秋公羊传》隐公元年（前 509 年）"以乘马束帛"何休注云："天子马曰龙，高七尺以上。"据此印可知，秦朝廷除设大厩、中厩、宫厩，还设有天子专用的"龙马厩"。

始皇陵东侧和西侧都发现有马厩坑，还有铜车马坑，看来这位始皇帝喜欢马。崔豹《古今注》记载，秦始皇有七匹名马，称为追风、白兔、蹑景、追电、飞翮、铜爵、晨凫。④ 据说，秦始皇特别喜爱这几匹马，但他死以后，这几匹名马并没有陪他一起入土。

> 1999 年在西安北郊北康村西安乐百氏食品有限公司基建工地发掘的一座战国晚期墓。（第 223～224 页）

发掘简报称此墓为"战国铸铜工匠墓"，我在《说说考古》里谈到这个

---

① 陈直：《秦兵甲之符考》，陈直：《文史考古论丛》，天津古籍出版社，1988 年。
② 陈雍：《秦汉文字札丛（二）》，《北方文物》，1988 年第 3 期。
③ 罗福颐主编：《秦汉南北朝官印征存》，文物出版社，1987 年。
④ （唐）徐坚等：《初学记》（点校本），中华书局，1962 年。

秦国铜匠。这里只说许书里提到的一件长方形马纹牌饰的陶模，陶模图案里的马，跟始皇陵所有的马都不一样，风格迥异。

陶模的马做奔跑状，前肢向后弯屈，两条后肢向后上方翻转 180 度，姿势颇为怪异，马的上方有五个鸟头组成若鹿角状的装饰物。稍加分析就不难看出，这个马造型的"原型"，是斯基泰青铜文化的翻转后肢"怪兽"，鸟头装饰物则带有鲜明的"格里芬"特征。

这座墓葬发掘简报发表后，立刻受到中外学者的高度关注。美国学者认为，这座墓葬出土的铸造动物风格青铜牌饰及其他器物构件的陶模具非常重要，这个墓的发现表明，秦国匠人为草原游牧人生产青铜饰物，对于秦国的社会经济和政治，具有重要的意义。

> 秦始皇陵园封土西南侧的文官俑陪葬坑中，出土的陶俑腰间塑一囊状物、一削刀，其身份是秦代刀笔吏。（第 108 页）

秦汉时已有刀笔吏的说法，见于《史》《汉》。《史记·张苍列传》正义云："古用简牍书有错谬，以刀削之，故号曰刀笔吏。"

削刀用来削去简牍上写错的字，秦汉时有"削则削，笔则笔"的说法，《汉书·礼乐志》师古曰："削者，谓有所删去，以刀削简牍也。笔者，谓有所增益，以笔就而书也。"

我推测，很可能这个文官俑的头上塑有一只发簪，实际是毛笔，毛笔不用时当作发簪插在头上。《汉书·武五子传》："簪笔持牍趋谒"，师古曰："簪笔，插笔于首也。牍，木简也。"① 文献里还有"笔则笔，簪则簪"的说法。

8.1.10 青铜与文字的婚礼——夏商周神话、艺术与思想②

《青铜与文字的婚礼——夏商周神话、艺术与思想》，曲枫著，

---

① （汉）班固：《汉书》（点校本），中华书局，1962 年。
② 陈雍：《商周时期艺术与文学的认知考古学探索——〈青铜与文字的婚礼——夏商周神话、艺术与思想〉读后》，《北方文物》，2022 年第 2 期。

黑龙江人民出版社，2019 年

　　曲枫教授新著《青铜与文字的婚礼——夏商周神话、艺术与思想》①，以人类学的视角对夏商周的艺术与文学，进行了非常有意义的探索，旨在揭示夏商周的艺术与文学所反映的神本意识向人本意识的转化。曲枫是考古学出身的人类学家，还是诗人，在微信里他告诉我，他早就不写诗了，但在这本书里，我还是感觉到诗的意味。

　　作者在这本书的引言里，分别给夏商周三代一个定语，即"传说中的夏、青铜与甲骨的商和文学的周"，反映出作者对夏商周三代的基本看法。介于史前时期与商代之间的夏代，至今没有发现成系统的文字，传世历史文献关于夏代的记载，大都是后代用文字记载的口述传说，不能作为复原夏代历史的可靠证据。这本书对于三代艺术与文学的研究，始于商代的甲骨和青铜器，实际上夏代被作了减法。

　　这本书读起来很有意思，不同的读者会有不同的感受。我以为，无论是商周时期的艺术还是文学，都涉及用一定形式表达一定意义的思维方式，这是个很值得研究的问题。考古学不但要研究考古遗存与人类社会之间的关系，而且要研究考古遗存与人类行为及思想之间的关系。通过考古遗存探索古代人类的认知，能够将阐释考古遗存引向更为深入的领域。

　　青铜器通常被认为是商周造型与装饰艺术的杰出代表。曲枫说："也许我们不得不承认，我们无法用像'艺术品''礼器'这样类似的名词定义夏商周的青铜，因为它们不仅关乎工艺、美术，更关乎思想、价值、信仰甚至心理、神话与生命意识。说到心理，我们想起了一个完全可以用到我论述中的词：灵魂。就是说，青铜器的出现还关乎那个时代的人的灵魂，当是文化灵魂，并且富有地域特色和族群特色。"②他对商周青铜

---

　　①　曲枫：《青铜与文字的婚礼——夏商周神话、艺术与思想》，黑龙江人民出版社，2019 年。

　　②　曲枫：《青铜与文字的婚礼——夏商周神话、艺术与思想》，黑龙江人民出版社，2019 年。后引此书不再注。

器的研究，几乎全都落在对于青铜器的解释上。

商周青铜容器的造型大体分为两类，一类为"器"，《说文解字》："器，皿也"，整体造型与陶器的器形类似；另一类为"物"，《说文解字》："物，万物也"，整体造型模仿某种动物的样子，商周时期模仿动物造型的青铜器有兽、禽与人三类。

曲枫认为："在萨满观念中，人和动物在本质上是相等的，人与动物之间可以互相转型。萨满又有动物助手，在由他们所带领的祭仪上，他们和助手戴上动物的皮、面具，运用其他特征以完成向动物的转型。在他们看来，自然环境中的所有现象都被一种生命力或灵魂赋予生命，人和动物的灵魂可以栖居在骨骼等物质之中，灵魂可以与身体分开并且在世界各地旅行，或是上行、下行至上界、下界。"学界认为湖南安化县出土的商代虎食人铜卣，整体作猛虎蹲踞形，虎腿及尾作器足，虎口大张，人在口中神态自若。这件铜器所表现的并非是老虎吃人，而是象征萨满的精神旅行。

商周青铜器纹饰体现出古人关于分类与象征的心智。青铜器纹饰的纹样，大量的和主要的是动物纹和几何纹。动物纹有两种表达方式，一种是对视觉形式的描述，如牛、虎、鸟等现实中的动物；另一种是对想象形式的创造，如饕餮、龙、凤等现实中没有的动物。同一母题的动物纹，一般分为象形化与符号化两种纹样，所谓"简化"实际也是符号化。

中国新石器时代的半坡文化彩陶鱼纹分为象形化鱼纹和几何化鱼纹[①]，同样，庙底沟文化彩陶分为象形化鸟纹和几何化鸟纹。澳大利亚土著的原始艺术，有一种以动物和植物绘画的视觉形式来想象、拟人和象征，使它们成为图腾。还有一种以圆、弧和直线的几何形为基础，这种风格并不是有意如实地传达对动物和植物的自然主义描述，而是为图腾关系的观念提供视觉的标志。[②] 无论是中国商周青铜器纹饰还是史前

---

① 陈雍：《半坡文化彩陶的鱼纹分类系统》，《华夏考古》，1993 年第 3 期。
② ［英］罗伯特·莱顿著，李东晔等译，王建民审校：《艺术人类学》，广西师范大学出版社，2009 年。

彩陶，抑或澳大利亚土著原始艺术，都可以反映出具象与抽象是人类所具有的两种思维方式。同一母题具象与抽象的形式，在现实中表达了既有联系又有区别的含义。

商代同一母题的具象纹样或抽象纹样的青铜器，在不同等级墓葬里，表达了不同含义。例如，殷墟五号墓①(即学界所谓"妇好墓")墓主人身份为王族的"妇"和"母"，该墓出土青铜容器多为复层纹饰，具象的饕餮纹、夔龙纹等造型复杂，其周围布满细密的雷纹。郭家湾新村商代墓地②为等级较低的家族墓地，大部分墓葬随葬陶器，随葬青铜容器的墓葬数量很少，铜器纹饰只有简化或符号化的饕餮纹，鲜见或不见地纹。据此可知，青铜器上具象的、复杂的纹饰与抽象的、简单的纹饰，分别象征着墓葬死者不同的身份等级。

张光直指出，对社会体系进行操纵的关键，在于社会与经济的分层，"在中国这种分层在三处从考古和文献资料可以证实的项目中取得表现，即宗族分支、聚落的等级体系(导致城市和国家)和萨满阶层以及萨满法器(包括美术宝藏)的独占"。"在分层的宇宙内，祖先和神居住在上面的层次。生人经由萨满或萨满一类的人物，借动物伴侣和法器——包括装饰着有关动物形象的礼器——的帮助与他们沟通。在像中国这样把祖先或神的智慧的赋予与统治的权力之间划等号的文明之中，对萨满服务的独占与美术宝藏——亦即萨满法器——的占有便是社会上层人士的必要条件。"③

曲枫认为，商周的青铜文化虽然是萨满式文明，但不能仅仅用萨满教的宇宙观、灵魂观、迷幻术等一般理论解释商周青铜器，而是需要用神经心理学做进一步解释。他建议用"意识变型"的物象——即人们的意识处于一种非正常状态下所看到的物象，解释商周青铜器中那些超现实的具象纹饰和几何形的抽象纹饰。按照这种认识，以鼻子为对称轴的饕餮

---

① 中国社会科学院考古研究所：《殷墟妇好墓》，文物出版社，1980 年。

② 中国社会科学院考古研究所、安阳市文物考古研究所：《安阳郭家湾新村》，科学出版社，2020 年。

③ 张光直著，郭净译：《美术、神话与祭祀》，辽宁教育出版社，2002 年。

纹、纠缠在一起的龙(或蛇)纹，以及弧线类几何纹(涡纹、四瓣目纹等)、折线类几何纹(云雷纹、菱格纹等)，都能够用神经心理学"意识改变状态"模式做出认知方面的解读。

牛骨和龟甲在商代被用来作为贞人占卜的道具，占卜的内容和结果大都刻在牛骨和龟甲上，占卜使用过的牛骨和龟甲，成为记录商代文字的重要载体。《尚书·周书·多士》说："惟殷先人，有典有册"，甲骨文"册"字像用绳子联结的竹木简，"典"字像双手捧着简册，估计商代已经有用笔书写的简册，只是目前考古上还没有发现。

商代晚期的甲骨文大约有 4500 个单字，能够识读的只有三分之一。甲骨文是"目前所知最早的汉语古文字，字形基本固定，具有表音功能，能够组成句子表达意思，显然在此之前应当有一个发生发展的过程。如果从考古学文化往上追溯，在河南安阳晚商文化之前，河南郑州二里冈、商城、南关外、小双桥以及河北藁城台西等早商文化遗址发现了为数不少的'刻画符号'和'朱书符号'，从形态上看和晚商甲骨文比较接近。这些'符号'大体可以分为两类，一类可能为人名或族徽，另一类可能为数字。根据已有的甲骨文知识，人名或族徽很难考释出来的，这类未释字占已发现甲骨文的多数"[1]。

顺着这个思路，还可以上溯到二里头文化。"截至目前，河南偃师二里头遗址发现了数十个'刻画符号'和两个'朱书符号'，也可以分为两类，一类形态像'物'，另一类形态像'数'，跟早商'符号'的情况非常相似。"[2]

确切地讲，比商代甲骨文更早的汉语古文字究竟什么样，目前还不清楚。"陕西半坡文化陶器刻符大都是彩陶鱼纹和蛙纹的抽象符号，龙山文化陶器刻符是早期东夷族的遗存，良渚文化的刻符自成系统，而这些刻画符号都跟商代甲骨文没有直接的渊源关系"[3]，不是甲骨文的前身。

汉语古文字是怎么产生的，当下没有考古材料可以说明白，但是从汉字的造字法也许能够得到某种启示。古文字学家释读商周甲骨文、金

①②③　陈雍：《汉字的起源》，《今晚报》2016 年 8 月 3 日副刊，收入陈雍：《说说考古》，故宫出版社，2017 年。

文，都离不开汉代许慎的《说文解字》。《说文解字·叙》里说的造字法，有指事、象形、形声、会意、转注、假借六种。《汉书·艺文志》说的造字法，为象形、象事、象意、象声、转注、假借六种。转注、假借是用字法不是造字法，应当排除掉。《汉书》的象形、象事、象意、象声，与《说文解字》的象形、指事、形声、会意，分类相同只是说法有别。据甲骨文推测，象形字大概是由具象的图画发展来的，象事字大概是由抽象的符号发展来的。象声字以形声字的数量最多，《说文解字》收录小篆9353 个，其中形声字就有 7000 多个，已经辨识的甲骨文也是以形声字为多。象意与会意的意思实际差不多，字意要从字形的构成去领会，比如止戈为武、人言为信、反正为乏。不难看出，四种造字法有三个造字的路径，即形、音、意，而形、音、意，恰好是汉字的三个基本要素。我认为，汉字的起源可以用认知考古学的方法，通过前面所说的三个造字路径去探索。

甲骨文是商代语言的视觉记录形式，它能够突破口语所受的空间和时间的限制而流传下来，甲骨卜辞里保留了一些最古老的文学作品。你看，"癸卯卜，今日雨。其自西来雨？其自东来雨？其自北来雨？其自南来雨？"[①]这段描写盼雨的文字，写得多么有趣。

曲枫认为，周代长篇铜器铭文出现以后，铜器纹饰随之发生了变化，他说，青铜上的纹饰是人与神之间的一种特别的语言，充满了人对另一个神灵世界景象的理解。在商代，它是与甲骨文并驾齐驱的一种神秘的情感表达和叙述方式，然而到了周代，当长篇记事铭文在青铜器上流行开来的时候，纹饰此刻成了真正的装饰，成了人们对传统文化的一种礼貌性纪念。无须多说的是，在青铜器上铸刻文字一定比铸造纹饰还麻烦，但是周代人不怕这个麻烦，大量长篇铭文青铜器的发现证明了周人对此项事业的热衷。为什么要把文字以这样费力的方式刻在青铜上，他们自己在文字中从未提到，但是我们可以猜测到，青铜是一种不易腐朽的物

---

① 郭沫若：《卜辞通纂》，科学出版社，1983 年。

质，他们一定想借此赋予文字以一种不朽的特性。他们的确做到了。正因为他们这样做，今天的我们才能读到这些最古老的书——也是最古老的文学作品，最古老的实物文献。好像可以这样理解，周代青铜器上铭文与纹饰的功能转换，反映了周人神本意识向人本意识的转化。

曲枫说青铜器上有"书"，我补充他的说法，青铜器上还有"诗"。王国维最先发现，一些周代青铜器铭文用韵。继王氏《两周金石文韵读》①之后，又有一些古文字学家收集了两周青铜器铭文里的韵文，《利簋铭》就是西周最早的一篇韵文②。

青铜器铭文押韵均依元音的和谐，元音相同的押韵，元音接近的也可以押韵，这就是所谓的"合韵"，如庚阳合韵、真谆合韵、脂之合韵等，声调不同的也可以押韵。押韵可以通篇铭文用一个韵，也可以换韵。周人利用字的音韵，在句子末尾创造声音和谐，句子形成一定的节奏感，使铭文更加口语化。周代的用韵铜器铭文，开了先秦散文用韵的先河，同时为先秦诗歌的产生提供了语言形式。

历史文献《周易》里保留了一些古老的诗歌，比如"困于石，据于蒺藜；入于其宫，不见其妻"③"鸣鹤在阴，其子和之；我有好爵，吾与尔靡之"④，明显有了"兴"的味道。

我很赞成曲枫说的，"文字的流行意味着史前及历史时代早期象征艺术的式微，商代之后纹饰艺术不再是中国人情感表达的主要语言方式。在文字系统中，早期视觉艺术中的象征手法被诗歌完整地保留下来，并以所谓'兴'的面目出现。这也许是史前艺术的一次无奈的逃亡，当然也是象征手法的一次成功的移居。因此，直到今天，诗歌仍然具备着与史前艺术相类似的属性，比如：一以贯之的朦胧性、宗教式的崇高、无处不在的隐喻等"。

———————————

① 王国维：《观堂集林》，中华书局，1959年。
② 陈邦怀：《一得集》，齐鲁书社，1989年。
③ 《周易·困》，《十三经注疏》（影印本），中华书局，1980年。
④ 《周易·中孚》，《十三经注疏》（影印本），中华书局，1980年。

春秋战国时期的文学作品，特别注重思想性和说理性。《论语》讲述的道理是"礼"，文体为散文，喜欢谈《诗》。《道德经》讲述的道理是"道"，文体为有韵散文，喜欢说民谣。这两部作品是孔子和老子思想的体现，培养出众多的儒生与方士。到了西汉初期，提倡儒术与尊崇黄老相映成趣。

8.2　考察

8.2.1　山东淄博齐国故城和齐王陵

根据国家文物局要求，受中国古迹遗址保护协会(ICOMOS CHI-NA)委托，2006 年 9 月 6 日至 9 日，我对山东省淄博市申报的中国世界文化遗产预备项目"齐国故城和齐王陵"，进行了实地考察。

齐国故城位于山东省淄博市临淄城区以北 7.5 千米处，东临淄河，西枕系水，北面是平原，南部为丘陵，距渤海 50 余千米。现隶属于山东省淄博市临淄区齐陵镇。故城遗址包括大城和小城两个部分。通过考古勘探和发掘，故城的范围、形制和城墙的分布、保存情况已基本查明。小城的东北部嵌入大城的西南隅；大城始筑年代早于小城，南北长 4.5 千米，东西宽 3.5 千米；小城南北长 2 千米，东西宽 1.5 千米；两城周长 21.5 千米，总面积 15.5 平方千米；初步了解到城内地层自西周至两汉的堆积情况；以及城内宫殿建筑、道路、排水系统、手工业作坊和墓葬区等遗存的分布情况。齐国故城还有雪宫台、梧台、遄台、晏婴冢和孔子闻韶处等相关遗存和史迹。

齐故城作为周代齐国和两汉齐国的都城，长达 1100 年。周武王十二年(公元前 1065 年)封姜太公于齐，建齐国，都营丘。公元前 859 年，齐献公复都营丘，更名临淄。公元前 221 年，秦始皇灭齐。公元前 201 年，汉高祖庶长子刘肥受封于齐，为齐悼惠王，都临淄。公元 9 年，王莽改为临淄县。

田齐王陵是四王冢、二王冢及其周围数十座附属墓葬的总称。现隶属于淄博市临淄区和青州市。四王冢位于齐故城之东南,分布在今齐陵镇淄河店村南的山坡上,西南是鲁山山脉,东面是平原,西面是淄河。四座大墓呈东西排列,地上部分为方基圆顶状,高22~34米,北面有3座附属的小墓(图8.2.1-1)。二王冢分布在今齐陵镇郑家沟村西的山上,与西南方向的四王冢相距约1.3千米,东南是牛山,西南是菟头山,西北是紫荆山。二座大墓东西并列,地上部分呈方基圆顶状,具体高度不详(图8.2.1-2)。

图 8.2.1-1　四王冢

图 8.2.1-2　二王冢

根据墓葬形制和规模推测，二王冢、四王冢是春秋战国时期齐国六位君主的陵墓，但墓主人身份和文献记载的对应关系没有定论。目前一般认为二王冢是齐桓公、景公之墓，四王冢是田齐威王、宣王、湣王、襄王之墓。此据《水经注·淄水》："又东迳四豪冢北，水南山下，有四冢，方基圆坟，咸高七尺[①]，东西直列，是田氏四冢也。"[②]《魏书·地形制》及嘉靖《青州府志》、康熙《临淄县志》也有相同记载。《水经注·淄水》："水由东平安县之蛇头出，《从征记》曰：水西有桓公冢，甚高大，墓方七十余丈，高四丈"。《史记·齐太公世家》集解引《皇览》："景公冢与桓公冢同处。"[③]

故城所在地现今为农村，25 个自然村分布在城址内，大部分土地是农田和菜地。城址多埋在地下，保存较好，地面上仍然可以见到断续的城墙和建筑基址遗迹。大城的东北角和东南角早年被河流冲毁，小城的东墙南段压在元明清临淄城的西墙下，现今为齐都镇的道路。20 世纪 80 年代以来，考古者相继在大城西墙下的排水口、大小城交接处、大城东北部墓区的殉马坑进行了考古发掘和文物保护，在原址建有馆舍对外展出(图 8.2.1-3、图 8.2.1-4)。

图 8.2.1-3　齐故城的大小城接合部

---

① "尺"字，为"丈"之讹。
② 王国维校：《水经注校》，上海人民出版社，1984 年。
③ (汉)司马迁：《史记》(点校本)，中华书局，1962 年。

图 8.2.1-4　齐故城东周墓殉马坑

　　既往的考古发现与研究，对存在于公元前 11 世纪至公元 1 世纪的齐国故城和齐国王陵的真实性与完整性做出了大致的说明，因此这两处遗址成为从西周封国发展为汉代诸侯国的历史见证(图 8.2.1-5)。由于历史原因造成过去的保护修复标准不高，所幸的是未对真实性造成太多的不利影响。

图 8.2.1-5　齐国历史博物馆

如同国内其他存在于广大农村的遗产一样，齐国故城和齐王陵面临着日益加剧的农村人口与生产、建设的压力。15.5 平方千米的齐故城遗址内，居住着 25 个自然村的 6220 个在籍户、20000 余口人。同时涉及企事业单位 26 个，人员近 300 人。城址内的农民主要以种植小麦、玉米等农作物和各种蔬菜为生。严重的取土、修建蔬菜大棚和较为严重的盖房、筑坟，构成了人为破坏的主要内容。

齐王陵保护管理方面的问题显得比较突出。田齐王陵所在地现今为农田和树木，周围有 6 个自然村。王陵和附属墓葬保存较好，但周围环境因近年不断开采山石和取土，日益恶劣。齐王陵位于淄博市临淄区齐陵镇东南部与青州市接壤地带，1998 年山东省勘查地界，将四王冢和二王冢各有一半分属临淄区和青州市。现王陵周围居住 6 个自然村的村民，分属临淄区和青州市 3 个乡镇。由此造成保护责任不清，保护管理不力，遗产本体及环境遭到当地村民的破坏，尤以青州市境内的情况严重。国家文物局对此曾发专函，明确要求田齐王陵应完整地归一个地方管理，当地政协委员也曾提案建议田齐王陵划归临淄区统一管理，但至今未果。

如果当地管理者能从遗产所在地的小城镇发展战略出发，在科学的城市总体发展规划和遗产总体保护规划的规范下，加强统一管理，加大保护力度，有计划地将重点保护区里的民居和单位迁出，那么，遗产的真实性和完整性才能得以保证与延续。

已经展示了 20 多年的城墙考古剖面的保护问题，需要特别提请注意。这处剖面是大小城的重要节点，对于判定两城的年代具有重要意义，目前墙体已严重开裂、酥碱，亟须采取科技保护。

另外，分布在齐故城周边跟故城几乎同时的西周至汉代的贵族墓葬应当纳入本遗产项目里来，这样使得都城、王陵和贵族墓葬形成一个有机的整体，以保证遗产的完整性。

临淄齐国故城在春秋战国时期的几座都城中，建置时间最早，沿用时间最长，它继承了古代中国以宫城为中心分区规划的结构形式，发展了营国制度体系；它代表了当时经济、文化发展的最高水平，成为思想最为活跃的学术中心。现存的齐国几代君主及贵族的墓葬的数量和规模，远远超过了迄今发现的同时期同类墓葬群，是体现中国先秦时期墓葬制度难得的实例。齐国故城和齐王陵，具备了表现遗产突出的普遍价值的必要因素，并在原地得到了有效的保护。

8.2.2 广州南越国遗迹

根据国家文物局要求，受中国古迹遗址保护协会（ICOMOS CHINA）委托，2006年9月12日至16日，我对广东省广州市申报的中国世界文化遗产预备项目"广州南越国遗迹"进行了现场考察。"南越国遗迹"系列遗产，由属于同一历史文化的南越国宫署遗址、南越王墓和南越国木构水闸遗址组成。

南越国宫署遗址位于广州市老城中心区地带，分布在城隍庙规划路（东）、中山四路规划车行道南边线（南）、北京路东边线（西）、儿童公园北围墙处规划路南边线（北）所围合的范围内。据考古钻探推测，整个遗址至少15万平方米以上。考古发掘表明，宫署遗址分为宫殿区和御苑区。在宫殿区内可以看到1号宫殿基址主体东北部分和散水、廊道残迹，1号宫殿的西南侧揭露出2号宫殿的一段散水，在1号宫殿的东北角发现有其他附属建筑的遗迹。在宫殿区还可以看到，排水设施、水井等重要遗迹，其中一座井里出土了百枚南越国木简。御苑区主要是用石材砌成的长方形水池和曲折的水渠。在曲折的水渠上能够见到水景、平桥、步石、回廊散水等遗迹。

在南越国宫署遗址（图8.2.2-1）之上，堆积着二千多年来自汉、晋、南朝、隋、唐、五代南汉国至宋、元、明、清、民国等各时代的遗迹和遗物。其中保存最为完整的是规模宏大的南汉国大型宫殿基址。

南越王墓坐落在广州市区的象岗山上。墓葬所在的象岗，是越秀山群岗中最西边的一个风化石英砂岩的小土石岗，海拔49.71米。墓穴开凿在距岗顶20米的深处，墓室由750多块红砂岩大石筑成，墓壁上施有彩画。墓室内南北长10.85米、东西最宽12.5米，建筑面积约100平方米，分为前后两部分，前面三室，后面四室，随葬千余件（套）精美的器物。出土印章表明，南越国第二代王赵眜和他的妃妾就埋在这座墓葬里

图 8.2.2-1　南越国宫署遗址

(图 8.2.2-2)，在墓上建立了南越王墓博物馆(图 8.2.2-3)。

南越国木构水闸遗址位于广州市西湖路与惠福东路之间，东北面距南越国宫署遗址约 500 米，在现今的光明广场大楼负一层内。水闸距今地表深约 4 米，闸底北高南低，闸室和闸口都用木材构筑，闸口自北向南呈"八"字形向珠江敞开，闸南北全长 35 米，闸口宽 5 米(图 8.2.2-4)。

据文献记载，秦始皇统一六国后派兵南下，公元前 214 年平岭南，设南海、桂林、象三郡。楚汉相争之际，南海尉赵佗用武力兼并桂林、象郡，

图 8.2.2-2　南越王墓

图 8.2.2-3　南越王墓博物馆

图 8.2.2-4　南越国木构水闸遗址

公元前 203 年建南越国，自封为南越武帝，都番禺(今广州)。公元前 196 年，赵佗被迫取消帝号，向汉称臣，被封为南越王。公元前 111 年，汉武帝为进一步巩固中央集权统治，举兵平定南越国。南越国自公元前 203 至公元前 111 年，存在了 93 年，历 5 代王。

越国宫署遗址被广州市的现代建筑包围得严严实实，为了考古发掘和保护展示，遗址上盖起了 1 万多平方米的钢结构大棚，保护棚下展示着揭露出来的遗迹，有的遗迹被暂时或者永久回填了。现下考古发掘还在进行，遗址博物馆正在筹建，但观众可以到御苑遗址和简陋的展厅里参观。

南越王墓发掘后，采取就地保护，原址上建起一座现代化博物馆，向公众展示墓室、葬具和出土文物，有关记录档案和文物在博物馆里得到长期保护和妥善保管。

南越国木构水闸遗址是在建设施工过程中发现的，经调整设计方案后，水闸遗迹被罩在商业大厦负一层的玻璃罩里。水闸在原址得到了有效保护，来到商厦的公众都可以见到。

在中国历史上仅仅存在 93 年的"南越国遗迹"，随着广州城市现代化建设而不断被发现，经过考古与科技工作者的努力，在原址保护并向社会公众展示。"南越国遗迹"的真实性与完整性，得到了考古、历史、建筑、园林、水利等学科专家的肯定。但是，社会角色、地位和利益，决定了相关者对于遗产的态度。当城市建设与遗产保护发生矛盾的时候，折中主义的办法最容易被各方接受，而"南越国遗迹"所经历的保护，就是这种折中主义做法的结果。

8.2.3　云南丽江古城

昆明会议结束后，我去了一趟丽江。明朝徐霞客笔下的丽江，今天早已成为世界文化遗产，世界遗产委员会这样评价："古城丽江把经济和战略重地与崎岖的地势巧妙地融合在一起，真实、完美地保存和再现了古朴的风貌。古城的建筑历经无数朝代的洗礼，饱经沧桑，它融汇了各个民族的文化特色而声名远扬。丽江还拥有古老的供水系统，这一系统纵横交错、精巧独特，至今仍在有效地发挥着作用。"作为世界文化遗产的丽江古城，包括大研古城、束水古镇和白沙古村(图 8.2.3-1)。

手边的一本自助旅游书这样说："丽江是一座由马蹄踏出的古城。数百年来，披尘戴霜的马帮在此歇脚、打尖，踏凹了古镇四方街上的石板。如今白日的浮华并未改变古城淳朴的气质，喧闹的是人群本身。在昏暗的灯光下，穿长衫的纳西老人演奏着东巴古乐，一切都是那么安详。绕城的河水在月光下已静静流淌了数百年，它洗净了古城，也冲淡了往来

图 8.2.3-1　世界文化遗产丽江古城

图 8.2.3-2　铺满了"五花石"的老街

过客的俗念"。① 我满怀期待和几分激动来到了丽江。

大研古城现为丽江市古城区，新建筑全部建在古城外，新老城区在空间上区分明显。大研古城巧妙利用山形水系，周边不设城墙，城内没有内聚的十字街和街心建筑，正中是四方街广场，道路由此向四外延展，小河在城中盘桓，古城积淀了数百年来纳西族、东巴教和土司制度的历史文化。

四方街广场和大街小巷的地面铺满了"五花石"（即角砾岩），坚硬的岩石被岁月磨掉棱

① 《茶马古道》编辑部：《茶马古道》，陕西师范大学出版社，2003 年。

角，变得非常光滑（图8.2.3-2）。鳞次栉比的木结构房屋拥街巷而立，建筑群的大面积灰色、棕色间以土红色，与大面积白色形成对比，即使在强烈耀眼的阳光下，仍然不失协调。

临街房屋大都成为店铺，一串串火红的灯笼，花花绿绿的广告招牌，流苏般地装扮着一座座房屋，在绿树映衬下鲜活得十分惹眼，也流露出几分躁气（图8.2.3-3）。我转了几条方向不同的街巷，发现房

图 8.2.3-3　大研古城

屋的优劣繁简大体依照距离四方街的远近而不同，四方街周边的房屋往往最好，似乎与游客的活动半径以及游客分布密度存在着某种关系。

大研古城的原住民以纳西族为主，我很想知道他们的房屋和生活情况。眼前所剩不多的原住民宅院，有的要买票进去参观，有的则拒绝参观。但凡卖票的民居我是不会去看的，只要卖票，房子里面就会变味走样。大研古城对外开放以后，原住民不断迁出，空房出租开了店铺，留下的住户也大多做起了生意。如今到大研来，很难接触到原住居民，也很难体验到他们独特而且日益变得脆弱的生活方式。

街上的店铺林林总总，小商小贩使出浑身解数招引来往的游客。置身其中不难发现，卖旅游纪念品的大都与其他地方的区别不大，卖服装的大都少不了常见的蜡染织物。卖葫芦丝的店铺几乎都在播放《月光下的凤尾竹》，原本西双版纳傣族的葫芦丝，在这里成了丽江纳西族的乐器。卖玉石的店铺无一例外地摆着招财貔貅，进店看的人比买的人多。街上

二三结伴的马夫牵着马在街头等待主顾，茶叶店里普洱茶摆满货架，不知道有多少人能从茶叶和马，联想起逝去已久的茶马古道和山间的马帮。

小河在城里穿街绕屋蜿蜒行走，水边的餐馆都以木桥出入，临水一侧是门和窗，食客们凭窗望水，吃火锅喝土酒很是惬意。几个来自香格里拉的年轻姑娘在门口翩翩起舞，些许秀色唤来了美食可餐。外国风情啤酒吧与中国餐馆隔岸相对，据说酒吧街夜晚最火，有妖艳歌舞之类表演，异域文化就像螟虫钻进玉米棒，正在慢慢地蚕食着大研古城。

旅店在古城称作客栈，不知道客栈和旅店究竟是方言的区别，还是词汇的嬗变。古城的客栈很多，论硬件小客栈自然比不上新城区的大酒店，但不少游客还是选择了小客栈，可能住在这里比大酒店更有感觉，正如一家客栈的门联写道："逛丽江远眺玉龙雪山秀，宿古城近听小桥流水吟"。然而，在旅游业"行、吃、住、游、娱、购"为古城招来滚滚人流和财源的当下，潺潺流水的低吟已经被 R&B、慢摇所淹没，小桥流水人家的诗情画意已经渐行渐远。

古城西南有土司木氏府邸，建筑群颇具规模，1998 年重建以后改为博物馆。前往木府参观的人很多，我随人流边走边听讲解，当听到"北有故宫，南有木府"之类的旅游解说，顿时兴致全无，于是从人群中抽身又回到了老街。

漫步在闹市，有一间东巴文化传习院把我吸引进去。门内进深三间，室内装饰古朴又时尚，只有我一人进来，没有其他游客，与街上相比，显得十分冷清。内间布置成堂屋，火塘居中，周围是矮小的木凳，迎面悬挂大鹏神鸟像和彩纸糊的东巴灯，一隅供奉神像，两侧墙壁贴满印有东巴文字的土纸。初见此景时颇感新鲜，后来在白沙村见到真实的纳西民居才明白，原来这是舞台化的场景。

进门左手一侧设有柜台，专门出售东巴纸和东巴文制作的旅游纪念品及介绍东巴文化的书籍。当地人说，纳西族的古老文化因其保存于东巴教，所以称为东巴文化；还有人说，纳西文化是纳西文化，东巴文化是东巴文化，二者不能混为一谈；又有人说，东巴文化是纳西文化的核心，对于一无所知的游客，我真不知道应该相信哪一种说法。书上说，东巴教是纳西族普遍信奉的古老宗教，因其祭司和讲师称为东巴，所以称之为东巴教。

我在大研见到的第一位东巴，是站在大街上全身装扮的长者，他秀出各种 pose(姿势)与过往游客合影，为游客送去愉悦的同时，得到了游客的金钱回报。在大街上见到如此笑容可掬的老东巴，东巴教的神秘感已经不在，老东巴身旁的东巴乐院便望而止步。

黄昏时分，四方街上架起数堆木柴，店铺门前陆续摆出插满绿叶鲜花的火把，小贩吆喝着向过往游客兜售手持的小火把，每年农历六月二十五、二十六、二十七是纳西族火把节，今天是头一天，刚到大研就赶上了火把节，这就是机缘。

天快黑了，家家户户点亮灯笼，燃起火把，整个古城沸腾起来。熊熊火光映红了天空，河上漂浮着一盏盏烛光河灯，波光闪闪，斑斑点点，一个个美好心愿随着河灯飘向远方。熟悉情况的人告诉我，当晚古城的游客大约有五万人之多。入夜，广场上奏起纳西名曲《白沙细乐》，古老的旋律弥漫在松木烟香的夜空里，一种莫名感油然而生，仿佛小鸟在天上飞。

第二天，我到大研古城西北的束河镇参观。古镇的中心也是四方街，街道也是从四方街向外延伸，听说街道在平面上构成"束"字，我行走其间却没能辨识出来。这里的格局和大研古城很像，没有人能告诉我，这种相似性是古人为之，还是今人之作。

青龙河从镇中穿过，村落依河流分布，有聚有散。桥东街头有一泓清泉，流进大大小小的水渠，在街巷里委蛇穿行。当地人说，村中的渠水只是用来冲刷街道或洗涤杂物，而他们饮用井水。这里的水井，很有特色，不像北方的井凿入地下，而是用石头筑在地上，三个相连的井口作阶梯状分布，上面的井积蓄从地下涌出的泉水，供人畜饮用；中间的井承接上面井里溢出的水，用来淘米洗菜；下面的井承接中间井里溢出的水，用来洗涤衣服和杂物，当地俗称"三眼井"。数百年来，河、泉、井构成的供水系统，滋养着这里的一切生物，给古镇带来生机与灵气。

青龙河上的石拱桥，始建于明代，是丽江最古老的石桥。石桥把桥东和桥西的两片建筑联结起来，桥东的房屋和街道多为近年新修建的，即

图 8.2.3-4 束水古镇桥西老街

使是老房屋也焕然一新，而桥西的房屋和街道沧桑依旧(图 8.2.3-4)。

束河街上的东巴文化展示厅，看似杂乱无章的摆设，却于有意无意之间传递了文化和商业的信息。门外用晾晒玉米的木架作为装饰，架子右侧是汉文、东巴文和英文对照的布标，两根立柱上的红色东巴文，可能是门联之类的文字，横木上的扇形装饰物原型是东巴经师的五福帽，木架两旁是玉米等饰物，乡土气息很浓。

进门迎面墙上贴着红纸墨书横幅"老东巴现场演绎东巴文"，屋内的大鹏神鸟像、东巴经土纸、东巴纸灯等物，以及地上、墙上、桌上的象形文字书法和绘画，玻璃柜里的草扎或泥塑的动物，都是出售的商品，其中的瓦猫，我未曾留意。后来，听白沙村一家专卖瓦猫的老板说，丽江的瓦猫原本是建筑构件，安装在房屋正脊的中央，一间房上只有一只，用来辟邪招财。但不知从什么时候起，瓦猫变成了工艺品，有的瓦猫还做成石狮的样子，成对摆在住家的大门两旁。

在束水镇见到的当地居民多了起来，我注意观察他们的服饰。这里居民的穿戴和我们这些游客没有太大的区别，尤其是男人穿戴与汉族男人几乎一样，只是在女性人群中还保留着自己的特点。年长妇女一般穿着蓝色或黑色宽大布衣，头戴蓝色头巾或圆帽，有不少中老年妇女喜欢戴蓝布制服帽。盛装打扮的年轻女子大都是讲解员、服务员，衣浅色长衫，披黑色羊皮和呢绒制的披肩，外束白色丝绸围腰，两条白色背带先在胸前交叉而后反系于背，背后的围腰上缀有七个圆形饰物，俗称"披星戴月"（图 8.2.3-5）。我在村上见到纳西女人用来背物的"垫背"（姑且这么称呼），我以为，这种"垫背"或许就是披肩围腰的原

图 8.2.3-5　纳西女子"披星戴月"

型。这种作为装饰的披肩围腰，很讲究材质肌理和颜色的对比，凸显人体背部的装饰效果。自古以来作为女性装饰，无论是面部、颈部还是胸部、腰部，都是用装饰物引起视者对于装饰部位的审美和快感，即所谓"女为悦己者容"，而披肩围腰的装饰效果突出的是背部，为何如此，当地没人能说明白。

　　白沙村在束水迤东，大研迤北，整个村落分布在一条南北走向的主轴上，中心有广场，四条巷道从广场通向四方，民居店铺依街巷而立，一股清泉由村北注入广场，而后再流向四方，白沙村的平面布局与大研、束水的如出一辙，对此我充满了疑惑。白沙村曾经是宋元时期丽江的政治、经济、文化中心，有过昔日的辉煌，大宝积宫、琉璃殿、壁画、文昌宫等，都是大研古城没有的，这是白沙村的亮点。

　　白沙村到处让人感到旅游带来的浮躁。在街上看到，几位黑衣男子（可能是东巴）坐在店铺口演奏乐器，八卦图和算命招牌摆在面前，他们东瞧西看，好像在揣摸着什么。为了接待游客，村里办起了农家院，院

子经过精心打扮，好客的主人们站在门口欢迎游客的到来，老乡们把含有纳西、东巴和汉族农家几种元素的物品杂糅在一起，如同橱窗陈列摆放满院，好像这样就能观赏到白沙"传统文化"。

返津途中，我反复回味着两天的"快餐式"旅游，丽江旅游业的"硬件"和"软件"正在对遗产地的真实性造成严重影响和破坏，过度的商业开发，原住民大量外迁，古城、古镇、古村严重同质化，凡此种种，实在让人为丽江古城担心。

2007 年在新西兰举行的第 31 届世界遗产大会上，丽江古城因其商业开发过度，遗产的真实性和完整性遭受破坏而受到特别关注。

8.2.4　福建土楼

2008 年福建土楼列入《世界文化遗产名录》，2009 年我到武夷山开会，顺便考察了永定、南靖、华安等地的土楼。土楼的建筑形制有圆形和方形两类。圆形的内部构造可以分为两种，一种中心部位建有祖堂（或称中堂），为楼内全体居民的公共活动空间，是聚会、议事、婚庆的场所（图 8.2.4-1、图 8.2.4-2）。另一种中心部位是广场和水井（图 8.2.4-3），楼内全体居民在什么地方聚会，我向当地居民请教，当地人讲闽南话，我一句也听不懂（图 8.2.4-4）。圆形土楼都是同心结构，所有房屋作辐辏

图 8.2.4-1　永定承启楼

图 8.2.4-2　南靖怀远楼

图 8.2.4-3　华安二宜楼

图 8.2.4-4　二宜楼的居民

图 8.2.4-5 承启楼内的走马廊

状分布，门都朝向建筑中心的祖堂或广场，和半坡文化姜寨村落的布局结构几乎一样。一般为上中下三层，极少数作四层。环周设有四个楼梯间供居民上下通行，联系各层小房间的回廊当地人称为走马廊(图 8.2.4-5)。

纵向的一层到三层 3 间房屋构成一个居住单元，一间房屋大约 10 平方米，这种居住单元住着一个核心家庭或家户。一层为厨房、餐室、客厅，是小家庭的活动空间。如果有的没有专门盖的厨房，就在院子里搭简易棚。二层为储藏室，主要存放粮食及杂物。三层为卧室。现今土楼里有电、自来水，做饭用罐装液化气，但是没有厕所，各家的便桶集中存放在院子里的隐蔽处。

土楼里的居民按怎样的方式居住，居住方式与居民族群之间有什么样的关系？这个问题，对于认识半坡文化圆形环壕村落的居住方式，可能会有所启发。有文章说，土楼居民是按照风水八卦定位居住。我考察土楼时，一位村民兜售他写的小册子，也说是按照周易八卦居住。我访问了土楼的几位居民，他们说的闽北客家话听起来很吃力，土楼里的房子是按照姓氏分支房派居住。比方说，有兄弟五个(即五支，五个父系大家族)，把所有房屋平均分为五份，不管每支的人数多少，分配房子数量是一样的。每支居住的具体位置，是由抓阄决定的。过三五年，再通过抓阄轮换一次，哪家人口多住不下了，自己家在土楼外面盖房子解决。还有一种说法，土楼是大家集资盖的，不按姓氏分支房派，依据出资情况分房，陈志华先生的书里就采用了这种说法。土楼里没有祠堂，所谓的祖堂是土楼全体居民议事、聚会、节庆、婚嫁的公共活动场所，很像史前村落的大房子。土楼里有属于公众的佛堂，自家的祖先在自家屋内供奉。

福建有关县乡为加强土楼的保护、管理和利用，对土楼内的居民采取了不同的做法，主要有三种方式：一是加强管理，楼内原居民照常居住；二是降低楼内居民人口密度，鼓励居民外迁；三是楼内居民全部迁出，建博物馆。当地居民多数认为，前两种方式好。对于土楼的使用和维修，管理者也提出了相应的规定要求，并给予经费补助。

为了申遗，改善土楼居民的居住环境和条件，开放旅游，给土楼居民带来一些经济收入，受访居民多数认为，他们确实感受到申遗带来的实惠。

8.2.5 大运河浙江段

2010 年 8 月，中国古迹遗址保护协会受国家文物局委托，组织相关专家到浙江省杭州、嘉兴、湖州、绍兴、宁波五市考察大运河浙江段，我应邀参加了考察。这次考察的大运河浙江段，包括京杭大运河江南运河段和浙东运河。专家们对大运河浙江段的遗产现状和价值做了比较深入的考察，尤其对浙东运河的真实性、完整性及其价值有了新的认识。具体地点如下：

1. 杭州市的京杭大运河杭州段，包括凤山水城门、富义仓、洋关旧址、水利通判厅遗址等，以及运河历史街区。浙东运河杭州段，包括纤道、古桥、码头、过塘行建筑群等(图 8.2.5-1)，以及萧山段的

图 8.2.5-1 过塘行旧址

河道、纤道。

2. 嘉兴市的京杭大运河嘉兴段，包括分水墩、古桥、水闸、苏州塘、海盐塘、名人故居等，以及长安镇历史街区。

3. 湖州市的京杭大运河湖州段和新市古镇，以及运河支线的頔塘、河道等和南浔古镇(图8.2.5-2)。

图 8.2.5-2　运河人家

4. 绍兴市的浙东运河河道、古纤道、水闸、古桥、石宕遗址等，以及东浦古镇(图8.2.5-3、图8.2.5-4)。

图 8.2.5-3　浙东运河

图 8.2.5-4　古纤道

5. 宁波市的浙东运河河道、古纤道、古桥群、大西坝、压赛堰等水利设施，与运河相关的庆安会馆、安澜会馆、浙江海关、钱业会馆、高丽贡使馆，以及水则碑、永丰库遗址、古码头遗址、元和义门瓮城遗址等。

古代大运河把富庶的南方和缺粮的北方连接起来，长时段跨区域大规模的南粮北运，对维护国家统一起到重要作用。这是中国大运河的基本价值，成为中国大运河不同于世界上其他运河的杰出特点，也是全世界运河体系中不可缺少的重要组成部分。

近代大运河由于北方淤塞，运河漕运功能逐渐衰退，运量不断减少，由此造成民间物资交流日益兴盛，导致大运河的主要功能发生变化，促进了区域经济的发展。这种作用在运河流域的东南部表现得尤为突出，推动了当地的工商业兴起与市场经济繁荣。

浙东运河是继京杭大运河、隋唐大运河之后提出来的运河遗产。它的历史相当悠久，史载开凿于春秋时期，比邗沟还要早。它是内河航运与海运联运系统的重要纽带，与海上丝绸之路密切相关，唐代沟通了大运河与海上丝绸之路，宋代成为浙东到临安内河漕运的重要通道，元代对明州到天津的海路漕运也起到重要作用，明清时期是区间性的重要航道。

中国大运河是"在用遗产"，浙东运河和江南运河的主航道至今仍在使用，现今运河的使用与其合理变化并不影响其价值，反而更好地见证了大运河的延续性及突出价值。

8.2.6　贵州遵义海龙囤

根据国家文物局《关于更新〈中国世界文化遗产预备名单〉的通知》及相关要求，受中国古迹遗址保护协会(ICOMOS CHINA)委托，2012年6月27日至30日，我对贵州省申报项目"遵义海龙屯"进行现场考察，南开大学历史学院教师陈畅协助工作。

申报项目"遵义海龙屯"，在《明史》(卷二一、卷四三、卷二二八、卷二四七、卷二九零、卷三一二等)《明史纪事本末》《两朝平攘录》(《四库全书总目提要》卷五四)《皇明经世文编》《大清一统志》等文献里均作"海龙囤"。末代播州土司杨应龙书撰《骠骑将军示谕龙岩囤严禁碑》作"龙岩囤"。现今遵义市规划部门公布的规范地名作"海龙囤"。《现代汉语词典》屯、囤二字不通用，称作"海龙屯"是不对的，正确的称谓应为"海龙囤"。地名也是遗产，改"囤"为"屯"，损害了遗产的真实性。

遵义海龙囤系列遗产，包括海龙囤、养马城、杨粲墓和遵义高坪古墓群。

海龙囤位于贵州省遵义市汇川区高坪镇白沙村，东南距遵义市区(古代播州)28千米，建在大娄山东支的龙岩山上(海拔974～1354米)，四周群山环抱，南北各有一水，南、北、西三面陡峭，山顶较平坦，占地面积1.59平方千米。系由城墙、关门、敌楼(或硬楼)、城内道路系统、排水系统、各类建筑基址、采石场、砖瓦窑等遗迹组成的"山城"，明清文献有较详细的记载。其所处地理环境险要，选址巧妙利用山形水系，中心区和东、西两翼区主次关系明确，宜居宜防的结构布局严谨合理，关门建筑形式和墙体构筑方式多样，城墙、关门和道路系统均采用石材，各类建筑采用砖瓦，大都是因地制宜就地取材，有的关门上保留着明代匾额。末代播州土司杨应龙书《骠骑将军示谕龙岩囤严禁碑》称《明史》上的"海龙囤"为"龙岩囤"，该碑记载了万历年间囤内的管理机构和管理制度。海龙囤毁于明万历二十八年(1600 年)"平播之役"，时间下限明确，并且得到最新考古发现的证实(图 8.2.6-1)。

图 8.2.6-1　海龙囤

目前一般依据《杨文神道碑》有关"龙岩新城"的记载，推断海龙囤始建于南宋宝祐五年(1257 年)，但这一推论还需要得到文献学和考古学的进一步支持。申报文本说，9 个关门"始建于南宋，明代加固重建"，本次考察在现场见不到任何实物证据。申报文本所说的囤内"宋代建筑基址"(即所谓"老王宫"遗址)，年代判断或许有误，我在杨粲墓博物馆见到的 1999 年该基址出土遗物，似与新发现的"明代建筑基址"(即所谓"新王宫"遗址)出土遗物区别不大。

养马城位于海龙囤东约 5 千米的养马村的山顶上，依山势地形所筑，平面形状不甚规整但比较完整，占地面积约 2 平方千米。环城 6 个关门都是建在山峪里，关门、墙体的建筑材料和建筑技法与海龙囤的不同，现存城墙周长 6500 米，城内西南发现一处规模不太大的建筑基址。据说，以前在城内发现过碎筒瓦、瓦当、滴水和青花瓷片，本次考察没有见到可以用来判断年代的遗物(图8.2.6-2)。

图 8.2.6-2　养马城

明清文献里可以找到有关该城址的记载，在"平播之役"中和海龙囤的关系密切。清代顾祖禹《读史方舆纪要》称养马城为"杨氏据播时所筑城也"，但具体年代不详，《大清一统志》(嘉庆)沿用此说。申报文本认为"养马城"即《遵义府志》所说的"养马地"，进而推断"始建于唐末"，此说并没有得到考古学的证实。据当地口头传说，养马城和养鸡池(或城)、养鹅池(或城)属于海龙囤的供给保障系统。现下根据养马城和海龙囤的地理相关性，结合历史文献和口头传说可以初步认为，两者有一定的历史相关性和功能相关性。

杨粲墓位于遵义市红花岗区深溪镇坪桥村皇坟嘴，北距遵义市区(古代播州)10千米，为播州杨端第十三代孙杨粲夫妻合葬墓，修建年代不详。《贵州省墓志选集》①说杨粲"墓志刻于南宋淳祐七年(1247年)"，据

①　贵州省博物馆编：《贵州省墓志选集》，贵州人民出版社，1986年。

此推测墓葬可能修建于淳祐年间。墓室用砂岩砌筑，双室并列，男北女南，中有过道相通，两墓室均分为墓门、前室、后室，共占地面积 64 平方米。墓葬装饰繁缛，全墓共有石刻 190 幅，题材为人物、动物、植物、器物、木构建筑影作等。墓葬早年被盗，1957 年清理发掘，后辟为博物馆。目前展出的杨粲墓，男主人墓室内石刻为原石刻，女主人墓室内石刻为复制品，原石刻移放在贵州省博物馆展出，这种做法对遗产真实性造成一定损害(图 8.2.6-3)。

图 8.2.6-3　杨粲墓

《杨粲墓志铭》载，杨粲"葬于本堡"。史载，杨粲守白锦堡，乞升为锦州，未果。有人认为，杨粲墓所在今坪桥村皇坟嘴一带就是宋代白锦堡，对此有不同的意见。在考察现场有关专业人员介绍说，墓葬周围发现有遗址，但未经发掘，年代不详。如能通过考古工作确定遗址和墓葬年代对应关系，或可为探索白锦堡遗址提供重要依据。

杨粲墓和高坪古墓群早年遭盗掘，发现以后只是作了清理，未经正式考古发掘，致使墓圹、墓道等方面的信息缺失，无法得知原来存在与否，目前保存与展示的现状不利于认识遗产的完整性。从划定的保护范围(遗产区)规模来看，这些墓葬的墓圹、墓道如果存在的话，估计基本分布在保护范围(遗产区)之内,因此关于杨粲墓和高坪杨氏墓群完整性的认知,还需要尽快通过考古工作获得。

遵义高坪古墓群位于贵州省遵义市高坪镇鸣庄村衙院地瓜堡山坡上,西距海龙囤15千米。有关资料披露,1953年修粮库时曾发现5座墓葬,1972年清理了4座,分别为播州杨氏第15世杨文墓、第22世杨升墓、第23世杨纲墓、第25世杨爱墓。在现场可以看到,整个墓地中各个墓葬的主山与对山对应关系清晰可辨,现存的4座墓葬以杨文墓为主穴,依一定规则排列,合葬墓的男女位置也有规律可循。

第15世杨文墓,三室并列,文葬中室,其妻田氏葬东室,西室葬者身份不明。杨文墓虽早年被盗,但出土了史料价值极高的《杨文神道碑》和镇墓券,田氏墓出土了《田氏圹志铭》和镇墓券。据《田氏圹志铭》"祔葬于郡高坪未山之原,观察公茔之右",是知现今衙院地瓜堡一带即宋明时期"高坪未山之原"的杨氏墓地。史载,杨文卒于南宋咸淳元年(1265年),即元世祖至元二年。《田氏圹志铭》载,田氏卒于元世祖至元二十七年(1290年),葬于次年(1291年)。杨文夫妻合葬墓的年代为宋末元初,是高坪墓地中年代最早的墓葬。

其余三墓皆为明代。第22世杨升墓,位于杨文墓西偏北,三室并列,中室出土墓碑为"孤哀子杨纲立",据此墓主人当为杨升。左室为杨升妻田氏墓,右室不详。第23世杨纲墓,位于杨升墓西偏南,二室并列,各室墓主人情况不详。第25世杨爱墓,位于杨纲墓之西,四室并列,各室墓主人情况不详(图8.2.6-4)。

根据播州杨氏世系和高坪墓葬位序推测,估计高坪墓地原来还有其他的杨氏墓葬,或许早就被毁,或许还没发现。

根据目前已知资料初步分析,海龙囤系列遗产能够大体分为两个"单元":播州(今遵义)迤南的白锦堡——杨粲墓以及其他杨氏墓;播州(今遵义)迤北的海龙囤——杨文墓以及其他杨氏墓,两个"单元"与播州之间具有历史、地理、社会及功能的相关性,由此体现出海龙囤遗产地整体布局、结构的完整性,对于体现遗产地突出普遍价值起到了重要作用。

图 8.2.6-4　高坪古墓群

　　申报文本不适当地强调了阶级矛盾、民族矛盾、土司与朝廷矛盾，未能把海龙囤系列遗产放到土司制度与中华民族多元一体大格局中考察与评价。20 世纪末，海龙囤曾经作为"中世纪军事城堡旅游景点"开发，走了一段弯路。2006 年以后，当地政府调整了思路，加强了领导，编制了规划，旅游业的整体状况有所好转。但是仍旧提出"把海龙囤打造为全国重要的中世纪土司城堡遗址公园"。这里特别需要强调的是，中世纪(Middle Ages)是欧洲历史上一个特定时期，中国历史上没有这个时期。仅仅为了旅游开发，把海龙囤说成是"中世纪军事城堡"和"中世纪土司城堡"，严重伤害了海龙囤的历史真实性，使其突出普遍价值受到极大的负面影响。

　　此外，叠压在海龙囤"新王宫"中轴线上的海潮寺，《大清一统志》载："海朝(按，原文如此)寺，在府城北海龙囤，旧为白龙寺。《名胜志》：海龙囤，相传昔白龙太子据此，今为白龙寺。"①《贵州通志》(乾隆)："海潮

---

　　① （清）穆彰阿、潘锡恩等：《大清一统志》，上海古籍出版社，2008 年。

寺，在府城北三十里海龙囤，明万历间平播后，兵备道傅光宅建。"①后经明崇祯、清乾隆、民国多次修建，现存上殿为1929年重建，遗留有碑刻、墨书题记。当地相传，该寺是平播战后，兵备道傅光宅为"吊忠义，瘗遗骨"而建，田野考古有新的重要发现。因此，建议把海潮寺纳入"遵义海龙囤"申报项目(8.2.6-5)。

图 8.2.6-5 海潮寺

8.2.7 哈尔滨侵华日军第七三一部队旧址

2014年6月，我应邀到哈尔滨侵华日军第七三一部队旧址发掘现场参观，李陈奇所长向我详细介绍了遗址情况和发掘计划(图8.2.7-1)。遗址地表层全揭开了，充斥满眼的几乎都是建筑垃圾，李陈奇和考古队员们在建筑垃圾中仔细寻找残存的建筑基址。面对这样的工地李陈奇问我，发掘这种遗址还是考古吗？我说，当然是考古，而且不是一般意义的考古！"四方楼"的上面覆盖着几十吨建筑垃圾，遗址里面可能有尚活着的细菌病毒，他们的现场作业相当艰难，我被他们的工作深深感动了。我对李陈奇说，先暂且不要去讨论是不是考古，关键是按照田野考古规程做好揭露、记录。

----

① （清）鄂尔泰等：《贵州通志》，清乾隆六年（1741年）刻本。

图 8.2.7-1　笔者和许永杰考察哈尔滨侵华日军第七三一部队
细菌室及特设监狱遗址考古发掘(李陈奇提供照片)

　　8 月，我和许永杰再次应邀到遗址考察，当时发掘已经有了一定的
规模，一些重要遗迹开始显露出来，由于后期严重的破坏，遗址只存在
建筑基础部分。我简直不敢相信自己的眼睛，仅仅二个月的时间，变化
竟然如此之大。在发掘现场，李陈奇和我、许永杰一起研究如何划分地
层控制揭露，如何找出当时院落地面，如何确认实验室一层室内地面等
问题，这些都成为后来发掘的关键点。李陈奇在遗址里还发现 4 处爆炸
点，这是打破"四方楼"层位最晚的一组遗迹。根据爆炸点的位置、爆炸
规模及相关迹象，他大致勾勒出日军逃跑时企图炸掉"四方楼"销毁证据
的情景。他说，找爆炸点时，除了建筑物本身的变形，的确在地层上注
意到了爆炸坑内外土质的区别、抑或堆积的不同，以致有效控制了揭露。
他还说，灰坑(即焚烧坑)也是如此。遗憾的是遗址破坏实在太厉害了，
有些现象还是没有分析出来，换句话说，就是有些信息没有充分提取出
来。我边看边听边想，2000 年的那次清理，除了直接挖出砖混基础外，
没有发现任何迹象，发现的遗物也有限。不难看出，是不是专业人员发
掘，按不按照考古操作规程去做，其结果是区别很大的，眼前的发掘到
底是不是考古，已经不言自明了。

8.2.8　黑龙江齐齐哈尔洪河遗址

2019 年 9 月 1 日至 3 日，我应邀到黑龙江省齐齐哈尔市富拉尔基区洪河村遗址考古发掘现场观摩考察。该遗址 2013 年开始发掘，2014 年我曾看过。

1930 年，梁思永发掘昂昂溪遗址，20 世纪 90 年代，黑龙江省的考古学家提出昂昂溪考古学文化命名。2013 年以来的考古学发现与研究，极大地丰富了昂昂溪文化的内涵，搞清楚了昂昂溪文化的居址、墓地和陶器群等遗物的特征，精准测定出昂昂溪文化的绝对年代。

曾在黑龙江从事多年考古工作的中山大学许永杰教授提出，昂昂溪文化代表了渔猎经济社会进入早期文明的一个重要类型，为"考古中国"重大课题研究，提供了弥足珍贵的案例。

近年，黑龙江文物考古研究所在齐齐哈尔市第三次全国文物普查的基础上，结合洪河遗址考古发掘，对嫩江流域进行了区域考古调查。基本搞清楚了中游地区、上游地区、下游地区新石器时代到青铜时代的考古遗存编年序列的区别与联系。同时，基本搞清楚了昂昂溪文化时期、白金堡文化时期全流域地区的文化格局。

图 8.2.8-1　齐齐哈尔洪河遗址航空影像
（张伟提供照片）

洪河遗址经过六个年度的考古发掘，揭露出遗址三种文化遗存的堆积，表明该遗址所经历的三个历史时期：第一期为昂昂溪文化，第二期为一种新发现的考古遗存，放射性碳素测年约距今 3300 年，第三期为白金堡文化，为探讨三种考古学文化遗存之间的关系提供了新的材料(图 8.2.8-1)。

　　六年发掘所获的陶器，已经完全可以对昂昂溪文化陶器，结合出土单位(房址、灰坑、墓葬)进行全面而深入的研究。并且能够依据陶器组合与纹饰特征，对居址内的房屋布局结构，以及由此反映出来的人群组织结构，进行有意义的探讨。

　　主持洪河遗址发掘的张伟建议我去昂昂溪遗址考察，他说看与不看的感受是不一样的，我欣然接受。从富拉尔基区到昂昂溪区，需要过嫩江。正常情况只需十多分钟，这几天正值嫩江洪峰过境，必须绕道而行，没想到走了将近三个小时才到昂昂溪遗址博物馆(图 8.2.8-2)。在博物馆参观了陈列展览和出土遗物(图 8.2.8-3)，考察了昂昂溪遗址群里最大的滕家岗遗址。张伟谈了他对嫩江两岸的昂昂溪遗址群的整体认识，我颇受启发。我觉得，这些年的工作已经充分表明，嫩江两岸的昂昂溪文化遗址存在着类型的差别，我同意张伟将富拉尔基区和昂昂溪区的昂昂溪文化遗址分为两个考古学文化类型。

　　昂昂溪文化的洪河遗址，毗邻嫩江西岸，沿江自北而南排列着五个半圆形围沟居住址。每个居址里面，分布着数量不等的长方形多间排房

图 8.2.8-2　昂昂溪遗址博物馆

图 8.2.8-3　梁思永先生塑像

（或长屋），这些排房大体呈辐辏状分布。五个半圆形围沟居住址，组成一个聚落单元，称之为洪河聚落。这种半圆形围沟居住址，明显区别于以往考古上发现的那种圆形围沟居住址（如姜寨、鱼化寨等），在考古学上第一次发现。长方形多间排房（或长屋），过去多见于在淮河流域仰韶晚期遗址。东北地区龙山时期出现了这种形式的排房，需要我们对东北地区史前社会重新认识与评估。

洪河村遗址所在地现在叫富拉尔基区，达斡尔语"红色的江岸"的意思。昂昂溪遗址所在地，现在叫昂昂溪区，达斡尔语"打猎的地方"的意思。洪河聚落单元位于嫩江西岸，这不就是四千多年以前，红色江岸边高等级的住宅区吗？昂昂溪聚落单元散布在大小不同的沙岗上，只在最大的滕家岗遗址发现有房址。梁思永当年揭露的墓葬死者，他认为是位猎人。如此，昂昂溪聚落单元恰好就是猎人的村落，今天与过去往往就这么巧合。

8.2.9　天津蓟州朝阳洞旧石器洞穴遗址

2019 年，天津市文化遗产保护中心和吉林大学考古学院联合考古队，对天津市蓟州区杏花山朝阳洞遗址进行考古发掘。在 1 号洞和 2 号洞分别发现了两种类型的打制石器。此次发掘，填补了天津旧石器时代洞穴遗址考古的空白，为研究天津地区旧石器时代考古遗存的类型、编年与分布，提供了非常重要的材料，同时为探索天津地区人类与文化的起源，提供了新的线索(图 8.2.9-1)。

图 8.2.9-1　笔者和陈全家考察朝阳洞遗址(盛立双提供照片)

目前，考古发掘工作还在进行之中，多学科信息采集工作正在有序展开。这次发掘人员的专业构成，充分考虑到发掘涉及旧石器考古、动物考古、体质人类学领域的内容。

2005 年，天津市文化遗产保护中心第一次开展旧石器考古调查。此次调查，发现大体分布在第二级阶地上的旧石器地点 27 处。经室内整理，依据石器采集地点的空间分布、地貌特征，合并为 13 处，采集石制品近千件(图 8.2.9-2)。

2007 年，天津市文化遗产保护中心和中国科学院古脊椎动物与古人类研究所联合组队，对蓟县东营房遗址进行考古发掘。发掘面积 200 平方米，出土石制品 90 余件，放射性碳素测年距今 43500 年。①

①　盛立双：《初耕集》，天津古籍出版社，2014 年。

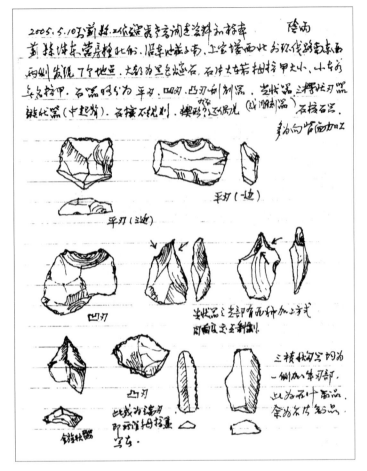

图 8.2.9-2　笔者的蓟县旧石器调查日记

　　2015 年，天津市文化遗产保护中心和吉林大学边疆考古中心组成联合调查队，再次对蓟县北部山区开展有针对性的旧石器考古调查，取得新突破。新发现旧石器地点(遗址)14 处，采集石制品千余件。新发现的地点(遗址)大都分布在第三级、第四级阶地上，还有洞穴遗址一处。遗存年代为距今 10 万年至 1 万年。①

　　陈雍：2019 年 9 月 6 日我在微信朋友圈发了一则《白云生处有人

---

　　①　盛立双、王春雪：《天津旧石器遗存发现与研究述要》，故宫博物院编：《纪念张忠培先生文集·学术卷》，故宫出版社，2018 年。

家——天津旧石器考古又有新收获》，有位朋友对我说，咱们小时候学的是"白云深处有人家"，你写的"生处"，应该是"深处"吧。我说，杜牧《山行》第二句有两种说法，出自不同的版本。说起杜牧《山行》让我想起，2015 年 11 月我把《白云生处有人家——案边腾语之七十九》发给晚报副刊编辑，他在电话里也提出和前面说到的那位朋友同样问题，我也做出了同样回答。

过去的许多唐诗读本都作"白云深处有人家"，如俞陛云《诗境浅说续编》①里的《山行》就如此作。杜牧诗集则写作"白云生处有人家"，见《杜牧集系年校注》②。

"白云生处"，白云生出、升起的地方；"白云深处"，白云深远、浓厚的地方。"生"字的意境好，形象生动。用"白云生处有人家"比喻天津早期人类活动的地方——深山上的洞穴，更耐人寻味。

这里顺便说两句，过去的小学语文课本杜牧《山行》"白云深处有人家"，现在已经改为"白云生处有人家"。2007 年北京出版社出版的大家小书系列《诗境浅说》，是将 1936 年开明书局出版的《诗境浅说》和 1950 年出版的《诗境浅说续编》合二而一。

张森水《中国旧石器考古学中的几个问题》③指出，中国旧石器考古学在经历了草创时期(工作基本上是外国学者做的)和建基时期(以 20 世纪 30 年代周口店工作为代表，初步创建了一套符合中国旧石器考古学实际的工作方法、名词术语和研究思想)，现已进入发展期，特别是近 15 年来，地方专业干部的成长，工作向更广更深方向发展，逐步由以器物为中心向着以遗址为研究中心的方向前进，中国南方的大面积的旧石器文化遗址的调查和发掘，使人认识到中国南方与北方(大体以秦岭为界)在旧石器时代存在不同的主工业或主体文化，两者在很早时期就存在文

---

① 俞陛云：《诗境浅说续编》，开明书局，1950 年。
② （唐）杜牧著，吴在庆校注：《杜牧集系年校注》，中华书局，2008 年。
③ 张森水：《中国旧石器考古学中的几个问题》，《步迹录——张森水旧石器考古论文集》，科学出版社，2004 年。

化交流，提出"南阳通道"的看法(1988 年)；在主工业发展的同时，还存在区域性文化类型，且有类型渐趋多样化的情况，在旧石器考古试验研究方面，进一步开展打击石制品的研究，以观察碎骨为基础，进而对敲骨取髓、打击骨器的研究，取得了一批成果，埋藏学研究也渐渐引起旧石器考古学家的重视，从中得到史前人类活动的有益信息。发掘方法，随着国际史前学方法的发展，在我国，工作也越做越细。随着中国旧石器时代考古研究的发展，许多问题自然地被提了出来，如东西方旧石器文化差异及东南亚文化区划、历史发展不平衡出现的时间和成因以及中国旧石器类学、分类原则与规范术语问题等。

张森水有意识将新石器时代的文化类型、文化区、文化传播与交流等概念引进旧石器考古学研究中，并明确提出旧石器类型学的问题，强烈表现出旧石器考古话语体系与新石器考古话语体系趋同的倾向。

张森水特别强调说："蓟县这次(2005 年)的发现，是天津考古学史上的一次重大发现。从无到有，开创性的工作是很重要的，所以我觉得这次你们工作抓得很准、很好，做得相当的好。现在来看，除了上海市以外，中国以省、直辖市一级为单位的已经再也没有空白区了。而上海市呢，因为生成情况特殊，因此从某种意义上讲，最后消灭了以省、直辖市为单位的旧石器考古的空白区。所以我觉得，你们这次发现不单在天津的旧石器考古上，乃至在中国考古学史上，都是重彩浓墨的一笔，所以我觉得不能小看这一次的重大发现。"①

陈雍：衷心感谢和缅怀张森水先生对天津旧石器考古给予的重要指导，感谢谢飞研究员、高星研究员给予的热情帮助和支持。

盛立双：往事恍若昨日。

8.2.10　天津南北运河沿岸的乡土墓葬

从 2020 年到 2021 年，天津市考古工作者在南运河和北运河沿岸发

---

① 盛立双：《初耕集》，天津古籍出版社，2014 年。

现了大批古代墓葬。我多次去考古工地考察学习（图 8.2.10-1、图
8.2.10-2），逐渐形成了一些想法。我一直在考虑的问题是，为数众多的
明清（包括部分民国时期）小墓应当怎么整理研究，明清小墓的发掘报告
应当怎么写才算得上好。

图 8.2.10-1　笔者考察南运河明清墓地（盛立双提供照片）

图 8.2.10-2　笔者考察北运河明清墓地（盛立双提供照片）

目前已经发掘的墓葬年代，几乎全都落在明清至民国初期。按照考古学分类，这些墓葬都属于小墓。这些小墓的主人，曾经生活在运河岸边的村落里。这些墓葬和已经消失的村落一样，体现出明清时期天津乡土社会的本色。

"乡土墓葬"的说法，是从"乡土建筑"延伸出来的。这些乡土墓葬的主人，往往是乡土建筑的居民。陈志华教授说，中国有一期非常漫长的农业文明的历史，中国的农民至今还占着人口的大多数。传统的中华文明，基本上是农业文明，农业文明的基础是乡村的社会生活。在广阔的乡土社会里，以农民为主，加上小手工业者、小商贩、在乡知识分子和少数退休还乡的官吏，一起创造了像海洋般深厚瑰丽的乡土文化。乡土建筑是乡土生活的舞台和物质环境，它是乡土文化中最普遍存在的、信息含量最大的组成部分，它的综合度最高，紧密联系着许多其他乡土文化要素或者甚至是它们重要的载体，不研究乡土建筑就不能完整地认识乡土文化。甚至可以说，乡土建筑研究是乡土文化系统研究的基础。①

"乡土建筑"和"乡土墓葬"的"乡土"，其含义与费孝通提出的"乡土中国"的"乡土"一样。费孝通说："这里讲的乡土中国，并不是具体的中国社会的素描，而是包含在具体的中国基层传统社会里的一种特具的体系，支配着社会生活的各个方面。它并不排斥其他体系同样影响着中国社会，那些影响同样可以在中国的基层社会里发生作用。搞清楚我所谓乡土社会这个概念，就可以帮助我们去理解具体的中国社会。"②

天津南北运河岸边的明清墓葬，依据分布特征及空间相关性，可以分成几片墓地。已经揭露的墓地，大体可以和清道光二十六年（1846 年）刊本《津门保甲图说》记载的村落相对应。南运河墓地分别与饭店、张家园子、小庄子等村落对应。北运河墓地与李家嘴对应。运河沿岸村落不少叫作某嘴、某湾，嘴、湾均与运河河道形状有关，河道向外凸的叫作嘴，河道向内凹的叫作湾。《津门保甲图说》记载的各个村落的总户数、

① 陈志华：《中国乡土建筑初探》，清华大学出版社，2012 年。
② 费孝通：《乡土中国》，生活·读书·新知三联书店，1985 年。

大小人口数、住户职业构成，以及庙宇、河堤、道路等情况，对于分析墓地死者构成有很大的帮助。

墓地研究首先需要确定墓地单元，就像聚落形态研究需要确定聚落单元一样，我们可以把一个村落的全部墓地作为墓地单元。这样，首先要想办法把已经揭露出来的墓地与《津门保甲图说》记载的村落大体上对应起来。一个村落的墓地，是这个村落居民社会关系的折射，是社会化了的空间，体现出村落居民的血缘关系与地缘关系。我们可以通过墓地形态研究揭示出墓地人群的亲属组织和社会组织，但整个墓地必须保证基本完整。一处墓地是否基本完整，不是凭感觉或想象，而是需要找出证据来证明它。

我们可以通过南北运河乡土墓葬的研究，探讨以人骨为本位，以父系家族为重心，以村落墓地为单元的研究明清小墓的方法论。在这里，特别需要加强墓地形态研究与人骨研究的结合。

墓地形态研究的主要内容，包括埋葬方式、埋葬规则、墓地布局和墓地结构。整体性和共时性是墓地形态研究的前提。在这一前提下，结构研究要求各类现象的分类与分布都与整体相关，也就是说任何在某一点上被观察到的现象都与它所在的整个情境相联系。

南北运河沿岸已经发掘出来的明清墓葬，有单人墓和合葬墓，以合葬墓的数量居多，大都是成人墓葬。在考古现场初步观察到，合葬墓分为一男一女、一男二女、一男三女，三种合葬墓在不同的墓地里的分布有所区别，对应不同村落的墓地的合葬墓种类与数量是不一样的。由此反映出，沿河村落居民的生活习俗与经济状况的差别。

多数合葬墓排列有序，平面布局类似天上列队飞行的大雁，此即文献上所说的昭穆贯鱼葬。若按祖穴、昭穴、穆穴分析，最多的墓葬能够排出十多代人，最少的一两代、两三代。根据墓地的单人墓、合葬墓的分布、排列特点可以推知，这些墓地里包括家户、核心家庭、父系大家庭和父系家族。

把墓地内的墓葬联系起来的是墓葬的方向和位置，人们可以在方向和位置上区分出墓葬死者的尊卑。死者生前的血缘关系是墓葬定穴所必须遵守的规则。血缘关系决定了他们的墓葬在墓地中的方向和位置，于是生前具有血缘关系人们的墓葬便组成了一定的墓群，甚至整个墓地。

费孝通说，自给自足的乡土社会，世代间人口的繁殖，像一个根上长出的树苗，在地域上靠近一伙。地域上靠近的可以说是血缘上亲疏的一种反映，区位是社会化了的空间。中国乡土社会的基层结构是一种所谓"差序格局"，是一个"一根根私人联系所构成的网络"。中国的家是一个事业组织，家的大小是依着事业的大小而决定的。如果事业小，夫妇两人的合作已够应付，这个家也可以小得等于家庭；如果事业大，超过了夫妇两人所能担负时，兄弟伯叔全可以集合在一个大家里。这说明了我们乡土社会中家的大小变异可以很甚。但不论大小上差别到什么程度，结构原则上却是一贯的、单系的差序格局。①

运河沿岸乡土墓葬出土的随葬器物主要有四类：陶瓷罐，装饰品，铜钱，带有文字的砖瓦。各类随葬品在不同墓地、不同墓葬里的情况不同。

运河沿岸的乡土墓葬体现出相对一致的葬俗，即在墓主人的头端放置一罐，一般放在棺外。作为随葬品的罐，质地有陶、釉陶、瓷三类。陶器皆为泥质灰陶。釉陶器可以分为黑釉、酱釉两类。瓷器有黑、白两种。把这个极简的器物分类回归到各个墓地，或许能够寻找出其中存在的某种规律。

从一般意义上来说，明清时期的陶器、釉陶器、瓷器，是同时存在的三类器物，这三类之间不存在演变发展关系。天津南北运河墓地的三类器物同样不会存在演变发展关系。也就是说，在对出土器物作类型学研究时，不应把这三类器物排在一起。

墓葬出土的陶器、釉陶器和瓷器，每一件都含有自己所特有的年代信息，据此可以研究墓葬的相对年代关系。然而实际情况往往并不这么简单，早年的物件能够流传下来，老物件有可能干扰相对年代的推断。

---

① 费孝通：《乡土中国》，生活·读书·新知三联书店，1985年。

每一件还含有地域信息，据此可以研究随葬器物的产地来源。墓葬的随葬品都是商品，商品的产地能否作为墓主人的来源地的指示物，还要经过一番论证。

在明清商品经济社会里，天津当地居民能否用不同时期的商品作为随葬品，以表达出每个家族所保持的文化传统，是一个值得研究的问题。另外，外地来津的居民是否有入乡随俗、从俗从众的做法，也要考虑进来。

运河沿岸的乡土墓葬里，出土了各种质地和种类的人体装饰。人体装饰是考古学上的说法，也就是老百姓说的首饰。如果咬文嚼字的话，首饰这个词在古代专指头上的装饰物。考古学和民族学资料表明，人体装饰最初是性别、族群和身份、等级的象征符号，后来增加了审美的功能。明清墓葬里出土的女性装饰品主要有发簪、手镯、戒指，女性装饰品的数量、质地、种类都多，男性装饰品只发现了一些帽饰和戒指。

南运河边发现的由十几座墓葬组成的父系家族墓地，几乎不见随葬的陶瓷罐，却在多数墓葬里发现了人体装饰品。北运河边发现的由三十几座墓葬组成的父系家族墓地，多见随葬的陶瓷罐，而罕见人体装饰品。

陶瓷罐和装饰品都是社会文化的物质表象，前者代表了传统，后者代表了时尚。这样，南运河家族墓地反映了时尚，北运河家族墓地反映了传统。物质表象的背后，是两个家族的生产生活方式和价值取向的差异。

运河沿岸的乡土墓葬里，出土了一定数量带有文字的砖、瓦。砖瓦上面的字迹，有墨书、朱书两种。内容大体分为四类，与墓志类似的文字、与镇墓文类似的文字、与买地券类似的文字，以及道教符箓。

这些带有文字的砖瓦在南运河各个墓地、北运河墓地的分布情况，有待整理研究。据目前初步看到的情况，砖瓦文字信息量较大，对于研究社会历史、文化传统、风俗习惯等，极具价值。

死者是墓葬的主人，人骨应当是墓葬考古的重要研究对象。天津文化遗产保护中心自从成立以来，一直注意收集和研究明清时期人骨，截至目前已经收集将近 700 个个体，建立起明清人骨标本库，引起国内外学术界高度重视。

考古人类学家通过蓟州桃花源墓地 200 多例统计分析，得出牙齿反映的年龄比耻骨联合面反映的年龄要小 10 岁的认识，这个年龄差标准，已经成为考古人类学家研究蓟州明清人骨年龄鉴定的可靠依据。考古人类学家还对 200 多例男性、女性的体质人类学特征、平均身高、健康状况、行为习惯等方面进行了研究，填补了国内明清时期人骨研究的空白。

天津南部人骨年龄鉴定标准，能不能采用蓟州人骨年龄鉴定标准，这要在实践中检验。如果不能的话，则需要通过统计分析，得出适用于天津南部地区明清人骨鉴定的标准。我在这里仅仅举出年龄鉴定一个例子，需要研究的自然还有很多方面。

2020 年 7 月，我第一次考察西青区大运河国家文化公园、文化小镇建设项目区域内发现的古代墓葬。当时我提出，此次考古勘探发现的古代墓葬数量规模之大，类型之丰富，年代跨度之大，分布之集中，在近 70 年的天津考古史上是绝无仅有的，这是近 70 年来天津考古的重大发现。

我们必须站在大运河世界文化遗产、天津国家历史文化名城、杨柳青国家历史文化名镇的高度来认识此次考古发现，此次发现是对天津大运河世界文化遗产价值和内涵的极大提升、极大补充，同时也是研究古代大运河、天津、杨柳青的重要考古实证。

考古工作是文化遗产保护及其价值阐释的重要手段。杨柳青大运河国家文化公园、文化小镇建设项目的考古工作，是大运河遗产保护的重要组成部分，考古发掘及其文物保护是大运河文化本体建设，是根本；文化公园、文化小镇建设工程是服从、服务于大运河文化遗产保护利用传承的文化设施建设，应明确考古的文化本体建设与工程的设施建设的主次关系。做好项目建设中的考古发掘与文物保护工作，就是做好大运河文化遗产保护、传承、利用的根本体现。

谢辰生先生说，遗址公园的一切设施和活动要服从和服务于保护遗址的真实性和完整性，而不是根据花园的要求改造遗址。正如故宫博物院的一切活动要服从保证故宫的真实性和完整性一样，而不能根据博物

院的要求改造故宫。这是一条基本原则，做不到这一点的遗址，就不要
建考古遗址公园。[①] 这条基本原则同样适用于大运河国家文化公园。

8.3　教学

8.3.1　听张忠培讲新石器时代考古

　　我们班是吉林大学历史系招的第一批考古专业学生，在系里叫作"73
考古班"。当时学校规定，工农兵学员入学后需要先补课，不能上专业
课。学生来了不上考古课，张忠培老师干着急，隔三岔五跑到七舍(学生
宿舍楼)找学生们聊天。

　　一天晚上，张老师在我们屋里聊得很开心，有个同学进来，拿着北
京大学编的《新石器时代考古参考图》问他，书里面的这些器物你都认识
吗？他笑笑说，以后咱们一起学习吧。

　　从 1974 年 8 月 31 日开始，张老师给我们班讲中国新石器时代考古。
第一讲"学习中国新石器时代考古的几个问题"，他讲了四个问题：

　　1．中国中石器时代的研究

　　2．中国新石器时代年代及所处的社会发展阶段

　　3．中国新石器时代考古研究简史和分区

　　4．指导思想和教学方法

　　关于中国新石器时代考古简史和分区，他说："考古简史可以看北大
讲义，我主要谈考古研究工作存在的问题。根据考古发现，目前可以分
为六个区：黄河中游地区、豫北冀南地区、黄淮平原地区、江浙地区、
江汉平原地区、松辽平原地区，以及六个区文化的地层关系。"那时说的
"文化的地层关系"，大约相当于今天说的考古遗存编年。北京大学的《中

---

　　① 刘欣随：《大明宫遗址，十大景观背后的争议》，《世界新闻报·鉴赏中国》，2010 年 12
月 8 日。

国新石器时代考古讲义》是"一条大辫子"体例，先分期，再分区，张老师讲课是"六条小辫子"体例，先分区，再分期。

关于指导思想和教学方法，他说，以马列主义毛泽东思想为指导，以自学为主，学生要学会读原始材料，做分析研究，培养学生分析问题、解决问题的能力，学习新石器时代考古的目的，是学习研究中国原始社会的社会、文化及族源等问题。

讲课快结束时，他开出一个书单，"这里的书、文章和以后讲课内容有关，希望你们每人最少看三到五篇，苏秉琦的《关于仰韶文化的若干问题》必须要看。"他的这种教学方法，有同学认为是图省事，后来才发现，其实课一点儿也没少讲。

新石器时代考古按分区讲。每讲一个区，张老师先列出书单，让同学看书写笔记，开始讲课或讲课中间，他指定一位同学谈读书心得。黄河中游地区，纪烈敏谈《客省庄二期文化的一些问题》；黄淮平原地区，马大东谈《曲阜西夏侯墓地的分期》；江汉平原地区，我谈《略谈江汉地区的新石器考古学文化》。每人谈完读书心得，他做点评，然后再转入讲课。他讲课的口音极重，讲的体例、内容和发给我们的讲义区别很大，必须认真听讲做笔记(图8.3.1-1、图8.3.1-2)。

马大东的《回忆吉大的张忠培老师》说："张老师的授课方式、教学方法给我留下了特别深刻的印象。他不仅在课堂上给我们讲授一些新石器考古重大课题，而且教导我们从已发表的且具一定深度和较高水平的考古发掘报告入手，更深入学习各种考古学文化探索其内涵，总结其历

图8.3.1-1 笔者的中国新石器时代考古笔记

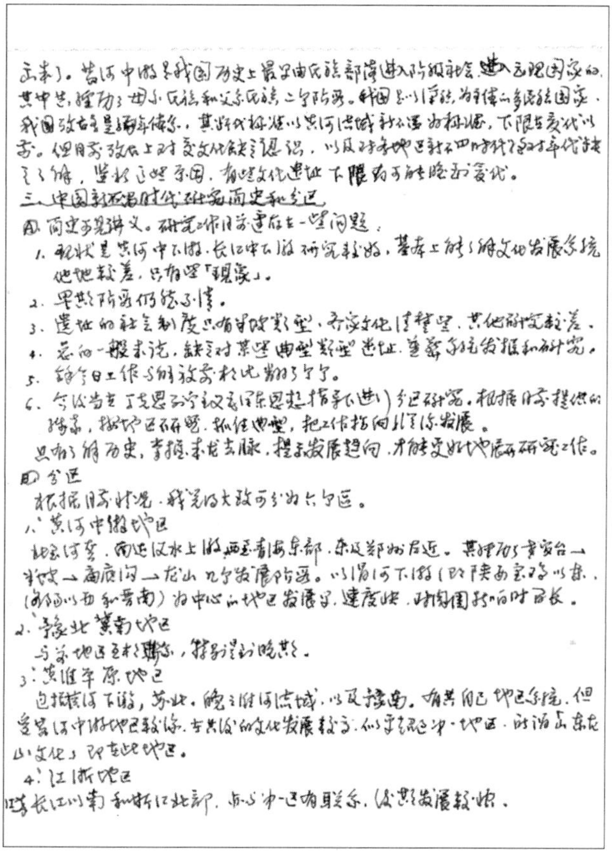

图 8.3.1-2　笔者的中国新石器时代考古笔记内页

史发展规律，让我们融会贯通，举一反三。当时我们都较年轻没啥阅历，把老师的很多做法都想得很平常、很简单，不理解他的良苦用心。他让我和另外两个同学一起研读山东西夏侯龙山文化墓地发掘报告，把十几个墓葬随葬品按类型逐个列出制表，进行排列比较。最后，通过器物组合序列的变化，可明显看出，这群墓葬也可分成几个发展阶段。张老师的这一招，令我们茅塞顿开，豁然开朗，初识考古学的奥秘与神奇。张老师还让我走上讲台，向全班讲述我们研读发掘报告的过程。我当时也很兴奋，记得在讲述时，还加入毛主席的《矛盾论》《实践论》中唯物辩证法，如有比较才能鉴别，感觉到的东西未必理解它，只有理解了的东西才能更深刻感觉它。"①

黄河中游地区讲的时间最长，9月6日开讲，9月27日结束。内容相当多，包括14个问题。这个地区新石器考古的分区和分期，成为中国新石器考古的标尺。自东而西，分为3个小区。由早到晚，分为6期。最后是仰韶时期与龙山时期的社会性质。

豫北冀南地区、松辽地区、江汉地区、黄淮地区、江浙地区考古，体例基本和黄河中游地区的一样，只是繁简详略有所不同。张老师讲课的板书，一般只写标题和提示词，也有一些用方言表述不清楚的词。考古学文化的典型器物，通常他只画出左半个剖面图。

黄河中游地区新石器时代考古有五个重点：该地区完整的考古学文化编年序列；若干典型遗址分期，如半坡遗址分为老官台文化、半坡文化、庙底沟文化、半坡四期文化四期；该地区龙山时期存在三种文化，客省庄二期文化、三里桥二期文化、王湾三期文化；半坡文化处于母系氏族社会阶段，存在家族、氏族和部落，已为父系家族的产生准备了条件；龙山文化处于父权制阶段，原始社会瓦解与阶级社会产生的前夕。

张老师一再跟我们讲，安特生发掘的仰韶遗址很复杂，他还把笔记和卡片拿给我们看。安特生所说的"仰韶文化"，实为八种遗存的混合，可以分解为半坡文化、庙底沟文化、秦王寨文化、平陆盘南遗存、泉护二期、庙底沟二期、三里桥二期，以及西周晚至春秋早遗存。"仰韶文化"是个相当混乱的概念，以后不要再用"仰韶文化"了。

东北地区新石器时代考古，刘伟先谈《东北地区几种新石器考古学文化》。接下来张老师讲分区和分期。东北考古要破"细石器文化"，这个概念有很大的片面性，是错误的。很多人一见"篦纹陶"，就认为是"细石器文化"。这种认识，严重影响对问题的深入研究。他强调，东北地区自古以来就是汉族与东北少数民族共同开发的，彼此有不可分割的经济和文化往来。

---

① 马大东：《回忆吉大的张忠培老师》，故宫博物院：《纪念张忠培先生文集·怀念卷》，故宫出版社，2018年。

去吉林大安县考古实习之前，张老师又给我们讲了一次东北考古。从 20 世纪 60 年代的白城地区考古调查、吉林市郊考古调查，讲到我们班为实习选点在农安、扶余、大安三县考古调查。他用"一条主干两个旁支"概括东北地区考古学文化分布格局，这句话很多同学都没听懂，有同学开玩笑说，什么一根竹竿两个盘子。

一条主干，和今天从哈尔滨到北京的铁路线大体吻合。这条主干线上从新石器到青铜、早铁器时代考古学文化都有陶壶。两个旁支，主干线两侧地区，青铜到早铁器时代，东侧有陶豆，西侧有陶鬲。东北古代没有鬲和豆的传统，都是从中原传过来的。这种现象就是文献上说的，中国失礼，征诸四夷。

张老师讲新石器时代考古，不单教学生考古知识，还教我们怎么读报告，怎么研究问题。我印象最深的是，按单位做卡片，依据地层关系把相关单位重新组织起来，以此检验考古报告结论，发现新的问题。我留校以后，张老师要求我按地区看材料做卡片，每个地区从新石器做到商周。当时我只做了黄河流域大部分地区和东北地区的，南方地区的没有做，所以今天看南方的材料，总有底气不足的感觉。

田建文：我是 1986 年 9 月才开始做卡片的。

许永杰：张老师也教导过我，要一个地区一个地区把中国新石器时代材料全看一遍。

陈雍：你做到了，我没做到。

许永杰：我也没有做到，两个地区而已，陕晋豫和甘青。

在那个极特殊的年代，张老师坚持启发式教学，体现出考古学科教学的关键是学生应当学什么与应当怎么学的问题。老师坚持以学生为本位，注重引导而非传授的作用，并不是老师教什么、学生就学什么，老师怎么教、学生就怎么学。

8.3.2　吉林大学的田野考古教学

为了加强科研与田野考古教学，吉林大学考古系成立了中国北方考古研究室。中国北方考古以中国史前至两汉考古为基础，以三北(华北、西北、东北)考古为重点，那时的考古实习大都安排在三北地区。

二十世纪七八十年代，吉林大学先后在河北省蔚县三关和山西省太谷县白燕建立了两个考古教学基地，后来又拓展了忻州游邀考古工地。选择这两个省实习，首先出于科研与教学的考虑，其次是地方上人际关系。几年来，在三个基地安排了几届本科生、研究生、留学生的田野考古实习，圆满完成了田野考古教学课程。根据两省三个考古教学实习基地的多年教学实践，我们编写了《田野考古教学指导书》，对吉林大学田野考古教学进行了总结，明确提出田野考古是大学考古专业本科生必修的基础课程。

我们的田野考古教学，分为基本实习(或称生产实习)和毕业实习两个阶段。基本实习一般要求安排在第五学期，时间不少于一个学期。教学内容以遗址的探方发掘训练为主，重点学习层位学原理，粗知类型学的一般内容。毕业实习可以有不同方式，一般以整理考古资料、编写考古报告为主。后来，有的学生不参加资料整理、报告编写，在学校里写毕业论文。

在山西忻州游邀工地，许永杰、卜工制定了一套田野考古考核办法，对于探方发掘、考古绘图、探访记录、辨识陶片等，都有量化考核指标，这套考核办法，对于规范和提高田野考古教学，起到了积极的作用，受到专家好评。

　　许卫红：田野考核这事儿陈老师竟然又提，吓我一身冷汗。

　　陈雍：不至于吧。

　　王洋：许永杰老师把这些田野考试题给我了，我用来考武汉大学实习的同学，沾了个光。

　　许永杰：当年忻州游邀工地的考核办法，深得黄景略先生的赞赏。

　　王炜林：我和孙秉君1985年刚刚毕业时就按吉大的一套东西在陕南给技工考试，依考试成绩确定技工工资。

卜工：2015 年在内蒙古见到吉林大学王立新，他说还坚持用游邀考核办法。

2019 年，吉林大学王春雪带他的研究生来天津发掘旧石器洞穴遗址，送给我他们编写的《增华集——吉林大学考古学科教学改革创新与实践》。全书分为田野考古篇、教育理念篇、中外对比篇、课程体系篇，对考古学科教学的教学对象、教学方式、教学内容、课程体系和教学评估等方面，做出了有意义的研究与探讨。

我离开吉林大学快 30 年了，看到这本书，又想起自己在吉林大学学考古和教考古的许多往事。由那本书的副标题"吉林大学考古学科教学改革创新与实践"，联想到以往的考古教学经验与教训有哪些？当前的考古教学究竟需要改革什么，需要什么样的创新？这些问题的确需要认真思考。

我认为，大学本科考古专业课程可以分为三个部分，第一，通识课程；第二，专业课程，包括专业基础课程和专业发展课程；第三，实训课程，包括考古实习、社会实践。如果我们以建构主义理论建设考古学科教学体系，则须以学生为本位，从考古学科的知识观与学习观、教学环境、教学方法、课程体系、课程标准、教学评估、师生角色定位及其相互作用等方面，对以往的考古教学做出认真总结，并对今后的考古教学进行积极探索。

陈雍：考古学科教学的关键，是学生应当学什么与应当怎么学的问题。

霍东峰：核心是教师教什么和学生怎么学的问题。

陈雍：这样认识就不是以学生为本位，要注意师生角色定位及相互作用关系。考古学科教学的关键，是学生应当学什么与应当怎么学的问题。

8.3.3 讲授考古学方法论

1989 年 8 月—11 月，我受张忠培先生委派，带着他的四位硕士研究生参加山西忻州游邀遗址第二次发掘。期间，领队教师许永杰、卜工请我给本科生(1987 级)讲课，他们希望我结合本科田野考古教学，讲讲和考古学方法论有关的内容。在工地上，我编写了《考古年代学概论》《考古层位学概论》《考古类型学概论》三个讲义，利用下雨天和晚上给同学们讲课。这是我第一次讲考古学方法论。

20 世纪 90 年代，在这个讲稿的基础上加以修改补充形成方法论新稿，在郑州西山考古工地为国家文物局田野考古领队培训班第六期至第九期讲授。我在郑州西山班讲过的课有：

考古年代学概论

考古层位学概论

考古类型学概论

考古发掘资料整理的步骤和方法

关于器物描述——以陶器为例

怎样阅读考古学文献

怎样编写考古报告和考古简报

关于中国考古学的几个问题

> 张伟(黑龙江省文物考古研究所)：我在领队班听过陈老师讲方法论这门课。

郑州西山考古领队培训班教学相长，我和学员们都有很大提高。教学效果在同学们的留言中可见一二。陈永志说："听了您的课之后，我才知道什么是考古。"林留根说："分型式，定型式，排型式，排出文化序列；拼陶片，摸陶片，数陶片，数尽历史风流。"刘学堂说："识陶片，尽残缺，师有高招；编报告，难圆全，再点迷津。"

2016 年 7 月，河北师范大学历史学院邀请我为考古文博专业的学生讲考古学方法论。事先院领导告诉我，一到四年级本科生和硕士研究生一起听课，每天四节课，打算用一周的时间讲完。

　　根据他们的要求，我把过去讲的课程做了较大幅度精简，考虑到不同年级学生一起听课，内容的深浅不好拿捏，为了照顾低年级学生，做了一个有意思的课件(图 8.3.3-1)。师范院校的规矩多，学生听课只能做笔记，不许录音照相。我每次讲完课都要问他们，低年级学生说能听懂，高年级学生说和以前讲的不一样。讲课最后一节是总结和答疑，有同学问我，老师你能用最简单的话总结一下考古学方法论的基本内容吗？我做了如下的总结：

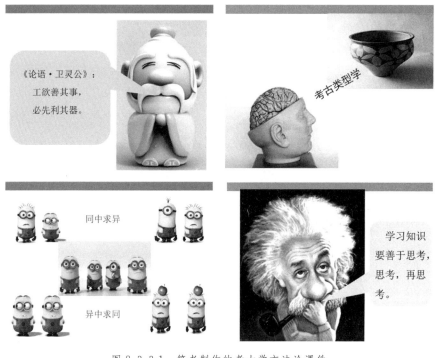

图 8.3.3-1　笔者制作的考古学方法论课件

　　考古学方法论主要有考古年代学、考古层位学、考古类型学和考古阐释学，它们分别适用于不同的研究范畴，各自的研究目的和方法都不一样。如果用一句话来说，考古年代学是计算考古遗存时间和排列考古遗存时间顺序的方法体系；考古层位学是划分遗址堆积单位和分析堆积单位在堆积顺序中位置关系的方法体系；考古类型学是关于遗迹、遗物特征分组归类和特征排序的方法体系；考古阐释学是解释考古遗存并用考古遗存重构人类社会历史的方法体系。

接着我又进一步说明：

考古年代学、层位学、类型学是把离散的、无序的考古遗存进行有序化，属于认识考古遗存的方法体系。考古阐释学是把考古遗存和古代人和社会联系起来，属于解释考古遗存的方法体系。考古学研究，就是把考古发掘所获的考古遗存组织在一起，进而阐释考古遗存所包含的社会与历史含义。

余西云：陈老师准备课件真的花了心思。

丛德新：够时髦的。

陈雍：考古课的课件要好看有意思。

许海峰（故宫博物院）：要形象生动。

朱雪霏（浙江省文物考古研究所）：陈老师对小黄人是真爱。

许卫红：真时髦的课件。

王菁：这课在天津文博系统继续教育时讲过。

陈雍：给天津文博系统讲的是"考古类型学初阶"，没有讲其他的内容，课件也改了。

王菁：是，那次时间太短了。

8.3.4　为中国通史教程写稿

2003 年初，南开大学刘泽华教授找到我，邀我参加教育部高等教育司组织编撰、姜义华主编的中国通史教程（五卷本）编撰工作。刘先生是第一卷《先秦两汉时期》①主编，根据他的意见，第一卷包括三个时期：

---

①　刘泽华主编：《先秦两汉时期》，复旦大学出版社，2005 年。

第一，中华族群、中华酋邦、中华古代文明与文化孕育与萌芽阶段。时间从远古时代到公元前 20 世纪左右。第二，中华族群、中华早期国家、中华古代文明基本架构形成阶段。时间从公元前 20 世纪前后到公元前 3 世纪中期。第三，中央集权的多民族统一国家与大一统的中华古代文明确立阶段。时间从公元前 3 世纪晚期至公元 3 世纪初。

第一卷的各章撰稿人为：

陈　雍(天津市文化遗产保护中心)：第一章　史前时代——从群团到酋邦

朱凤瀚(南开大学)：第二章　夏商周时代——早期国家阶段

赵伯雄、刘泽华(南开大学)：第三章　春秋战国时代——区域性集权国家的形成

葛剑雄(复旦大学)：第四章　秦两汉时代——中央集权统一帝国的巩固和延续

刘泽华教授对中国历史和思想史有独到的见解。在撰稿人会上，他明确提出，教材要以国家形态为主线来写，夏商周早期国家，春秋战国区域性集权国家，秦汉中央集权统一帝国。

我问，史前时代属于前国家时期，这个没有国家的时期应该怎么表述？有两种表述方式可以考虑，一种是从母系社会到父系社会，最后发展到父权制社会；另一种是从群团到氏族—部落，再发展到酋邦。刘先生主张后一种，他还说，第一章不好写，要用考古材料写历史，又不要写成考古研究，可以适当加些插图，好让读者理解。

史前时代在中国历史上时间最长，要讲述的内容很多，按照分配的文字量(包括插图)，我觉得不够用，既然会上已经定了，也只有自己想办法解决了。

在教程第一章最前面我写了这样一段话："本章讨论的是今天中国这块广袤土地上，史前人类的发展，人类社会从群团到国家产生之前的演进，人们当时的生存方式、社会组织以及宗教、艺术等。在浩如烟海的中国史籍里，这部分历史语焉不详，但史前居民留下的丰富遗存，已显示出邃古的史前史概貌。"向读者说明了"史前时代"这一章的内容是通过

考古遗存构建的史前史。

史前史和考古学是 19 世纪末至 20 世纪初几乎同时从国外传入的新学术，用考古材料写好中国史前史依然是 21 世纪中国考古学的重要课题。我设想的"中国史前时代"，由 6 节内容组成：首先是史前史的年代学、环境学、体质人类学的大背景（第 1、2、3 节），接下来讲述旧石器时代：群团（第 4 节），然后是新石器时代早期和中期：部落（第 5 节），最后是新石器时代晚期：酋邦（第 6 节）。

大背景里提出，以秦岭—淮河为界，分为中国北方与中国南方，形成两大地理区域。在这两大河流流域的摇篮里，成长起灿烂的中国史前文化。北南两大区域的划分，为后面讲述的"两大农耕文化区的形成"做了必要的铺垫。为了讲好史前史，并考虑到文字篇幅，教材里没有采用"区系类型"。

中国史前时代经历了从群团社会发展到部落社会，再到酋邦社会，然后发展为历史时期的早期国家，就是要表达这样一个道理：人类社会是一个过程。

马克思说："物质生活的生产方式制约着整个社会生活、政治生活和精神生活。"从社会生产实践视角出发，把人类社会理解为一个复杂的大系统。我在"群团社会阶段"讲述了：古老的旧石器文化，觅食社会的生产方式，最早的精神生活，群团社会组织。在"部落社会阶段"讲述了：从旧石器时代向新石器时代的发展，两大农耕文化区的形成，农耕兴起后的社会生产与生活，农业发生后的原始艺术，农业发生后的原始宗教，氏族组织社会。在"酋邦社会阶段"讲述了：龙山时期诸文化，生产技术的革新进步与青铜的出现，城堡勃兴与酋邦的普遍出现，社会分化与分层社会初萌，宗教信仰的重大变化，古史传说中的酋邦社会。

我在第一章最后一节"古史传说中的酋邦社会"提出，战国以后的史籍，大凡讲述夏代以前历史的称为"三皇五帝之书"（见《周礼·春官·外史》）。夏、商、周三代文字历史之前的传说，即以"三皇五帝"为代表。关于三皇，早已模糊难辨，就连汉代大学者司马迁撰史之时都搞不清楚。他只好以《五帝本纪》作为百三十篇的《史记》书首，《五帝本纪》依次记述了黄帝、帝颛顼、帝喾、帝尧、帝舜为代表的五个部族的传说。司马迁着手撰写《史记》时，见到关于传说的史料有两种写法：经典的《尚书》独记载尧以来的，而不雅训的《五帝德》和《帝系姓》却记载了黄帝以降的五帝，他大胆地选择了后者(见《史记·五帝本纪》太史公曰)。这两种写法对于我们今天研究古史传说时代很有启发，似乎可以把黄帝、颛顼、喾放在一起，作为一个时期，再把尧舜和《夏本纪》里的禹放在一起，作为又一个时期。前一个时期是部族战争的时期，后一个时期是政权斗争的时期。这种想法是基于对龙山时期考古学文化的总体认识。

首先，南流黄河西边的炎帝与东边黄帝，大体上跟以单把鬲为代表的考古学文化与以双鋬鬲为代表的考古学文化相对应。

其次，黄帝、帝颛顼、帝喾和尧、舜、禹，都属于以不同类型双鋬鬲为代表的考古学文化。黄帝、帝颛顼、帝喾跟尧、舜、禹分开，可以从双鋬鬲形态上区分，前者表现为三足裆部分离尚未对接上，后者表现为三足裆部已经对接上。如果以陶寺遗址为例，即陶寺早期陶鬲与晚期陶鬲的区别。

8.4　闻见

8.4.1　郑振铎

《中国文物报》2018 年 10 月 30 日刊载谢辰生《纪念郑振铎先生诞辰一百二十周年 》，披露了新中国考古学史上的一些重要事件。1956 年，郑振铎主持召开第一次"全国考古工作会议"，在会上做了题为《考古事业的成就和今后努力方向》的报告，并作为国务院科学规划委员会考古组组长，与尹达、夏鼐共同主持制定了《考古学研究工作十二年远景规划》。这次会议成为今天全国考古工作会议的起始点。

1949 年 10 月 21 日，中央人民政府政务院成立，任命沈雁冰为中央文化部部长，郑振铎为文化部文物局局长。11 月文物局开始工作，郑振铎抓的第一件事是着手组织起草一系列有关保护文物的法律文件，为新中国文物法律法规建设奠定了基础，产生了深远的影响。

第二件事是考古人才和文物干部的培养。一方面他积极参与创办了北京大学历史系考古专业，并为考古专业学生上了第一堂专业课"中国美术史"。另一方面在他主持下，从1952年起连续三年举办了四期"全国考古人员培训班"。

第三件事是学术建设。从1950年到1955年，他主持创办了《文物参考资料》(后改名为《文物》)、《中国考古学报》(后改名为《考古学报》)、《考古通讯》(后改名为《考古》)。如今，《文物》《考古学报》《考古》已经成为中国文物考古界最具权威的三大学术刊物，并在世界学术范围内也有很大的影响。①

郑振铎主持召开第一次"全国考古工作会议"，应该是他着手抓的第四件事。

徐苹芳回忆说："郑振铎是我最崇敬的学者，但是我万万没有想到，我之所以到中科院考古所工作，竟是郑先生一手促成的。我到考古所以后，郑先生亲自与我谈话，看过我的工作，勉励我做历史考古学研究，要注意历史文献学和考古相结合的研究方法。郑振铎与我的这段关系，决定了我一生学业的走向，这是我终生难忘的事。"②

8.4.2　夏鼐

徐苹芳认为，夏鼐在中国现代考古学上的贡献和地位，突出表现在以下三个方面：一，考古学文化的研究；二，碳十四断代法的应用；三，中国文明起源的研究。这是中国现代考古学发展上划时代的三个课题。

> 许永杰：2005年徐先生来中山大学讲课，我说给他的，后来他写成了文章。
>
> 陈雍：许永杰说的那篇文章，即徐苹芳《夏鼐与中国现代考古

①　陈雍：《说说考古》，故宫出版社，2017年。
②　徐苹芳：《我愿意执锹铲以从之》，《中国文化报》，2008年12月31日，第4版。

学》，原载《考古》2010 年第 2 期，收入徐苹芳《中国历史考古学论集》。①

1941 年 2 月 21 日，夏鼐在北京大学文科研究所以"考古学的方法论"为题做了一次学术讲演。讲演稿发表在 1941 年 6 月出版的《图书季刊》新第三卷第一、二期合刊上，在这篇讲演稿之前，有一段编者的话：三十年二月二十一日下午七时，国立北京大学文科研究所举行第六次学术讲演，敦请国立中央博物院研究员夏鼐先生讲"考古学方法论"。这次讲演，为夏鼐的考古学理论方法形成奠定了基础。② 夏鼐在考古学理论方法建设方面，对中国现代考古学做出了重要的贡献。

《夏鼐日记》③1941 年 2 月 18 日星期二记载："又在罗莘田先生处闲谈，罗先生替北大文科研究所约我讲演。"2 月 19 日星期三记载："预备后天的讲演稿。"2 月 20 日星期四记载："今日此间《中央日报》(昆明版)，已登出我公开讲演的通告(第 4 版 4 栏)。"2 月 21 日星期五记载："上午有警报，与罗莘田先生同赴北山疏散，在防空洞起草讲演稿。下午 4 时半始解除警报……晚间 7 时在昆北食堂讲演，听者约百余人，罗莘田先生主席、致介绍辞。"2 月 23 日星期日记载："抄录前日之讲演稿，以罗先生拟将此交与《图书季刊》发表也。"

8.4.3　苏秉琦

1994 年 11 月中旬，苏秉琦来天津考察指导工作，19 日应南开大学历史系邀请，在南开大学谊园做了题为"建立有中国特色的考古学派"的演讲。

谊园没有电梯，楼梯也没有扶手，老先生上楼很吃力。演讲一开始，他风趣地说："刚才上楼梯的时候，没有扶手，走得比较吃力。老人是怕没有扶手的，不过既然老了，也就天高云淡了。"接着说："我是第一次到

---

① 徐苹芳：《中国历史考古学论集》，上海古籍出版社，2012 年。
② 王兴：《学习夏鼐 1941 年的讲演稿〈考古学方法论〉》，《考古》，2017 年第 6 期。
③ 夏鼐：《夏鼐日记》，华东师范大学出版社，2009 年。

南开大学来，所以也不希望今后不再来了。我与南开大学的缘分，还是在我读中学时结下的，因此尽管是第一次来，南开这个名字对我而言却十分有亲切感。"他的老家在河北高阳，当年南开经济研究所深入细致研究高阳土布织造业的事情，给他留下极为深刻的印象。

苏先生说："这次大家请我谈一谈有关考古学的'中国学派'问题。这个题目，大概具有些雅俗共赏的通俗性吧。"到南开来演讲他做了准备，还特意带来两本新出版的书。一本是他的论文集《华人·龙的传人·中国人——考古寻根记》，另一本是白寿彝总主编《中国通史》第二卷《远古时代》。

《华人·龙的传人·中国人——考古寻根记》是苏秉琦从 1984 年以来十年间的文章和讲话结集，书名取自书里一篇文章的题目。他在演讲中说："长期以来，人们对考古学有误解，认为它跟挖坟掘墓或跟古董行没什么区别，这里的'寻根'二字，或者算是一个考古学工作者对它的剖白吧。这篇文章（指作为书名的那篇文章）1987 年 9 月发表于《中国建设》后，10 月份被《新华文摘》全文转载，1988 年的高考语文试题中，用它作为阅读试题——我们的考古学到这时，应该说在科学化的基础上，已经可以为大众写些通俗性的普及文章了。一个学科，应该有一些通俗化和大众化的东西，即'以科学理论武装人'，如果做不到这一点，那么学科存在的必要性又在哪里呢？"[①]我理解，苏先生说的"考古学寻根"，就是要通过考古学重建中国史前史；考古学"通俗化和大众化"，就是要把考古学植根于人民大众。

2009 年 10 月 31 日，张忠培来天津参加"第二届中国文化遗产保护天津论坛"，在下榻的富兰特酒店与我谈到苏先生对中国考古学的贡献主要有四个方面：区系论和文明论，考古教学，大遗址保护，考古学公众化。

张忠培对苏秉琦学术贡献的总结主要见于以下各篇：

《探索与追求》（1984 年）

---

① 苏秉琦：《建立有中国特色的考古学派——在南开大学的讲话》，《天津文博》，第 5 期，1996 年。

《中国考古学的重要奠基人与中国考古学新时代的开拓者》(1997 年)

《中国古代文明研究的新阶段》(1997 年)

《苏秉琦与 21 世纪考古学》(1999 年)

《瞭望中国考古学的黄金时代》(2000 年)

《中国考古学的旗帜与永远屹立着的丰碑》(2009 年)

8.4.4　张忠培

2005 年 7 月 4 日，张忠培先生从台湾打来电话告诉我他在台湾讲学的情况，主要讲了两门课程：中国考古学引论和中国考古学——从村落到王国的历程。我听着电话，随手记录电话里说的内容，记下了这两门课程的基本内容。

中国考古学引论

1. 考古学与中国考古学

2. 中国考古学走过的路

3. 考古遗存与信息

4. 层位学与类型学

5. 科学技术与遗存信息探测

6. 考古调查、勘探与发掘

7. 考古调查、发掘资料的整理

8. 考古报告编写

9. 考古学文化研究

10. 考古学文化研究的局限性

11. 考古遗址保护与利用

中国考古学——从村落到王国的历程

1. 中国考古学文化与时期的划分

2. 前仰韶时期——走向村落社会与早期村落社会的形成

3. 仰韶时期——从母权社会到父权社会

4. 后仰韶时期——父权社会与早期文明的形成

5. 前龙山时期——黄河中游空三足器革命之始

6. 龙山时期——尧舜禹与王权社会的确立

7. 夏时期中国——文明中心的形成与王国体制的确立

这是张忠培先生最后一次系统讲授中国考古学课程。"中国考古学引论"是他对中国考古学科体系的认识，"中国考古学——从村落到王国的历程"是他依据考古发现和研究构建的中国史前史，这两门课完整体现出他的学术思想。

2007 年，我们商议，打算编一本《张忠培考古学经典导读》，后来因为种种原因搁置下来。2012 年，在石家庄开会期间旧话重提，11 月 23日下午，我们在金悦大酒店开了个小会。

这个会由我和乔梁牵头，卜工、许永杰、李季、高蒙河参加。大家商议，拟从张先生已经发表的学术著述和有关讲话中，遴选出 20 篇，大约 20 万字；每篇文章后面由学生们撰写"导读"（1 万字），大约 20 万字，全书总共 40 万字。这本书对于学术传承很有意义，书的体例也很新颖，有一定创新性，要选好、编好、写好。

晚上，我和许永杰、高蒙河整理下午开会发言，梳理初选文章，并做出写作分工。当时我提出，全书分为四个部分：

1. 文化考古学

2. 社会考古学

3. 考古学理论方法

4. 考古学与文物保护

高蒙河提出，要着重总结张先生的研究体系和学术思想两大方面。后来，我把张忠培学术思想总结为六个方面：

1. 文化考古学，考古学文化，分类、编年、谱系。

2. 社会考古学，中国史前社会发展，母权、父权、文明。

3. 中国新石器时代考古与中国史前史，区域体的中国新石器时代考古学——区别于编年体，中国考古学话语体系的中国史前史——从村落到王国的历程。

4. 考古学理论方法，强化层位学、类型学在考古学方法论的地位与作用，坚持唯物论和辩证法的理论指导。

5. 考古学科教学，从吉林大学实际出发，创办考古专业；从考古学科建设高度出发，培养学生和组织教学。

6. 考古学与文物保护体系，中国考古学纳入中国文物保护体系的理论与实践探索。

　　陈雍：许永杰跟我提起过张忠培考古学经典著作，他给研究生上课有这方面的内容。

我在网上看见一张照片，照片里的物件是考古工地上常见的备品，这是吉林大学考古学院博物馆的展品。有一个草绿色帆布背包，包的背面竖着写了四行字，从右往左为：

长春市吉林大学

历史系考古专业

张忠培老师收

张家口地区博物馆

书包上的字迹看着眼熟，仔细一看竟是我的笔迹(图 8.4.4-1)，这个帆布包的往事一下子浮现在眼前。

1979 年，吉林大学历史系考古专业在河北省蔚县发掘筛子绫罗遗址。入冬后，我和张文军等人在张家口地区博物馆整理发掘资料。张忠培老师到博物馆察看我们整理情况，顺便托人在乡下买了些鸡蛋。鸡蛋用报纸卷起来码放在纸箱里，打算背回长春给孩子们吃。那年月长春生活条件不好，肉、蛋、粮、油要凭票凭本供应，蔬菜只有白菜、萝卜、土豆老三样。

冬天穿的衣服多，背鸡蛋回家不方便，张老师把身上脱下的衣服和换洗衣服交给我，让我帮他寄回长春。我把他的衣服用尼龙绳捆起来，装到帆布包里，在包的背面写上前面说的那四行字。这个包寄回长春以后，马老师(张老师夫人)洗干净后还给了系里。

梅婷：好生动的故事。

蒋志龙：真让人感动。

陶宗冶：真感动。

霍东峰：应该采访一下您，展品背后的故事。

许永杰：应该把陈老师的这段文字打出来，放在书包的旁边，做文字说明。

图 8.4.4-1　带字的考古背包

（全书竟）